HOE VERMOORD IK MIJN FAMILIE?

Bella Mackie

Hoe vermoord ik mijn familie?

Uit het Engels vertaald door Harmien Robroch

the house of books

De vertaling van het citaat uit *Macbeth* is van Klaas Rutger Pekelharing (Amsterdam, J.C. Loman Jr. 1877).

Eerste druk, juni 2023
Achtste druk, juni 2024

Oorspronkelijke titel: *How to Kill Your Family*
Oorspronkelijk uitgegeven door: The Borough Press, een imprint van HarperCollins*Publishers* Ltd, 2021

Omslagontwerp Nederlandse editie: Pinta Grafische Producties, Middelburg
Typografie: Crius Group, Hulshout

ISBN 978 90 443 6658 7
ISBN 978 90 443 6659 4 (e-book)
NUR 332

www.thehouseofbooks.com
www.overamsteluitgevers.com

OVERAMSTEL
uitgevers

The House of Books is een imprint van Overamstel uitgevers bv

Voor mijn vader,
die me zoveel moordlustige verhalen voor het slapengaan voorlas.
Voor mijn moeder,
die me zoveel opbeurende verhalen voor het slapengaan voorlas.
Ik beloof dat ik jullie nooit zal vermoorden.

… neemt mij hier
al 't vrouwlijke af; vult mij van top tot teen,
met woeste wreedheid; maakt het bloed mij dik…

William Shakespeare, *Macbeth*

Proloog

Limehouse Prison is afschuwelijk, zoals je je kunt voorstellen. Hoewel, misschien kun je het je niet voorstellen, niet echt. Er zijn hier geen spelcomputers en flatscreen-tv's, waar je vast over hebt gelezen in de kranten. Er hangt geen gemoedelijke sfeer, er is geen zusterlijke genegenheid; het is er meestal hectisch, vreselijk lawaaierig en het voelt vaak alsof er elk moment een gevecht kan uitbreken. Ik heb vanaf het begin geprobeerd niet op te vallen. Tussen de maaltijden door – die een enkele keer eetbaar te noemen zijn, en dan ben ik positief – blijf ik zo veel mogelijk in mijn cel en probeer mijn kamergenoot, zoals zij zo irritant wil worden genoemd, te ontlopen.

Kelly is een vrouw die van 'kletsen' houdt. Op mijn eerste dag hier, veertien lange maanden geleden, kwam ze naast me op mijn stapelbed zitten, gaf me een kneepje in mijn knie met die gruwelijk lange nagels van haar en vertelde me dat ze wist wat ik had gedaan en dat ze het fantastisch vond. Zulke lof was een aangename verrassing aangezien ik een invasie van geweld had verwacht toen ik de dreigende poorten van deze armoedige bedoening was genaderd. Ach, de onschuld van iemand die de gevangenis alleen kent uit goedkope televisiedrama's. Na deze eerste introductie besloot Kelly dat ik haar nieuwe hartsvriendin was, en veel erger nog, haar statussymbool. Aan het ontbijt duikt ze vaak op me af, steekt dan haar arm door de mijne en fluistert tegen me alsof we in een vertrouwelijk gesprek zijn verwikkeld. Ik heb haar met andere gevangenen horen praten en dan fluistert ze overdreven luid dat ik haar alle details van mijn misdrijf heb verteld. Ze wil invloed en respect van de andere meiden en als er iemand is die haar dat kan bieden, dan is het wel de Morton-moordenaar. Vréselijk vermoeiend.

Ik zeg wel dat Kelly beweert dat ze alles van mijn misdrijf afweet, maar misschien zwakt dat mijn daden een beetje af. Persoonlijk vind ik het woord 'misdrijf' armoedig, onelegant en ordinair klinken. Winkeldieven plegen misdrijven. Als je met vijftig kilometer per uur door een dertigkilometerzone rijdt om een lauwe latte te kopen voordat je aan je zoveelste saaie dag op kantoor begint, pleeg je een misdrijf. Wat ik deed was veel ambitieuzer. Ik bedacht een gecompliceerd en zorgvuldig plan waarvan de oorsprong al ver voor de onaangename omstandigheden rondom mijn geboorte in gang was gezet, en bracht dat ten uitvoer. En aangezien ik verdomd weinig te doen heb in deze smerige en inspiratieloze kooi (een dwaze therapeut raadde me een keer aan om een *spoken word*-workshop te volgen, maar tot mijn genoegen wist ik er met één blik voor te zorgen dat ze dat nooit meer deed), heb ik besloten om mijn verhaal uit de doeken te doen. Dat is geen gemakkelijke taak, aangezien ik hier geen moderne laptop heb zoals ik gewend was. Toen mijn advocaat mij onlangs een voorzichtig licht aan het eind van deze tunnel voorhield, had ik het gevoel dat ik mijn tijd hier moest gebruiken om vast te leggen wat ik zoal heb gedaan. In de kantine kocht ik een dun schrijfboekje en een gebruikte pen; daar ging weer vijf pond van mijn wekelijkse vijftien pond vijftig. Vergeet tijdschriftartikelen die je vrolijk adviseren om geld te besparen op koffie to go, als je écht wilt leren omgaan met geld, moet je een tijdje naar Limehouse gaan.

Misschien heeft het schrijven totaal geen zin, maar ik moet toch iets doen tegen de geestdodende verveling hier, en ik hoop dat Kelly en haar eindeloze groepjes 'dames', zoals zij ze steevast noemt, niet langer vragen of ik met ze naar een of andere realityserie in de recreatiezaal wil kijken als ik gericht iets te doen heb.

Sorry, Kelly, kan ik dan zeggen, *ik ben belangrijke aantekeningen aan het maken voor mijn hoger beroep, ik spreek je straks wel.*

Als ze ook maar even het idee heeft dat ik haar iets smeuïgs over mezelf zal vertellen, weet ik zeker dat ze als een lachwekkende figuur uit een Dick Francis-mysterie met haar vinger tegen haar neus zal tikken en me met rust zal laten.

Mijn verhaal is natuurlijk niet voor Kelly bedoeld. Ik vraag me af of ze het benul heeft om te begrijpen wat me ertoe aanzette te doen wat ik heb gedaan. Mijn verhaal is niet meer dan dat – mijn verhaal – al weet ik zeker dat lezers ervan zouden smullen als ik het ooit zou uitgeven; niet dat ik dat ooit zou kunnen. Maar het is leuk om te weten dat mensen het zouden willen lezen. Het zou een bestseller worden en iedereen zou in drommen naar de winkel gaan in de hoop meer te weten te komen over de aantrekkelijke en tragische jonge vrouw die tot zoiets gruwelijks in staat was. De boulevardbladen schrijven nu al maanden over mij, mensen lijken geen genoeg te krijgen van de tweederangs psychologen die bereid zijn op afstand een diagnose over me te stellen, of de enkele tegendraadse figuur die mijn handelen tot grote verontwaardiging op Twitter verdedigt. Het grote publiek is zo gefascineerd door mijn daden dat ze zelfs bereid zijn naar een haastig in elkaar geflanste documentaire op Channel 5 over mij te kijken, met daarin een gezette astroloog die uitlegt dat mijn sterrenbeeld mijn zaak al had voorspeld. Hij had mijn sterrenbeeld niet eens goed.

Ik weet dus dat mensen zich op mijn woorden zouden storten. Zonder een duidelijke verklaring van mijn kant is mijn zaak nu al berucht. En ironisch genoeg is dat zonder dat iemand ook maar enig idee heeft wat ik werkelijk heb gedaan. Het rechtssysteem in dit land is een lachertje en niets illustreert dat beter dan deze ene zin: ik heb meerdere mensen vermoord (sommige op gruwelijke wijze, andere heel subtiel) en toch zit ik nu in de gevangenis voor een moord die ik niet heb gepleegd.

Als de misdrijven die ik wel heb gepleegd bekend waren, zouden ze er gegarandeerd voor zorgen dat men over tientallen jaren, misschien wel eeuwen – als de mensheid het zo lang volhoudt – nog steeds zou weten wie ik was. Dokter Crippen, Fred West, Ted Bundy, Lizzie Borden en ik, Grace Bernard. Eerlijk gezegd vind ik dat geen leuk lijstje. Ik ben geen amateur of een gestoorde. Als je mij op straat zag, zou je me bewonderend aanstaren. Misschien klampt Kelly zich daarom zo aan me vast, in plaats van me in elkaar te slaan, zoals ik in eerste instantie had verwacht. Zelfs hier heb ik nog een zekere elegantie en afstandelijkheid waar zwakkeren wanhopig doorheen willen prikken. Ondanks mijn misdrijven schijn ik zakken vol brieven te hebben gekregen waarin mensen schrijven dat ze van me houden, me bewonderen en vragen waar ik de jurk heb gekocht die ik de eerste dag van mijn rechtszaak droeg. (Roksanda, voor wie het wil weten. Jammer genoeg droeg die afschuwelijke vrouw van de premier amper een maand later ook zoiets.) Veel dreigbrieven. Soms gestoord gezeik van een afzender die denkt dat ik hem via de lucht berichten heb gestuurd. Mensen lijken me echt te willen kennen, ze willen indruk op me maken, me imiteren, is het niet wat betreft mijn daden, dan wel mijn kledingkeuzes. Het maakt niet uit, ik lees ze toch nooit. Mijn advocaat neemt ze allemaal mee. Het interesseert me niet zo wat vreemden van me vinden, treurige types die de pen ter hand nemen om me te schrijven.

Misschien geef ik het grote publiek te veel eer door het complexere emoties toe te schrijven dan het verdient. Wellicht is de aanhoudende en uitzinnige belangstelling voor mijn zaak toe te schrijven aan Ockhams scheermes: de theorie dat de simpelste verklaring meestal de juiste is. In dat geval zal mijn naam om de meest prozaïsche reden nog lang na mijn dood voortleven, alleen omdat het idee van een driehoeksverhouding zo dramatisch en ordinair lijkt. Maar als ik bedenk wat ik écht heb gedaan, vind ik het een beetje jammer dat niemand ooit zal weten wat voor ingewikkelde operatie ik heb uitgevoerd. Er ongestraft mee wegkomen is natuurlijk zeer wenselijk, maar ik stel me voor dat iemand ooit, als ik er allang niet meer ben, een oude kluis opent en deze bekentenis vindt. De mensen zouden niet weten wat ze lazen. Er is per slot van rekening vrijwel niemand ter wereld die kan begrijpen hoe iemand op de jonge leeftijd van achtentwintig jaar doodleuk zes familieleden kan hebben vermoord, om vervolgens, zonder ook maar een greintje spijt, vrolijk verder te leven.

1

Ik stap het vliegtuig uit en voel die heerlijke warme lucht waar Britten altijd zo theatraal over doen als ze ergens landen waar het heet is en beseffen dat een groot deel van de rest van de wereld een klimaat kent dat niet altijd afwisselend grijs en kil is. Ik weet mijn weg op vliegvelden altijd snel te vinden en dat wil ik vandaag extra graag, omdat ik de man wil ontlopen die tot mijn grote pech naast me in het vliegtuig zat. Amir stelde zich aan me voor toen ik net mijn stoelriem had vastgemaakt. Een man van in de dertig met een overhemd dat dramatisch strak over zijn komische borstspieren zat en dat hij om onverklaarbare redenen boven een glimmende trainingsbroek droeg. Het ergste aan zijn outfit, de vlag op de hele modderschuit, was het paar instappers aan zijn voeten. Gucci-slippers met bijpassende sokken. Jezus. Even overwoog ik om de stewardess te vragen of ik ergens anders kon zitten, maar ik zag haar nergens en zat al tussen deze macho en het raam ingeklemd toen het vliegtuig begon te taxiën.

Amir was op weg naar Puerto Banús, net als ik, al zou ik hem dat nooit hebben gezegd. Hij was achtendertig, deed iets met nachtclubs, en zei voortdurend dat hij graag 'groots uitpakte'. Ik deed mijn ogen dicht terwijl hij bazelde over zijn Marbella-lifestyle en vertelde hoe lastig het was dat hij zijn lievelingsauto's voor het zomerseizoen moest verschepen. Ondanks mijn lichaamstaal hield mijn buurman maar niet op en dwong hij me tot een gesprek. Ik ging op bezoek bij mijn beste vriendin, vertelde ik hem. Nee, ze woonde niet in Puerto Banús, maar verder landinwaarts, en de kans was niet groot dat we naar de stad zouden om van de geneugten van de Glitter-nachtclub te genieten.

'Heb je een auto nodig?' vroeg de onbehouwen man me. 'Ik heb een vet gave voor je waar je in kunt rondrijden, zeg het maar, dan regel ik een mooie Mercedes voor je tijdens je vakantie.' Zo beleefd mogelijk bedankte ik daarvoor en zei toen gedecideerd dat ik nog wat moest werken voordat we landden.

Toen we de daling inzetten, zag Amir zijn kans schoon en herinnerde me eraan dat ik mijn laptop moest sluiten. Opnieuw werd ik tot een gesprek gedwongen, maar ik noemde bewust mijn naam niet en zorgde ervoor dat ik hem geen persoonlijke informatie gaf. Ik baalde gigantisch van zijn aandacht, had expres een zwarte broek en blouse aangetrokken, geen make-up opgedaan om tijdens de vlucht zo min mogelijk op te vallen. Geen sieraden, geen persoonlijke accenten, niets wat mensen zich zouden kunnen herinneren als ze werden ondervraagd. Niet dat dat zou gebeuren, ik ben gewoon een jonge vrouw die op vakantie naar Marbella gaat, zoals zovelen deze zomer.

De vlucht was het enige wat Amir van mij mocht hebben, en zelfs dat was gepakt, niet gegeven. Dus nu wurm ik me langs reizigers, dring met een glimlach op mijn gezicht naar het begin van de rij bij de paspoortcontrole en loop dan regelrecht naar de bagageband. Ik verschuil me achter een pilaar terwijl de hal volloopt, en kijk op mijn telefoon. Een paar minuten later zie ik mijn tas en gris hem mee, waarna ik me omdraai en doelbewust in de richting van de uitgang loop. Maar opeens bedenk ik iets en blijf abrupt staan. Ik leun buiten tegen de reling als Amir het gebouw uit komt.

Zodra hij me ziet, klaart hij op, trekt zijn buik in en duwt zijn borst naar voren. 'Ik zocht je al!' zegt hij, en mijn oog valt op het glimmende gouden horloge als hij gebaart.

'Ja, sorry, ik heb haast, heb afgesproken om met mijn vriendin te gaan lunchen, maar ik wilde niet gaan zonder even afscheid te nemen,' antwoord ik.

'Laten we dan een keer uitgaan, geef me je nummer, dan spreken we iets af.'

Geen schijn van kans, maar ik moet hem te vriend houden als ik wil dat dit me iets oplevert. 'Ik heb een nieuwe telefoon, Amir, ik weet bij god niet wat het nummer is. Als jij me nou het jouwe geeft, dan bel ik jou,' zeg ik met een glimlach, en ik raak zijn arm even aan. Als ik het nummer heb opgeslagen en zijn aanbod van een lift heb afgeslagen, zwaai ik naar hem. 'Amir,' roep ik, als hij wegloopt, 'dat aanbod van een auto, geldt dat nog steeds?'

Amper twee uur later, na een redelijk pijnloze rit in mijn huurauto, arriveer ik in het appartement dat ik heb gehuurd. Ik heb het op Airbnb gevonden en geregeld dat ik de eigenares contant zal betalen, zodat ik niet onder mijn eigen naam hoefde te reserveren. Ze vond een privéboeking prima toen ze hoorde dat ik het bedrag zou verdubbelen. Het is gruwelijk duur, vooral in het hoogseizoen, maar aangezien ik maar één week vrij heb genomen en mijn plan graag wil uitvoeren, gooi ik er geld tegenaan. Het is een klein, benauwd flatje, doet erg denken aan een cosmetische kliniek uit de jaren tachtig, maar dan met porseleinen poppen. Ik wil dolgraag de oceaan zien en mijn benen even strekken, maar heb niet veel tijd en er is veel te doen.

Ik heb me voorbereid, voor zover dat mogelijk is met twee oude, onverdraagzame types die akelig weinig online aanwezig zijn, en ik weet redelijk zeker waar ze vanavond zullen zijn. Van het weinige dat ik op Kathleens Facebookpagina heb kunnen vinden (de arme schat heeft haar account op openbaar staan; zo schattig dat oudjes niets van privacyinstellingen snappen), weet ik dat de Artemis-oudjes zich erg druk maken over het aantal Spanjaarden dat in Spanje woont en heen en weer schuifelen tussen restaurant Villa Bianca aan het water en casino Dinero, even buiten de stad. Ik heb een tafeltje in het restaurant gereserveerd voor het diner.

Even voor de duidelijkheid: ik heb geen idee wat ik doe. Ik ben vierentwintig, ben al jaren bezig met een plan om mijn moeder te wreken, en dit is de grootste stap die ik tot nu toe heb gezet. Ik heb voornamelijk de carrièreladder beklommen, geld gespaard, onderzoek naar de familie gedaan en ervoor gezorgd dat ik dichter bij hen kan komen. Dat heeft veel opgeleverd, maar is vreselijk saai geweest. Natuurlijk ben ik bereid deze offers te brengen om mijn einddoel te bereiken, maar jezus, wat is het moeilijk om te doen alsof klantonderzoeken interessant zijn en om naar de vrijblijvende (lees: verplichte) vrijdagmiddagborrels te gaan. Als ik had geweten dat ik Jägerbombs moest drinken met mensen die vrijwillig in de marketingwereld zitten, had ik me wat eerst wat meer in schedelboringen verdiept. Misschien zet ik deze stap daarom wat overhaast, omdat ik mezelf wil bewijzen dat ik vorderingen heb gemaakt en kan waarmaken wat ik al sinds mijn dertiende roep. Toch ben ik bedroevend slecht voorbereid. Ik had gedacht dat ik een duidelijk plan zou hebben tegen de tijd dat ik in Marbella was, dat ik de route zorgvuldig had uitgestippeld en in een geloofwaardige vermomming had geïnvesteerd, maar in plaats daarvan houd ik me schuil in een flat waar het stinkt alsof je hamster onder de klerenkast is overleden en je moeder niet weet waar de stank vandaan komt en al een halfjaar met bleekmiddel in de weer is. Ik heb wel een plan, maar weet niet of ik het voor elkaar krijg. Bij een drogist in Finsbury Park heb ik een pruik gekocht die er in het licht van de winkel overtuigend genoeg uitzag, maar in de Spaanse zon verontrustend brandbaar lijkt. Ondanks deze ongecontroleerde zorgen over mijn gebrek aan voorbereiding, neemt de opwinding in mij toe. Als ik mijn pruik opzet en mijn make-up doe, is het net alsof ik me klaarmaak voor een spannende date, terwijl ik in werkelijkheid mijn opa en oma ga vermoorden.

Dat was natuurlijk overdreven dramatisch. Ik ga ze vanavond niet vermoorden, dat zou dom zijn. Ik moet ze eerst zien, luisteren naar wat ze zeggen, horen of ze hints laten vallen over hun plannen deze week. Ik moet de route naar hun villa een paar keer afleggen en, heel belangrijk, ik moet de beloofde auto ophalen bij Amir. Die auto is een teken dat ik stompzinnig chaotisch ben en mijn plannen moet uitstellen, of een cadeautje van een onbekende godheid. Laten we zien welke van de twee!

Ik heb lang geleden al besloten dat Kathleen en Jeremy Artemis ons als eersten zouden verlaten. Om verschillende redenen eigenlijk. In de eerste plaats omdat ze oud zijn en dus is het minder erg. Oude mensen die alleen maar op hun pensioen teren en in hun favoriete leunstoel hangen zijn niet bepaald goede reclame voor de mensheid, vind ik. Geweldig dat mensen tegenwoordig langer leven dankzij de medische wetenschap en een gezondere leefstijl, maar uiteindelijk worden ze toch nutteloze beddenbezetters die steeds valser worden, tot ze niet meer dan bekrompen lastdieren zijn in een ruimte waar jij een studeerkamer van wilt maken.

Niet zo geschokt, je denkt er zelf ook zo over. Geniet van je leven en verlaat dit aardse ongerief rond je zeventigste. Alleen als je heel saai bent wil je tot je honderdste blijven leven, met een onpersoonlijke en korte brief van de koningin als enige beloning. Dus eigenlijk bewijs ik iedereen een dienst. Ze zijn oud en vervangbaar en leven verbijsterend nutteloze levens. Wijn bij de lunch, dutjes, een uitje naar de boetieks in de stad om sieraden en opzichtige horloges te kopen. Hij golft, zij laat zich regelmatig troep in haar gezicht spuiten, met als typisch effect dat ze eruitziet als een heel oude kleuter. Een verspilling van leven, en dan heb ik je nog niet eens verteld hoe racistisch ze zijn. O schei uit, dat kun je je heus wel voorstellen. Ze wonen in Marbella, maar spreken geen woord Spaans, ik bedoel maar. Verdere uitleg niet nodig.

Natuurlijk is dit voor mij persoonlijk. Ik ben geen Harold Shipman, maak niet links en rechts bejaarden af. Ik wil er maar twee doden, de rest kan veilig naar *Emmerdale* kijken en waardeloze cadeautjes kopen voor kleinkinderen die een hekel hebben aan hun saaie bezoekjes. Deze mensen zijn op papier mijn grootouders, al heb ik ze nooit ontmoet en hebben ze nog nooit zelfs maar een reep chocola voor me gekocht. Maar ze weten wél van mijn bestaan.

Ik zal het je uitleggen. Jarenlang had ik geen idee, stelde ik me voor dat mijn vader Simon me geheim had gehouden, maar Helene, een vriendin van mijn moeder, was pasgeleden bij me op bezoek in Londen, en onder het genot van een fles wijn biechtte ze op dat ze bij hen op bezoek was geweest, kort voordat ze al die jaren geleden naar Parijs was verhuisd. Ze had het gevoel gehad dat ze mijn beeldschone moeder in de steek liet door mij achter te laten. Arme dode Marie. Helene had het enige gedaan wat ze kon bedenken om haar schuldgevoel te verzachten. Ze had ze op internet opgezocht en in het handelsregister hun adres in Londen gevonden. Ik sprong bijna over tafel om te horen wat ze tegen haar hadden gezegd, om deze nieuwe informatie in mijn geheugen op te slaan. Ik was natuurlijk vaak naar hun huis gegaan, voordat ze voorgoed naar Spanje waren verhuisd. Urenlang had ik buiten staan wachten, wachten, of ik had hun auto met chauffeur gevolgd als ze vertrokken. Maar met ze praten was iets heel anders en eigenlijk was ik onder de indruk van Helene, al was ik boos dat ze me nooit eerder over deze ontmoeting had verteld.

Het kostte haar zichtbaar moeite om me te vertellen hoe slecht het gesprek was verlopen, ze keek me niet recht aan terwijl ze uitlegde dat ze in eerste instantie de deur in haar gezicht dicht hadden geslagen toen ze had verteld wie ze was. Maar ze had geweigerd weg te gaan en uiteindelijk hadden ze haar binnengelaten en op koele toon gezegd dat ze alles wisten van mij en mijn 'afgrijselijke' moeder. Het begon in mijn oren te suizen toen ik dat tot me liet doordringen en ik wreef in mijn hals terwijl ik wachtte op de brok in mijn keel die elk moment kon komen. Ze hadden vanaf het begin van mijn bestaan geweten, had Helene uitgelegd, toen hun 'arme' zoon onverwachts laat op de avond op de stoep had gestaan, door de woonkamer had geijsbeerd en had opgebiecht dat hij in de problemen zat. Volgens Jeremy, die grotendeels aan het woord was geweest, terwijl Kathleen stijfjes op de bank met een groot glas gin-tonic had gezeten, had Simon gevraagd hoe hij het zijn vrouw Janine moest vertellen en zijn vader had gezegd dat er een financiële regeling voor mij moest komen.

'Dus in zekere zin wilde hij het wel goed doen,' had Helene bijna verontschuldigend gezegd, terwijl ze haar wijn dronk en met haar haar speelde. Ik negeerde de opmerking en vroeg haar om verder te gaan. De kansloze pogingen van die vent om zijn geweten te zuiveren hoefde ik niet te horen.

Jeremy had Helene trots verteld dat hij en zijn vrouw een aantal uren hun best hadden gedaan om dit idee af te schieten, hun zoon ervan hadden overtuigd dat Marie het voor het geld had gedaan en hem gewaarschuwd dat Janine het nooit te boven zou komen. 'Het was een domme vergissing van Simon, dat heb je met jongemannen,' had hij tegen Helene gezegd, 'en het is triest dat dit meisje zonder ouders moet opgroeien, maar er zijn genoeg mensen die het erger hebben. Ik heb zelf op jonge leeftijd mijn moeder verloren en vroeg vreemden ook niet om een aalmoes.' Helene vertelde dat ze ertegenin was gegaan, had geroepen dat Marie hun zoon niet in de val had laten lopen, had geprobeerd uit te leggen dat ze pas later had ontdekt hoe rijk hij was en dat hij getrouwd was. Maar ze wilden het niet horen. 'Dat meisje heeft geprobeerd het leven van mijn zoon te ruïneren voor geld,' had Kathleen uitgeroepen, en ze was opeens opgestaan. 'Als je denkt dat de dochter van jouw vriendin die onzin opnieuw kan oprakelen dan ben je net zo dom als zij was.' Dat was het wel ongeveer. Volgens Helene, die haar wijn op had en boos met haar armen zwaaide, was Kathleen opeens gaan huilen en had ze met haar vuisten op de borst van haar man getrommeld. Hij had haar handen vastgepakt en haar met kracht op de bank geduwd, waarna hij zich tot Helene had gewend, die verbijsterd bij de deur had gestaan. 'Je hebt mijn vrouw overstuur gemaakt en onze avond verpest. Ik wil dat je weggaat, en wáág het niet om met deze onzin naar mijn zoon te gaan. Dan stuur ik mijn advocaten op je af en ben je dakloos tegen de tijd dat je ons in een rechtszaal ziet.'

'Daar schrok ik wel van,' zei Helene, 'want hij had opeens een bezeten blik op zijn gezicht. Zijn ogen puilden uit en zijn keurig gekamde zilvergrijze haar vloog alle kanten op. En het gekste was wel dat zijn accent opeens veranderde. Eerst klonk hij als een keurige Engelsman, maar toen ik wegging was zijn stem grof en hard en deed hij me aan de marktkooplieden denken in de stad waar ik ben opgegroeid. Het spijt me. Ik heb het geprobeerd maar ik had verwacht dat zijn ouders aardiger zouden zijn, wat meer begrip zouden tonen. Ik dacht dat ze hun beeldschone kleindochter wel zouden willen kennen, verdomme! Maar nee. Ze hebben het goed voor elkaar, maar daaronder, Grace, zijn het rotzakken.'

Ze zijn dus oud, gemeen en nemen kostbare ruimte in de wereld in beslag. Dat alles zou al reden genoeg zijn om ze een iets onaangenamer einde te geven dan misschien oorspronkelijk hun lot was. Maar als ik heel eerlijk ben, is het voornamelijk omdat ze het wisten. Ze wisten van mijn moeder. Ze wisten van mij. En het was niet zo dat ze hulpeloos hun handen opstaken en verder niets deden, ze zetten hun zoon onder druk en gaven anderen de schuld: Marie, Helene, de clubs, zijn vrienden die hem op het verkeerde pad hadden gebracht. Iedereen behalve Simon. Hij onttrok zich aan zijn verantwoordelijkheden en werd daarbij actief geholpen door zijn familie. Ik had gedacht dat ze helemaal niet wisten dat hun zoon een kind had afgewezen en de moeder in de steek had gelaten. Maar dat was juist wat ze wilden. En dát was uiteindelijk wat de doorslag gaf. Zij gaan als eersten dood.

Om zes uur ben ik bij het strandrestaurant, ervan uitgaande dat mijn opa en oma vroeg eten, zoals de meeste oude mensen. Ik heb om een tafeltje op het terras gevraagd, maar het restaurant blijkt veel groter te zijn dan het er op de website uitzag en ik maak me zorgen dat ik straks te ver weg zit om iets nuttigs op te vangen. Ik bestel een glas witte wijn (ik houd van wijn; de Latimers zorgden er altijd voor dat ze het goede spul in huis hadden, ik koos een rioja), en dwing mezelf het boek dat ik bij me heb open te slaan, zodat het niet opvalt als ik ze afluister. Het is *De graaf van Monte-Cristo*, veel te voor de hand liggend, maar ik had het wel grappig gevonden toen ik het inpakte. Ik hoef niet lang te wachten voordat het Artemis-gezelschap arriveert. Ik heb de eerste pagina amper gelezen of ik zie bewegingen vanuit mijn ooghoeken. Twee obers lopen met vier bejaarden langs de bar in de richting van het terras. Ik blijf stil zitten, dwing mezelf niet op te kijken, maar voel dat ze dichterbij komen. Een luide vrouwenstem zegt: 'Nee, niet die tafel, Andreas, dan zitten we in de zon. Laat ons maar daar zitten.' Het gezelschap draait zich om en loopt naar de andere kant van de ruimte. *Krijg de kolere, Kathleen.*

Als ze eenmaal zitten en hun drankjes hebben besteld, wat allemaal eindeloos lang duurt, onder gemopper over de wind en gezever over wat ze zullen bestellen, gun ik mezelf een snelle blik. Het bejaarde echtpaar Artemis zit tegenover me, hun vrienden met de rug naar me toe. Kathleen heeft een geföhnde coupe waar Joan Collins jaloers op zou zijn. Haar lichtblonde haar heeft eerder structuur dan stijl, en staat zo stijf dat de wind waar ze zich druk om maakt er niet aan zou durven komen. De make-up op haar gezicht is van verre zichtbaar en haar ogen hebben bewust een enigszins geschrokken uitdrukking die koket bedoeld is, vermoed ik, maar haar een gestoorde blik geeft. Ze draagt een beige tuniek boven een beige broek en heeft haar belachelijk grote Chanel-tas op tafel gezet. Om haar nek hangt een ketting van... ik weet niet wat voor steen, maar ik kan er gerust van uitgaan dat het geen zirkoon is. Ik staar even ongegeneerd, omdat ze allemaal in hun menu verdiept zijn. Net als ik me afvraag of er iets van mij in deze ontevreden ogende vrouw zit, brengt ze haar handen omhoog en slaat ze ineen. Mijn oog valt op haar nagels. Puntig, klassiek rood gelakt. *Kijk eens aan, Kathleen.* Mijn handen, met mijn vergeten boek, zijn lang en slank, in tegenstelling tot die van haar. Maar mijn nagels, mijn nagels zijn ook felrood en puntig.

Als ik een paar minuten heb gedaan alsof ik in mijn boek verdiept ben, wenk ik de ober en vraag om een plekje in de schaduw. Geen moment te vroeg, aangezien ik een donkerbruin vermoeden heb dat deze pruik elk moment kan smelten. Het is druk op het terras, maar het zit niet vol, en ik krijg een tafeltje vlak achter mijn beoogde slachtoffers. Veel beter. Ik wil weten waar ze het over hebben. Ik zal heus niets verhelderends of interessants over hun karakters te weten komen, daar zijn ze te bekrompen voor, maar misschien krijg ik iets te horen over hun plannen deze week. Ik heb nog maar vijf dagen hier, ik kon niet langer vrij krijgen, dus veel tijd heb ik niet. Ik bestel nog een glas wijn en een selectie tapas, en sla mijn boek weer open. Jeremy laat zijn blik over me heen glijden op een manier die elke vrouw herkent. De oude bok neemt me in zich op, waardeert mijn jeugd, zonder ook maar een seconde te beseffen hoe kansloos hij overkomt. Ik glimlach even, deels omdat het grappig is dat mijn opa verlekkerd naar mij kijkt en deels om hem het idee te geven dat ik me gecharmeerd voel. Het ogenblik wordt verstoord door obers die hun eten brengen. Niemand had hun bestelling opgenomen, maar als ik de borden met eten zie, ben ik niet verrast. Steak en friet voor het hele gezelschap. Dat is zeker het enige op het menu dat ze lusten. Steak en friet, nooit verder kijken dan je neus lang is, nooit eens iets anders proberen, altijd kleinzielig, op het onbeschofte af. En dat maak ik alleen op uit hun steak, kun je nagaan wat ik over ze te weten zou kunnen komen als ik een blik in hun boekenkast kon werpen. Grapje, die lui hebben echt geen boeken in huis.

Ze wauwelen verder over vrienden van de golfclub, hebben het over een zekere Brian die zichzelf tijdens een recent benefiet belachelijk heeft gemaakt. (Arme Brian, stel je voor om uitgekotst te worden door de bejaarde expatgemeenschap.) Kathleen en de andere vrouw, die veel op Kathleen lijkt maar dan dikker en met een kleinere Chanel, beginnen af te geven op een kapper die veel te lang over een kapsel doet en afgelopen maandag geen tijd had voor een vriendin. Mijn aandacht verslapt. Ik wil zo veel mogelijk te weten komen, maar goeie genade, deze mensen maken het niet gemakkelijk.

Zal ik nog een wijntje nemen, of breng ik deze onderzoeksmissie dan in gevaar? Stik maar. Als ik het glas wijn heb besteld, speel ik met de restjes van mijn tapas. Misschien hadden ze gelijk wat betreft de steak. Het eten dat ik had besteld, is verrassend taai en ziet eruit alsof het eerder uit een pakhuis langs de kant van een snelweg komt dan uit zee. Het groepje voor me heeft inmiddels koffie besteld en Kathleen maakt zich druk over een vlek op Jeremy's das, die op een soort clubdas lijkt. Jeremy is vast een vrijmetselaar, dat zou helemaal kloppen. De man van de dikke vriendin vraagt wanneer ze weer naar het casino gaan en heeft het over een borrel aanstaande donderdag.

'Ja, wij gaan ook,' zegt Jeremy abrupt, en hij duwt Kathleens aangeboden servet weg. 'We dineren om halfacht met de Beresfords, en gaan er op de terugweg nog even langs.'

WAAR GAAN JULLIE DINEREN? wil ik schreeuwen, maar ze weiden verder niet uit. In plaats daarvan vraagt Jeremy om de rekening door de ober nors te wenken. De andere man aan tafel pakt het schoteltje als het arriveert en knikt naar mijn grootouders.

'Het is vast en zeker onze beurt. Nee, echt, ik sta erop.' Er wordt een goldcard op tafel gegooid. Jeremy reageert nauwelijks en kijkt weer mijn kant op. Deze keer wend ik mijn hoofd af. Ik wil niet dat hij te veel aandacht aan mij besteedt of dat hij mijn gezicht te goed in zich opneemt. Ik maak me geen zorgen, ik ga ervan uit dat hij vaak naar vrouwen kijkt die jong genoeg zijn om zijn kleindochter te zijn. De meesten zullen het niet daadwerkelijk zijn, maar wie zal het zeggen, gezien Simons staat van dienst?

Als ze vertrekken zie ik Jeremy's das goed. Ik had het mis, niet de vrijmetselaars. Groen met geel en de letters RC. Even snel googelen en ik lees dat het de officiële clubdas is van de Regency Club, een privéclub in Mayfair, opgericht in 1788, waar mannen – rijk en van koninklijken bloede – zonder echtgenotes bijeenkomen. Ik moet bijna lachen. *Ik weet waar jij bent begonnen, Jeremy. In een tweekamerflatje in Bethnal Green, met een moeder die naaister was en een vader die er voor je vijfde vandoor ging en god weet waar eindigde. Simon heeft er vol trots over gesproken in interviews, om aan te geven hoe hard jouw familie heeft gewerkt om op te klimmen in de wereld. Daar sta je dan met je stropdas en denkbeeldige aanzien, dat je zelf hebt gekocht. Sommigen zullen er misschien bewondering voor hebben. Zelfs ik, aangezien ik in feite hetzelfde probeer te doen, me probeer op te werken uit armoede, me los te maken van mijn begin. Maar ik ken jou. Ik weet hoezeer jij je afkomst verafschuwt, welke draai je er ook aan hebt gegeven. Dat zag je in mij, en toen je werd gevraagd je eigen vlees en bloed te helpen, rende je heel hard de andere kant op. Helene had gelijk. Je bent een rotzak, en je privéclub en dure kleren verbergen dat niet. Maar draag lekker je stropdas. Het is bijna donderdag.*

Ik loop terug naar mijn flatje en bekijk onderweg de promenade in Puerto Banús. In de boetieks is het druk met vrouwen die in de spiegel kijken, opgesmukte jurken voor zich houden en met hun vriendinnen kletsen. Tienermeisjes slenteren langs, verwikkeld in gesprekken over hoe bruin ze al zijn. Ik vraag me af of ik ook zo'n leeghoofd zou zijn geweest als ik in de familie Artemis was opgegroeid. Ik lees boeken, volg de wereldpolitiek, heb een mening over meer dan alleen schoenen en golfclubs. Ik ben beter dan deze mensen, dat is een feit. Toch lijken ze ondanks hun domheid gelukkig. Misschien juist daarom. Waar zouden zij zich zorgen om moeten maken? Geen van die sukkels denkt aan klimaatverandering, ze vragen zich alleen af wat ze morgen aan boord van hun jacht moeten dragen. Maar het is fascinerend om te zien, en ik heb niet veel tijd om het te aanschouwen. Als ik heb gedaan wat ik van plan ben, kom ik niet meer terug naar deze speelplaats van overvloed. Misschien moet ik een souvenir kopen. Ik kijk in de etalages vol veel te dure rommel. Ik heb geen geld voor een met bont gevoerde kaftan, heb er ook geen behoefte aan, zelfs niet als geintje. Trouwens, ik denk dat ik al weet wat mijn souvenir wordt, en dat gaat me geen cent kosten.

De volgende dag rijd ik, als ik een stukje heb hardgelopen over het strand, naar hun huis. Het is een grote villa op een beveiligd terrein, verborgen voor het plebs, achter hoge hekken met een verveelde beveiliger in een hokje. Volgens mij is het de bedoeling dat hij de bezoekers controleert, maar hij gebaart dat ik kan doorrijden als ik zeg dat ik van de boetiek Afterdark ben en een jurk kom afleveren voor mevrouw Lyle op nummer 8. Ik had al zo'n vermoeden dat er een gestage stroom leveringen zou zijn voor eenzame dames die zich in hun smetteloze villa's vervelen, die altijd nieuwe setjes kleren bestellen of regelmatig een nagelstylist optrommelen. Ik heb niet gezegd dat ik voor het echtpaar Artemis kom. Ik wil niet dat er een duidelijk verband is, voor het geval er vragen worden gesteld.

Hun huis, nummer 9, is vrijwel identiek aan nummers 8 en 10. Witgepleisterd, met terracotta tegels die naar de voordeur lopen. Palmbomen aan weerszijden van de portiek. Een volmaakt groen gazon, zelfs in deze bloedhitte. Sproeiverboden gelden kennelijk niet als je in een omheinde wijk buiten de normale maatschappij woont. Ik haal mijn voet van het gaspedaal en rijd voorbij, maar er is eigenlijk niets te zien. Deze brede lanen liggen er verlaten bij, niemand die een hond uitlaat, geen moeder met een kinderwagen. Al dat geld, en je koopt er alleen maar stilte mee. Ik waardeer de stilte, hoor. Je groeit niet op aan een grote weg in Londen zonder te dromen van de dag waarop je in een huis woont waar je je buren niet boos hoort seksen of hoort snikken bij de muziek van *Les Misérables*. Maar deze rust is kunstmatig; hij doet flauw en dof aan, alsof hij is gemaakt voor mensen die een omgeving willen creëren die de luide realiteit van het leven volledig verloochent. Het huis van het echtpaar Artemis zegt me alleen iets over hen in de zin dat het me niets zegt. Het is een huis voor rijke mensen die zich helemaal niet interesseren in design, maar gebrand zijn op veiligheid en status. *Hebben Lynn en Brian hier een huis gekocht? Nou, dan kopen wij er een dat groter is.* Dat is het. Geen knipoog naar wat eigenheid, geen activiteit, alleen steriele conformiteit. Somber rijd ik weg. Ik heb DNA met deze mensen gemeen; zal ik op een dag ook verlangen naar beige tapijt en een werkster die ik slecht kan behandelen? Een werkster zou fijn zijn, maar ik zou haar onvermijdelijke droefheid deprimerend vinden. Dat zal voor Kathleen wel een bonus zijn. Iemand die nog ongelukkiger is dan zij, elke dag in het volle zicht.

Vanaf de omheinde wijk rijd ik naar het casino, wat een rit van ongeveer een halfuur is over een behoorlijk gevaarlijke weg. Aan de ene kant een steile klif naar een... kloof? Een ravijn? Ik weet het niet. Zoals ik al zei: ik ben aan een drukke weg opgegroeid en heb altijd een – naar mijn idee – gezond wantrouwen gehad als het om grote open ruimten gaat. Het platteland verbijstert me, en als ik ergens dertig minuten met de auto voor moet rijden, vind ik het mijn tijd niet waard. Soms heb ik behoefte aan een snelle ontmoeting met een man (seks, bedoel ik, kijk niet zo moeilijk), of scrol alleen maar eindeloos op datingapps. Langs brallerige types die voor hun BMW's poseren, alsof dat betekent dat ze het 'gemaakt' hebben, terwijl het een teken is dat ze stom genoeg zijn om te denken dat huurkoop financieel verstandig is. Maar een ordinaire auto en een T-shirt met V-hals zijn niet noodzakelijkerwijs compleet taboe. Ik ben per slot van rekening niet van plan om een leven lang met die mannen door te brengen. Ik vind ze niet eens interessant genoeg om hun namen te onthouden. Maar ik heb wel een duidelijke voorwaarde. Als je meer dan een paar kilometer bij me vandaan woont, gaat het niet gebeuren. Ik ben veranderlijk en ga niet zitten wachten tot je bij King's Cross bent overgestapt of appt dat London Overground bussen inzet wegens werkzaamheden. Het Spaanse platteland is dus een onbekende wereld voor mij, en krijg nou wat, die klif eindigt in een ravijn. Hoe je het maar wilt noemen, het is een lange val en de rotswand is begroeid met stugge struiken. En er is op deze weg geen mens te bekennen. Perfect. De zon schijnt en de warme bries streelt mijn arm die uit het raam hangt terwijl ik rijd. Ik zet de radio aan en de plaatselijke zender draait de Beach Boys. 'God Only Knows' galmt door het huurautootje, terwijl ik langzaam naar het casino rijd. Ik geloof niet in God, uiteraard. We leven in een tijd van wetenschap en de Kardashians, dus ik zit veilig in het normale kamp, denk ik. En trouwens, een God die werkelijk invloed had, zou mij niet met deze mensen hebben opgescheept, zou me deze roeping niet hebben gegeven. Dus geen God. Maar ik heb wel het gevoel dat er vandaag iemand met een glimlach op me neerkijkt.

Nu ik het toch over God heb, er staat in de Bijbel een verhaal (nou ja, niet in de Bijbel, ik heb het uit een film en er is moderne technologie mee gemoeid), en dat gaat ongeveer als volgt: een man woont jarenlang heel gelukkig in een huisje, totdat op een dag de brandweer bij hem aanklopt en zegt: 'Meneer, er is een storm op komst, u moet evacueren.' En de man antwoordt: 'Dank u, heren, maar ik ben gelovig, ik heb vertrouwen. God zal mij redden.' De mannen vertrekken en de storm zwelt aan. Het water rond zijn huis stijgt en er vaart een boot langs. 'Meneer,' roept de kapitein, 'ga met ons mee, het water zal nog verder stijgen.' Maar de man zegt: 'Dank u, heren, maar ik ben gelovig, ik heb vertrouwen. God zal mij redden.' Enige tijd later moet de man op het dak van zijn huis klimmen omdat zijn huis overstroomt. Boven zijn hoofd hangt een helikopter. 'Meneer, klim langs deze ladder omhoog, dan brengen we u in veiligheid.' De man zwaait naar hen. 'Dank u, heren, maar ik ben gelovig, ik heb vertrouwen. God zal mij redden.' Enige tijd later verdrinkt de man. Als hij bij de hemel komt, ziet hij God en vraagt: 'Vader, ik had vertrouwen, ik geloofde in U, bleef U trouw. Waarom hebt U mij laten verdrinken?' God kijkt hem boos aan (logisch, hoe stom kun je zijn?) en zegt: 'David, ik heb de brandweer, een boot en een helikopter naar je toe gestuurd. Wat doe je hier?'

Iemand heeft mij voorzien van Amir, de grote sukkel met zijn snelle auto's, de datum waarop mijn grootouders nog laat op stap zijn, en een kronkelige, gevaarlijke weg. En in tegenstelling tot de sukkel in dat verhaal, ben ik vast van plan er mijn voordeel mee te doen.

Ik heb nog iets meer dan zesendertig uur voordat ik mijn plan uitvoer. Ik zou het stel kunnen blijven volgen om meer over ze te weten te komen, maar eerlijk gezegd interesseren ze me niet genoeg. Dus ga ik de rest van de middag naar het strand, huur een dure strandstoel en drink rosé, terwijl ik een boek lees over een vrouw die haar man vermoordt na jaren van emotionele mishandeling. Ik kwam niet door *De graaf van Monte-Cristo* heen; te herkenbaar, denk ik. Ik heb wel even de laatste bladzijden gelezen. Een slechte gewoonte, ik weet het, maar mijn bedrieglijke aard werd toch beloond met de regel: *De menselijke wijsheid ligt besloten in deze twee woorden: wachten en hopen.*

Wachten en hopen. Ik leef al sinds mijn tienerjaren met deze woorden, en eindelijk komt er nu een einde aan het wachten. Ik leg mijn handen tegen mijn warme borst en probeer te voelen of mijn hart sneller slaat dan anders. Maar nee, mijn ademhaling is normaal, alsof vandaag een gewone dag is en ik niet op het punt sta een gruwelijk misdrijf te plegen. Wat vreemd. Ik neem in gedachten steeds opnieuw het plan door en de verwachting rijst als stoom in me op, totdat het bijna uit mijn oren komt, en toch lig ik hier, verscholen achter een donkere bril, en mijn hart weigert te knappen en me te verraden. Mijn lichaam is klaar, ook al gedraagt mijn hoofd zich als een puber voorafgaand aan haar eerste afspraakje.

Die avond stuur ik Amir voordat ik naar bed ga een appje met mijn nieuwe prepaid. Zo'n telefoon die Edward Snowden zou kiezen, zodat je niet te vinden bent. Een beetje overdreven in mijn geval, aangezien ik geen staatsgeheimen heb. Maar toch een goede tip, en een ritje van twintig minuten naar een minder aangenaam deel van Londen en zestig pond in contanten leverde me deze nogal ouderwetse klapmobiel op, waar ik beltegoed op zette zodat ik kon appen. Hij gaat niet mee terug naar Engeland, maar is beslist nuttig. Ik vraag Amir of hij morgen beschikbaar is en of hij een auto voor me kan regelen voor een paar dagen. Ik heb hem verteld dat ik van plan ben om verder landinwaarts te reizen en me veiliger zou voelen in een grotere auto, wat op zich best waar is. De beste leugens bevatten een kern van waarheid, maken het gemakkelijker om het verhaal vol te houden en minder waarschijnlijk om verstrikt te raken in andere versies. Mijn vriend Jimmy heeft absoluut geen pokerface, zijn mondhoeken krullen op tot een grijns zodra hij jokt. Heel schattig, maar je kunt hem dus niets toevertrouwen, omdat hij zichzelf verraadt als iemand hem ermee confronteert.

Als ik wakker word, kijk ik meteen op mijn telefoon. Zoals ik al had verwacht, heeft Amir in de kleine uurtjes gereageerd. Groots uitgepakt in Glitter, zeker. Ik stuur een berichtje terug, bedank hem voor zijn aanbod van de vorige avond, maar leg weer uit dat ik vanmiddag vertrek. Ik weet dat ik niet mag verwachten dat hij me zomaar de sleutels overhandigt, dus stel ik voor om om twee uur bij een ijssalon aan de Calle Ribera af te spreken. Ik weet dat ik voor de middag geen antwoord van hem zal krijgen, gezien de hoeveelheid champagne die hij gisteravond ongetwijfeld heeft genuttigd, dus spring ik in de kleine douche en trek een zonnejurk aan waarin ik er in Amirs ogen hopelijk een beetje slonzig uitzie. Hij glimt in elk geval niet, er zit geen stretch in en hij lijkt dus bijna een overall vergeleken met wat de vrouwen in zijn omgeving graag dragen. In mijn korte tijd hier heb ik de indruk gekregen dat het onofficiële uniform bestaat uit een mengeling van lovertjes, gouden knopen en dierenprinten. Nou ja, dat, en de dikke, rubberachtige lippen waardoor deze vrouwen eruitzien alsof ze een allergische reactie op de ijskoffie hebben die ze al zonnebadend drinken.

Ik ben niet van plan om nog terug te komen naar deze flat, ook al heb ik hem tot zaterdag geboekt. Misschien ben ik te optimistisch, maar ik weiger op dit belangrijke moment twijfels toe te laten. Ik ruim op, gooi het beddengoed in de wasmachine en neem de tafels af. Daarna pak ik mijn kleine tas in en leg klaar wat ik de rest van de dag nodig heb. In mijn crossbody-tas (van Gucci, een van de eerste dingen die ik kocht toen ik mijn nieuwe baan had, en zelfs de dames op Marbella zouden onder de indruk zijn) doe ik mijn prepaidmobieltje, pruik, euro's, opgevouwen gympen, een zaklamp, latex handschoenen, een klein parfumflesje met vloeistof en een doosje lucifers. De rest gaat in de weekendtas, inclusief mijn echte telefoon, paspoort en creditcards.

Ik sluit de flat af en neem de sleutel mee, voor het geval dat. In een vlaag van achterdochtigheid veeg ik met mijn mouw over de deurklink en ik besef dat ik beter moet opletten. Als ik niet gepakt wil worden, is een snelle veeg over willekeurige voorwerpen niet genoeg. Ach, nou ja. Dit is de testcase. De auto staat zeker een halfuur lopen verderop, ver van de drukte van de doorgaande weg. Ik wilde niet dat hij op een parkeerplaats geregistreerd zou worden, en dit was het dichtst bij de flat, zonder het risico dat hij weggesleept zou worden.

Het is nu al bloedheet. Zweet druipt over mijn borst tot onder in mijn beha. Ik zet de weekendtas onder de chauffeursstoel en kijk of hij niet zichtbaar is. Dan loop ik terug naar de stad, neem per ongeluk een andere route en kom uit bij het strand. Als ik een paar uur de tijd heb verdreven in een café waar de koffie vijf euro kost, appt Amir eindelijk terug. *Dag schatje, moet nog bijkomen van gisteravond, je hebt echt een topper gemist! Ben vanaf 3 uur bij*

Oceania, eerder als dat gaat niet. Kom wat drinken, dan regel ik iets voor je! :)

Ik verander bijna van gedachten door zijn antwoord. Ik kan me niet inlaten met een volwassen man die niet in staat lijkt tot fatsoenlijk taalgebruik, zelfs niet in een appje. Dat is gewoon onbeleefd, bovendien suggereert het een domheid die je een puber zou vergeven, maar die in een volwassene ontstellend is. Je kunt niet alles aan slecht onderwijs wijten. Mijn middelbare school was echt geen Hogwarts, maar ik weet nog altijd het verschil tussen dan en als. Amir niet. Niet voor het eerst vraag ik me af wat hij doet om zoveel geld te verdienen, ik betwijfel of het wel zuivere koffie is, maar wie ben ik om een zedenpreek te houden? Ik overweeg om mijn kleine huurauto te gebruiken, maar besluit om toch op Amirs aanbod in te gaan. Ik moet gewoon voet bij stuk houden, alle glazen alcohol afslaan en zo snel mogelijk met de autosleutels vertrekken. Shit. Ik baal ervan dat ik afhankelijk ben van een man (erger nog, een man met een halfronde zonnebril) voor hulp in een zaak die ik eigenlijk helemaal alleen zou moeten afhandelen, maar ik moet realistisch zijn. En dit contact levert Amir niets goeds op. Als alles volgens plan gaat, merkt hij helemaal niets. Als het misloopt, heeft hij de wereld aan problemen. Daar word ik wat vrolijker van en ik drink mijn koffie op.

Even voor drie uur ben ik bij Oceania. Het is een gigantisch gebouw, een paleis van inhoudsloze lichtzinnigheid. Ik gok dat het in feite één grote bar is, maar dan sensationeler. De oprijlaan staat vol schreeuwerige sportwagens die geparkeerd worden door verveelde bediendes in witte jasjes. Bij de ingang staat een scheef geparkeerde Rolls Royce met kenteken BO55 BOI. Ik loop naar de receptie waar een receptioniste, die zo bruin is dat de zon zou weigeren met de eer te gaan strijken, met een Londens accent aan het bellen is. Uiteindelijk richt ze haar aandacht op mij. Ze zal wel niet erg onder de indruk zijn van mijn extensieloze bruine haar en mijn platte sandalen. Ik heb rode lippenstift op die ik altijd draag als ik het gevoel heb dat ik een soort bescherming nodig heb, maar verder zie ik er vrij eenvoudig uit. Ik houd van eenvoud. Ik heb best een aantrekkelijk gezicht en vind het niet arrogant om dat te zeggen. Vrouwen krabbelen altijd terug als ze zich per ongeluk laten ontvallen dat ze zichzelf aantrekkelijk vinden, omdat hun een leven lang door mannen is ingeprent dat ze niet zo hautain moeten zijn. Wees zo mooi mogelijk, maar zorg ervoor dat het er moeiteloos uitziet en – het allerbelangrijkst – geef het nooit toe. Ga elke man uit de weg die zegt dat je zo mooi bent maar het zelf niet beseft. Diezelfde mannen willen dat je altijd openstaat voor seks, maar houden zich nooit bezig met jouw genot. Ik zie er best leuk uit. Ik ben niet erg lang, maar slank en goed geproportioneerd. Donker haar, symmetrische gelaatstrekken, een mooie volle mond die niet pruilerig is. Ik kijk graag naar mezelf in de spiegel, maar ben niet geobsedeerd. Ik weet dat mijn uiterlijk in mijn voordeel werkt, maar ik ben mijn moeder niet, ben niet afhankelijk van mijn schoonheid en ben niet van slag als die niet genoeg is. De mannen in Marbella zullen mijn verschijning wel erg teleurstellend vinden vergeleken met de protserige diva's die je hier ziet. Coco Chanel schijnt ooit gezegd te hebben dat je altijd één accessoire af moet doen voordat je het huis verlaat. Deze meiden zouden die oude Coco liever de ogen uitkrabben met hun nepnagels. Ik zeg tegen de gebruinde juf dat ik met Amir heb afgesproken en haar blik verandert. Hij is duidelijk een gewaardeerde klant en ik word meegetroond door marmeren gangen, langs een bibliotheekbar met nepboeken en voorwerpen die er oud uitzien, maar vast in bulk zijn ingekocht bij een leverancier die dit soort rotzooi in grote hoeveelheden levert aan mensen die een authentieke look willen zonder zich druk te maken om de werkelijke herkomst.

We lopen naar buiten, waar de zon onverbiddelijk schijnt, en bevinden ons in iets wat eruitziet als een pretpark voor volwassenen. Er zijn verschillende zwembaden die met elkaar zijn verbonden en allemaal een bar in het midden hebben waar mensen naartoe zwemmen en onder rieten parasols van cocktails genieten. Er knalt house uit de luidsprekers en obers lopen haastig tussen strandstoelen door om glazen bij te vullen. Sommige mensen liggen op complete loungebedden onder een luifel te roken en te kletsen. Niemand draagt meer dan zwemkleding, behalve ik en ik ben niet van plan met ze mee te doen. Ik zie nota bene iemand met een buikketting. Sieraden voor de taille, voor als je geen plekken meer weet om met je diamanten te pronken. Coco Chanel zou een rolberoerte krijgen.

'Meneer Amir is er nog niet, maar gaat u zitten en neemt u iets te drinken.' Ik word zo ongeveer op een grote witte loungestoel geduwd, waar ik nogal opval in mijn eentje. Ik bestel tonic in de hoop dat Amir denkt dat ik me al aan het 'indrinken' ben en wacht. Mijn nieuwe vriend is nog maar drie kwartier te laat, en ik gebruik die tijd door naar de gebruinde meiden te kijken die hun bikinibroekjes nog verder omlaag schuiven om meer zon op te vangen en naar de mannen te staren met hun gladgeschoren borst en heuptasjes die voornamelijk indruk lijken te maken op elkaar.

Dan zie ik Amir tussen de strandstoelen door lopen. Hij is niet te missen, gekleed in een feloranje korte broek en omringd door een groep maten, die allemaal uitstralen dat het hun voornaamste doel is om zo veel mogelijk op hun leider te lijken. Van alle kanten komen obers op hen af met handdoeken, glazen, ijsemmers en – bizar genoeg – een kokosnoot.

Amir komt bij mijn loungestoel staan en kijkt me over de rand van zijn zonnebril aan. 'Dag, schoonheid! Dit zijn Stevie, JJ, Vetklep, Cooper en Nige.' Hij wijst naar de vrienden, die allemaal ongeïnteresseerd knikken en hun blik al naar de bikinimeisjes naast ons hebben laten glijden.

Ik vraag me af waarom 'Vetklep' zo'n gemene bijnaam heeft, aangezien zijn vetpercentage ergens onder de tien lijkt te zitten. Ik zie alleen maar spieren, meer dan iemand verdient, tenzij hij een fysiek zwaar beroep heeft, en ik betwijfel of Vetklep überhaupt een baan heeft.

Amir pakt de kokosnoot en gooit hem naar de man die hij Nige noemde, waarop deze hem onder luid gejoel met een harde klap tegen zijn hoofd slaat. Nige is niet tevreden, probeert het opnieuw en de vrucht barst open. Hij gaat op de ligstoel staan en houdt de stukken in de lucht, terwijl bikinimeisjes en gespierde jongens opgewonden juichen. 'Zijn beste truc,' zegt Amir trots. 'Heeft-ie acht zomers lang geoefend tot het hem lukte. We proberen hem over te halen om mee te doen aan die talentenjacht waar honden goocheltrucs doen.'

Er trekt een lichte paniek door mijn lijf als ik me voorstel dat ik een hele middag moet kijken naar deze mensen met hun paringsrituelen rond een klein zwembad dat waarschijnlijk vol zit met olie, zelfbruiner en sigarettenas. Ik moet strikter vasthouden aan mijn missie en ervoor zorgen dat Amir niet mijn dag bepaalt. Met dit nieuwe voornemen pak ik hem bij zijn pols vast totdat hij zich omdraait en al zijn aandacht op mij richt. 'Sorry hoor, maar jullie waren een beetje laat en over een uur moet ik alweer weg. Heb je de auto hier? Ik heb namelijk niet veel tijd.'

Hij staart me even aan, gooit dan zijn hoofd in zijn nek en lacht. Zijn gespierde maten achter hem gniffelen, ook al staan ze zo ver weg dat ze me niet gehoord kunnen hebben. Degene die de drankjes betaalt, dwingt kennelijk een permanent enthousiast publiek af. 'Schatje, ik weet niet eens hoe je heet! Relax, niet zo'n haast. Ik heb een auto voor je, maar blijf nog even chillen, ja?'

Ik onderdruk de huivering die ik voel bij het horen van zulke onzin en laat mijn schouders wat zakken. 'Ik ben Amy,' zeg ik met een glimlach, 'en ik blijf absoluut nog even chillen.'

Ik breng uiteindelijk twee uur door met Amir en zijn steeds groter wordende groep. Ik probeer me te ontspannen, maar dat is niet gemakkelijk. Er wordt met champagne gesproeid, meisjes worden gelokt, de muziek wordt op verzoek harder gezet. Amirs aandachtsboog is op zijn zachtst gezegd kort en ik moet geduldig wachten terwijl hij meerdere keren op en neer springt, soms om alleen maar 'lekker nummerrr' tegen niemand in het bijzonder te roepen.

Ik vertel hem dat ik in bedrijfsevenementen zit en benadruk dat het net uit is met mijn vriend en dat ik dus niet op zoek ben naar romantiek. Gelukkig is Amir daar oprecht niet in geïnteresseerd. Hij is duidelijk iemand die vrienden om zich heen verzamelt en alleen maar lol wil. Misschien heeft het gewoon niet meer om het lijf. Is weer eens wat anders. Ik kijk meerdere keren op mijn horloge en als ik het niet langer uithoud, zeg ik hem dat ik nu echt moet gaan. Het is de waarheid; over niet al te lange tijd moet ik op mijn plek bij Dinero zijn.

Hij rolt met zijn ogen, maar staat op en wenkt JJ, die snel naar ons toe komt en in zijn haast bijna een bikinimeisje in het water duwt. 'Haal de Hummer, gast,' beveelt Amir, en hij neemt een slok champagne. 'Je bent een malle meid, Amy. In het vliegtuig dacht ik dat je me helemaal niet zag zitten, dat ik niets meer van je zou horen. Maar uiteindelijk kan niemand Amir weerstaan, haha.' Hij slaat een arm om me heen en leidt me het gebouw binnen, waar obers zich tegen de muur drukken om ons te laten passeren. 'Ik heb een mooie wagen voor je, maar hij heeft wel power. Het is een beest, is dat goed, kun je dat aan?'

Ik bezweer hem dat ik veel ervaring heb met grote auto's, een absolute leugen, en vraag niet wat een Hummer is, en dat is een verstandig besluit. We wachten bij de ingang tot de auto wordt gebracht, en Amir vertelt me dat ik het ervan moet nemen, dat hij de auto zondag pas terug hoeft. Hij krijgt hem ver voor die tijd terug, maar ik glimlach alleen en bedank hem.

Als op commando komt er een tank aangereden. Ik schrik van het lawaai, deins even terug. Amir schiet in de lach, geeft JJ een high five en overhandigt mij de sleutels. De auto is gigantisch. Getinte ramen en matzwart metaal. Hij wil dat ik een paar rondjes op de oprijlaan rijd, wijst naar de afwerking van chroom en de drievoudige ophanging, of zoiets. Ik grijp het stuur vast, houd mijn voet behoedzaam boven de rem en vraag me af of dit wel zo'n goed idee was. Maar als ik het pedaal intrap, besef ik dat ik de kracht van deze machine goed kan gebruiken. Ik zeg Amir hoe geweldig deze auto is voor mijn uitje en vertel hem dweperig dat mijn vriendin hem geweldig zal vinden.

'Meisjes houden van grote auto's, hè. Dan zien ze er supersexy uit. Maar hou mijn schatje wel heel. Ik wil er volgende week mee naar Zuid-Frankrijk.'

Even voel ik me schuldig dat ik zijn schatje vrijwel zeker total loss ga rijden of op zijn minst ernstige blikschade ga toebrengen. Maar ach, niets wat een smak geld niet kan oplossen, en na vandaag denk ik dat Amir geen problemen op dat gebied heeft.

Hij zegt dat ik de auto bij de club kan afgeven als ik hem niet meer nodig heb, geeft me een knipoog en een dikke knuffel, en loopt dan weer naar binnen.

Ik blijf even heel stil zitten, omgeven door de geur van zijn houtachtige aftershave, en kan mijn geluk niet op. Een man die niets van mij weet heeft me een auto meegegeven zonder moeilijk te doen over verzekeringen, legitimatie of zelfs maar de garantie dat ik kan autorijden. Mijn huurautootje staat veilig in een zijstraat en ik kan mijn plan uitvoeren met nog minder sporen dan ik had gedacht. Ik vraag me af of er ergens een addertje onder het gras zit, maar aangezien niemand mijn plannen kent, schud ik die gedachte van me af.

Het is nu halfzeven. De tijd vliegt als je besproeid wordt met alcohol. Jeremy zei dat ze na het eten naar het casino gingen, dus neem ik aan dat dat om een uur of halftien is. Ik ga niet de hele avond achter ze aan rijden, ik wil niet dat iemand de auto ziet, en dus rijd ik heel langzaam in de richting van Marbella in de hoop ergens een plek te vinden waar ze meer hebben dan kipnuggets en kleffe friet.

Terwijl ik een lepel soep neem, adem ik rustig en dwing mijn voet om niet meer te tikken. Marie vroeg me vroeger vaak om de beste vijf momenten van de dag op te noemen 'om niet te vergeten dat we boffen'. Dat heb ik sinds haar dood niet meer gedaan, maar vandaag lijkt een goed moment om de balans op te maken. Dit is de eerste dag van de rest van mijn leven, zoals walgelijk enthousiaste mensen zeggen. Misschien is het de dag waarop mijn leven echt begint. Zoveel is gericht geweest op dit punt. Mijn jeugd was kort, mijn tienerjaren een frustrerende wachtkamer op weg naar volwassenheid. Mijn twintiger jaren zijn functioneel geweest, een middel om een doel te bereiken. Ik heb niet het gevoel gehad dat ik erg bofte, sorry Marie. Je hebt me te vroeg alleen gelaten en als gevolg daarvan lachte het geluk me niet echt toe. Vijf is op dit moment misschien wat te veel gevraagd. Maar is één genoeg, voor dit moment? Laten we klein beginnen, dan zien we wel verder.

Om kwart voor negen betaal ik de rekening en loop terug naar de enorme auto die tegenover het restaurant staat. Ik vraag me af of er een negatieve correlatie bestaat tussen geld en smaak; Amirs voorliefde voor chroom lijkt dat te ondersteunen. Net als het huis van Jeremy en Kathleen, trouwens. Maar deze mensen zijn nieuw geld, of nouveau riche, zoals Jimmy's moeder graag schuldbewust zei. Hoe ouder je geld, hoe beter je smaak, zou dat het zijn? Als ik dit voor elkaar krijg, ben ik schatrijk, maar door en door nouveau. Misschien krijg ik dan oog voor bruin en beige en bling, maar ik betwijfel het. Het betekent waarschijnlijk dat smaak meer te maken heeft met hoe afschuwelijk je al of niet bent. De familie Artemis is daar zeker de bevestiging van.

Ik zet mijn bestemming niet in het navigatiesysteem, voor het geval Amir daarin kijkt, of als de politie de auto vindt. In plaats daarvan heb ik een kleine kaart die ik voor zes euro op het vliegveld heb gekocht. Ik heb de route inmiddels vaak bekeken en heb genoeg tijd, ook als ik toch verdwaal. Ik haal de pruik uit mijn tas en zie huiverend hoe verfomfaaid hij eruitziet na één keer dragen.

Goedkoop is duurkoop, zegt Jimmy's moeder altijd. Volgende keer zal ik meer geld in een vermomming steken.

Ik rijd in stilte over kronkelige donkere wegen omhoog, nooit harder dan vijftig kilometer per uur. Er is nauwelijks verkeer op de weg, maar ik vraag me af of het zo drukker wordt met casinogangers als ik dichterbij kom. Zo'n kans als deze krijg ik niet nog eens, en als er andere auto's op de weg zijn, kan ik het gewoon niet riskeren. Shit. Het moet lukken. Dat móét gewoon.

Het casino ligt erg afgelegen, maar is wel omringd door een merkwaardig groepje restaurants en bars, wat betekent dat ik op de parkeerplaats kan parkeren zonder erg op te vallen. Ik loop een kort rondje om er zeker van te zijn dat de Mercedes van het echtpaar Artemis er nog niet is en begeef me dan naar de ingang. Ik ga niet naar binnen; om te beginnen ben ik geen lid, bovendien wil ik niet gefilmd worden door het camerasysteem van het casino. In plaats daarvan hang ik wat rond in het donker tussen de club en een bar die Rays heet. Het lijkt hier wel een outletwinkelcentrum, en een bouwmarkt zou hier niet misstaan. Erg aantrekkelijk is het niet; het verbaast me dat mijn grootouders zich hier niet te goed voor vinden. Maar goed, ze kiezen ervoor om hun oude dag te slijten in een beveiligde woonwijk in Marbella, en vergeleken daarbij lijkt Florida het summum van cultuur.

Ik baal dat ik zoveel tijd heb. Mijn grootouders zijn vast van die mensen die het liefst om elf uur thuis zijn, maar stel dat ze heimelijk nachtbrakers zijn? Ik kan moeilijk op het parkeerterrein achter een paar spaarzame struiken blijven rondhangen. Ik durf niet meer, en besluit om terug te gaan naar mijn auto om alles op een rijtje te zetten en de route nogmaals te bekijken. Net als ik die kant op loop, rijdt er een zilvergrijze sedan de oprit op die de hele weg in beslag neemt, met groot licht aan. Ik houd mijn adem in, tuur naar het kenteken, maar dat is niet nodig. Door de voorruit zie ik Kathleen Artemis met haar ontevreden blik, omlijst door haar schitterende kapsel. Ik hoor iemand giechelen en duik snel weg tussen twee auto's, totdat ik besef dat het geluid uit mijn eigen mond komt. Ik ben duidelijk opgewondener dan ik dacht. Deels heb ik hier echt naar uitgekeken.

Het bejaarde echtpaar stapt langzaam uit. Jeremy gooit de sleutels naar de bediende en kijkt amper naar zijn vrouw, die behoedzaam het trottoir op loopt met haar Chanel als een knuffelbeer tegen zich aan gedrukt. Ze lopen het casino binnen zonder de parkeerbediende of de portier een blik waardig te keuren, zwijgende standbeelden die er staan om de notabelen respect te tonen, zeker. Maar goed, standbeelden kunnen hun kont niet aan je leren interieur afvegen zoals een parkeerbediende dat kan (en hopelijk ook doet).

Tweeënhalf uur lang zit ik in mijn auto. Ik eet een smerige cheeseburger en besluit om geen vlees meer te eten als ik weer thuis ben. Ik rook drie sigaretten en neem me voor te stoppen als ik weer in Londen ben. Ik luister naar een vreselijke Spaanstalige radiozender, tik het ene moment gestrest met mijn voet en kijk het andere weer dwangmatig in mijn spiegels om te zien of het echtpaar alweer naar buiten komt. Het publiek dat arriveert wordt steeds jonger, het lijkt erop dat het casino meer gaat bruisen naarmate het later wordt. Dat betekent waarschijnlijk dat de oudjes eerder weggaan, gok ik, en dat is ook zo. Algauw wordt het druk op de trap met vrouwen gehuld in Hermès-sjaals en mannen die met hun parkeerkaartje zwaaien. Allemaal stralen ze een mengeling van rijkdom en boze arrogantie uit. Daar zijn ze, als op commando. Kathleen enigszins struikelend en met een cadeautas in haar hand. Jeremy met een sigaar. Het is zeker een leuke avond geweest. Daar ben ik blij om. Ik ben geen monster. Het is fijn dat ze de wereld op een hoogtepunt verlaten. Dat is meer dan Marie gegund was, maar ik wil de eer aan mezelf houden. Ik ga hun hele familie uitroeien, dus het minste wat ik kan doen is ze een goodiebag en een draai aan de roulettetafel gunnen.

Ze lopen de trap af en Jeremy geeft de parkeerbediende hun

kaartje. Dat is mijn teken. Ik start de motor en rijd de parkeerplaats af. Ik zei al dat ik dit niet heb gepland, en dat is geen valse bescheidenheid. In Londen had ik een vaag idee dat best degelijk leek, maar nu ik hier ben, weet ik niet eens zeker of ik wel de kans krijg het uit te voeren. Ik rijd in hoog tempo over de kronkelige wegen onder het casino langs en volg de route die de oudjes Artemis hopelijk ook zullen nemen naar hun villa. Na een paar minuten draai ik de weg langs de klif op, donkerder, hobbeliger. Als het echtpaar voorzichtig rijdt, schat ik dat ik een voorsprong van tien minuten heb, en ik moet de plek terug zien te vinden die me gisteren de beste leek, maar in het donker lijkt de weg hem te willen verbergen.

Ik rijd te hard en voel de brok in mijn keel die zijn gebruikelijke plek inneemt en dreigt me te overweldigen. WAAR IS DIE PLEK, VERDOMME? Ik haal diep adem door mijn neus en praat hardop tegen mezelf. 'Je vindt hem wel, je hebt alle tijd, Grace. Het is goed.'

Ik rijd erlangs en rem af, keurig zoals ze je met rijles leren, alsof iemand ooit een volmaakte noodstop uitvoert zonder een kettingbotsing te veroorzaken. Maar de weg is verlaten en ik hoor alleen maar cicaden. Ik keer de auto, wat met dit absurde voertuig meerdere pogingen kost, en rijd de parkeerhaven op. Dan wacht ik tot mijn ademhaling tot rust komt en de brok is verdwenen. Ik heb goed zicht op de weg, en als ik deze plek had gemist, zouden ze al thuis zijn geweest voordat ik nog een kans kreeg. Ik wacht, neem de stilte in me op.

Koplampen. Een auto zwaait in en uit beeld terwijl hij slingerend mijn kant op komt. Ik heb twee minuten. Ik geef gas, alsof deze tank nog een extra zetje nodig heeft, en laat dan de koppeling opkomen, houd het stuur met gespannen armen vast. De auto komt in zicht, ze rijden langzaam, voorzichtig, nemen de tijd. Als ik een ruk aan het stuur geef en op ze af rijd, zie ik dat Kathleens mond een volmaakte o wordt, waarna ze haar handen voor haar gezicht slaat en de koplampen me verblinden. De kracht van de zwaai duwt me in mijn stoel en ik rem hard. De auto steigert bijna onder mijn commando, alsof hij baalt van deze onderbreking. Als ik over mijn hoofd wrijf en opkijk, zie ik alleen maar stof boven de weg hangen en een bevredigend grote opening in de struiken langs de kant van de klif.

Ik parkeer de auto aan de andere kant van de weg en doe de lichten uit. Ik heb nog wat tijd voordat ik terug moet om Amirs auto bij de club achter te laten, mijn huurauto op te halen en naar het vliegveld te rijden. Ik pak mijn zaklamp, doe met trillende handen de latex handschoenen aan, trek de duim van de linkerhand kapot. De lucifers en het parfumflesje stop ik in mijn zak. Ik steek over en kijk over de rand van de klif. Mijn gympen zijn niet geschikt voor een enorme klauterpartij en ik zie niet goed hoe ver de auto over de rand is gegaan, totdat ik met mijn zaklamp schijn en zie dat hij bijna vijftien meter verderop ondersteboven tegen een struik aan ligt.

Ik zou echt terug moeten gaan, naar het vliegveld, het terrein niet verder aantasten. Wat er nu ook gebeurt, ik kan wegkomen. Maar het is toch helemaal niet leuk dat mijn opa en oma doodgaan zonder te weten wat mijn rol in dit alles was? Het is niet meer dan ijdelheid, en ik heb geen ervaring in de kunst van het moorden; de volgende keer zal ik mezelf deze uitspatting niet gunnen. Maar nu kruip ik langs de klif omlaag, houd me aan borstelige struiken vast en blijf laag bij de grond, zodat ik niet in de duisternis val. Ik nader de auto. Ik kan niet goed zien hoe de situatie binnen is, omdat er allemaal takken voor de portieren hangen. Ik schuifel langs de chauffeurskant, houd mijn hoofd schuin en schijn met mijn zaklamp door de ruit. Jeremy bungelt in zijn gordel. Hij lijkt niet gewond, is alleen bewusteloos en hangt ondersteboven. Kathleen is beslist dood, daar is geen forensische kennis voor nodig, aangezien je hoofd op je romp hoort te zitten om te kunnen leven. Een tak is zo attent geweest om ervoor te zorgen deze vereiste te verwijderen.

Ik geef een ruk aan Jeremy's portier, maar er gebeurt niets. Dus probeer ik het portier achter hem en dat gaat net zo ver open dat ik mijn hoofd naar binnen kan steken, vlak achter zijn rugleuning. Ik streel zijn hooghartige gezicht, dat er nu mager uitziet en bloedt, en luister naar zijn onregelmatige ademhaling. Ik breng mijn gezicht zo dicht mogelijk bij het zijne, wat nog moeilijk is aangezien hij ondersteboven hangt en ik als een krakeling gedraaid zit, en fluister zijn naam. Zijn ogen gaan iets open en hij jammert als ik begin te praten.

'Kathleen is dood, Jeremy, ik vind het heel erg. Ik denk dat jij het ook niet gaat redden, maar je bent niet alleen. Herken je mij? Ik ben Grace, je kleindochter. Simons dochter.' Hij vertrekt iets. 'Ja, het kind van Marie. Ik vind het zo jammer dat wij elkaar niet eerder hebben ontmoet dan... nou ja, deze trieste dag. Maar goed, daar heb je zelf voor gezorgd, nietwaar? Je wilde mij absoluut niet in de buurt van jouw gezin hebben. Het geeft niet, Jeremy, ik denk niet dat wij elkaar zouden hebben gemogen. Maar het was niet aardig, hè? En dus moet je nu sterven, helaas. Niet voor mij, hoor, maar voor mijn moeder. Familie gaat voor, ik weet dat je dat begrijpt. O, en niet alleen jij en je vrouw, Jeremy. Dat is er zo mooi aan.'

Ik haal het parfumflesje uit mijn zak, draai zo voorzichtig mogelijk zijn hoofd naar me toe en kijk in een grijs oog. 'Ik ga je hele familie uitmoorden.' Terwijl ik het zeg, geef ik een ruk aan zijn stropdas en Jeremy zakt omlaag. Ik trek de das van zijn nek, rol hem zorgvuldig op en duw hem in mijn zak. Mijn Spaanse souvenir. Dan open ik het flesje en strijk een lucifer af.

2

De bewaarders slaan om acht uur 's morgens op onze celdeuren, voordat ze het ontbijt brengen en weer vertrekken. Uiteraard geen gepocheerde eieren en verse koffie. We krijgen theezakjes, melk en twee witte boterhammen die zo goedkoop geproduceerd zijn dat ik er vorige maand eentje heb bewaard om te zien wat ermee zou gebeuren. Niets, zo bleek. Hij krulde wat op bij de hoekjes, maar verder gebeurde er zorgwekkend genoeg niets. Het deed me denken aan een verhaal dat we op school te horen kregen. Dat aan de armen in de negentiende eeuw brood werd verkocht dat was gemaakt met kalk en andere oneetbare ingrediënten om het te vullen. Gevangenissen, die tegenwoordig voornamelijk worden gerund door particuliere bedrijven met belachelijke namen die zijn bedacht om indrukwekkend te klinken, zouden waarschijnlijk bewondering hebben voor zulke methoden en de dag betreuren waarop er voedselnormen werden ingesteld. Ik heb hier trouwens toch nooit echt honger. Ze zouden het gevangenisdieet moeten verkopen aan van die ijdele Instagrammers die eetlustremmers en twijfelachtige vitaminen aan de man brengen. Gewoon driemaal daags smaakloos deeg eten en de restjes verhandelen voor sigaretten; voor je het weet hangt het voorgeschreven trainingspak los om je lijf.

Kelly vraagt of ik ergens over wil praten en houdt haar hoofd schuin omdat ze kennelijk meelevend wil overkomen. Ze weet dat mijn laatste beroep een dezer dagen dient, en haar recente pogingen tot groepstherapie hebben haar er kennelijk van overtuigd dat haar een gouden toekomst in de professionele hulpverlening wacht. Ik moet me bedwingen om niet te zeggen dat de beste therapie die Harley Street te bieden heeft nog niet genoeg zou zijn om mij te helpen, dus ik betwijfel of Kelly's aanbod om me in contact te brengen met het kind in mij opeens kan herstellen wat er volgens haar mis is met mij. Kelly is niet alleen ontegenzeglijk stom, ik vind bovendien dat praten zwaar overschat wordt. Zoals mijn moeder vroeger zei: 'Nooit klagen, nooit uitleggen.' Maar goed, zij stierf onbehoorlijk vroeg en heeft het aan mij overgelaten om het onrecht dat haar is aangedaan recht te zetten. Iets meer klagen zou dus eigenlijk helemaal niet zo slecht zijn geweest, alles in aanmerking genomen.

Als Kelly de hint heeft begrepen en wegloopt om iemand anders te coachen, ga ik op mijn bed zitten om mijn verhaal op papier te zetten. Ik heb er niet lang voor, als ik niets wil weglaten. Binnenkort is de uitspraak in mijn hoger beroep, aldus mijn advocaat met zijn uitgestreken gezicht die de prachtigste maatpakken draagt als hij op bezoek komt, maar de look verpest door in opzichtige instappers te lopen. Hij denkt zeker dat ze hem een vleugje persoonlijkheid geven, maar ze geven juist de boodschap af dat hij die helemaal niet heeft. Misschien heeft een jongere tweede echtgenote ze voor hem gekocht in de hoop dat hij er wat jeugdiger uit zou zien. Dat had ze beter niet kunnen doen. Absurde ijdelheid is geen eigenschap die ik wil zien in een advocaat die moet voorkomen dat ik levenslang krijg. Al helemaal niet als het forse honorarium dat ik hem betaal hem aanmoedigt om meer van die lelijke dingen te kopen.

Ik ben achtentwintig jaar geleden geboren in het Whittington Hospital als enige dochter van Marie Bernard, een jonge Française die al drie jaar in Londen woonde voordat ze zwanger werd van mij. Nadat ze in haar eentje van mij was bevallen, nam ze me mee naar haar studio in Holloway, waar ik voor het eerst de verveling en claustrofobie ervoer van een kleine ruimte en de kleine geneugten van een toilet op de slaapkamer. Wat is het woord 'studio' eigenlijk misleidend als het om een woning gaat. Het roept beelden op van een lichte en ruime kamer waar creativiteit floreert en misschien wel chique avondjes worden georganiseerd met beeldschone mensen die op het balkon staan om te roken. Onze flat was op de vijfde verdieping van een gebouw met een kiprestaurant op de begane grond. De huisbaas had op elke verdieping drie flats gecreëerd, mogelijk als onderdeel van een ingewikkeld sociaal experiment om te zien hoeveel mensen hij in een oud victoriaans huis voor vier personen kwijt kon. Mijn moeder en ik hadden één kamer met een klein zolderraam dat niet open kon. (Door de indrukwekkende hoeveelheid duivenpoep, of omdat onze huisbaas niet wilde dat we passanten om hulp zouden roepen, we hebben het nooit geweten.) Het klinkt nogal dickensiaans, hè? Dat was het niet. Vergeet het kiprestaurant niet. Mijn moeder sliep op de slaapbank en ik had het eenpersoonsbed. Ik voel me nog steeds af en toe schuldig als ik bedenk hoe hard ze werkte en hoe moe ze was, maar stug volhield dat de hobbelige slaapbank lekker lag. Als egoïstisch kind kwam het niet in me op om haar het bed aan te bieden. Zodra ik het me kon veroorloven, verwende ik mezelf met een duur kingsize bed met traagschuimmatras, maar ik viel nooit in slaap zonder aan haar op die slaapbank te denken. Het verpestte de uitspatting, eerlijk gezegd.

Marie was naar Engeland gekomen omdat men haar had verteld dat ze mooi genoeg was om model te zijn, en dat was ook zo. Mijn moeder was buitengewoon knap met een lichtbruine huid en een wilde bos bruin haar die ze altijd in een knot vastzette, hoe vaak ik haar ook smeekte het los te dragen. Ze had die typisch Franse meisjesachtige uitstraling die elke mode-influencer vandaag de dag met wisselend succes probeert te kopiëren. Geen beha, nooit. Een broek met wijde pijpen en een lange gouden ketting met daaraan een miniatuurportret van een oude man wiens identiteit in de loop der tijd verloren was gegaan. Voor mijn geboorte had ze wat kleine campagnes gedaan, was ze model geweest voor winkelketens die waren verdwenen tegen de tijd dat ik me aandiende. KOOKAÏ was de hipste winkel uit die tijd, zei ze altijd, en ze had een opgerolde poster bewaard waar zij op stond, die voor een herfstcampagne in hun etalages had gehangen. Op de poster zit ze gehurkt op de grond, een bruin vest valt over haar knieën. Ze draagt een kort jurkje en gympen met plateauzolen, die recent een jammerlijke comeback in de winkelstraten hebben gemaakt.

Mijn moeder was niet lang genoeg voor de catwalk en haar carrière was niet waarvan ze had gedroomd toen ze naar Londen verhuisde, waar ze een flat deelde met twee andere Europese meisjes op zoek naar succes. Maar een tijdlang was het leuk. Het nachtleven in Londen in de jaren negentig was een gouden tijd, als je Marie moest geloven. De avonden in Tramp, een privéclub die in 1969 was geopend, waren bijna net zo betoverend als toen Liza Minelli er was. Als ik 's nachts niet kon slapen, kwam ze naast me liggen en vertelde ze me over de champagne met sterretjes erin, de leren banken in het restaurant waar ze dineerde met acteurs en sportsterren en danste tot de zon opkwam. Je kon er binnen roken, vertelde ze me vaak, en de rijkste vrouwen droegen schaamteloos bont. Haar leven voor mijn geboorte leek een aaneenschakeling van feesten en castings. Een vrouw gezegend met zo'n aangeboren schoonheid hoeft niet heel erg haar best te doen, zo leek het altijd, en Marie maakte zich nooit veel zorgen over geld of de toekomst. Er was altijd wel iemand die zich zou ontfermen over het Franse meisje dat nooit een beha droeg en altijd plezier maakte. Er is altijd wel iemand die zijn pijlen richt op het meisje dat niet weet hoeveel ze waard is.

En trouwens, mijn moeder had de man aan wie ze haar hart zou schenken al ontmoet. De man die mijn vader zou worden. De man die haar de wereld zou beloven en zou overladen met cadeaus. De man die ik kapot zou maken.

3

Zelfs nu word ik gespannen als ik aan die man denk. Ik dwing mezelf diep adem te halen. Mijn zelfbeheersing is uitmuntend. Dat kwam niet vanzelf. Als kind had ik enorme driftbuien en liet me op de grond vallen als ik het ergens niet mee eens was, terwijl mijn moeder geamuseerd toekeek en zich verontschuldigde tegenover de mensen om ons heen. Dat gevoel voor drama heb ik nog steeds, maar ik heb lang geleden al geleerd het in toom te houden. Als je van plan bent een groep mensen te executeren, kun je je emoties niet de vrije loop laten. Dan wordt het een rommeltje, en er is niets zo erg dan betrapt worden omdat je te zelfingenomen was om jezelf in de hand te houden. Net als vroeger leef ik nu met de vernedering van een toilet op een meter afstand van mijn bed. Maar het is tenminste niet omdat ik mezelf heb verraden met een absurd gevoel voor dramatiek.

Binnen een minuut is mijn ademhaling weer rustig. Wist je dat Hillary Clinton wisselademhalingsoefeningen deed toen ze in 2016 de verkiezingen verloor van Donald Trump? Wijn was ook een belangrijk hulpmiddel, maar verliezen van zo'n stuk onbenul vereiste meer. De wisselademhaling houdt in dat je diep ademhaalt door één neusgat en door dezelfde neusholte weer uitademt. Spot ermee als je wilt, maar het helpt mij om snel rustig te worden, en zulke technieken komen goed van pas in de gevangenis waar je niet kunt rekenen op goede geneesmiddelen of een fatsoenlijk glas merlot aan het eind van de avond. Als ik 's nachts niet kan slapen en mijn gedachten steevast afdwalen naar mijn levenswerk, denk ik vaak aan mevrouw Clinton tegenover die ordinaire oranje randdebiel. Ongeacht haar politieke ideeën bood ze wel het hoofd aan een bullebak die weigerde zich neer te leggen bij gebruiken en fatsoen. Zo iemand kan je gek maken, zonder dat hij zich merkbaar inspant, terwijl jij al je kracht nodig hebt om stand te houden en een greintje menselijkheid te behouden. Hillary had één voordeel dat ik niet had. Haar tegenstander was een man die ze na haar nederlaag achter zich kon laten. Die van mij was mijn vader. Oké, misschien ben ik dan toch in het voordeel. Clinton kon Trump niet vermoorden, al moet ze dat ongetwijfeld gewild hebben. Ik had haar graag de kans gegund, want het is mijn ervaring dat dat veel meer ontspanning biedt dan simpelweg die wisselademhaling.

Marie ontmoette mijn vader in 1991. Voor mijn geboorte was hij alweer verdwenen. Zij zorgde ervoor dat ik in een liefdevolle omgeving opgroeide, maar tegen de tijd dat ik naar de basisschool ging, werd me duidelijk dat deze liefde, hoe overdadig ook, slechts van één persoon afkomstig was. Andere kinderen hadden papa's, zei ik tegen haar als ze voor me kookte of mijn haar in lauwwarm water boven de wasbak waste. In eerste instantie probeerde mijn moeder me af te leiden, maar tegen de tijd dat ik negen was, begreep ze dat mijn eigenzinnige karakter alleen maar sterker werd, dus vertelde ze me op een dag, na schooltijd, over mijn vader. Het meeste wat ik weet heb ik later zelf uitgezocht, aangezien Marie me duidelijk de Disney-versie wilde geven van de man die bereid was zijn zaad af te staan om mij te creëren zonder ook maar één moment aan de latere gevolgen te denken.

Ze had hem ontmoet in een nachtclub; waar anders? Hij was ietsje ouder, vertelde ze (later kwam ik erachter dat hij echt veel ouder was; wat hebben jonge vrouwen toch een lage dunk van zichzelf), en had vanaf de andere kant van de dansvloer champagne naar haar laten brengen. Marie had de verbijsterde ober weggestuurd omdat ze veel te veel plezier had op de dansvloer en geen behoefte had aan een fles Veuve Cliquot op ijs. Ik ben in dit soort clubs geweest en heb avond aan avond mannen als mijn vader aanschouwd die het zich in donkere hoekjes gemakkelijk maken en naar jonge vrouwen kijken die een show opvoeren voor iedereen die maar kijkt, in de hoop op een onbetaalbaar duur drankje getrakteerd te worden. Als mijn moeder zoals alle andere jonge vrouwen was geweest, zouden ze hebben gedanst, een fluisterend gesprek hebben gehad, gevolgd door een paar intieme etentjes. En daarna zou het zijn doodgebloed, het zoveelste mooie meisje, de zoveelste arrogante man. Maar mijn moeder stuurde de champagne terug. En dat had nog nooit iemand gedaan bij deze rijke man. Zo nu en dan stel ik me dat moment voor. Dan beeld ik me in dat het hem niet beviel dat ze zo vrolijk danste, zijn pogingen om indruk op haar te maken zo gemakkelijk wegwuifde. Ik zie hem voor me, zie hoe hij de situatie taxeerde, met zijn roofzuchtige verstand harder moest werken om een nieuw plan te bedenken, een manier om haar aandacht te krijgen. Haar te onderwerpen.

Twee weken later liep ze hem tegen het lijf bij een andere club. Het regende en ze stond ineengedoken in de rij met haar jas boven haar hoofd, terwijl ze met anderen wedijverde om toegelaten te worden tot deze exclusieve nachtclub, om te proeven van de beloofde overvloed, of op zijn minst niet in de regen te staan.

Mijn moeders stem werd zacht en ze staarde in de verte toen ze een sportauto met getinte ramen beschreef die met piepende banden voor de club tot stilstand kwam en de treurige menigte natspatte. Tegen de tijd dat ze mij over mijn vader vertelde, had hij haar al behandeld met een wreedheid waar ik een brandende pijn van in mijn buik krijg, en toch sprak ze met tederheid in haar stem over hem en misschien zelfs wel met bewondering. 'Hij stapte uit die auto en gooide zijn sleutel naar de parkeerbediende die vlakbij stond. Ik keek alleen omdat de auto zo'n verschrikkelijk lawaai maakte. En toen ik zag dat hij met die sleutels smeet...

Nou ja, ik vond het vreselijk arrogant om een auto zo midden op straat te zetten.'

Toen de uitsmijters het fluwelen koord losmaakte om hem naar binnen te laten en de menigte een stap naar voren deed, boos dat zij nog in de kou stonden, had zij haar blik afgewend, zei ze. Maar opeens had een hand haar in de richting van het koord gewenkt. Een vrouw met een strenge blik en een schrijfbord had driftig ja geknikt alsof ze wilde zeggen: *ja, jij*. Marie had zich een weg door de menigte gebaand en had zich bij de portiers gemeld. Ze mocht naar binnen, legde ze uit, en was niet van plan dat in twijfel te trekken, ook al werd er achter haar gemopperd en boe geroepen. Onder aan de trap zag ze hém staan, leunend tegen de muur, zijn armen over elkaar geslagen en dat zelfgenoegzame lachje rond zijn lippen. Die blik heb ik vaak in de pers gezien. Typerend. Een sterke combinatie van arrogantie en charme. Een combinatie om gek van te worden, omdat je er gauw genoeg achter komt dat de arrogantie bij zulke mannen het vrijwel altijd wint van de charme, maar tegen die tijd is het te laat, want de mix is bedwelmend en moeilijk te vergeten.

'Je wilt dus geen champagne van me, maar wel mijn gastvrijheid?' zei hij, en hij nam haar van top tot teen in zich op. Eerlijk waar, ik vind het nog steeds zo slap van haar dat ze zich niet ter plekke omdraaide en wegliep. Zelfs op mijn negende, toen ze me over hun ontmoeting vertelde, vond ik het al een kansloze openingszin. Als ik ooit had gedacht dat mijn vader een soort mythische figuur was die ons was ontvallen door een tragische heldendaad, dan was dit het moment waarop die stilzwijgende aanname stierf. Mijn vader was een waardeloze bedrieger in een duur pak, en mijn moeder kon er geen genoeg van krijgen.

Ik neem aan dat ze in eerste instantie wat afstand hield, hem wegwuifde met een vernietigende Franse belediging, maar in feite had dat niets te betekenen. De volgende dag had hij haar adres achterhaald en stond hij met een bos bloemen op de stoep. Haar huisgenoten hadden haar gierend van het lachen wakker gemaakt, vertelde Helene me veel later, en haar geplaagd met de man met de *flatcap* die stond te toeteren en het verkeer ophield. Een week later vloog hij met haar in een privévliegtuig naar Venetië en dronken ze cocktails aan het San Marco-plein. (Echt zó smakeloos.) De maanden daarna bleven de buitensporige uitingen van genegenheid komen, gingen ze uiteten en naar de nachtclubs waar ze allebei graag kwamen en wandelden ze op zonnige maandagochtenden in Hyde Park. De muur die Marie had opgetrokken werd afgebroken, ze was niet langer terughoudend en minachtend als het om Londense mannen en hun bedoelingen ging. Ze ging niet meer zo vaak naar castings, stond liever klaar voor het geval hij zou bellen. En dat deed hij vaak. Maar alleen maandag tot en met vrijdag, en hij bleef bijna nooit bij haar slapen, gebruikte zijn werk of zijn oude moeder die soms wilde dat hij bij haar bleef als excuus.

Rolde je nu zo heftig met je ogen dat het pijn deed? Tja. We kunnen stil blijven staan bij mijn moeders stomme keuze om een man te vertrouwen die riemen met grote gespen droeg en genoot van de muziek van Dire Straits, of we kunnen verder. Ik heb hier niet genoeg tijd om zijn bedrieglijke handelingen en haar onnozelheid te analyseren. Het mag duidelijk zijn: mijn vader was dus al bezet. Niet alleen bezet, hij was getrouwd, had een kind en woonde in een huis op een heuvel in Noord-Londen, met inwonend huishoudelijk personeel, twee rashonden, een wijnkelder, een zwembad en enkele hectaren grond. Hij was niet alleen bezet, hij was verankerd.

Dat deel van het verhaal werd weggelaten toen ik voor het eerst over hem te horen kreeg. Ik neem het Marie niet kwalijk dat ze de wat gevoeliger informatie verdoezelde, ik zou het waarschijnlijk toch niet hebben begrepen. In plaats daarvan probeerde mijn moeder uit te leggen waarom mijn vader nooit bij me op bezoek kwam, me nooit een verjaardagscadeautje stuurde en nooit naar ouderavonden kwam. Dan streelde ze mijn arm en zei ze dat hij betrokken was bij grote en belangrijke zaken die invloed hadden op de levens van duizenden mensen en dat hij ons daarom niet kon zien. Hij vloog de hele wereld rond, vertelde ze. Hij hield heel veel van ons allebei, en als de tijd rijp was, zouden we allemaal weer samen zijn, maar eerst moest hij heel hard werken en zich voorbereiden op de tijd dat we weer als gezin konden samenwonen. Geloofde ze haar eigen woorden, vroeg ik me vaak af. Was mijn slimme, lieve moeder bot gezegd echt zo stom? Misschien. Mijn eigen sekse is vaak teleurstellend. Ik kan me herinneren dat ik een keer iets heb gelezen over een vrouw die met een man trouwde die haar ervan had overtuigd dat hij een spion was. Hij wist haar over te halen hem haar spaargeld te geven, honderddertigduizend pond maar liefst, door te zeggen dat hij undercover was en het geld nodig had om van te leven totdat zijn contactpersonen hem veilig konden bereiken. Ze vroeg hem geen moment om bewijs, omdat ze zo wanhopig graag wilde dat die absurde vertoning van een liefdesrelatie echt was. Wat haar vernedering nog erger maakte, was dat ze bereid was om in een weekblad voor foto's te poseren en ontgoocheld en verdrietig haar verhaal te doen. Was het de bedoeling dat ik medelijden had met deze persoon, een volwassen vrouw die droomde van een sprookjesromance zonder zich af te vragen waarom hij háár had gekozen, een vrouw van in de vijftig (met het uiterlijk dat daarbij hoorde)? Marie was veel beter dan dat mens en andere vrouwen zoals zij, en toch had ze zich op dezelfde manier laten bedonderen.

Ondanks alle absurde beloften die Marie mij deed over mijn vader en onze toekomst samen, was ze nog wel zo slim om me niet alles over hem te vertellen. Net genoeg om geen vragen bij me op te roepen, maar niets wat al te concreet was. Toch maakte ze de fout om me een paar maanden later, tijdens een uitje naar Hampstead Heath, te wijzen waar hij woonde. We verdwaalden in een bos en het was gaan regenen. Mijn moeder pakte mijn hand vast en sleepte me mee de heuvel op in een poging de weg te vinden om een bus te pakken. Maar toen we eindelijk bij de bushalte kwamen, liep ze stug verder, terwijl ik mopperde en mijn regenjas strak om me heen trok. Tien minuten lang liepen we in de stromende regen over een lange privéweg, totdat ze uiteindelijk bleef staan.

We stonden voor een huis en Marie staarde er even in stilte naar, totdat ik ongeduldig aan haar hand rukte. Ik zeg wel dat we naar een huis stonden te kijken, maar de enorme ijzeren hekken met beveiligingscamera's verborgen het grootste deel van het gebouw. Wij woonden op een zolderkamer aan een drukke weg. Ik had nooit geweten dat een huis zo belangrijk kon zijn dat het aan het zicht moest worden onttrokken. Zonder naar me te kijken, wees mijn moeder bijna eerbiedig naar de hekken. 'Dit is het huis van je vader, Grace,' zei ze. Ik wist niet wat ik moest zeggen. Ik voelde me heel ongemakkelijk, zo kletsnat bij dit imposante huis. Marie had kennelijk in de gaten dat ik langzaam naar achteren liep in een poging haar naar de veilige bushalte en thuis te manoeuvreren, en ze glimlachte vrolijk. 'Wat jammer dat je vader vandaag niet thuis is, maar is het niet mooi, Grace? Er kom een dag dat jij hier ook een slaapkamer hebt!' Ik knikte, wist niet wat ik anders moest. Ze pakte mijn hand vast en we draaiden ons om, liepen de heuvel af, terug naar huis. We spraken nooit meer over dat uitje. Maar ik dacht vaak aan de slaapkamer die ze me had beloofd. Ik fantaseerde erover, met roze behang en een groot tweepersoonsbed en misschien wel een kast vol nieuwe kleren, maar zelfs als ik in mijn eigen fantasieën wegdroomde, wist ik dat Marie had gelogen en dat er achter die plechtstatige hekken geen slaapkamer voor mij was. Ik was er zelfs al van doordrongen dat iemand Marie en mij iets heel ergs had aangedaan.

Dat is mijn vader dus. Niet de persoon die ik zou hebben uitgekozen als mij iets was gevraagd, maar goed. Sommige mensen hebben vaders die hen slaan, sommige hebben vaders die Crocs dragen. Iedereen heeft wel wat. Ik heb je nog niet veel verteld over zijn karakter of achtergrond, hè? Dat komt nog. Maar als je echt wilt begrijpen waarom ik deed wat ik deed, dan moet ik eerst terug naar mijn eigen jeugd. Hopelijk klinkt het niet al te zelfingenomen, en anders, nou ja, het is mijn verhaal, en aangezien ik momenteel op een stapelbed lig in een cel waar een sterke mix van verdriet en urine hangt, grijp ik elk excuus aan om in mijn herinneringen weg te vluchten.

Hier zijn wat vroege herinneringen: Marie die niet genoeg geld had voor eten, voor elektriciteit en één akelige keer voor maandverband; om zes uur opstaan, zodat Marie op tijd op haar werk kon zijn, waar ik achter in het restaurant mijn huiswerk deed; mijn moeder die zo moe was dat ze er dag in dag uit grauw en uitgemergeld uitzag; het de hele winter koud hebben omdat de verwarming alleen aan het begin van de maand aan kon, als Marie betaald kreeg. Het koud hebben boezemt me tot op de dag van vandaag pure angst in. Als volwassene heb ik tot hilariteit van mijn huisbaas extra radiatoren in mijn flat laten plaatsen en ik hoestte een belachelijke smak geld op voor een achteraf gezien nogal lelijke bontsprei op mijn bed, omdat ik de zekerheid wilde hebben dat ik niet rillend van de kou wakker zou worden zoals vroeger zo vaak gebeurde. Bont is dan wel onethisch, maar het voelt werkelijk heerlijk tegen je naakte lijf.

Marie deed haar best, ondanks ons gebrek aan geld en steun. Van haar ouders kreeg ze niets, zij waren het niet eens met haar keuzes in het leven, zoals zij het zeiden. Hortense nam ons één keer mee uit lunchen tijdens een van haar reisjes naar Londen, waarschijnlijk voornamelijk bedoeld om voor haar plezier winkelmeisjes te terroriseren en obers aan het huilen te krijgen. Mijn moeder hees mij in mijn mooiste outfit, die bestond uit een kriebeltrui die ze met Kerstmis bij M&S voor me had gekocht (en die ik afschuwelijk vond, maar waar zij heel trots op was omdat hij van echte wol was en een hoge ronde hals had) en een ribbroek die te strak zat en een afdankertje was van een kind op mijn basisschool. Mijn grootmoeder zei me gedag, wendde zich daarna tot mijn moeder en sprak de rest van de tijd in het Frans. Mijn moeder gaf in het Engels antwoord, wat Hortense alleen maar vastberadener maakte. Toen we het restaurant verlieten, bukte Hortense even, trok mijn arm naar zich toe en rook aan mijn mouw. Ze zei iets tegen mijn moeder terwijl ze naar mij wees, en de tranen sprongen in mijn moeders ogen. Dat was de laatste keer dat ik die oude heks zag. Toen Marie overleed, stuurde ze me een brief die ik niet openmaakte, maar bij Helene thuis snipper voor snipper door het toilet spoelde. Ze zal nu wel dood zijn, al hoop ik van niet. Ik hoop dat ze het nieuws over mij ziet. Ik hoop dat zij en haar onderdrukte oude echtgenoot tijdens mijn rechtszaak de roddelpers op de stoep hebben gehad en dat buren nu wantrouwig of – nog erger – met vals medelijden naar hen kijken.

We waren dus arm en Marie had niemand behalve Helene. Bea, haar enige andere echte vriendin, was teruggegaan naar Frankrijk na een mislukte relatie en een gemene modellenagent die min of meer had voorgesteld dat ze maar beter een eetstoornis kon ontwikkelen als ze geld wilde verdienen. Zo nu en dan schreef mijn moeder 's avonds laat lange brieven als ik deed alsof ik sliep. Dan zat ze aan de keukentafel, verscheurde vellen papier en begon telkens weer opnieuw. De volgende ochtend lagen de brieven dan op tafel klaar om gepost te worden. Ik herkende de naam pas toen ik ouder was en een weggegooide versie uit de prullenbak viste.

Mijn liefste, ik weet dat we elkaar niet meer kunnen zien en ik heb je besluit altijd gerespecteerd. Je weet hoeveel ik van je hield en dat ik nooit iets zou doen om je te kwetsen of je gezin in gevaar te brengen. Maar Grace wordt ouder en ik wil zo graag dat jij haar zou kunnen leren kennen, al is het maar een beetje. Ik vraag je niet om geld en ik verwacht niet dat we ooit weer zoveel van elkaar kunnen genieten als vroeger, maar ze heeft haar vader nodig! Soms kijkt ze me schuin aan en grijnst even, en dan lijkt ze precies op jou. Dat roept een mengeling van trots en verdriet in me op die je je niet kunt voorstellen. Misschien kunnen we een keer op een zondag in het park in Highgate afspreken, al is het maar een uurtje? Schrijf me alsjeblieft terug, ik heb geen idee of je deze brieven leest.

Deze brief leerde me drie dingen. Ten eerste, dat rondneuzen bijna altijd loont. Ten tweede, dat mijn vader getrouwd was en niets met mij te maken wilde hebben, ondanks Maries pogingen me een ander verhaal voor te spiegelen. En ten derde, het belangrijkste, ik ontdekte de naam van de schuinsmarcheerder die mijn moeders hart brak en ons in armoede achterliet. Ik kende zijn naam al, zo bleek. De meeste mensen kennen hem. Mijn vader is Simon Artemis. En hij is een van de rijkste mannen ter wereld. Tenminste, dat was hij, moet ik zeggen, toen hij nog leefde.

Dat was de bel. Ik moet naar de waskamer. Eindeloze hoeveelheden vale lakens wassen en opvouwen. De glamour is soms ondraaglijk.

4

Mijn jongere jaren waren niet zoals die afschuwelijke romans die je in boekhandels op het vliegveld ziet liggen, met verhalen vol onvoorstelbaar leed, die alleen gekocht worden door mensen die graag over de ellende van anderen lezen om naderhand een goed gevoel te hebben, simpelweg omdat ze een greintje medeleven of afschuw voelen. *Ik heb echt mijn ogen uit mijn kop gejankt, zo'n zielig verhaal.* De gebruikelijke opmerking op sommige online boekenclubs voor moeders. *Ach, las je over kindermishandeling en voortdurend trauma en daar raakte je van overstuur, Kate1982?* (Kate klinkt als de naam van iemand die zo'n website vaak bezoekt.) *Wat fijn dat je ons kunt vertellen hoe jóú dat raakte.*

Maar goed, mijn jeugd (het deel waarin Marie nog leefde, in elk geval) kende mooie momenten. Er werd veel van mij gehouden en dat wist ik, ook al was het maar door één persoon. Moeders zijn in staat van alle kanten liefde te geven, zozeer zelfs dat je vaak pas later doorhebt dat je de liefde van anderen hebt gemist. Marie had het het zwaarst en wist het goed voor mij te verbergen. Natuurlijk wist ik wel dat ze het moeilijk had, dat merkt een kind heus wel. Maar kinderen zijn ook verbijsterend egoïstisch, en zolang zij erin slaagde de meeste barstjes weg te poetsen, ging ik er graag in mee. Mijn moeder zette geld opzij, van haar baan als barista in een bar in Angel, waar warme dranken minstens drie pond kostten en cake zonder bloem werd gemaakt voor vrouwen die net hebben ontdekt dat ze een glutenintolerantie hebben, en van haar schoonmaakwerk dat haar naar de huizen van dames in Highgate bracht die waarschijnlijk helemaal geen cake aten. Elke drie maanden wist ze net genoeg bijeen te schrapen om mij mee te nemen op een 'magische verrassingstocht', wat alleen maar een tochtje naar de Cutty Sark betekende of een ritje in de ondergrondse naar Selfridges om de kerstverlichting te zien. Eén keer nam ze me mee naar de kermis in Hampstead Heath, waar ik voor het eerst suikerspin at en een vis won bij een hoepelspelletje. We zetten de vis in een vaas op onze keukentafel en ik noemde hem R.I.P., wat ik heel grappig vond omdat kermisvissen nooit lang leven. Marie vond het gemeen en koesterde de vis, maakte zijn vaas elke week schoon en stopte er wat waterplanten en een steen in. Ik had op een gegeven moment geen belangstelling meer voor het beestje, maar met haar goede zorgen die eerste tijd leefde R.I.P. nog tien jaar. Hij overleefde mijn moeder.

Marie en ik gingen dapper door. Ik ging naar een goede basisschool in de buurt van Seven Sisters, waar ik welgeteld één vriend had, een jongen die Jimmy heette, wiens familie in een heel groot huis woonde met absurd veel kleden en kussens en in elke kamer boeken tot aan het plafond. Zijn moeder was therapeute en zijn vader huisarts, en ze hadden hun zoon met gemak naar een particuliere school kunnen sturen die niet naast een pandjeshuis stond waar werd bijgeklust in harddrugs. Ze hadden een grote Labour-poster voor het raam hangen en hadden een fikse dosis liberale schaamte vanwege hun voorspoed, en Jimmy's scholing was een van de manieren waarop ze die wegpoetsten. Ik heb nog steeds contact met Jimmy. Sterker nog, onze relatie is de laatste tijd serieuzer geworden, zou je kunnen zeggen.

Zo zouden we verder hebben kunnen gaan, Marie en ik. Ik ging naar de middelbare school een straat verderop (in eerste instantie samen met Jimmy, die in de eerste klas genadeloos werd gepest omdat hij zo'n kakker was en daarna naar een particuliere school werd gestuurd waar ze geiten hadden en veel aan kunst deden; het zoveelste verkrampte compromis van zijn ouders), waar ik nog een paar vrienden vond. Als we meer tijd hadden gehad, zou Marie misschien een betere baan hebben kunnen vinden en wie weet ook een aardige man die een deel van haar lasten op zich had kunnen nemen. Misschien had ik kunnen gaan studeren en zou ik later genoeg hebben verdiend om voor mijn moeder te zorgen, een flat en een auto voor haar te kopen. Maar als dat ons lot was geweest, zou ik dit niet zitten schrijven, zou ik hier niet wachten tot Kelly onze cel binnenstormt om een gesprek uit te lokken over de highlights die ze eigenhandig in haar haar heeft gezet. In plaats daarvan werd Marie trager, grijzer en sliep ze meer, tot het zo erg was dat ik opstond om naar school te gaan en zij nog in bed lag. Ze raakte schoonmaakklussen kwijt omdat ze op een ochtend niet voor elf uur wakker werd en een of andere zielloze heks met een uitgestreken gezicht in een huis met zes badkamers haar om halftwaalf per sms ontsloeg. Haar rug deed pijn, zei ze op een avond, toen ze met Helene op de bank zat te kletsen, terwijl ik in bed lag te doezelen. Helene raadde haar aan naar de huisarts te gaan, maar dat wuifde ze weg. 'Ik heb altijd al pijntjes sinds ik in dit vochtige, koude land ben, toch?' zei ze lachend.

Wie weet hoe slecht ze zich werkelijk voelde? Ik wist het in elk geval niet. Kinderen zijn alleen met zichzelf bezig en ouders horen onoverwinnelijk te zijn. Dat is de afspraak. Marie kwam die niet na. Twee maanden later nam ze me voor het eerst mee op vakantie, naar Cornwall. We sliepen op een camping bij een klif met uitzicht op de weidse zee, wandelden over kustpaden, en ik at veel ijs. Marie dronk wijn in de deuropening van onze caravan, terwijl ik in het gras lag en haar vragen stelde over haar jeugd in Frankrijk, over hoe ik later misschien een opleiding kon volgen om fotograaf te worden, over jongens en of ik ze ooit leuk zou vinden op de manier waarop grote mensen elkaar leuk vonden, als ze allemaal zo onvolwassen waren als de jongens in mijn klas. Daar moest ze om lachen. Ze lachte veel die vakantie.

Ik was net dertien toen duidelijk werd dat haar kwaaltjes geen teken waren van het harde werken en de voortdurende zorgen. Op een dag kwam Helene me vroeg uit school halen en nam ze me mee naar het ziekenhuis. Marie was op haar werk in elkaar gezakt, en voordat ik naar haar toe mocht, nam de beste vriendin van mijn moeder me mee naar een bezoekersruimte en vertelde daar dat mijn moeder kanker had. Ze had een bezoek aan de dokter steeds uitgesteld en had, zoals zoveel vrouwen die voor anderen zorgen, geen aandacht besteed aan wat ze zelf nodig had. Ze wilde niet dat ik het wist, legde Helene uit, maar dat verdiende ik wel. Ik staarde naar de tl-verlichting boven mijn hoofd en voelde mijn oren gonzen, terwijl Helene vroeg of ik rustig wilde blijven en een grote meid wilde zijn in het bijzijn van mijn moeder. Ik had het gevoel alsof er op dat moment iets in mijn hoofd uitging, alsof ik opeens op stand-by stond, niet in staat volledig mee te draaien. Later leerde ik dat ze dat dissociatie noemen, waarbij je brein zich soms uitschakelt om je te beschermen tegen stress en trauma. Het is een gruwelijk gevoel, maar het heeft me goed dienstgedaan op momenten waarop ik, nou ja, erg onaangename dingen heb moeten doen. Eerlijk waar, als overal bloed ligt en iemand schreeuwt voor zijn leven, is het een opluchting om even afstand te nemen.

Marie kwam nooit meer thuis en zes weken later was mijn lieve, uitgeputte moeder dood. In de korte tijd tussen haar diagnose en haar dood hadden mijn moeder en Helene besloten dat ik bij Helene zou gaan wonen; alsof ik ergens anders naartoe kon. Mijn grootouders kwamen niet eens naar de uitvaart, wat een kleine gelegenheid was met wat vroegere modellen uit mijn moeders beginjaren in Londen, een paar collega's en Jimmy's ouders John en Sophie. We brachten een toost op haar uit in het plaatselijke café waar we vroeger op zaterdagochtend warme chocolademelk dronken als we wilden ontsnappen aan het vocht en de kou van onze flat. En daarmee was het wel gedaan met mijn jeugd. Ik verhuisde naar de flat van Helene in Kensal Rise en had daar voor het eerst een eigen slaapkamer: een kleine ruimte waar haar kleren hadden gehangen en afgedankte sportspullen hadden gelegen. De vis ging mee, de kom werd op een toilettafel gedumpt. Helene had zich nooit een leven met een tiener voorgesteld, maar ik moest het haar nageven, ze deed haar best. Er was altijd eten en ze gaf me reisgeld en kleren. Ik zei het nooit hardop, voor het geval ik zou worden geveld door een wraakzuchtige godheid, maar de levensomstandigheden waren een stuk beter dan in onze deprimerende zit-slaapkamer. Ik verhuisde naar een school dichter bij haar flat en werd vrijwel meteen onafhankelijk. Helene werkte op een modellenbureau en was veel weg, dus slenterde ik na schooltijd urenlang door het park in de buurt om de tijd te verdrijven, of ik ging in een Costa Coffee zitten met een kop thee. Alles was beter dan teruggaan naar die lege flat met gedachten aan alles wat ik kwijt was.

Helene had de flat van mijn moeder leeggehaald en hoewel er niets was wat veel waarde had, gaf ze me wel Maries lievelingsring met opaal die perfect om mijn duim paste en waar ik de hele dag over wreef. Ze gaf me ook een doos brieven, documenten en foto's uit Maries jongere jaren, inclusief haar dierbare KOOKAÏ-poster. Ik heb ze nooit bekeken. Ik houd niet zo van sentimentele aandenkens, op de ring na, al was ik er natuurlijk niet vies van om een paar kostbare symbolen na een moord te houden. Maar goed, dat kun je nauwelijks sentimenteel noemen. Toen ik op een dag onder Helenes bed op zoek was naar haar stijltang, vond ik nog een doos. Deze zag er anders uit dan de doos op mijn kamer, die was versierd met bloemen en hartjes. Hij leek meer op de dozen in de kamer van de rector: stevig en zakelijk. Op de zijkant stond met zorg in rode inkt geschreven: *Grace/Simon*.

Natuurlijk maakte ik hem open. Ik aarzelde niet eens. Ik heb nog steeds geen respect voor de zogenaamde privacy van anderen. Als je iets in mijn buurt laat slingeren, kijk ik erin, neem ik het in me op, onthoud ik het. Omdat ik vroeger maar één ander persoon had van wie ik op aankon, heb ik denk ik meer informatie nodig dan een normaal mens als het gaat om vertrouwen. Of misschien wil ik gewoon in je hoofd kruipen en iets in mijn voordeel vinden. Het werkt niet altijd; ik lees Kelly's dagboek al vanaf het moment dat ik in deze gevangenis zit, maar het is moeilijk om inzicht te verwerven in iemands diepste gedachten als ze zo volledig verstoken zijn van originaliteit.

Ik liet me tegen Helenes kamerdeur omlaagglijden en bleef daar zitten voor het geval ze thuiskwam. De vriendin van mijn moeder was getuige geweest van de korte relatie van mijn ouders, maar ze had me er nooit iets over verteld, zelfs niet toen Marie overleed. Ik weet dat ze dacht dat ik er niets aan zou hebben, dat ze me beschermde, dus had ik niet aangedrongen. Maar deze doos zou me misschien wel meer kunnen vertellen dan zij kon. Helene was aardig, maar ze was geen groot licht en had niet veel inzicht. Ze keek het liefst naar commerciële zenders, dat zegt waarschijnlijk genoeg.

Er zat een stapel papieren in, ogenschijnlijk in willekeurige volgorde. Ik zag verschillende krantenartikelen, brieven en foto's door elkaar, en begon ze in stapels te verdelen. Toen ik dat had gedaan, bekeek ik de foto's goed. Er zaten er een paar bij van mijn moeder en haar vriendinnen tijdens avondjes uit in donkere nachtclubs in Londen. Marie en Helene dansend in mini-jurk, allebei met een sigaret in hun hand. Meisjes die ik niet kende en die champagne uit flessen lieten spuiten. Terwijl ik ze een voor een bekeek, verdwenen de meisjes langzamerhand steeds meer naar de wazige randen van de foto's en verscheen Simon ten tonele. Er waren foto's van Simon met andere mannen, allemaal in witte overhemden en dure vale spijkerbroeken, grote gouden gespen op hun riemen. Ze hadden hun armen om elkaars schouders geslagen, zoals de jongens op school, alleen hadden ze een sigaar in hun mond, een borrelglas in hun hand en keken ze grijnzend naar de camera. Daarna volgden er foto's van mijn moeder en Simon alleen, hij zwierde haar in het rond, haar gestippelde rok was bewogen, maar de blik op haar gezicht was haarscherp. Ze was verrukt, bleef met haar hoofd draaien om mijn vader recht aan te kijken. Maar hij keek niet naar haar; hij grijnsde naar de camera. Hij keek op geen enkele foto naar haar, in plaats daarvan keek hij lachend naar zijn maten, die allemaal al even smachtend naar hem keken als Marie, of hij trok gekke bekken voor de camera, sloeg borrels achterover, danste op tafel terwijl anderen joelden en nam een ongelukkig kijkende ober in een goedmoedige houdgreep terwijl de menigte lachte en applaudisseerde.

Het is vreemd om te beseffen dat je walgt van je vader nog voordat je ooit de kans hebt gehad hem te ontmoeten. Natuurlijk wist ik dat hij mijn moeder slecht had behandeld, maar het was meer dan dat. Ik kreeg alleen door die paar foto's al de zenuwen van hem. Zijn gebruinde, glimmende gezicht was bewijs van een ijdelheid die ik niet eerder had gezien. Zijn overduidelijke behoefte om alle aandacht op te eisen was triest. Hij nam de ruimte van anderen in beslag, vrouwen werden opzijgeduwd, ze waren niet meer dan beeldschone rekwisieten voor Simon Artemis. Zijn groep vrienden zag er zo gewiekst uit als je je kunt voorstellen, van het soort dat zich maar beter gedeisd kan houden na #MeToo. Ik werd een beetje onpasselijk bij alles wat ik zag. Deze man, met zijn opzichtige kleren en zijn duidelijke behoefte om bij elke pose zijn testosteron tentoon te spreiden, deelde in en had bijgedragen aan mijn DNA, mijn karakter, mijn bestaan. Opnieuw vroeg ik me af of Marie soms een ernstige persoonlijkheidsstoornis voor mij verborgen had gehouden. Hoe was deze man, deze keus, anders te verklaren? Hoe had ze zo'n fout kunnen maken?

Ik was dertien toen ik deze foto's voor het eerst zag. Ik wist niet veel over relaties tussen mannen en vrouwen, het concept patriarchaat, het idee van emotionele manipulatie of zelfs maar de feiten over basale seksuele aantrekkingskracht. Ik zag alleen deze walgelijke man die openlijk zijn ergste eigenschappen voor de camera toonde, terwijl mijn lieve moeder naar hem staarde. En op dat moment haatte ik haar ook.

Toen ik de foto's weer in de doos stopte, zag ik dat ik mijn vuist gebald had en dat de spieren in mijn hals een beetje begonnen te branden, de voorbode van hoofdpijn, maar ik wist dat ik moest doorzetten omdat ik misschien niet gauw nog een kans zou krijgen. Wie wist wat Helene van plan was met deze papieren?

Hierna volgden stoffige en vergeelde krantenknipsels. De koppen waren een verzameling van zakelijk en persoonlijk nieuws. SIMON ARTEMIS KOOPT TIENERMODEKETEN SASSY GIRL, ARTEMIS ONDER VUUR WEGENS SWEATSHOPTOESTANDEN, SIMON EN JANINE MET HUN NIEUWE DOCHTER, LINTJE VOOR SIMON ARTEMIS?, GERUCHTEN OVER ONDERSCHEIDING VOOR CEO VAN ARTEMIS HOLDINGS. Die laatste kwam uit een glossy tijdschrift en er stonden foto's bij van Simon en zijn vrouw (die dus Janine heette), omringd door wollige honden, op een wollig tapijt naast een reusachtige kerstboom zo hoog als de kamer. In zijn armen had hij hun dochter die, zo las ik, Bryony heette. Zo te zien was ze een jaar of drie. Ik keek naar de datum van het artikel. De spieren in mijn hals werden nog warmer. Ik was dertien maanden jonger dan zij. Mijn zus was een baby toen Simon in die clubs rondhing, toen hij mijn moeder versierde, haar weet ik wat beloofde. Op de foto's stond hetzelfde huis waar ik met mijn moeder die natte dag in Hampstead langs was gelopen. Het zag er, zelfs in mijn jonge ogen, spuuglelijk uit. Janine (ik ga ervan uit dat het Janine was, aangezien mannen er zo vaak nog altijd van uitgaan dat het de taak van de vrouw is om het huis netjes te houden) had duidelijk een overweldigende passie voor grijs en zilver. Heb je ooit een zilveren schoorsteenmantel gezien? Dan heb ik het niet over metaal of verf, maar echt zilver. Uit Wenen geïmporteerd, kwam ik jaren later te weten, toen ik korte tijd in hun huis mocht zijn voor een personeelsfeest. Janine was een hoffelijke gastvrouw, maakte met iedereen een praatje alsof ze de koningin was, en ik stelde veel vragen over haar laten we zeggen unieke interpretatie van binnenhuisarchitectuur. Ze zou vast niet zo aardig zijn geweest als ze had geweten wat ik van plan was met haar dierbaren, maar ze was zo trots op die gruwelijke haard dat ik het eigenlijk niet met zekerheid kan zeggen.

De knipsels lichtten een tipje van de sluier op over wat Simon nu eigenlijk deed. Hij was eigenaar van onder andere Sassy Girl, de budgetmaatschappij Sportus en ongeveer achttienhonderd panden in het zuidoosten die in een dusdanige toestand verkeerden dat ze hem de lichtelijk amusante bijnaam 'de huisjesmelker' hadden opgeleverd. Hij bezat ook enkele hotels, een paar jachten die je per week kon huren voor het geval je een vijfsterrenhotel wat inferieur vond voor je vakantie. Het ultieme ijdelheidsproject was wel een wijngaard die Simon en Janine in 1998 hadden aangekocht waar wijn werd geproduceerd die, neem ik aan, alleen door hun vrienden en zijn maten werd gekocht. Onder de naam Chic Chablis. Alsof er iets was wat meer zei over een persoon.

Het laatste wat uit de doos kwam was een dikke, roomkleurige envelop. Er zaten twee vellen papier in. De eerste was een brief van Simon zelf. Hij was haastig in zwarte inkt gekrabbeld, de woorden bijna door het papier heen gedrukt.

Marie, dank voor je brief. Ik vind het heel vervelend voor je dat je ziek bent, maar wat je voorstelt is onmogelijk. Zoals ik je al <u>*heel*</u> *vaak heb gezegd, nam jij in je eentje het besluit om je kind te houden. Je had het recht niet om te denken dat ik mijn gezin en reputatie op het spel zou zetten voor het product van een kortstondige verhouding. Het was jouw keus om het kind te krijgen (ik heb geen bewijs dat het überhaupt van mij is) en vervolgens probeer je me zover krijgen dat ik haar wil zien. Er moet een einde komen aan deze waanzin. Jouw dochter zal nooit bij mijn gezin horen. Ik ben getrouwd, Marie! Ik heb een dochter. Mogelijk word ik volgend jaar in de adelstand verheven. Bemoei je niet langer met mijn leven. Bijgevoegd is een cheque voor vijfduizend pond, wat meer dan royaal is, maar gezien je gezondheidsproblemen lijkt het me de juiste beslissing. In ruil daarvoor eis ik dat je afziet van verder contact. Simon*

Het andere vel in de envelop was de brief van mijn moeder die dit afschuwelijke epistel had ontlokt. Ik wilde haar smeekbede niet lezen, wilde de kwetsbaarheid en het verdriet in haar handschrift niet zien. Het was te vernederend om te lezen hoe zwak mijn moeder was als het om deze man ging. Ik daarentegen was sterk en dus besloot ik hem toch te lezen en de woede in mijn maag aan te wakkeren tot een allesverzengend vuur. Ik vouwde hem open.

Liefste Simon,

Ik weet dat je me gevraagd hebt om niet te schrijven en ik heb geprobeerd jouw besluit te respecteren, ook al vind ik het verdrietig. Maar ik moet je vertellen dat het niet goed met me gaat. Volgens de artsen van het Whittington Hospital (bij jou in de buurt) heb ik niet lang meer te leven. Ik heb het geaccepteerd, niet omdat ik wil sterven, maar omdat ik moe ben. Al jaren ben ik moe en voel ik me niet goed. Het leven is zwaar geweest sinds de geboorte van Grace en het lijkt er niet gemakkelijker op te worden. Denk geen seconde dat ik Grace iets verwijt. Zij is in dit alles mijn grote geluk geweest. Wat had ik graag gewild dat jij haar had gekend als baby, als kleuter, als meisje van zes dat erop stond om 'Crystal' genoemd te worden. Was je er maar geweest toen ze in haar kikkerfase een week lang kwaakte in plaats van praatte, of toen ze de tekenprijs op school won. Je hebt zoveel gemist, maar de rest hoef je niet te missen. Ik wel. Ik zal het allemaal missen, en dat maakt me zo bang dat ik er niet van kan slapen, al moet ik eerlijk zeggen dat de apparaten en geluiden op de ziekenzaal niet helpen. Simon, je moet haar in je gezin opnemen. Je moet je vrouw over haar vertellen; ze zal het je vergeven, het is al zo lang geleden gebeurd. Ze zal als moeder toch niet willen dat een kind zonder haar ouders opgroeit? Ik heb weinig geld om ervoor te zorgen dat haar tienerjaren probleemloos zullen verlopen en mijn ouders zijn altijd boos gebleven om de keuzes die ik heb gemaakt. Ik wil niet dat zij haar ontplooiende geest kapotmaken. Mijn vriendin Helene heeft aangeboden haar in huis te nemen, maar zou het niet geweldig zijn als ze haar eigen familie om zich heen zou kunnen hebben? Ik wil niet smeken, maar omwille van onze dochter doe ik dat toch. Alsjeblieft, doe wat goed is. Ik weet dat je een goed mens bent en dat je je eigen kind niet in de steek wilt laten. Ik zal niet meer thuiskomen, dus schrijf me alsjeblieft in het ziekenhuis, vierde verdieping, de Hummingbird Ward.

Met heel mijn hart,
Marie

Ik sloeg de doos dicht, schoof hem weer onder het bed en keek of ik niets had laten liggen wat Helene zou kunnen vinden. Daarna ben ik kennelijk meteen naar buiten gegaan, want even later liep ik door het park in de buurt en ging ik op een bankje zitten tot mijn hart weer iets tot rust was gekomen. Met mijn ene hand streek ik over de handpalm van mijn andere en wreef ik langs mijn keel in een poging de brok weg te krijgen die daar opeens zat. Ik wist meer over mijn vader dan ik ooit had geweten. Ik wist dat hij bulkte van het geld. Ik wist dat hij een gezin, een huis en een bloedlelijke schoorsteenmantel had. Hij had bedrijven waar ik weleens van had gehoord. Sassy Girl was een merk dat de meisjes op school droegen. Hij was een bekend persoon. Mijn moeder had hem om hulp gevraagd (en mij daarbij vernederd) omdat ze stervende was. En hij had haar afgewezen, was tegen haar uitgevaren, had haar vernederd. Ik wilde naar zijn huis rennen, hem te lijf gaan, hem slaan, mijn vingers in zijn ogen prikken en zijn hoofd tegen zijn afzichtelijke marmeren vloer slaan. Ik haalde langzaam adem, probeerde me te concentreren op de wip op de kinderspeelplaats. Maar de woede ging niet weg. Ik wist dat hij niet meer weg zou trekken, hoe kalm ik mezelf uitwendig ook kon voordoen. Mijn moeder had me altijd vakkundig behoed voor het gevoel van afwijzing, voor de harteloze en kille afstandelijkheid van deze man. En ik had me veilig gevoeld, omarmd door haar liefde. Maar nu ze dood was, kon ze deze pijn niet langer voor me weghouden. Ik wist dat ik niet naar zijn huis kon om aan te bellen en te eisen dat hij een of andere vage prijs betaalde voor wat hij had gedaan. Ik zou niet verder komen dan het hek voordat ik werd weggestuurd. De familie Artemis was er duidelijk aan gewend om muren op te trekken en lastige mensen weg te wuiven: schuldenaren, fans, bedelaars en ongewenste kinderen. Ik zou moeten wachten, besefte ik, mijn tijd moeten uitzitten en een plan moeten bedenken voor als ik ouder was en beter in staat om contact te leggen. Die gedachte bood me troost. Over vijf jaar was ik achttien. Ik had vijf jaar de tijd om een manier te bedenken waarop ik de familie Artemis kon laten lijden. Ik kan me dit moment nog heel goed herinneren en ik heb er vaak aan gedacht, altijd met een glimlach. Want zelfs op mijn dertiende troostte ik mezelf al met de wetenschap dat ik volwassen zou worden en die mensen duidelijk zou maken, heel erg duidelijk, hoe wij hadden geleden. (Ook al was ik op die leeftijd veel te lief om hier in detail over na te denken.)

5

Andrew Artemis wilde ik liever niet vermoorden. Het moest natuurlijk wel gebeuren, dat wist ik en ik was onwrikbaar, maar ik was er niet op voorbereid dat een van hen zo... nou ja, aardig zou zijn. Het onderzoek dat ik naar zijn familieleden had gedaan was gedetailleerd geweest, grondig, je zou het zelfs obsessief kunnen noemen. Zodoende was ik te weten gekomen hoe moreel verdorven deze familie echt was. Het maakte mijn werk gemakkelijk te weten dat ik de wereld niets fatsoenlijks ontnam. In gedachten had ik mijn persoonlijke doel al afgeschilderd als een algemeen belang. De familie Artemis was de belichaming van schadelijk kapitalisme, een moreel vacuüm, een staaltje hebzucht. God, wat was ik onuitstaanbaar jong.

Het gemak waarmee ik Jeremy en Kathleen van kant maakte motiveerde me. Het was meer geluk dan wijsheid geweest: één dramatische ruk aan het stuur en ze waren van de klif gevlogen, nog geen krasje op Amirs auto om argwaan te wekken. Er hadden zoveel dingen mis kunnen gaan, zoveel dingen waar ik van huiver als ik eraan terugdenk. Als er ook maar iets anders was gegaan, had ik het misschien niet meer aangedurfd, had ik mijn plannen heroverwogen, of nog erger: was ik gepakt. Maar dat was niet gebeurd. Ik had de winnende hand die avond. De attente manier waarop mijn grootouders zo snel stierven was eerlijk gezegd de reden dat ik doorzette. Kan ik ze toch nog ergens voor bedanken.

Andrew was de zoon van Simons broer Lee en misschien wel de lastigste om iets over te weten te komen. Hij was niet aanwezig bij de bespottelijke familiefeesten, waar serveersters als pauwen verkleed waren (met dank aan de boulevardbladen voor dat feitje) en dwergen in hoge hoeden rechte lijntjes cocaïne op zilveren dienbladen aanboden. In de zomer zat hij ook niet ingesmeerd met Bryony en haar slanke, gebruinde vrienden op het dek van het familiejacht. Hij had niet eens een symbolisch baantje bij Artemis HQ, het hoge kantoorgebouw aan Great Portland Street, waar een gloednieuw uitziende grijze Bentley stationair stond te draaien als Simon aanwezig was, het neo-equivalent van het hijsen van de vlag wanneer de koningin in haar residentie is. Zelfs Tina, mijn Artemis-informant – iemand met wie ik onwillig vriendschap had gesloten toen ik daar werkte (daar kom ik nog op terug) – kon me niet echt helpen toen ik naar informatie over hem viste. Ze dacht dat Andrew 'zijn eigen pad had gekozen', schreef ze toen ik haar appte waarom hij niet in de tijdschriftreportage over het jaarlijkse liefdadigheidsbal van Artemis werd genoemd. Zoals altijd kon ik haar niet te veel onder druk zetten over dit soort onderwerpen. Om geen argwaan te wekken, moest ik het initiatief aan haar overlaten en zij had duidelijk geen belangstelling voor mijn neef.

Ik wist dat er echt iets aan de hand was toen Andrew niet kwam opdagen voor de uitvaart van zijn grootouders (een verrukkelijk vreemde gelegenheid om op een respectvolle afstand te bekijken). Ik hield vol. Toen Facebook hem niet kon vinden, creëerde ik een Google Alert voor mijn jonge neef en wachtte geduldig af. Uiteindelijk werd hij ergens genoemd in een plaatselijk online krantje, in een beschrijving over het werk van een of andere ouwe lul voor meerkikkers in drasland in Oost-Londen. Toen ik had opgezocht wat drasland eigenlijk was, besefte ik dat Andrew ver was afgedwaald van de familie Artemis, misschien nog wel meer dan ik. En dat wilde wat zeggen, als je bedenkt dat mijn bestaan al vanaf mijn geboorte was ontkend.

Andrew probeerde het drasland niet met een bulldozer af te graven om er een fabriek neer te zetten waar kleine kinderen brandbare polyester kleren maken, en het was ook niet zijn bedoeling om de meerkikkers te villen om er designerhandtassen van te maken, zoals zijn familieleden zouden hebben gedaan als de winstmarges goed genoeg waren. Nee, hij deed vrijwilligerswerk, hielp mee om hun paargedrag te bestuderen en ervoor te zorgen dat deze afzichtelijke wezens een plek hadden om te leven en te floreren. En dat voor nop. Eerlijk waar, als ik zijn opa en oma niet van die stoffige weg in Marbella af had gereden, dan zouden ze het zelf wel gedaan hebben bij het horen wat hun kleinzoon met zijn leven deed.

Al snel werd me duidelijk dat alle moeite die ik in het bedrijf Artemis had gestoken me niets zou opleveren als ik dichter bij Andrew wilde komen. Sterker nog, ik vermoedde dat het zelfs tegen me zou werken. Uit de achteloze vragen die ik bij Artemis HQ had gesteld (tragisch weinig, gezien mijn lage functie), leek het alsof mijn neef de banden met zijn familie een aantal jaren daarvoor had verbroken en zijn ouders zelden sprak. Is het niet ironisch, om de definitie van Alanis Morissette te gebruiken (wie begrijpt trouwens echt wat ironie is?), dat ik zo lang mijn best had gedaan om de kring van vertrouwelingen van Artemis binnen te dringen, terwijl mijn neef zich er even vastberaden uit had losgemaakt?

Maar ondanks het feit dat hij duidelijk een ander leven wilde leiden, was hij nog altijd een van hen; zou hij nog steeds met open armen worden verwelkomd als hij geen zin meer had om met behulp van smerige kikkers Oost-Londen te yuppificeren – wat erg waarschijnlijk leek, laten we eerlijk zijn. En doorslaggevend: hij was nog altijd een potentiële erfgenaam als de rest van de familie dood was. (En zoals je weet was ik aardig op weg die dag naar voren te halen.) Dus deed ik wat ik moest doen. Ik las over kikkers, kocht een bloedlelijk windjack en meldde me als vrijwilliger aan bij het Walthamstow-draslandproject.

Ik heb een keer op zondagavond laat zo'n film 'gebaseerd op

een waargebeurd verhaal' op Channel 5 gezien. Hij ging over een ambitieuze stadse vrouw die haar oude leven aan de wilgen hangt om geiten te hoeden in de heuvels. Ze deed afstand van haar designertassen (de stevige invloed van een mannelijke regisseur was hier duidelijk zichtbaar) en haar suffe leven. Ze zag de zuiverheid in de aarde, de natuur, in terugkeren naar het land. Het was allemaal schone schijn met de hoofdrolspeelster in de zon, gekleed in een overall, en even werd ik erdoor verleid. (Voordat ik me herinnerde hoe dringend ik mijn familie wilde uitmoorden.) Mijn subtiele punt is dat het Walthamstow-draslandproject nooit het tafereel zal zijn van iets soortgelijks. Niemand haalt een inspirerend verhaal uit dit stukje natuur. Niemand zal ooit leren dat de mooiste liefde in het leven draait om houden van jezelf terwijl je met een haarnetje op en rubberen handschoenen aan het leefgebied van de heilige kikker probeert niet te vervuilen.

De vrijwilligersintroductie vond op een klamme dag in mei plaats, en ik vertrok per trein vanaf King's Cross. Ik had een bril op, droeg gemakkelijke schoenen, een anorak en een vissershoed. Ik voelde me totaal onzichtbaar, wat zowel verontrustend als interessant was. Niemand keek mijn kant op, geen enkele man glimlachte naar me. Ik had zelfs een lunchpakket bij me, iets wat ik bij iedereen boven de acht altijd als veeg teken had gezien. Volgens Google Maps waren er geen vertrouwde restaurants in de buurt van het drasland en ik was niet van plan om me aan eten te wagen dat afkomstig was uit een zone ver buiten het centrum én mogelijk was besmet met iets wilds.

Het bezoekerscentrum was een sombere toestand. Het woord op zich is al hoogdravend. Stel je geen felverlicht complex voor met vriendelijke bordjes of een werkend toilet. Het was een keet met een dak van golfplaten en binnen hingen er kinderachtige posters met grillig getekend onkruid en hier en daar een abstracte vogel. Roger, de man die het draslandproject leidde, heette de twee personen die waren gekomen welkom. Ik was lichtelijk geschokt dat iemand anders vrijwillig en niet gemotiveerd door moordlust in het drasland wilde werken. Maar er was toch iemand. Lucy, zo vertelde ze Roger en mij, was een vrouw van dertig die in de IT werkte, maar er altijd naar had verlangd om meer in de natuur te zijn. Ze zag eruit als iemand die niet vaak aan vitamine D werd blootgesteld en had een bleek en afgetobd gezicht. Het kostte me moeite om mijn gezicht in de plooi te houden toen ik Rogers ogen zag oplichten en hij enthousiast knikte bij alles wat ze zei. 'Je bent hier aan het juiste adres, Lucy!' zei hij. 'We staan wel niet op de Werelderfgoedlijst, maar deze draslanden zijn het achtste wereldwonder, zeg ik altijd!' Zijn ogen verdwenen in de gerimpelde huid eromheen als hij lachte.

Ik stelde me voor dat hij dat minstens één keer per dag tegen iemand zei en vroeg me terloops af of hij een vrouw had die heel graag zou willen dat ik hem ook uit de weg ruimde.

Mijn anorak was een schot in de roos. Lucy had iets soortgelijks en Roger was nog een stap verder gegaan en droeg iets wat ik alleen kan omschrijven als een waterdichte onesie. We kregen een thermosfles met thee aangeboden, terwijl Roger tegen de receptiebalie leunde en vertelde wat onze taken zouden zijn. Hoewel ons herhaaldelijk werd verzekerd dat we de spannende wereld van milieubeheer zouden betreden, kwam het erop neer dat we onkruid moesten wieden. Dat was volgens Roger heel belangrijk om het subtiele ecologische evenwicht van het gebied te bewaren. Hierna kregen we een rondleiding door de draslanden, die maar vijfentwintig minuten duurde. Misschien was drasland, enkelvoud, een beter woord.

Het was een treurige toestand met weinig grootse schoonheid. Even verderop stond een eenzame reiger en er zoemde een zwerm vliegen in het riet, maar verder barstte het niet van het leven. Het wemelde er ook niet echt van de bezoekers. Op een gegeven moment mompelde Roger iets over het plaatselijke sportcomplex en financiering die oneerlijk verdeeld was, en zijn gezicht betrok.

Stel je voor dat een sportcomplex je grote vijand is.

Lucy leek oprecht geïnteresseerd in de introductie en stelde gedetailleerde vragen over netten en composteren. Ik hield mijn mond, knikte en keek of ik een man zag die Andrew kon zijn. Van de weinige foto's die ik van hem op jonge leeftijd had gezien, wist ik dat hij een lange, slanke vent met blond haar en akelig rechte tanden was. Niet onaantrekkelijk, zou in een café een tweede blik waard zijn, heel gewoon knap naar Londense maatstaven. Maar behalve Roger en een oude dame, die me deed denken aan Alan Bennetts *The Lady in the Van*, die wat onherkenbare planten uit de grond rukte, was er helemaal niemand.

Gek genoeg liet Roger ons die dag zelf geen praktische dingen doen. Hij zei dat het werk erg nauw luisterde en stond erop dat we in de keet een uur lang veiligheidsvoorschriften doornamen. Die bestonden voornamelijk uit waarschuwingen over de meertjes – een paar armzalige plassen, vond ik – maar Roger zei streng dat ze veel dieper waren dan we ons konden voorstellen en dat ze minder groot leken door al het riet. We moesten heel voorzichtig zijn als we er in de buurt bezig waren omdat één misstap potentieel gevaar betekende. Zelfs Lucy leek niet erg overtuigd toen ze dat hoorde.

Toen de introductie ten einde kwam, zweeg Roger eerbiedig en hij sloeg zijn blik ten hemel, alsof hij toestemming vroeg om te spreken. 'En dan nu het moment waarop jullie hebben gewacht,' zei hij met een brede glimlach. 'De kíkkers. Er zijn slechts twee inheemse kikkersoorten in dit land, de bruine kikker en de poelkikker. Je vindt ze over het algemeen in ondiep water en tuinen. Maar hier hebben we een exotischer exemplaar. Jazeker, wij hebben de méérkikker.' Hij wachtte op goedkeurend gemompel, wat Lucy braaf liet horen, en ging toen verder. 'De meerkikker is een bijzonder beestje. In 1935 bracht Edward Percy Smith twaalf exemplaren mee uit Hongarije, die prompt uit zijn tuin ontsnapten en zich vermenigvuldigden. Slimme rakkers,' zei hij knikkend, alsof de kikkers een verheven plan hadden om de Britse Eilanden te koloniseren.

We werden naar de oever van het grootste meer gebracht, waar ons werd opgedragen dat we stil moesten zijn. Roger woog zeker honderd kilo, maar hij bewoog zich als een geoefende geveltoerist. 'We moeten ze niet bang maken,' fluisterde hij, terwijl hij de omgeving bekeek.

Terwijl we daar stonden, vroeg ik me af of dit echt wel de beste manier was om Andrew te vinden. Ik stelde me voor dat ik weekenden lang samen met Roger in stilte op die beesten moest staan wachten, terwijl de modder mijn laarzen in sijpelde en ik in de stromende regen stond te vernikkelen van de kou. Ik voelde me wat verslagen. Maar ik had ook geen betere opties. Andrew was de volgende persoon op mijn lijst en ik wijk liever niet van een plan af, dat haalt alles overhoop.

Toen we daar een kwartier in een ongemakkelijke stilte bij elkaar hadden gestaan, terwijl Roger om zich heen spiedde en Lucy geen vin verroerde, haar lichaam bijna gonzend van verwachting, bewoog er opeens iets. De oude man wenkte ons bevelend. Op onze tenen slopen we door het riet op zoek naar het beloofde dier. Door de beschrijving had ik min of meer verwacht dat we een gigantisch felgekleurd beest met een glimmende huid te zien zouden krijgen dat vol overgave rondhupte. In plaats daarvan zagen we een kleine, slijmerige, groene vlek met alleen wat lichtgroene strepen op zijn rug. Ik heb nog nooit iets gezien dat zo zwaar overschat was, en dat terwijl we van Jimmy's moeder Sophie een keer naar *La vita è bella* moesten kijken.

De kikker stoof het riet weer in (kan een kikker stuiven?) zodra we dichterbij kwamen en Roger keek ons diep teleurgesteld aan, alsof we hadden geprobeerd het beest aan het spit te rijgen. 'Nou ja, jullie weten nog niet hoe het moet. Volgende week zien we er misschien wel twee paren! Het is het seizoen.'

Ik nam me voor me niet verder te verdiepen in een kikker die er zo gewoontjes uitzag. Ik liep achter Roger en Lucy aan terug naar het bezoekerscentrum om mijn spullen te pakken. Toen we vertrokken, zag ik een prikbord met foto's van personeel en vrijwilligers met hun namen in het lettertype Comic Sans eronder. Het kon me niets schelen wat Roger en Lucy ervan vonden, ik liep er meteen naartoe. En daar was hij. Het duurde even, mijn ogen zochten de verzorgde prins die ik op foto's had gezien. Maar op deze foto had hij een staartje en... een grote oorbel, gemaakt van een schelp. Zelfs op Camden Market kun je zulke hippiezooi niet meer kopen. Wat voor afschuwelijks had Andrew meegemaakt dat hij deze weg had gekozen? Hij had zijn besluit nog eens benadrukt met een enorm opgerekt gat in zijn oorlel en een houten ketting die suggereerde dat hij er na zijn opleiding een jaar tussenuit was gegaan en zijn tijd grandioos had verspild. Ik staarde langer naar de foto dan waarschijnlijk fatsoenlijk was, voordat ik Roger nonchalant naar zijn collega's probeerde te vragen.

'Dat is Linda, die was buiten onkruid aan het wieden, misschien heb je haar gezien.' Iets zachter ging hij verder. 'Ze is eenzaam, arm mens, zorgt voor haar man die dementie heeft.'

Ik vroeg me af of onkruid wieden in de leefomgeving van een kikker beter was en concludeerde dat dat waarschijnlijk zo was. Liever dat dan de man op wie je vroeger viel naar het toilet helpen.

'Dan heb je Phyllis, we noemen haar Phil. Een beetje een manwijf, maar erg goed met scholieren. En dit is de jonge Andrew. Doet hier onderzoek naar de flora en fauna en weet veel over natuurbescherming. We mogen blij zijn met hem. Hij heeft in Brighton ecologie gestudeerd en gaat volgend jaar met een beurs naar Australië om onbekende soorten te identificeren. Ze hebben daar al tweehonderdveertig soorten ontdekt,' zei hij weemoedig.

'Is hij hier?' vroeg ik nonchalant.

'Vandaag niet, hij is naar een cursus over schimmels onder de bevolking.' Kennelijk keek ik geschrokken, want hij voegde er snel aan toe: 'De kíkkerbevolking, bedoel ik!' Hij lachte luid.

Toen de proefdag eindelijk voorbij was, pakte ik mijn spullen en loog dat ik snel weg moest omdat ik nog iets anders te doen had. Ik was bang dat Lucy anders met me mee terug zou willen, en ik zag ertegen op om drie kwartier in de trein te zitten en de dag door te nemen met iemand die zo weinig eisen stelde aan een nieuwe hobby. Maar gek genoeg bleef ze hangen en Roger leek daar dolgelukkig mee. Hij bood haar nog een kop thee aan en vroeg wat ze over watersalamanders wist. Ik hoopte maar dat dat geen versiertruc van hem was en ging ervandoor.

En dat was dus dat. Elke zaterdag diende ik Roger in zijn kleine, saaie koninkrijk. Elke zaterdag wiedde ik onkruid, veegde de paden schoon en deed mijn best om me niet beledigd te voelen over het feit dat Lucy samen met Roger de zorg voor de kikkers op zich had genomen, terwijl ik het zware werk deed. Met hun hoofden dicht bij elkaar hoorde ik ze zo nu en dan praten en lachen, terwijl hij haar liet zien hoe ze de kikkers kon vangen en markeren... Waarvoor, dat zal ik nooit weten. Ik heb sindsdien geleerd dat de meerkikker helemaal niet bijzonder, met uitsterven bedreigd of waardevol is. Er waren geen amfibieën die Rogers zorg nodig hadden, deze bastaarden van het drasland zouden het ook prima hebben gedaan zonder het toeziend oog van een man van vijftig met iets aan zijn voeten wat verdacht veel op Hush Puppies leek.

Andrew was de enige reden die me ervan weerhield om deze beesten de hersens in te slaan en het centrum voorgoed te verlaten. Op mijn eerste echte werkdag zag ik hem meteen. Hij was een wandelpad naar het meer aan het vegen en neuriede mee met muziek. (Wat voor muziek weet ik niet, aangezien hij een enorme koptelefoon op zijn hoofd had, maar ik vermoed dat het iets was als UB40.) Ik wachtte op de onvermijdelijke introductie en ja hoor, zodra het pauze was, bracht Roger hem naar ons toe. Terwijl we elkaar begroetten en Lucy zemelde over hoe interessant het werk wel niet was, nam ik hem in me op. Het lange haar, bijna tot op zijn schouders, was onverzorgd en warrig. Hij droeg een kaki broek en een oud grijs hemd, en zijn vingernagels zagen zwart van het vuil. Maar hij was breedgeschouderd en fit, met spieren die duidelijk waren opgebouwd door hard werken, niet in een dure sportschool. Als hij zich wat had opgeknapt, zou ik gemakkelijk kunnen zien hoe mijn neef bij de familie Artemis paste. Hij had een vriendelijk gezicht, maar zijn ogen hadden dezelfde grijze vlekjes als die van mijn vader, en toen hij zich half omdraaide, zag ik dat hij hetzelfde profiel had als Jeremy. Was hij net zo arrogant? Moeilijk te zeggen.

Ik hing bij hem hetzelfde vage verhaal op dat ik Roger en Lucy ook had verteld. Mijn naam was Lara, ik was een makelaar uit Noord-Londen, had net een lange relatie achter de rug, was op zoek naar een nieuwe uitdaging en had al sinds mijn studietijd belangstelling voor milieubescherming en herwildering. Ik had mezelf bewust zijn moeders voornaam gegeven om te zien of hij daarvan schrok, maar hij gaf geen krimp. In plaats daarvan knikte hij enthousiast en vertelde me dat zijn interesse ook was gewekt tijdens zijn studie. Het was in elk geval een goed begin.

Die eerste dag was Andrew druk bezig met een omgevallen hek repareren, terwijl het vreemde duo Lucy en Roger zich bezighield met kikkers en ik het bezoekerscentrum schoonmaakte. Ik moet erbij zeggen dat ik nog geen enkele bezoeker had gezien, maar Roger keek uit naar een schoolklas die maandag zou komen. 'Precies wat jonge mensen nodig hebben: de vrije natuur en niet van die saaie sportcomplexen.'

Ik keek hoe Andrew bezig was, moeiteloos het hek herstelde, opging in zijn werk. Als hij niet zo op zijn grootvader had geleken, zou ik mezelf ervan hebben overtuigd dat ik de verkeerde had. Deze man was onbezorgd, eenvoudig, hardwerkend. Ik durfde te wedden dat geen enkele Artemis sinds ongeveer 1963 ooit een dag fysiek werk had verricht, tenzij je andere mensen vertrappen als noeste arbeid zag.

Ik moest iets verzinnen om met hem aan de praat te raken. Advies vragen over hoe je een piepkleine keuken schoonmaakt ging niet echt werken, dus wachtte ik tot iedereen aan het lunchen was en liep met mijn boterhammen naar hem toe. Hij zat met zijn ogen dicht van de lentezon te genieten.

'Wat is het fijn om buiten te werken,' waagde ik. 'Ik heb er zo genoeg van om in een kantoor te zitten, winst na te jagen en cliënten keihard te misleiden.' Oké, ik legde het er een beetje dik op, maar kreeg de goede reactie. Mensen willen vaak alleen maar een spiegel voorgehouden krijgen voor hun eigen meningen. Dat geldt in het bijzonder voor mannen, en Andrew deed zich dan wel voor als woke ecostrijder, maar hij was niet immuun.

'Dat vind ik nou ook!' zei hij, en hij draaide zich met een glimlach naar me toe. 'Dit is echt mijn toevluchtsoord. Ik vind het afschuwelijk hoe wij er als maatschappij worden ingeluisd om onmogelijke doelen na te streven door mensen die alles hebben, alleen zodat grote bedrijven aan onze arbeid kunnen verdienen.'

Tjonge, dat ging gemakkelijker dan ik dacht. Na een kwartiertje kletsen over kapitalisme en het kwaad van het rijk, vertelde ik hem iets over 'mijn' familie, de Latimers. Ik gebruikte natuurlijk niet hun echte naam en zei niet dat Sophie en John niet mijn echte ouders waren, maar ik gokte dat hij wel los zou komen als ik hem vertelde over mijn liberale familie die Labour stemde en meeliep met protestmarsen tegen klimaatverandering. 'Jouw familie was zeker ook zo?' zei ik vragend, terwijl ik een olijf uit de pot viste die naast hem stond.

Hij verschoof iets en krabde met zijn pink in zijn hals. 'Eigenlijk niet. Dit heb ik allemaal zelf moeten uitvogelen. Mijn ouders hebben me weinig meegegeven qua ideologie. Ze hadden het te druk met feesten, geld verdienen, nou ja, geld uitgeven, eigenlijk. Ik heb op de beste privéscholen gezeten, had lieve kinderjuffrouwen, een goed thuis, en een tijdlang ben ik in die stroom meegegaan; ik liep op mijn zestiende stage bij een vermogensfonds, genoot van de mooie dingen in het leven. Maar tijdens mijn studie kwam daar verandering in. Toen zag ik voor het eerst echt ongelijkheid. Mensen denken dat Brighton een rijke stad is, weet je wel, maar er zijn heel arme wijken, en de andere studenten… weet je wel, die waren allemaal heel betrokken en verbonden met de realiteit, weet je wel? Ik schaamde me gewoon voor mezelf.'

Ik was zo grootmoedig ervan uit te gaan dat al dat 'weet je wel' een nerveuze tic was en probeerde het te negeren. 'Goed van je,' zei ik, en ik gaf hem een kneepje in zijn arm. 'Daar is lef voor nodig, om echt je ogen te openen.' Nou ja, niet echt, als je ouders achter je hebt staan met miljoenen op de bank voor het geval je geen zin meer hebt om onder het gewone volk te leven, maar hij leek het op prijs te stellen en wreef afwezig over de plek die ik zojuist had aangeraakt.

Het ijs was gebroken. Er was nog een paar weken onkruid wieden voor nodig voordat ik voorstelde om na het werk ergens wat te gaan drinken, maar dat zag hij wel zitten. Lucy helaas ook. En, nog erger, Roger ook. We eindigden in een troosteloze pub in de buurt van het bezoekerscentrum die niet onaardig had kunnen zijn als hij niet ergens in de afgelopen jaren was ingesloten door een verkeersplein. (Plus, laten we eerlijk zijn, als de clientèle totaal anders was geweest en de wijnkaart meer bood dan een lauwe Australische chardonnay.) Het gesprek ging voornamelijk over die stomme kikkers, en Andrew vertelde ons vol enthousiasme over zijn eigen privécollectie.

Roger rolde met zijn ogen. 'Deze jongen vindt de inheemse niet interessant genoeg, of wel dan, knul? Altijd op zoek naar iets wat net wat… exotischer is.' Hij zei het alsof een uitheemse kikker gevaarlijk was en Andrew weglokte bij de fatsoenlijke hardwerkende types in de draslanden. Roger had ongetwijfeld voor de Brexit gestemd. Ik deed alsof ik geïnteresseerd was en moedigde mijn neef aan om meer te vertellen, terwijl Roger zich tot Lucy wendde en haar probeerde te betrekken bij een gesprek over teelaarde.

Andrew bracht zijn hoofd wat dichter bij het mijne en sprak zachtjes. 'Het bezoekerscentrum is mooi en Roger bedoelt het goed. Maar hij heeft gelijk, ik ben inderdaad meer geïnteresseerd in de "exotischer" exemplaren, zoals hij het noemt. Het klinkt misschien gek...' Zijn stem stierf weg, terwijl ik hem geïnteresseerd aankeek. '... maar ik heb onderzocht wat kikkers kunnen betekenen bij depressie. Heb je weleens van Kambo gehoord?'

Nee, Andrew, natuurlijk heb ik daar verdomme nog nooit van gehoord. Normale mensen denken niet aan kikkers en depressies. Normale mensen brengen hun dagen niet door in smerig drasland langs een vierbaansweg en ze wachten niet op bezoekers die nooit komen. Maar goed, normale mensen proberen ook niet hun hele familie uit te roeien, dus misschien moet ik wat minder oordelen en meer luisteren. Ik sperde mijn ogen wijd open.

'Het is de afscheiding van een bepaalde kikker en er is heel veel research dat aantoont dat het depressie en verslaving kan genezen. We zijn allemaal zo afhankelijk van de westerse geneeskunde die ons wordt opgedrongen door grote farmaceuten, maar het wordt steeds duidelijker dat de natuur ons betere manieren biedt om de worstelingen van de mens te behandelen. Kambo...' Hij zweeg even. 'Het heeft voor veel mensen wonderen verricht.' Hij wierp een blik op Roger om er zeker van te zijn dat de man niet meeluisterde en wendde zich toen weer tot mij. 'Daarom heb ik die kikkers thuis. Ik probeer de perfecte dosis te vinden. Te veel en je gaat er verschrikkelijk van kotsen. Het komt heel nauw. En ik fok ze, zodat ik mijn voorraad kan vergroten en meer mensen kan helpen.'

Opeens hoefde ik niet meer te doen alsof ik geïnteresseerd was. Wat een bizarre wending had Andrews leven genomen, dat hij zichzelf drogeerde met kikkervocht. Er was toch vast wel een aardige Harley Street-therapeut die zijn problemen op een minder gestoorde manier kon behandelen? Maar goed, rijkeluiskinderen proberen altijd hun eigen weg te vinden, belemmerd door een gebrek aan motivatie en gewend aan luxe waardoor hard werken onnodig lijkt. Sommige worden clubpromotor. Sommige wietrokende kunstenaars. Waarom dan geen kikkerdealer?

Ik bestookte hem met vragen en zei dat ik hem heel dapper vond. Ik durf hier zonder schaamte te zeggen dat ik hem vertelde over mijn eigen strijd tegen depressie en me heel kwetsbaar opstelde. Het deed er niet toe dat het allemaal onzin was en dat ik het geluk had gehad daar niet onder te lijden, ook al had ik genoeg verdriet te ervaren. Mannen houden van kwetsbare vrouwen. Ze hebben graag het gevoel dat we hulp nodig hebben, ondanks hun oppervlakkige zelfvertrouwen.

Tegen de tijd dat we de pub verlieten, had ik het gevoel dat ik hem voor me had weten te winnen. Toch liep ik met gespannen schouders en gebalde vuisten terug naar het station. Hij was een aardige man, dacht ik, al was hij redelijk suf. Ik voelde geen gal in mijn keel branden als ik aan hem dacht, zoals wanneer ik aan zijn vader of grootvader dacht. En die emotie, die altijd verzengende woede die me het gevoel gaf dat mijn oren in brand stonden, had het zo gemakkelijk gemaakt om Jeremy en Kathleen te vermoorden. Het had het leuk gemaakt. Nog weken daarna had ik niet dat bijtende gevoel in mijn luchtpijp. Hoe zou ik van deze nieuwe uitdaging kunnen genieten als ik dat zuur niet kon opwekken?

De daaropvolgende keer wisselden we telefoonnummers uit (een van de risico's van een prepaid is dat je je eigen nummer nooit uit je hoofd weet) en appten elkaar de hele week met linkjes naar onderzoeksartikelen die de ander misschien leuk zou vinden. Ik las geen van zijn suggesties, maar het was niet moeilijk om te reageren na een snelle blik op de conclusie. Ach, arme zinloze academici die jaren werken aan een of ander geestdodend onderzoek dat niemand leest, maar dat anderen wel in een voetnoot zetten waarin alles in twee minuten is samengevat. Appen klinkt alsof er geflirt werd, maar volgens mij was Andrew gelukkig gewoon iemand die ervan genoot dat een ander bereid was te luisteren naar zijn bijzondere belangstelling voor amfibieën en hallucinogenen. Het alternatief zou een gruwelijke dimensie geven aan iets wat, naar ik hoopte, een vrij simpele moord zou zijn.

Na vier weken waren we goede vrienden. Ik wist waar hij woonde (in Tottenham in een huis met vier andere jongens die allemaal studeerden), wat zijn lievelingsroman was (iets van William Boyd, maar de titel ben ik vergeten) en dat hij veganist was. Op zaterdag gingen we steeds vaker naar die sombere pub waar we ons klem zopen en ik grapjes maakte over Roger tot hij er wat van zei. Ik wist hoe ik hem zou vermoorden. Net als met mijn grootouders was het een vaag plan en bestond de kans dat het zou mislukken, maar na mijn eerste uitstapje zag ik het wel zitten en Andrew was te goedgelovig voor woorden. Toen we op een zaterdagavond de pub uit rolden, stelde ik voor om met een fles wijn terug te gaan naar het bezoekerscentrum. Het was een zachte nacht, de sterren waren zichtbaar, wat zelden voorkomt in deze in smog gehulde stad. Hij wilde wel, al was hij een beetje zenuwachtig. 'Dat zou Roger niet goed vinden,' zei hij lachend, 'maar ach, het kan geen kwaad.'

Mijn neef is geen ongehoorzaam type, ondanks zijn luid verkondigde radicale ideeën. Dat krijg je van veertien jaar particulier onderwijs. Ouders hoesten geen tweehonderdvijftigduizend pond op in de hoop dat hun kind moedwillig de ongeschreven regels van de Britse maatschappij overtreedt.

De beveiliging van het draslandcentrum stelde niets voor. Die was er gewoon niet. Geen camera's (wat zou je willen stelen? Een paar karpers?), geen prikkeldraad. Andrew stak zijn sleutel in het slot en we waren binnen. We liepen naar het grote meer en gingen op een kleine steiger zitten die Roger net had gebouwd, zodat we de kikkers gemakkelijker konden observeren. Ik opende de fles wijn en terwijl we om beurten een slok namen, begon ik over het onderwerp waar ik al een tijdje aan had zitten denken.

'Mag ik de kikkerdrug eens proberen, Andrew? Je hebt het er zo vaak over en het lijkt me hartstikke spannend, iets wat ik wel wil meemaken.' Het bleef even stil en daarna hoorde ik hem snel in- en uitademen.

'Dat lijkt me geen goed idee, Lara. Ik ben nog geen expert en probeer de dosering nog goed te krijgen. Vorige week had ik te veel genomen en was ik een kwartier bewusteloos. Het komt heel precies, ik wil jou niet als proefkonijn gebruiken.'

Ik knikte en maakte geruststellende geluiden. 'Dat snap ik helemaal. Ik wil je op geen enkele manier onder druk zetten. Ik dacht alleen dat het misschien een klein beetje zou kunnen helpen met mijn paniekaanvallen...' Ik liet mijn stem wegsterven in de hoop te profiteren van zijn aangeboren Engelse onbeholpenheid.

Hij slaakte weer een zucht. 'Ik wist niet dat je last hebt van paniekaanvallen. Ik ook, al van kinds af aan. Dan zei ik tegen mijn moeder dat ik geen lucht kon krijgen. Maar ik kon het niet goed uitleggen. Ze zijn de laatste tijd in het kwadraat terug.' Hij keek me begripvol aan en wreef onhandig over mijn duim.

'Hoe komt dat?' vroeg ik, en ik keek hem met een passende dosis bezorgdheid aan. Mannen houden ervan aangestaard te worden. Het geeft ze het idee dat je volledig opgaat in wat ze zeggen.

'Mijn grootouders hebben een ongeluk gehad...' Hij keek omlaag en liet mijn hand vallen.

Ik drong niet aan, pakte de fles wijn en liet mijn hand in het meertje zakken. 'Zeg, hoe diep zou het hier zijn? Roger doet altijd alsof het monster van Loch Ness zich hier zou kunnen verstoppen.'

Andrew lachte en duwde zijn haar uit zijn gezicht, waardoor die afschuwelijke oorbel klingelde. De spanning vervloog. 'Deze plek is zijn leven. Hij stelt zich gewoon graag voor dat alles hier groter en krachtiger is dan het misschien is. De meertjes zijn allemaal heel ondiep, al heb ik wel een keer door deze heen gewaad en werd ik verrast door hoe diep het in het midden is: ongeveer tot je middel. Maar laat Roger het niet merken. Denk aan de kikkers, Lara,' zei hij zogenaamd verontwaardigd. We dronken de fles wijn leeg, waarna ik zei dat ik maar eens een taxi moest bellen. Andrew hielp me overeind – ik had meer last van de drank dan ik had gedacht – en we liepen struikelend en giechelend naar het hek terwijl we elkaar tot stilte maanden. Ik bood aan hem thuis te brengen, maar hij zei dat hij behoefte had aan frisse lucht, dus liet ik me in een Toyota Prius zakken die werd bestuurd door een man die naar een merkwaardige medley van akoestische showdeuntjes luisterde. Een paar minuten voordat we bij mijn flat waren, hoorde ik mijn telefoon in mijn zak piepen. Onhandig ontgrendelde ik het scherm en tuurde omlaag.

Oké, we doen het. Komende zaterdag, na werktijd. Jij brengt de wijn mee; rosé lijkt me een goede combi. Maar het is SUPERGEHEIM. Niemand weet dat ik dit doe.

Ondanks de waardeloze uitvoering van 'All that Jazz' die uit de luidsprekers kwam toen we op mijn bestemming arriveerden, slaagde ik erin te glimlachen. Hebbes.

De week daarna is zwaar. Slapen en werken kosten me moeite, ik denk alleen maar aan wat er komende zaterdag gaat gebeuren. Ik kan me nog herinneren dat Jimmy en ik werden uitgenodigd voor een verjaarsfeest van een klasgenoot in een nachtclub in Finsbury Park. Ik was toen zeventien. O, de glamour! De hele week waren we bezig om valse identiteitsbewijzen te regelen en we wisselden ideeën uit over we zouden aantrekken. We hadden een mooie leugen voor Sophie bedacht en de details geoefend, zodat we niet van tevoren al door de mand zouden vallen zoals suffe tieners zo vaak overkomt. Dat was trouwens allemaal mijn werk, Jimmy zou meteen zijn gesnapt. Die jongen kan echt niet liegen. De maandag van tevoren waren we zo opgewonden dat ik er niet van kon slapen. Mijn maag deed salto's, de adrenaline gierde door mijn lijf en ik lag te woelen omdat ik me afvroeg of ons plan wel zou lukken, of we de club binnen zouden komen en de avond zouden hebben die we voor ogen hadden. Het werd een grote mislukking. We wisten binnen te komen en alles liep uiteindelijk volgens plan, maar het feest was een enorme teleurstelling en toen we naar huis wilden en om één uur 's nachts op de bus stonden te wachten, kregen we een ijskoude plensbui over ons heen, moest Jimmy zijn best doen om niet te kotsen en bleef ik uit zijn buurt voor het geval dat. Al die moeite en voorpret voor iets wat uiteindelijk weinig voorstelde. Dit gevoel is ook zo, alleen staat er nu meer op het spel, en ik weiger nog langer met de nachtbus te gaan.

De voorbereidingen voor zaterdag gaan minder over wat ik aan moet en meer over de wijn die een schroefdop moet hebben en de noodzaak voor discrete handschoenen. Allebei koop ik die maandag. Dan volgen vijf dagen van wiebelende voeten, gedachten die door mijn hoofd razen en een beeld van Andrew die op onhandige momenten glimlachend in mijn gedachten verschijnt. Echt, ik kan me niet herinneren dat Patrick Bateman schuldgevoelens of dat knagende gevoel van verderfelijkheid had. Het is veel moeilijker dan ik dacht om dit plan onbezorgd uit te voeren.

Maar goed, het wordt zaterdag en ik ga niet met de trein naar het centrum, zoals anders. Ik loop de hele weg in de hoop mijn zenuwen te bedwingen met het ritme van mijn voeten. Dat werkt eigenlijk best goed, ik kom met een glimlach aan en begin met het schilderen van het gehandicaptentoilet, zoals Roger me heeft gezegd. Andrew is laat, en een zenuwslopend halfuur ben ik bang dat hij helemaal niet komt. Maar dan staat hij daar, zijn haar vastgebonden met een reep van een oud T-shirt en in een korte broek die er verdacht veel uitziet alsof hij is gemaakt van een patchwork van oude waslappen. Zijn vader heeft ongetwijfeld een rekening bij een kleermaker aan Jermyn Street, denk ik huiverend. Diep tragisch. Ik zwaai naar hem, maar schilder verder. Ik moet niet al te enthousiast zijn, want hij voelt zich toch al niet helemaal lekker bij onze plannen voor straks. In de loop van de dag wordt het steeds warmer. Roger, Lucy en de oude dame die aan het afgetakelde kasplantje van een man probeert te ontsnappen, zitten in de al even afgetakelde strandstoelen bij de ingang van het centrum en schrijven de namen van planten op stokjes die we in de grond kunnen steken alsof we een National Trust-locatie zijn. Ik ben blij dat de zon schijnt. Regen zou ons binnen hebben gehouden en dan zou mijn plan in duigen vallen.

Volgens mij heb ik nog nooit zo hard gewerkt als vandaag. Twee lagen weerbestendige verf en ook nog eens een stevige boenbeurt van de binnenmuren. Niets maakt zo productief als de belofte van moord, zo blijkt maar weer. Om vijf uur zet Roger thee, we leggen ons gereedschap weg en gaan op de steiger zitten. Het voelt eigenlijk best fijn. Alsof ik ergens bij hoor. Iets alledaags en totaal zinloos, maar dat betekent niet niets als je zoiets nog nooit hebt meegemaakt. Ik heb wel een paar van die momenten gehad waarop ik me afvroeg of God me wilde zeggen dat ik een andere weg moest inslaan. Maar dan bedenk ik dat ik niet in God geloof en dat híj me dit leven heeft gegeven, als hij bestaat. Wat weet hij er nou van?

Om zes uur lopen we in de richting van de pub, Roger en Lucy gaan met ons mee. Lucy is echt uit haar schulp gekomen sinds we hier vrijwilligers zijn. Ze is niet langer een bang konijntje. Vandaag heeft ze een bandana om en draagt een tuinbroek, haar gezicht is bruin van het werken in de buitenlucht. Is Roger een soort vaderfiguur voor haar? Ik kom er niet helemaal achter. Gezien het alternatief hoop ik dat heel erg.

Het is rustig in de pub, alleen een paar tafels met buitenbeentjes en een jongeman die met een biertje voor zich een boek zit te lezen. Hij lijkt hier niet echt op zijn plaats. Dit is nou niet echt een plek waar je naartoe gaat om te lezen en te overpeinzen. Andrew en ik slaan een fles smerige witte wijn achterover, terwijl Lucy en Roger gemberbier drinken. Het gesprek verloopt wat stroef. Het is toch al een wat gekunstelde groep, vooral nu we naar de klok kijken alsof we minnaars zijn die niet kunnen wachten om met elkaar het bed in te duiken. Ik krijg haast, bestel nog een fles en verklaar met veel omhaal dat ik mezelf moed wil indrinken omdat ik straks een date heb. Roger vindt het vermakelijk, zegt dat ik 'die vent moet laten betalen' en komt met allerlei openingszinnen voor me. Eén daarvan is, je geloof het niet: vragen wat zijn favoriete bordspel is.

'Dat van mij is... en dat is controversieel, ik weet het... Monopoly!' Niemand vraagt waarom het controversieel is en zijn teleurgestelde blik is een beloning op zich.

Andrew begint met zijn voet te tikken en ik maak me zorgen dat hij zich bedenkt als we hier nog lang blijven. Wie niet waagt, die niet wint, besluit ik. Ik drink mijn glas leeg, sta op en lach. 'Nou, wens me succes. Ik moet om halfnegen in Angel zijn, laten we hopen dat hij het waard is.' Ik slinger mijn tas over mijn schouder en geef Andrew een enthousiaste klap op zijn rug. Roger heft zijn glas naar me en Lucy zwaait lauw. Ik loop de pub uit, verlaat de hoofdweg en loop terug naar het centrum. Ik besluit om Andrew niet te appen, hem de kans te geven zelf de touwtjes in handen te houden. Ik ga op het trottoir zitten en drink wijn uit een heupfles die ik bij me heb.

Ik wil niet drinken uit iets wat zo overduidelijk een kreet om hulp uitstraalt, maar ik moet mijn eigen wijn apart houden. Het spul dat ik voor Andrew bij me heb, is fors aangelengd met wodka en ik moet helder blijven. Nu begrijp je waarom ik een fles met schroefdop nodig heb in plaats van geknoei met een kurk. Ik heb een derde deel van de wodka in mijn heupfles gegoten en heb de rest aangevuld met de beste sterkedrank die ik kon vinden. Niet dat hij morgen een kater heeft, maar ik vind het gewoon wel zo fatsoenlijk om hem niet het ergste bocht te geven. Als galgenmaal, zeg maar. In Amerika krijg je tegenwoordig kennelijk geen galgenmaal meer. Iemand had voor honderden ponden aan eten besteld en vervolgens geweigerd het op te eten. De bewaarders waren zo kwaad geweest bij dit opstandige vertoon dat niemand die laatste traktatie nog krijgt. Zijn medegevangenen zullen zijn naam wel vervloeken, maar ik bewonder de vastberadenheid van die man om tot het laatste moment iedereen boos te maken.

Als ik ongeveer een half glas op heb, zie ik iemand over de weg mijn kant op komen. Sommige mannen lopen met zo'n sjofele uitstraling dat het lijkt of ze door een kleuter zijn getekend. Andrew is zo iemand. Maar mocht er enige twijfel zijn, het silhouet van zijn haar zegt me dat hij het is. De zwierige gang suggereert dat hij de tweede fles wijn heeft leeggedronken. Ik sta op, lach en zwaai met mijn vrije hand naar hem.

'Jij liet me ook lekker in de steek, verdomme!' zegt hij, en hij geeft me een por tegen mijn schouder. 'Roger bleef maar zaniken over het ophaalschema van de gemeentereiniging en Lucy doet niets om hem te stoppen. Het lijkt bijna alsof ze het geweldig vindt.' Hij laat zijn rugzak vallen en zoekt zijn sleutels. Eenmaal binnen zet hij zijn rugzak op tafel en ik loop naar de keuken om een paar bekers te halen. Ik mag hem niet laten zien dat hij iets anders krijgt dan ik. Tegen de tijd dat ik hem vind, is hij buiten spullen aan het klaarzetten. Met een vleugje pret zie ik dat hij vinyl handschoenen draagt. We nemen vanavond allebei voorzorgsmaatregelen.

'Ik geef je de vloeistof met een druppelaar, oké? Ik ben er maar van uitgegaan dat je niet echt aan een kikker wilt likken.' Hij lacht, maar ik zie dat hij nog steeds gespannen is.

'Zit daar maar niet over in. Zet het maar vast klaar, dan nemen we eerst nog wat te drinken. We kunnen het straks doen,' zeg ik met een glimlach, en ik geef hem een beker met de tekst OPKIKKER erop. Hij pakt hem dankbaar aan en neemt een flinke slok. Gespannen vraag ik me af of hij zal merken hoe sterk de wijn is, maar hij neemt nog een slok en zet de beker op de steiger naast zich neer.

Terwijl hij de kikkerpasta klaarzet, praten we over zijn veldwerk en waar hij allemaal naartoe wil, na Australië. Ik heb niets te verliezen, dus vraag ik hem of zijn ouders zijn plannen steunen.

'We hebben geen contact,' zegt hij bot. 'Al een paar jaar niet meer. Het is beter zo. Mijn familie is toxisch.'

Nogal, denk ik, en ik wrijf even over zijn arm. 'Wat is er gebeurd?'

'O, niets. Alles. Ik ben gewoon in de verkeerde familie geboren.

Ik zei vroeger voor de grap weleens dat ik bij mijn geboorte ben verwisseld en dat de echte zoon van mijn ouders ergens in een Bentley over het strand rijdt. Ze bedoelen het niet slecht… Tenminste, mijn moeder niet. Die is eigenlijk heel lief. Maar de verwachtingen die ze voor me hadden draaiden allemaal om geld en het bedrijf van mijn oom, en het was gewoon afschuwelijk en ontaard. Nadat ik ze had verteld dat ik niet voor de familie wilde werken, heb ik nog een tijdje contact met ze gehouden, maar het werd te moeilijk. Ze bleven maar aandringen, zeiden dat het een stom besluit van me was en dat ik me als een verwend kind gedroeg.' Hij neemt nog wat wijn. Iedereen zou wijn uit een beker moeten drinken. Dan drink je vanzelf te veel.

Andrew ontspant zich en neemt me in vertrouwen. Terwijl ik hem nog wat met wodka versterkte wijn bijschenk, legt hij uit dat zijn vader zo jaloers was op diens oudere broer dat hij erdoor verteerd werd, dat zijn moeder emotioneel verwaarloosd werd en zijn zus was overleden toen ze negen maanden oud was, waardoor hij altijd het gevoel had dat hij voor hen beiden moest leven. Ik speel de rol van de zwijgende maar bemoedigende vriendin, terwijl ik me inwendig gelukkig prijs dat ik maar één neef heb. Ik ben inmiddels overgegaan op water, maar Andrew is dronken en heeft niets door. Hij gaat zo op in zijn biecht dat hij denkt dat hij me zijn diepste gedachten kan toevertrouwen. Therapeuten zijn hun geld dubbel en dwars waard. Ik wil hem niet opjagen, maar zijn verhaal over zijn familie is niet gedetailleerd genoeg om me veel te helpen, en mijn indringende vragen worden onduidelijk en vaag beantwoord. Tijd voor het kikkerslijm, voordat hij zo dronken is dat hij niet meer functioneert en ik weer een week moet wachten. Ik wil echt niet nog een avond met Roger in de pub zitten.

Goddank is de privéschoolbeleefdheid die er bij hem in is gedrild niet aangetast door de alcohol, en als ik Andrew aan ons plan herinner, komt hij in actie. De druppelaars komen tevoorschijn en hij legt uit dat hij een klein brandwondje op mijn huid moet maken om ervoor te zorgen dat het lichaam het serum gemakkelijker opneemt.

'Waar zal ik het doen?' vraagt hij. 'De meeste mensen kiezen een plek die gemakkelijk te bedekken is.' Ik kies mijn voet, zodat ik er niet aan hoef te denken dat ik hem moet bedekken, of een plek op mijn lichaam hoef uit te leggen. Ik trek mijn gympen uit, rol mijn sokken op en stop ze in mijn schoenen. Ik kijk of ik niets op de steiger heb laten slingeren. Ik heb straks geen tijd om te blijven hangen als we het gedaan hebben. Als het met hem gedaan is. De fles rosé is leeg en ik zet hem bij mijn tas, duw de beker in een zijvakje om straks mee te nemen naar de keuken.

'Jij moet het ook doen, Andrew,' zeg ik hem opnieuw. 'Ik ben veel te schijterig om het in mijn eentje te doen. Doe het tegelijk met mij. Dan wagen we de sprong samen.'

Hij zwaait met zijn vinger naar me, glimlacht en duwt dan een dreadlock achter zijn oor. 'Geen zorgen, Lara, ik ben het gewend. Ik zal je door de reis heen helpen.'

Getver, de reis. Het is pas een reis als je fysiek van A naar B gaat. Nou ja, in zekere zin is dat voor hem ook zo.

Hij kiest een plekje op zijn arm onder een tattoo van iets wat er verdacht veel uitziet als een dromenvanger. Ik mag denk ik blij zijn dat het geen Chinees karakter is. Hij pakt lucifers, strijkt er twee af en houdt ze tegen mijn linkervoetzool. Het voelt heet maar doet geen pijn; duidelijk een signaal dat ik een goede pedicurebehandeling nodig heb. Dan brengt hij de vloeistof aan. 'Ga liggen,' zegt hij. 'Een paar minuten wachten en rustig ademhalen.'

Ik staar naar de avondlucht en zie vanuit mijn ooghoeken dat hij zijn eigen huid verbrandt. Ik hoor hem zuchten als hij naast me komt liggen.

'Als je moet overgeven, dan moet je het zeggen, dan rol ik je op je zij. Goed dat er een meer is.' Hij begint te lachen, het duurt een eeuwigheid, lijkt het, en dan wordt hij stil. Zo liggen we in het donker te wachten. Ik weet niet hoelang. Ik voel een warmte over me heen kruipen, een vertroostend gevoel door mijn lichaam trekken, alsof ik word omarmd door mijn omgeving, vastgehouden door de wind.

'Ik voel het,' fluister ik, en ik draai me naar hem toe. Andrew heeft zijn ogen dicht en kreunt zacht. Ik besluit dat ik me niet wil bewegen. Ik wil de band die ik met alles om me heen voel niet verbreken. Het voortdurende gekwebbel in mijn hoofd stopt en ik hoor alleen mijn eigen hartslag. Ik vraag me af of Andrew het ook kan horen. Langzaam en rustig. Stuwend door mijn huid. Ik voel een dier langs mijn vingers strijken en kijk omlaag. Het is zijn hand die zich met de mijne verstrengelt. Solidariteit. Een soort verwantschap. En dat voelt fijn.

NEE.

Ik draai me om en gebruik onze verstrengelde handen om hem in het water te duwen. Zijn lichaam is helemaal ontspannen en ik hoef amper kracht te gebruiken, wat goed uitkomt, want ik ben hartstikke draaierig. In zijn val ontvouwt zijn lichaam zich, onze blikken kruisen elkaar en even maakt hij zich los uit zijn dromen. Zijn gezicht verwringt verrast en zijn mond gaat wijd open alsof hij wil schreeuwen. Maar het is niet genoeg. De wijn en het kikkersap hebben hun werk gedaan en hij valt voorover in het meertje. Ik ga rechtop op de steiger zitten, laat mijn voeten in het water glijden en duw zijn hoofd omlaag terwijl ik me aan de rand van het hout vasthoud om druk uit te oefenen. Ik zie mijn teennagels in het maanlicht glinsteren. Hoewel hij even met zijn voeten trapt, zijn er verrassend weinig spetters voordat zijn lichaam verslapt en het water weer glad wordt. Ik weet niet hoelang het duurt, maar ik heb het gevoel alsof ik van een afstand toekijk, dus leun ik naar voren en staar naar het lichaam in het water, op zoek naar tekenen van leven. Het is waarschijnlijk niet aan te raden om een moord te plegen onder invloed van een niet-geteste amfibische drug. Erg slordig, zelfs. Maar je moet in dit leven roeien met de riemen die je hebt.

Als ik zeker weet dat hij niet met veel gespetter uit het water omhoogkomt, zoals standaard in de meeste horrorfilms, leun ik weer naar voren en laat mijn hand over zijn nek glijden. Ik spetter water in mijn gezicht en sta dan op, trek mijn schoenen aan, haal een handdoek uit mijn tas en veeg de steiger droog, laat de fles en één druppelaar liggen. De rest van de spullen stop ik in een plastic tas. Ik pak zijn telefoon die ik hem vaak heb zien ontgrendelen met de datum van zijn verjaardag (zelfs hippies hebben iPhones) en wis onze meest recente berichten naar elkaar. Ik heb ervoor gezorgd dat ik in onze appberichten niet te gedetailleerd ben geweest over onze plannen, maar hij heeft het over onze afspraak gehad en ik wil geen vragen krijgen. Terwijl Andrew achter me drijft, bekijk ik met behulp van de zaklamp op mijn telefoon het tafereel en oordeel tevreden dat alles er goed uitziet. Het ziet er onbedoeld uit. Het ziet er tragisch maar niet verdacht uit, de perfecte balans.

Ik breng mijn beker naar de keuken, was en droog hem onhandig af en zet hem terug in de kast. Dan glip ik het gebouw uit, trek mijn hoody over mijn hoofd en loop vastberaden in de richting van de weg, waar een Uber op me wacht. Halverwege blijf ik even staan en kijk om me heen met het akelige gevoel dat er iemand achter me loopt. Maar de drugs laten me dingen voelen die er misschien niet zijn, dus schud ik het van me af.

De auto slingert door de verlaten achterafstraten voordat hij de grotere wegen vol uitgaanspubliek bereikt. Het is een draaierige waas van figuren die ik zie. De hele terugweg kijk ik naar buiten, haal diep adem om mezelf tot rust te brengen en speel met de kralen aan de ketting die ik van Andrews nek heb gehaald toen hij in het water lag. Nog een souvenir, denk ik. Een beetje geforceerd, eigenlijk, iets uit films over seriemoordenaars. Maar dan zijn het meestal eenzame mannen die het voor de kick doen, en ik doe dit met een doel voor ogen. En dat is niet om met mijn politiefoto bij Channel 5 in een programma over sexy moordenaars te komen.

Op zeker tien minuten lopen van mijn flat stap ik uit de taxi en dump de tas met de handdoeken en handschoenen in een afvalbak. Ik blijf even staan, houd mijn adem in en heb het gevoel dat ik niet genoeg lucht krijg. Dan geef ik mezelf toestemming om de rest van de weg verdrietig te zijn. Welgeteld negen minuten lang laat ik de tranen over mijn wangen stromen en doorsta ik de spijt die mijn gedachten overspoelt. Als ik de sleutel in het slot steek, wrijf ik met mijn mouw langs mijn ogen en schud mijn hoofd. Genoeg. Een glas wijn en twee afleveringen van *Golden Girls* later heb ik het idee dat de drugs zodanig zijn uitgewerkt dat ik kan slapen. De spijt die ik op weg naar huis voelde is aangenaam vlug weer verdwenen, en mijn laatste gedachte voordat ik in slaap val gaat niet over mijn lieve neef, die nu voorover in een modderig meertje ligt. Als ik de onderkant van het dekbed om mijn voeten trek en een kussen in een heel specifieke hoek onder mijn ene dij leg om lekker te kunnen liggen, is mijn op een na laatste gedachte dat ik mezelf morgen op een heerlijke brunch ga trakteren. Ik val in slaap terwijl ik bedenk of ik aansluitend bij de nagelstylist langs wil om eventuele resten van de kikkerpasta onder mijn nagels vandaan te laten halen. Zelfzorg is de nieuwste consumptietrend gericht op vrouwen, verpakt als emancipatie. Maar dat betekent niet dat het niet fijn is. Vergeet niet dat het belangrijk is om goed voor jezelf te zorgen na een week hard werken.

6

Het ergste aan de gevangenis is niet al het wachten in je cel, of het eten, of alle bezuinigingen en privatiseringen die ertoe hebben geleid dat incompetente sukkels in goedkope uniformen de verantwoordelijkheid hebben gekregen over zware criminelen. Het zijn niet de oude, ijskoude gebouwen waar volgens mij net zoveel ratten rondlopen als in de beruchtste gevangenis ooit. Ik zou echt al die dingen kunnen verdragen in de hoop dat ik op een dag vrijkom en nooit meer gedwongen ben te slapen onder een vrouw die hartjes in plaats van puntjes op haar i's zet. Het ergste aan de gevangenis is dat er zo nu en dan een bestuurder of politicus besluit dat wij, gedetineerden, iets nodig hebben om onze ziel te verrijken, onszelf te verbeteren, zodat we niet zo ongemanierd en eng zijn. Uit die spontane gedachte komt dan een plan voort. Meestal betekent het dat een of andere linkse rakker (er is nooit een conservatief die je wil laten zien hoe pottenbakken korte metten kan maken met onze agressieproblemen) vrijwillig een les komt geven (die altijd verplicht is) waarin we worden aangemoedigd onze emoties te schilderen, of meer van dat soort onzin.

Ze komen altijd maar één keer, waarna ze overspannen zijn of vinden dat ze voldoende hebben gedaan om er de rest van het jaar over op te scheppen. Als ze bijzonder stoutmoedig zijn, schrijven ze een stuk voor *The Guardian* waarin ze uitleggen dat gevangenen alleen maar respect en scholing nodig hebben, alsof ze zelf al vier jaar in gevangenissen werken in plaats van een uurtje in een rustige periode.

Vandaag liepen we met zijn allen naar de lesvleugel, waar we een uur moesten afzien tijdens een les lepels maken. Serieus, één moord rechtvaardigt zo'n straf nog niet eens. Het enige hoogtepunt was dat ik voor het eerst in tijden weer eens een echt mes in mijn handen mocht houden. Jammer dat ze ze na afloop zo goed natellen. Kelly is stikjaloers dat ik in de groep zat die tot deze onzin gedwongen was, en ze dweept met de houten lepel die ik heb gemaakt. Zij zou de les van vandaag geweldig hebben gevonden, zegt ze, als ik haar na afloop tegenkom. 'Wat zou die lepel een te gek kerstcadeau zijn voor je moeder,' voegt ze eraan toe.

Ik kijk haar nietszeggend aan en vraag me af hoelang het duurt voordat ze bedenkt dat mijn moeder dood is, maar het besef komt niet. Dus gooi ik haar de lepel toe, zeg dat ze maar moet doen alsof *zíj* hem heeft gemaakt en hem aan haar eigen moeder moet geven. Ze is dolgelukkig en ik vraag me niet voor het eerst af wat voor iemand Kelly's moeder is. Als je in de wolken bent met een knullige lepel die in de gevangenis is gemaakt door je volwassen, gedetineerde dochter, moet je wel bijzonder lage verwachtingen hebben. Haar moeder kan hem bij de geborduurde vogel leggen die ze met Pasen heeft gekregen en bij de armzalige suikerpot van een soort kinderklei die ze met haar verjaardag heeft gehad. Het enige verschil is dat er op de lepel wat speciale tekens staan. Ze lijken een beetje op hiëroglyfen, maar het zijn eigenlijk de initialen van iedereen die ik heb vermoord, al zal niemand zo goed kijken. Niet bijzonder geraffineerd, maar ik was veel eerder klaar dan de andere sukkels in de klas en wilde mijn tijd met het mes niet verspillen. Ik vraag me af of Kelly's moeder ze op waarde zal weten te schatten.

Als ik weer in mijn cel zit, pak ik de pen en het papier uit een paar opgerolde sokken. Privacy is ondenkbaar hier, helemaal met een celgenoot zoals die van mij. Iedereen probeert hier andermans spullen te pakken te krijgen, andermans geheimen te ontfutselen om te gebruiken, andermans verhalen te horen. Kelly doet niet eens moeite om haar dagboek te verstoppen. Als je haar vragen stelt omdat je zo dom bent of omdat je je verveelt, is dat mens bereid je alles over haar leven te vertellen. Als je Kelly één keer een vraag hebt gesteld, doe je het waarschijnlijk nooit meer. Had ik al verteld waarom ze hier zit? Niet wegens geweld of diefstal, zoals sommigen. Kelly was een chanteur. Ze had een lekker handeltje, wist getrouwde mannen zover te krijgen dat ze haar foto's stuurden, foto's die hun echtgenotes misschien niet zouden weten te waarderen. Ze begon klein, op datingapps, en werd brutaler toen ze Twitter ontdekte en mannen van aanzien begon te benaderen. Ze is best aantrekkelijk, hoor. Grote, volle lippen – vermoedelijk met behulp van goedkoop vulmateriaal, maar van een afstandje ziet het er mooi uit – en een dikke bos rood haar. Helaas betekende haar beperkte intelligentie dat ze snel te vinden was toen een man uiteindelijk moed vatte om haar niet langer geld te sturen en zich bij de politie te melden. Ze had het geld op de rekening van haar vriend laten storten, het stomme mens, en moet nu achttien maanden brommen. Geen elegant misdrijf, moet ik zeggen, maar ik heb ook geen medelijden met haar slachtoffers. Als je zo stom bent om te denken dat iemand geïnteresseerd is in een korrelige iPhonefoto van je slappe jongeheer, dan verdien je het om uitgemolken te worden.

Als ik het papier heb uitgerold, schrijf ik totdat het etenstijd is. Ik wist van tevoren niet of ik zou genieten van het herleven van mijn verleden, maar ik vind het best prettig om het allemaal opnieuw door te nemen. Het geeft me zelfs een trots gevoel om het op te schrijven. Ik herinner me hoe intens mijn jeugdige emoties waren en hoe sterk de behoefte om iets recht te zetten. In de jaren daarna heb ik eigenlijk vrij weinig gevoeld, ik had mijn aandacht nodig bij datgene wat moest gebeuren.

Een toevallige waarnemer zou denken dat er niet veel gebeurde tussen de dood van mijn moeder en het moment waarop ik aan de uitvoering van mijn plan begon. Iemand die mij gedurende die tien jaar tegenkwam, zou denken dat ik een vrij middelmatige millennial was. In zekere zin was ik dat ook. Ik woonde nog ongeveer een jaar bij Helene, wat fijn was, omdat zij veel weg was en ik daardoor veel tijd voor mezelf had. Het feit dat zij het geen probleem vond om een tiener die haar moeder net had verloren zo vaak alleen te laten, bewees hoe fundamenteel ongeschikt ze was als verzorgster, maar ik klaagde niet. Ik was graag alleen, anderen maakten me kwaad of stoorden me met hun onnozele gewauwel en onhandige pogingen om betekenisvolle relaties tot stand te brengen. Toen ik veertien was, vertelde Helene me dat ze een baan in Parijs aangeboden had gekregen en dat het tijd voor haar was om naar huis te gaan. Ze hield mijn hand vast en beloofde me dat ze zou blijven als ik dat wilde, maar dat Jimmy's ouders een kamer voor me hadden en me met open armen zouden ontvangen. Ze leek oprecht emotioneel, en ik vond het niet gepast om op te springen en mijn spullen te pakken. Ik perste een traan uit mijn oog, keek naar de vloer en zei dat ze moest gaan. Dat ik haar zou missen, maar dat ik niet kon leven met het gevoel dat ik haar een nieuwe kans had ontnomen. Helene was een aardige vrouw, echt waar, en ik koesterde haar omdat ze voor mij een link naar mijn moeder was, maar ik stond te popelen om verder te gaan met mijn leven en om aan mijn plan te beginnen. Helene zou me, met haar beperkte connecties en middelen, niet op een zinvolle manier kunnen helpen. Jimmy's ouders voelden zich weliswaar niet op hun gemak met hun bevoorrechte bestaan, maar ze leefden in een wereld waar deuren opengingen als je de juiste mensen kende. Ik was ervan overtuigd dat zij me konden helpen. Ik had in elk geval niets te verliezen, kende zelf niemand van invloed en had niets wat in mijn voordeel werkte.

Een maand later waren mijn koffers gepakt. De vis en ik gingen per taxi naar het huis van Jimmy. Helene was behoorlijk gestrest, zat zelf midden in haar verhuizing terug naar Frankrijk, en ik maakte van de gelegenheid gebruik om de doos die ze onder het bed had verstopt mee te nemen. Ik ging ervan uit dat ze hem niet zou missen, maar maakte me er ook niet erg druk om als dat wel het geval was. De papieren gingen over mij en mijn familie, en ik betwijfelde of ze er moeilijk over zou willen doen. Tegen de tijd dat ze de doos miste, zat ze al aan de andere kant van het Kanaal en had ze een nieuw leven.

Jimmy en Sophie heetten me welkom bij de deur en hun hond Angus stootte R.I.P. bijna uit mijn handen toen hij tegen me opsprong en mijn gezicht likte. 'We hebben een welkomstmaal voor je gekookt, Grace. Groentelasagne. En Annabelle heeft het toetje gemaakt.'

Jimmy rolde met zijn ogen in de richting van zijn moeder. 'Mag ze haar kamer eerst even zien voordat ze die mislukte taart moet eten?' Hij pakte mijn koffers en rende met twee treden tegelijk de trap op, terwijl ik Sophie bedankte en naar Annabelle zwaaide die in de keuken met een spuitzak in de weer was. Jimmy's zusje was een spichtig, zenuwachtig kind van elf. Ik had haar de laatste tijd weinig gezien, maar Jimmy had me verteld dat ze al in therapie zat. Sophie was een groot voorstander van jeugdtherapie. Ik hoopte vurig dat ze dat niet voor mij wilde voorstellen en nam me voor om in dat geval te suggereren dat de school al voor een therapeut had gezorgd.

Mijn slaapkamer was op de bovenste verdieping, onder de dakrand, tegenover die van Annabelle. Jimmy sliep een verdieping lager (voor het eerst woonde ik in een huis met verdiepingen, en de weg van de keuken naar de slaapkamer vond ik nu al vermoeiend), en dat was geen toeval, vertelde hij. Annabelle en hij hadden een week eerder van kamer geruild, nadat Sophie en John in paniek waren geraakt over het feit dat Jimmy en ik op dezelfde verdieping zouden slapen. Hoewel er niets met zoveel woorden werd gezegd, kon ik me voorstellen dat ze zich na een paar wijntjes een avond lang druk hadden gemaakt over onderwerpen als seks en toestemming, hormonen en of hun huis wel een goede omgeving was voor een kwetsbaar meisje. Ze hadden zich geen zorgen hoeven maken, want ik vond Jimmy een aardige jongen en stelde zijn vriendschap enorm op prijs, maar vond hem er altijd een beetje uitzien als een aardappel. (De gelijkenis met een knolgewas trok later gelukkig grotendeels weg.) En trouwens, normale tienerafleidingen zoals seks en alcohol trokken me niet. Ik was niet van plan zo'n wiet rokende nietsnut te worden die eindeloos twijfelde over studeren en ging backpacken om het volwassen leven uit te stellen. Ik wilde verder.

Toen ik mijn spullen op mijn kamer had gedumpt en met Jimmy had bijgepraat, gingen we naar beneden om te eten. John was net thuis, schonk met één hand een glas wijn in en trok met zijn andere hand afwezig zijn stropdas los. Hij draaide zich om om mij te begroeten, kuste me op mijn voorhoofd en wreef over mijn schouder, waarna Sophie hem een stapel borden gaf voor de tafel. Ik voelde me een beetje vreemd bij de omhelzing. Jimmy's familie was heel hartelijk, zijn vader en moeder knuffelden elkaar heel vaak, hielden elkaars hand vast, en niemand leek dat opdringerig of irritant te vinden. Er was altijd wel iemand thuis, er stond altijd iets op het vuur, altijd geluiden van het dagelijkse leven. Ik vond Johns omhelzing niet vervelend, sterker nog, hij deed warm en lief aan. Maar het knaagde aan me, misschien omdat ik besefte dat ik dit allemaal had gemist. Die gedachte maakte me boos. Een normaal leven: ik was niet gewend aan normaal, hoezeer Marie ook haar best had gedaan om me iets te geven wat daarop leek. Ik vroeg me af of ik deze gezinsopbouw zou gaan leren waarderen en of ik ook zonder nadenken zou knuffelen en kussen, de tijd met mijn moeder zou vergeten en dit nieuwe leven zou omarmen. Het was geen onaantrekkelijke gedachte, maar ik moest oppassen dat ik niet te soft werd. De Latimers waren schatten van mensen en ik was blij dat ik bij hen woonde, maar als ik hun manier van leven te enthousiast omarmde, zou ik nog een *Guardian*-lezer worden, in de alfawetenschappen eindigen en mensen met Kerstmis biologische wijn cadeau doen. Een heerlijk warm bad om in terecht te komen – op het ingebouwde schuldgevoel en de schandelijke schijnheiligheid na die Sophie zo goed laat zien – maar totaal zinloos.

Ik was dan wel bang dat ik te veel zou verslappen, toch raakte ik snel gewend aan mijn leven met de Latimers. Sophie deed heel erg haar best ervoor te zorgen dat ik me thuis voelde. 'Zit waar je wilt, lieverd. Eet waar je zin in hebt.' Haar voortdurende pogingen om me het gevoel te geven dat ik deel uitmaakte van het gezin toonden alleen maar aan dat ik dat niet was, maar ik begreep dat dit de enige manier was waarop Sophie wist hoe ze 'een goed mens' moest zijn. Ik ging terug naar mijn oude school, haalde mijn cijfers op en kreeg een eervolle vermelding van de rectrix voor mijn succes 'onder zeer moeilijke omstandigheden'. De meewarige blik die ik van haar kreeg toen ze me een treurig velletje papier overhandigde met daarop mijn naam in lelijk gekalligrafeerde letters was slechts lichtelijk irritant. Toch gooide ik het certificaat in de prullenbak toen ik naar huis liep.

Jimmy en ik waren buiten schooltijd bijna altijd samen. Ik kon het prima vinden met de andere leerlingen op school, maar had geen behoefte om ergens bij te horen, hoefde niet zo nodig bij meisjes te zijn die alleen maar bezig waren met analyseren wat de begroeting van een jongen nu wérkelijk had betekend. Jimmy had al sinds de basisschool een groepje jongens om zich heen – ze voetbalden in het park en hielden game-avonden in het weekend – maar toen ik bij hem kwam wonen, werden zijn vrienden gedegradeerd tot bijfiguren. Sophie maakte zich daar zorgen om, dat kon ik merken. Dan stelde ze voor om te gaan tennissen of een pizza-avond te houden voor 'al onze vrienden', wat in feite dus Jimmy's vrienden betekende. Maar dan rolde hij met zijn ogen en zei: 'Misschien een ander keertje.' Ik deelde haar zorgen niet. Jimmy's vrienden waren zwijgzame types, tenzij ze elkaar in de zeik namen, en ze durfden me geen van allen recht aan te kijken als ik iets tegen ze zei, alsof oogcontact met iemand van het andere geslacht een serieuze relatie betekende en ze hun Xbox zouden verliezen als het uit raakte, wat onvermijdelijk zou gebeuren. Trouwens, Jimmy en ik konden het goed met elkaar vinden, we hadden niemand anders nodig. We konden uren met elkaar praten, in stilte bij elkaar zitten, zelfs samen huiswerk maken. Jimmy dwong me nooit om over mijn verdriet te praten, maar ik wist dat hij het begreep als hij naar me keek. Een meewarige blik was niet nodig.

Ik vond mijn draai bij de Latimers. Sophie en John behandelden me bijna als hun eigen dochter, paradeerden maar een enkele keer triomfantelijk met me waar hun vrienden bij waren, alsof ik een vluchtelinge was die ze heldhaftig in huis hadden genomen. Al was ik dat in zekere zin ook. Dit was de deal, zo bleek. Ik was behulpzaam, opgewekt en maakte Jimmy blij, de Latimers gaven me eten, kleren, waren goed voor me, en allemaal negeerden we de ongemakkelijke vragen die we misschien hadden over hoelang mijn lidmaatschap van het gezin geldig was. Ondanks mijn bezwaren stonden ze erop om te betalen voor therapie bij een bevriende therapeute, Elsa, een propperige vrouw met een dikke zwarte bril en een houten kralenketting die amper iets zei. Ik vertelde haar herhaaldelijk dat ik uitkeek naar de toekomst en zes weken later vond ze het genoeg.

Binnen een jaar of twee begreep ik wat de rijkdom van de Latimers inhield. Het was niet de opzichtige smak geld van mijn vader, het was onuitgesproken, maar in elk opzicht duidelijk. Eten werd in enorme hoeveelheden door chique delicatessenwinkels aan huis bezorgd. Op elke tafel in huis stonden bloemen, grote boeketten, kunstzinnig geschikte bloemen die je nooit in de lokale supermarkt zou zien staan. Sophie kon honderden ponden uitgeven aan sierkussens in de Iraanse woonwinkel in Crouch End en dan vond ze, zonder een spoortje sarcasme, dat ze 'een koopje' had. Ze vonden het belangrijk om in het 'echte Londen' te wonen, maar waren volledig afgezonderd van alles wat echt was. Ik wist niet eens wat ze met 'echt' bedoelden. Zij zelf ook niet, volgens mij. Het herenhuis van de familie Artemis werd beschermd door enorme hekken. De Latimers zouden dat afschuwelijk hebben gevonden, maar in feite waren ze niet heel anders. Ik besefte hoe absurd hun leven was, maar het was moeilijk om er niet van te genieten. Op mijn vijftiende gebruikte ik Sophies dure gezichtscrèmes en twijfelde ik serieus tussen drie verschillende tinten groen van Farrow & Ball voor mijn muren. Ik had niet eerder geweten dat ik zo'n dure smaak had. Ik had nooit de kans gekregen om daar achter te komen. Maar nu ontdekte ik het in sneltreinvaart.

De zomer voor ons eindexamenjaar mochten Jimmy en ik voor het eerst alleen op vakantie. We gingen naar Griekenland, samen met zijn vriend Alex en diens vriendin Lucy, die op een particuliere school in West-Londen zat en ervan genoot om elke keer een geschokte kreet te slaken als ik zei dat ik iets nog nooit had gedaan. Het was MISDADIG dat ik niet eerder in Griekenland was geweest, hoe was het mogelijk dat ik NOG NOOIT een macchiato had gehad, en serieus, het was TE GEK VOOR WOORDEN dat ik nog nooit in zee had gezwommen. Tot mijn grote opluchting kreeg ze op de tweede dag van onze vakantie een voedselvergiftiging en liet ze ons met rust tot de zesde dag, toen we weer naar huis gingen. Nou ja, ik noem het voedselvergiftiging, maar het was eigenlijk iets minder toevallig dan dat. Een paar lepeltjes braakmiddel bij het ontbijt waren voldoende geweest. (Precies de reden dat ik erop had gestaan het ontbijt klaar te maken.) Volgens mij zou niemand me dat kwalijk nemen; er zijn grenzen aan de tijd die je wilt doorbrengen met iemand die in het weekend gaat jagen en haar moeder met een stalen gezicht 'mammie' noemt. Alex leek in haar afwezigheid ook op te fleuren en de vakantie was geweldig. Lucy was op de terugvlucht bedrukt en huiverde maar heel lichtjes toen ik met mijn hand langs haar been streek om mijn tas te pakken. Niemand zag het verder. Een paar weken later gingen ze uit elkaar, en dat vond iedereen, gezien de omstandigheden, het beste.

Eenmaal terug in Londen koos ik de vakken voor mijn eindexamen, waaronder Engels, Frans en Economie. Jimmy bestudeerde samen met zijn ouders universiteitsbrochures en discussieerde tijdens het eten over de voordelen van verschillende colleges in Oxford en Cambridge, terwijl Annabelle en ik theatraal met onze ogen rolden en luid zuchtten. Ik was niet van plan om te gaan studeren, tot ontzetting van John en Sophie, die kennelijk niet begrepen dat er andere opties waren. In hun ogen betekende stoppen met je opleiding de snelste weg naar een baan als vakkenvuller, een zwangerschap, drugs of misschien nog veel erger: het zou kunnen betekenen dat je Londen moest verlaten en dan geen ambachtelijke kaaswinkel meer in de buurt had. Maar ik was niet van plan om drie jaar te verdoen in een opleidingskeurslijf, mezelf in de schulden te werken en mijn tijd te verkwisten met andere studenten die waarschijnlijk in hun vrije tijd serieuze gesprekken voerden over *safe spaces* en zinloze demonstraties organiseerden op regenachtige dagen. Ik had werk te doen.

7

Het zal je niet verbazen dat de meeste gevangenisactiviteiten verplicht zijn. Sommige dingen zijn zo georganiseerd dat het lijkt of je een keus hebt. 'Er is vanavond een quizavond in de tv-ruimte, dames, jullie mogen tweetallen vormen!' Maar als je dan beleefd bedankt, verdwijnt de geforceerde glimlach en zegt de bewaarder: 'Ik verwacht je daar om zes uur, Grace, met partner.' En dan pakt Kelly me bij de hand en verkondigt luidkeels dat wij samen spelen en ik probeer me tevergeefs uit mijn eigen lichaam los te maken. Vandaag hebben we een niet-optionele lezing over leidinggeven. Kelly heeft de hele ochtend keihard lopen zingen: '*Who run the world? GIRLS!*' Alsof deze bijeenkomst de eerste stap is op weg naar een eigen FTSE 500-bedrijf in plaats van een oefening in gemeenplaatsen, ontworpen om aan een of andere overheidsregel te voldoen. 'Geef deze vrouwen kracht,' heeft een of andere jonge sukkel in een overhemd met korte mouwen gezegd. 'We moeten ze aanmoedigen om hun individuele talenten in te zetten voor meer reguliere banenkansen!' Alsof ze Kelly en alle andere vrouwen in mijn vleugel willen laten zien hoe ze van hun chantage, diefstal, fraude en andere verzamelde criminele activiteiten iets respectabels kunnen maken. Al moet ik eerlijk zeggen dat er meiden bij zitten die in een ander leven geweldige bankiers hadden kunnen zijn. Maar moord wordt zelfs in het bankwezen waarschijnlijk niet gewaardeerd. Ik heb nog een paar uur voor het verschrikkelijke praatje, dus schrijf ik gauw verder.

Toen ik van school kwam en weigerde te gaan studeren, waarmee ik John en Sophie teleurstelde, vond ik een baan bij de Sassy Girl-winkel in Camden. *Een logische verhaallijn voor onze heldin*, hoor ik je zeggen, maar ik was achttien, moest ergens beginnen en was zo naïef om te denken dat een baan in een van Simons bedrijven in mijn voordeel zou zijn. Ik begon in het magazijn – leveringen uitpakken en van prijzen voorzien – en maakte kort daarna de stap naar de kassa. De dagen waren lang en druk. Voorraad vloog over de toonbank. Het merk wist tieners perfect aan te spreken in die tijd, ze verkochten alles wat enkele dagen daarvoor door de populairste celebrity was gedragen. Dat proces was een mysterie voor mij; ik weet nog dat ik me voorstelde dat de vaste ontwerpers kennelijk zo op de hoogte waren van de nieuwste ontwikkelingen dat hun kleren volledig overeenkwamen met de nieuwste couture. Pas later besefte ik hoe het werkelijk zat: Artemis Holdings had serieus kijkende mensen op het hoofdkantoor die de couture-ontwerpen heel subtiel veranderden en de aanpassingen door de juridische afdeling lieten beoordelen. Als ze eenmaal groen licht hadden, werden de kleren gemaakt in welke synthetische stoffen ze maar op voorraad hadden. De tieners interesseerde het geen zier. Een spijkershort met glitters voor vijftien pond zoals hun lievelingszanger had gedragen, wat maakt het dan uit dat hij een beetje naar rubber ruikt?

Tot mijn eigen verbazing genoot ik van mijn tijd op de winkelvloer. Ik had geen seconde om na te denken, werkte keihard en deed wat ze me vroegen. Vuil en verkreukeld polyester opvouwen nadat het in de paskamers was achtergelaten genas me voorgoed van goedkope kleren, maar mijn ijver trok de aandacht van mijn baas, een broodmagere vrouw die naar mijn idee stokoud was, maar waarschijnlijk nog geen dertig was. Ze schoof me naar voren als kandidaat voor het traject 'Artemis-manager in opleiding', een grootse naam die alleen betekende dat ik te vertrouwen was met de dagopbrengst. Op mijn negentiende was ik een werknemer met een titel, een naambordje, een sleutelkoord en de macht om het nieuwe magazijnpersoneel te koeioneren.

Jimmy ging studeren, net als de meesten uit ons jaar. Er waren er een paar die het tot Oxford en Cambridge wisten te schoppen, de anderen trokken voornamelijk naar Sussex, waarvan werd gezegd dat er de meeste drugs en feesten waren, en Manchester, wat de verwende kindjes uit Noord-Londen het absurde idee gaf dat ze het heel zwaar hadden. Jimmy was niet toegelaten tot Oxford of Cambridge, maar Sophie, de schat, wist daar een soort morele overwinning van te maken. 'Nou ja, die zijn ook eigenlijk veel te duf. Sussex heeft een levendige campus en is erg vooruitstrevend. De kinderen leren zoveel meer over de wereld dan wij bij St. Hilda's. Jim boft maar!'

Ik bleef nog acht maanden bij de Latimers wonen, wat voor iedereen een ongemakkelijke ervaring was, behalve voor Annabelle die het volgens mij wel prettig vond om iemand in huis te hebben die geen Latimer was. Toen Jimmy was vertrokken en Sophie besefte dat het legenestsyndroom op de loer lag, werd haar behoefte om te koesteren ondraaglijk. Elke dag maakte ze een lijnzaadsmoothie voor Annabelle voor het ontbijt ('Dat lieve kind heeft nog geen grammetje vet op haar botten, ze draagt nog niet eens een beha!') en wilde bij elke mogelijke gelegenheid samen met haar dochter mediteren. Als therapeute was ze bijzonder traag van begrip als het ging om de oorzaak van de problemen van haar neurotische dochter. Maar misschien zouden de kinderen van andere therapeuten zeggen dat dat heel gebruikelijk is.

Het was ons allemaal duidelijk dat de ongemakkelijke afspraak die we hadden gemaakt toen het gezin me in huis nam zijn beste tijd had gehad. Ik was te laat bij hen in huis gekomen om echt deel uit te maken van het gezin, en Jimmy was degene die ons bijeen had gehouden. Zonder hem werd het contact snel minder en bracht ik steeds meer tijd buitenshuis of op mijn kamer door. Omdat ik voor het eerst zelf geld verdiende, voelde ik me minder geneigd Sophies onuitgesproken regels tot op de letter te volgen. Ik verruilde de maaltijd thuis voor McDonald's en knipte mijn haar af tot een korte bob, wat een vergissing was, dat moest zelfs ik toegeven. Ik heb er de kaaklijn niet voor. Als ik 's avonds niet met het gezin meeat, zei Sophie dat ze zich zorgen om me maakte. Ze werd nooit boos, dat was een emotie die ze beneden haar waardigheid vond. Maar er kwam geen einde aan haar zorgen. Om mijn haar, mijn ambitie, mijn gebrek aan vrienden. Wat het gebrek aan vrienden betrof had ze gelijk. Ook daar was Jimmy degene geweest die iedereen bijeen had gehouden. Ik had het nooit gemakkelijk gevonden om vriendschap te sluiten. Deels leek het een vaardigheid die ik niet bezat, maar het kwam vooral doordat ik al snel had besloten dat tieners afschuwelijk waren. Ik wilde die fase overslaan, meteen volwassen worden, zodat ik alleen kon zijn, zoveel ik wilde. Ik ben graag alleen en heb nooit begrepen wat voor zwakte het is dat mensen altijd snakken naar het gezelschap van anderen. Misschien was dat ook een reden dat Sophie en ik elkaar niet begrepen. John leek op mij, kon zich op zijn werkkamer terugtrekken of elke avond van de week urenlang overwerken. Maar zij wilde iedereen om zich heen hebben, daarmee kon ze laten zien dat ze een succesvol persoon was met een gezin dat haar als de belangrijke spil zag.

Dus ging ik het huis uit. Zij protesteerden omdat dat in de ogen van beide partijen wel zo beleefd was, waarna John me geld gaf om een busje te huren en een matras te kopen. Ze hielpen me ook met een deel van de huur, wat ik in het begin moeilijk vond, maar leerde accepteren. Mensen als John en Sophie moeten per slot van rekening toch iets doen om hun schuldgevoel af te kopen. Een kind uit een ander land sponsoren is het meest eenvoudige. Een (halve) wees als pleegkind in huis nemen is van een heel ander kaliber. Ik had die rol vervuld, dus waarom zou ik me niet voor langere tijd laten helpen? Ik vond een tweekamerflat in Horney, op amper een kwartier lopen van de zolderkamer die ik met Marie had gedeeld, en doorstond nog één laatste maaltijd met de Latimers. Jimmy kwam er speciaal voor terug, daar had Sophie op gestaan, en ging na een onsamenhangende moussaka (het mens wilde nooit iets koken wat niet exotisch was) met me mee naar mijn nieuwe flat, met een fles wijn die hij het huis uit had gesmokkeld. We sliepen die avond met elkaar, wat een merkwaardige maar onvermijdelijke gebeurtenis was. Seks was een vorm van intimiteit waar we in de loop der jaren steeds nieuwsgieriger naar waren geworden naarmate we ouder werden en een hechtere band kregen. Het was een manier die ons nog meer met elkaar verbond; iets wat niemand anders had. Misschien zat er voor mij ook een element van macht bij. Door een ander deel van mezelf open te stellen voor hem – en alleen voor hem – zou hij onze relatie nog meer waarderen. Het was niet puur berekenend. Ik slinger al jaren heen en weer tussen mijn liefde voor Jim als broer en mijn verlangen naar hem als partner. Soms is hij niet meer dan een knuffeldeken die er altijd is. Maar hij is ook de enige die mijn hart zou kunnen breken. Ik vind het allemaal maar verwarrend, duw hem afwisselend weg en trek hem naar me toe. Het was geen verrassing dat ik niet wilde dat hij bleef slapen. Ik wilde hem niet zien als ik in mijn nieuwe huis wakker werd. De flat was van mij, alleen van mij. Maar toch verwachtte ik hem te zien liggen toen ik de volgende ochtend mijn ogen opendeed.

Ik werkte en deed aan hardlopen, en soms sprak ik af met een oude klasgenoot die studeerde en een paar dagen thuis was. Ik kookte veel, iets wat ik nooit echt had gedaan. Ik las boeken over carrière maken in de detailhandel, de saaiste woorden die een mens ooit kan lezen. Maar ze waren nuttig, al was het alleen omdat het absurde vakjargon me een taal bood die me tot op de dag van vandaag helpt. Als je hier en daar een paar zorgvuldig uitgekozen opmerkingen maakt, denken ze dat je heel wat kunt. Bij het horen van 'de PB vindt deze deal geweldig' weet een retailmanager dat je begrijpt wat de prijsbewuste klant is, en wil je zelf het liefst met je hoofd tegen een muur bonken.

Ik liep bijna elke week naar het huis van de familie Artemis, al was het alleen om mezelf aan mijn uiteindelijk doel te herinneren. Dat doel kwam voor mijn gevoel dichterbij toen ik door het hoofdkantoor werd uitgenodigd om te solliciteren naar een baan bij het marketingteam. Ik werkte bijna een jaar bij Sassy Girl en had in feite niets te zoeken op het hoofdkantoor, maar had mijn manager aan één stuk door aan haar hoofd gezeurd om me te laten weten wanneer er een functie vrijkwam die niet op de winkelvloer was. Waarschijnlijk kreeg ze medelijden met me. Ze beval me aan vanwege mijn harde werken en mijn belangstelling voor het merk, en complimenteerde me met mijn etalages, die kennelijk de doorslag hadden gegeven. Wie had kunnen weten dat een parka van nepleer en een fluorescerende heuptas ervaring waren? Ik begon onder aan de ladder, maar het was een tree op de ladder! En het betekende dat ik in hetzelfde gebouw kwam te werken als Simon. Vijf verdiepingen en een wereld van marmer van mij verwijderd, maar toch betekende die link op dat moment iets voor mij.

Ik hield het precies dertien maanden uit. Het werk was geestdodend en gênant tegelijk. Ik had geen behoefte om de 'creatieve sappen te laten vloeien' tijdens rondetafelvergaderingen waar we etalages bespraken. Opmerkingen als 'koopwaar waar de klant geil van wordt' gaven me het gevoel dat ik in een foute simulatie zat. De hele ervaring leverde drie positieve dingen op. Als eerste een geweldig salaris voor iemand van twintig, en ik zette alles op de bank. Als tweede werd ik uitgenodigd voor het jaarlijkse feest bij Simon thuis voor personeel van het hoofdkantoor. Ik had er alles voor overgehad om een blik te mogen werpen in dat enorme huis op de heuvel, en nu werd ik door hem uitgenodigd. Een spreekwoordelijke adder die tegen de borst van de familie aan kruipt.

Gasten werden willekeurig gekozen. Elk jaar werden de namen uit een hoge hoed gehaald, zodat er niemand werd voorgetrokken. Het was dus kennelijk toeval dat er veel senior managers en aantrekkelijke jonge meisjes met een veel lagere functie aanwezig waren. Gary, de zwaarlijvige webdesigner op mijn afdeling die drie bureaus verderop zat, was nog nooit een van de gelukkigen geweest. Maar goed, zijn verschijning en zijn uitstraling dat hij het leven zat was, wilde ik ook liever niet op een feest tegenkomen. De man at een jaar lang dag in dag uit instantsoep met dezelfde plastic lepel. Er lagen genoeg lepels in de gemeenschappelijke keuken. Verbijsterend.

Het personeelsfeest van Artemis was een vrij duf tuinfeest dat twee uur duurde en waar hapjes en lauwe bubbeltjeswijn werden geserveerd door studenten die verveeld uit hun ogen keken. Er stond een suikerspinapparaat naast een minidoolhof, en een paar mensen waren zo dom geweest om de bloemenkransen te accepteren die werden gevlochten door een eenvoudige vrouw die totaal niet op haar plaats leek in dit paleis van hebzucht. Verlies van waardigheid blijkt perfect vertegenwoordigd door een licht bezwete man in een grijs pak die zwierig een bloemenkroon draagt. Ondanks de troosteloze activiteiten die werden aangeboden, was duidelijk dat het evenement een verplicht nummer was: om het personeel tevreden te houden door te doen alsof ze gewaardeerd werden. Maar we werden niet zodanig gewaardeerd dat we binnen naar het toilet mochten, en onder aan de trap stond een streng ogende huishoudster voor het geval iemand van plan was naar boven te gaan om daar eens rond te neuzen. Toch vond ik het absoluut fascinerend. Dit huis, waar mijn moeder me een keer naartoe had gebracht. Ik had buiten gestaan, was ervan overtuigd geweest dat ik nooit binnen zou worden gevraagd. En nu was ik hier. Ik werd ontvangen met een drankje en een lauwwarme glimlach. Twintig minuten lang keek ik alleen maar naar een serveerster die discreet achter mensen aan liep en vervolgens alles wat ze aanraakten schoonmaakte. Het was geweldig.

Bryony was zo verstandig geweest om zich niet onder het personeel te mengen en was nergens te bekennen. Simon bleef in een hoekje staan met de mannen van de directie, waar sigarenrook een ring rond hun hoofden vormde. Voor zover ik kon zien sprak hij niet één keer met zijn vrouw. Zo nu en dan werd een jonge medewerkster ontboden en dan kon je ze aan de andere kant van het gazon horen bulderen van het lachen. Het was gissen hoeveel HR-overtredingen deze mannen in hun bruine instappers en overhemden met open kraag pleegden onder het mom van 'plagerijtjes'. Ik slenterde met een drankje in mijn hand rond alsof ik naar iemand op zoek was en liep door de dubbele deuren van de zitkamer. Janine kwam een paar seconden later binnengezeild, haar haar als een helm op haar hoofd geföhnd, haar gouden sieraden klingelend als een wapenuitrusting. Ik ging ervan uit dat ze in hoogste staat van paraatheid was, dat de gedachte dat iemand door haar in bulk gekochte chique prullaria zou rommelen te veel voor haar was.

Ik wendde mijn hoofd af en deed alsof ik naar een schreeuwerig schilderij van flamencodansers keek en ze beende langs me heen naar de keuken, gevolgd door een gestreste vrouw met een schort en witte handschoenen. Ze had me niet gezien; mensen als Janine hebben geen normaal gezichtsveld. Ze hebben een blinde vlek voor mensen die ze niet relevant vinden. Ik misgun het ze niet, het is een talent waar ik bewondering voor heb. Waarom zou je tijd verspillen aan mensen die je niets te bieden hebben? De gang was leeg, dus liep ik verder, en ik kwam bij een brede wenteltrap naar boven, naar hun privéruimten. Ik aarzelde, vroeg me af wat er zou gebeuren als ik werd betrapt op het rondneuzen in de echtelijke slaapkamer. Zou ik het huis uit gegooid worden en mijn baan kwijtraken? Zouden ze een antecedentenonderzoek naar me doen? Het was het risico niet waard, ook al was het verleidelijk.

In plaats daarvan probeerde ik in een opwelling de deur rechts van de trap en liep een ruimte binnen die duidelijk als werkkamer werd gebruikt. Boekenplanken tegen de muur, vol met in leer gebonden boeken die voor de show waren gekocht. Ik betwijfelde of er iemand in deze familie de complete werken van Dickens had gelezen, laat staan iets van Derrida. O god, op alfabetische volgorde. Op het mahoniehouten bureau lagen een vulpen, een stapel dik roomkleurig papier en een groot zilveren hart waarin ik een klassieke Tiffany herkende. Er stonden ook twee vergulde fotolijstjes, beide met het Artemis-drietal: eentje van de doop van Bryony, de andere was recenter en was – zag ik, toen ik wat beter keek – van het gezin bij een tuinfeest bij Buckingham Palace. Janines enorme hoed kon het gebouw niet volledig aan het zicht onttrekken. Ze hadden het moment kennelijk volledig uitgemolken, alsof het een persoonlijke ontmoeting met vrienden was in plaats van een bijeenkomst voor duizend mensen die de koninklijke familie weerzinwekkend zou vinden als ze eerlijk konden zijn en zich aan hun plichten konden onttrekken. Ik pakte het lijstje en liet het op de vloer vallen. Natuurlijk werd de val verzacht door roomkleurig hoogpolig tapijt. Dus zette ik mijn hak erop en hoorde een zachte krak, waarna ik het weer op het bureau zette. Het gebroken glas was losgeraakt, en ik raapte een scherf op en kraste ermee over Simons gezicht. Daarna sloop ik behoedzaam de kamer uit.

Ik wilde me niet meteen naar buiten haasten, dus bleef ik even met mijn glas in mijn hand in de grote woonkamer staan. Janine kwam weer uit de keuken en ik was toe aan oogcontact. Ze keek vreselijk nors; een permanente rijkevrouwenontevredenheid stond in haar huid geëtst. Maar ze voelde zich duidelijk verplicht om naar me toe te komen, of misschien wilde ze er zeker van zijn dat ik het zilver niet zou stelen. Toen ze dichterbij kwam, raakte ik even in paniek. Sophie zegt altijd dat mijn gezicht geen enkele emotie verraadt. Ze vindt het bijna beledigend dat ik mijn diepste gedachten niet met een blik wil prijsgeven. Maar in die fractie van een seconde stelde ik me voor dat Janine mijn bedoelingen van mijn gezicht kon aflezen. Ik begon over haar huis, gebruikte bijvoeglijke naamwoorden om haar stijl te omschrijven op een manier die niet daadwerkelijk uitdrukten dat ik het mooi vond. We hadden het kort over haar schoorsteenmantel, het enige onderwerp dat ik kon bedenken. Ze ontspande zich een klein beetje toen ik vragen stelde over het gebruik van de verschillende soorten marmer in de woonkamer, maar haar glimlach bleef strak. Misschien kwam dat doordat ze veel aan haar gezicht had laten doen en spontane uitdrukkingen problematisch waren, maar het was moeilijk te zeggen. Ze vertelde hoe moeilijk het was om een huis zo groot als dit in te richten en dat haar dierbaarste accessoires in haar huis in Monaco stonden, alsof ik wel zou begrijpen wat een bezoeking het was om niet te weten waar mijn mooiste vergulde kaarsenstandaards waren gebleven.

'Hebt u hier altijd gewoond?' vroeg ik, terwijl ik mijn hand over de schoorsteenmantel liet glijden en met opzet een vage handafdruk achterliet. Haar hand bewoog krampachtig en ik kon zien dat het al haar wilskracht en opvoeding kostte om mijn hand niet weg te slaan.

'Ja, we zijn hier komen wonen vlak voordat Bryony werd geboren, omdat we wisten dat we een groter huis nodig zouden hebben voor kinderen.' Het was vreemd om haar te horen praten over meer dan één kind. Aangezien ik ervan uitging dat ze het niet over zijn buitenechtelijke kinderen had, van wie er mogelijk vele waren, suggereerde het dat ze meer kinderen hadden willen hebben. Ik kon ernaar vragen, met het risico dat ik door een van de potige beveiligers die her en der verspreid stonden het huis uit geleid zou worden, en besloot dus maar mijn mond te houden.

'Nou, het was leuk u te ontmoeten. Simons kinderen mogen zich gelukkig prijzen dat ze een vader hebben die zo goed voor ze kan zorgen,' zei ik, toen ik langs haar in de richting van de tuin liep. Nog voordat ik de dubbele deuren had bereikt, hoorde ik haar om de huishoudster roepen.

Toen ik vertrok, had ik het gevoel dat ik eindelijk vooruitgang boekte. Ik was in hun midden geweest. Het was niet alleen maar een vage droom meer. Tot nu toe had ik welgeteld nul keer contact gehad met Simon, tenzij je de kansloze keren meetelde dat ik langs het hek was gelopen en de keer dat ik hem in de lobby op kantoor zag. En zelfs ik kon dat met goed fatsoen geen contact noemen, hoe graag ik dat ook zou willen.

Het derde voordeel van voor Artemis Holdings werken was dat ik er mijn dierbare informante Tina ontmoette. Dierbaar is niet echt het juiste woord, aangezien ik haar nooit een blik waardig zou hebben gekeurd als ze me alleen vriendschap te bieden zou hebben gehad, maar ik koesterde haar om haar informatie en die was waardevoller dan welke vriendin dan ook. Tina was de persoonlijke assistent van adjunct-directeur Graham Linton, een goede vriend en de rechterhand van Simon. Een man die grijze pakken droeg waar een glans overheen lag, zoals je weleens ziet hangen in van die winkels die altijd opheffingsuitverkoop hebben. Ik raakte bij toeval met haar aan de praat tijdens een rookpauze, toen ik net een paar maanden op het hoofdkantoor werkte. Er mocht absoluut niet bij de ingang van het kantoor gerookt worden, daar was de officemanager heel strikt in. Voor de hoge heren was er een rookterras op de vierde verdieping, en sigarenrook dwarrelde urenlang door het gebouw als Graham, Simon of zijn broer Lee zich tegoed deden, maar alle anderen moesten achteromlopen, naar een plek bij de goedereningang. Op een dag zei Tina dat ik zo'n mooie sjaal had en ik glimlachte lauw naar haar, wat voor haar meer dan genoeg was om naast me te komen zitten. Ze was de aardigste vrouw die ik ooit had ontmoet, en dat was op zich al een reden voor mij om te stoppen met roken en daar niet meer te komen. En dat zou ik ook gedaan hebben, ware het niet dat ze vertelde voor wie ze werkte toen ik net haastig mijn peuk uitdrukte. Is het niet afschuwelijk als je je net omdraait en dan beseft dat iemand iets voor je kan betekenen? Dat je opeens iemands ego moet strelen of moet lachen om de grapjes van de vent die alle drankjes betaalt? Dan voel je je een beetje vies. Maar goed, alles in het leven is een transactie. En ik dacht dat Tina me dingen over mijn familie zou kunnen vertellen die ik anders niet te weten zou komen, en dus beet ik door en deed ik aardig. Superaardig. Ik haalde koffie voor haar, stuurde haar vrolijke berichtjes via ons chatsysteem, lunchte met haar en zei dat het leek of ze was afgevallen toen ze ernaar vroeg. Tina was een trouwe medewerker als het om Graham ging (die door de andere vrouwen op kantoor vaak een engerd werd genoemd, en niet alleen omdat hij een buitengewoon foute toupet droeg), maar als het om de familie Artemis ging, flapte ze er alles uit. Ze kwam nooit met iets belastends waar ik iets mee kon, maar het was erg fascinerend om meer te weten te komen over deze mensen, die ik zo lang van een afstand had bekeken. En omdat ze me vrijwel niets vertelde wat niet godvergeten afschúwelijk was, hielp het mij eraan herinneren dat ik in mijn gedachten geen monsters van ze had gemaakt zonder dat daar bewijs voor was. Ja, Tina was een geschenk, zelfs al moest ik mijn longen er nog meer mee naar de kloten helpen door tijd met haar door te brengen.

Maar mijn werk bij Artemis Holdings bracht me niet dichter bij mijn vader, ondanks mijn naïeve verwachtingen. Op de een of andere manier had ik me voorgesteld dat ik me binnen een paar jaar zou opwerken tot zijn naaste adviseur, zijn vertrouwen zou winnen, zijn leven zou binnendringen, waarna ik met mijn dramatische onthulling zou komen en hem zou vermoorden terwijl hij naar adem hapte bij dit verraad. Maar de man had duizenden mensen in dienst en zou nog eerder een boek lezen over iets anders dan zakelijk succes dan dat hij me in zijn heiligdom zou toelaten. Dus toen ik door een headhunter werd benaderd voor een vacature bij een ander pr- en marketingbedrijf in mode, vertrok ik. Mijn plan was onveranderd, maar ik zou er bijna twee keer zoveel gaan verdienen en – belangrijker – ik was inmiddels tot de conclusie gekomen dat een complete familie uitmoorden terwijl ik voor hun bedrijf werkte misschien niet de slimste zet was. Ik vergaf mezelf die eerste misstap omdat ik jong was.

Dit was de periode waarin de mist die altijd om me heen had gehangen langzaam begon op te trekken en mijn leven beter werd.

Ik voelde me veilig, zelfverzekerd en was in staat gerichter naar de toekomst te kijken. In sommige opzichten betekende het dat ik het rustiger aan moest doen en moest leren wat geduld was. Sindsdien werk ik bij hetzelfde bedrijf. Ik woon nog steeds in dezelfde flat die ik huur van een stokoude Turk die boven me woont en de huur niet heeft verhoogd sinds ik er ben komen wonen, tot grote frustratie van zijn zoon. Ik heb geld gespaard, heb me op de achtergrond gehouden en een bescheiden leven geleid, terwijl ik al die tijd heb gewacht op het moment waarop ik mijn plan in werking zou stellen en aan een nieuw hoofdstuk zou beginnen. Het is geen periode waar grootse verhalen over verteld zullen worden, maar er zijn massa's mensen die zo leven en niet eens een volgend hoofdstuk willen. Ze zijn tevreden met hun bescheiden en alledaagse levens, zijn voorzien in hun basisbehoeften en 'o, een mooie fles prosecco' als traktatie zo nu en dan. Dus ik vind het niet heel gek of teleurstellend dat die jaren vrij saai waren. De beste jaren van je leven zijn de jaren die voorbijvliegen als je begin twintig bent, wanneer je ongedwongen kunt drinken en feesten en leven. Die van mij waren niet zo. Ze werden gevolgd door een spannende, denderende reis door de tijd waarin ik mijn plan uitvoerde, en nu verwacht ik nog vele jaren die zo groots en spannend zullen zijn als ik maar wil.

Niet dat ik puriteins heb geleefd. Zo nu en dan waren er kleine luxes. Ik blijk de iets mooiere dingen in het leven te waarderen, een voorkeur die ik denk ik in zekere zin van zowel mijn moeder als mijn vader heb, ontketend door mijn leven bij de Latimers met hun voorliefde voor biologische wijnen en buitensporig dure interieurs. Daarom heb ik in mijn flat een wand van schoenen, de beginnersdrug van vrouwen die zichzelf willen verwennen. Toen ik iets ouder werd, gunde ik mezelf prachtige vakanties in mijn eentje op plekken die ik me amper had kunnen voorstellen toen ik nog bij Marie woonde. En elke keer als ik met een glas wijn in mijn hand ergens op een terras zat, onderdrukte ik de gedachte dat mijn leven misschien wel veel beter was geworden dan het zou zijn geweest als Marie was blijven leven. Natuurlijk was het verlies van mijn moeder een groot trauma, en de Latimers waren nooit mijn familie geweest, maar de directe toegang tot de welvarende hogere middenklasse en een langgekoesterde hatelijke wrok hadden best goed uitgepakt. Meestal onderdrukte ik die gedachte.

Het alarm gaat weer. Het zal dat rare wijf drie cellen verderop wel weer zijn dat niet stopt met schreeuwen, maar ik moet in de rij gaan staan. Straks meer.

8

Ik liep die vrijdagochtend vol energie naar mijn werk. De tijd was voorbijgekropen tijdens een saaie week van brainstormen over slogans, en ik was een paar keer laat op de avond nog gaan hardlopen om die verveling kwijt te raken. Ik had goede wijn en mooie kaarsen in huis gehaald voor het weekend. Die zaterdag had ik een massage geregeld bij mijn favoriete masochist vermomd als masseur en 's avonds ging ik naar een seksfeest. Wees niet zo geshockeerd. Bespaar me de ontsteltenis, of nog erger, de opwinding. Dit is niet zomaar een duik in mijn seksuele driften. Dit is onderzoek.

Het was negen maanden geleden dat ik Andrew Artemis had zien wegdrijven om bij zijn geliefde kikkers te zijn, en ik had me sindsdien gedeisd gehouden, hard gewerkt en alle aandrang om verder te gaan met mijn plan weerstaan. Ik had van tevoren geweten dat ik me aan het plan zou moeten houden, ondanks het verlangen om ze allemaal binnen een week om te leggen en de gevolgen voor lief te nemen. De eerste, en laten we eerlijk zijn de meest irrelevante, moorden moesten goed over de tijd verdeeld worden om niet meteen argwaan te wekken. 'Tragische ongelukken', moesten mensen zeggen. En dat kon dan uitgroeien tot 'een reeks tegenslagen voor de familie', en uiteindelijk tot 'de vloek van de Artemis-clan'. Misschien zou een enkeling 'opzet' mompelen, maar tegen die tijd zou de hele familie onder de zoden liggen en er waren te veel anderen die zouden kunnen profiteren. Ik was er zeker van dat niemand veel moeite zou willen doen om ze te wreken.

En dus liet ik na Andrew de rust weerkeren. Achteraf gezien had zijn dood me weinig plezier opgeleverd, in tegenstelling tot de ontlading die ik voelde toen Kathleen en Jeremy van die klif waren gerold, en dus vond ik het prima om even een stap terug te doen. Ik wist dat Andrews uitvaart goed bezocht was geweest door zowel oprechte mensen in anoraks als blozende privéschoolvrienden. Ik had gelezen dat zijn moeder Lara kapot was van de dood van haar enige zoon, dat ze geen verklaringen in het openbaar had gedaan maar zich volledig had teruggetrokken als onderdirecteur van Artemis Holdings en een liefdadigheidsinstelling was begonnen in naam van Andrew. Ik vroeg me af of ze door het incident niet alleen met het bedrijf had gebroken, maar ook met de familie. Lee werd nog steeds voortdurend in de boulevardbladen genoemd, maar Lara leek zich volledig te hebben teruggetrokken uit de maatschappij en was voornamelijk op hun boerderij in Oxfordshire. Ik heb het pand op een huizensite gezien. Het is in verschillende zachte tinten grijs geschilderd en overal liggen smaakvolle Perzische tapijten, maar dan zijn er ook nog een oefenafslagplaats en de grootste hottub die ik ooit heb gezien, met uitzicht over de kruidentuin. Het is niet moeilijk om te zien wat wiens keuze was. Ik zal je een hint geven: Lee draagt cowboylaarzen en noemt ze zijn 'handelsmerk'.

Door alles wat ik had gelezen, had ik het idee gekregen dat Lara totaal niet bij het Artemis-leven paste. Misschien ging ik er daarom in eerste instantie van uit dat Lee niet zo beroerd kon zijn als hij overkwam, ondanks het feit dat alle signalen erop wezen dat hij dat wel was. Ze was slim, had in Cambridge en aan een van de beste universiteiten in de vs gestudeerd. Hij was een opportunist, opgegroeid met privileges en hebzucht. De familie Artemis was misschien wel uitgekookt, maar ik was ervan overtuigd dat Lara zelden werd geprikkeld door intelligente gesprekken aan de eettafel. Volgens Tina, die nog lang nadat ik was vertrokken haar roddels met me deelde, was iedereen nog altijd verbijsterd over

Lara's partnerkeus. 'Hij was knap, dat vond iedereen. Kijk niet zo! Dat is belangrijk als je jong bent. En hij was heel goed in staat zich aan te passen aan het gezelschap waarin hij verkeerde. Hij had altijd grote ogen en een bezielde blik als zij aan het woord was, en hij vertelde iedereen hoe slim ze was. Zij was verlegen, maar je kon aan haar zien dat ze zich gevleid voelde door zijn aandacht. Dat mooie jonge meisje, zo onbeholpen, maar ook zo slim. Ze was niet bedacht op een man als Lee, en tegen de tijd dat ze doorhad wie hij was, was het te laat. Zijn ouders waren er uiteraard niet blij mee dat ze van gemengde afkomst was. Dat zeiden ze niet met zoveel woorden, maar het was overduidelijk. En hij snoerde ze de mond. Hij hield echt van haar, denk ik. Op zijn manier.' Het was een slap excuus en leek niet genoeg voor Lara. Op je achttiende laat je je misschien bedotten door zo'n man, maar dan leer je. Je leert snel of je komt in de val te zitten.

Tegen de tijd dat ik Lara's man ontmoette, leek Tina's uiteenzetting nog minder overtuigend. Lee was drie jaar jonger dan Simon. Als ik oude nummers van *Hello!* moest geloven (ik had op eBay zes jaargangen gekocht om op de naam Artemis te zoeken en had tegelijkertijd veel geleerd over de verschillende schandalen van onbeduidende leden van Europese koninklijke families) was Simon in zijn hoogtijdagen in de jaren negentig weliswaar de ultieme playboy geweest, maar met Lee als zijn enthousiaste schaduw. Hij was even aantrekkelijk, voor die tijd (hij had de uitstraling van een sociopaat; waarom werd dat in die tijd als aantrekkelijk gezien?), met een altijd gebruind gezicht en pikzwart haar dat gladgekamd was. Het werkte goed voor hem toen hij nog slank en rimpelloos was. Op foto's was hij altijd omringd door vrouwen, vaak met een magnum champagne in zijn hand. Maar twintig jaar later werd datzelfde uiterlijk wat ontsierd door kleine witte lijntjes rond zijn ogen die lieten zien dat de bruine tint nu afkomstig was van een zonnebankstudio in de buitenwijk, en door de enigszins groezelige rand van zijn kraag als hij zweette, omdat hij zijn kleurspecialist waarschijnlijk niet genoeg betaalde.

Niet dat Lee echt het zwarte schaap van de familie was. Geen ernstige drugsproblemen, al had hij beslist geliefhebberd. Geen faillissementen, ook al stond hij in het handelsregister geregistreerd als directeur van maar liefst zevenentwintig verschillende bedrijven, die allemaal binnen enkele maanden hun deuren hadden gesloten. Eén onderneming, GoGoGirl Pictures, was na drieënzestig dagen gesloten. De naam wees er zeker niet op dat hij arthousefilms had willen maken. Misschien had zijn hooghartige moeder er lucht van gekregen en er een stokje voor gestoken.

Kathleen en Jeremy hadden Simon om de familienaam hoog te houden. Hij was een succesverhaal, de man die zich had ingekocht in koninklijke diners en handjes had geschud met de burgemeester, minister-president en wie er dan ook maar gemakkelijk te verleiden was met zijn geld; de meeste mensen dus. Zelfs nette mensen worden boos als ze worden geconfronteerd met de megarijken. Misschien hebben ze wel een uitgesproken mening over de ongelijkheid van de welvaartsverdeling en vinden ze dat de rijken onterecht een systeem in stand houden waarin ze steeds meer verwerven ten koste van alle anderen in de maatschappij, maar geef ze een glas champagne en vraag ze om te poseren naast een miljonair die hun misschien een baan kan geven of een cheque kan uitschrijven aan hun organisatie en ze glimlachen onnozel.

Voordat de vele schandalen rondom Artemis bekend werden, was er zelfs even sprake van dat Simon een koninklijke onderscheiding zou krijgen, wat absurd was aangezien hij alleen zo nu en dan aanschoof bij liefdadigheidsdiners waar hij op stomme prijzen bood die door andere rijkelui waren aangeleverd. Eén keer kwam hij in het nieuws omdat hij een schilderij van een paard had gekocht van een controversiële maar populaire schilder die zijn rotzooi voor miljoenen verkocht. En het kon natuurlijk geen mooi levensecht schilderij van een paard zijn, niet zoiets simpels als een schilderij van George Stubbs waar oefening en talent voor nodig was. Het paard zou het hoofd van de koper krijgen. Het werd voor driehonderdduizend pond verkocht. En nu hangt er ergens in de villa van de familie Artemis een reusachtige centaur te pronken. Dát was een deel van de erfenis waar ik vriendelijk voor zou bedanken.

Afijn, de koninklijke onderscheiding werd stilletjes op de lange baan geschoven, maar Simon bleef respectabel; hij werd gezien als een topman in het Britse bedrijfsleven. Met als resultaat dat Lee zonder grote gevolgen het stereotype hopeloze broertje mocht spelen. Als hij weer eens geblunderd had, werd hij uit de brand geholpen. (Zoals de keer dat hij na een voetbalwedstrijd in een dronken bui stiekem de balustrade van St. Paul's Cathedral had beklommen en zijn maten had gefilmd die luid joelend met hun broek rond hun enkels over de rand hadden gehangen. Iemand had een telefoontje gepleegd, en met een overdreven verontschuldiging aan de Anglicaanse kerk was de kwestie afgedaan.) En als zijn eigen carrière ontspoorde, kreeg hij van de familie baantjes toegeschoven waar hij niet veel voor hoefde te doen. Ik kan me voorstellen dat hij zelfs werd aangemoedigd zijn rol binnen het bedrijf niet al te serieus te nemen, uit angst dat hij de zaak zou verkloten.

Op zijn negenentwintigste ontmoette hij Lara via haar werk voor Artemis Holdings, en acht maanden later trouwde hij met haar tijdens een driedaags spektakel op een Grieks eiland. Een van de Bee Gees trad op, en een roddelkrant stuurde een journalist die als ober undercover het feest binnendrong. In het daaropvolgende artikel werd vol leedvermaak geschreven over het onbeschofte gedrag van verschillende jetsetters, onder wie een fotomodel dat stomdronken in het zwembad viel in haar met parels bezette designerjurk die ze voor de gelegenheid had geleend. Volgens Tina, die er niet bij was maar trouw haar huiswerk deed, had Lara voor de bruiloft nog twijfels gehad, maar was ze ervan verzekerd dat het grote feest iets eenmaligs was voor familie en vrienden voordat ze in alle rust hun leven samen konden beginnen. Hij zwoer dat hij zijn wilde haren kwijt was, had het over een toekomst waarin zij het hoofd van het gezin mocht zijn. Wat beloven mannen toch weinig. Wat klampen wij ons er toch aan vast.

Zijn familie had een grote gestucte woning in Chelsea voor hen gekocht, vlak bij Kings Road, en vrij snel na de verhuizing werd Andrew geboren. Lara maakte carrière en bracht de rest van haar tijd door met liefdadigheidslunches voor eervolle doelen organiseren of namens kwetsbare kinderen bij de overheid lobbyen. De familie tolereerde Lara's charitatieve aard kennelijk en besefte dat het hun de schijn van respectabiliteit gaf, maar ik stel me voor dat haar man weigerde die wereldverbeteraars ooit in huis te laten. Lee zelf klampte zich vast aan de uitspattingen van zijn jonge jaren, werd gefotografeerd in nachtclubs, racend over Kings Road in zijn zoveelste snelle auto, en hij werd zo nu en dan genoemd als zakenpartner van nieuwe bars en restaurants die prompt een halfjaar later hun deuren weer sloten als de werkelijke eigenaar besefte dat krappe marges en lange uren niet zo aantrekkelijk waren als de openingsavond had doen vermoeden.

Ik had zo'n vermoeden dat Lee van meer dan één drankje hield en niet vies was van flirten tijdens een avondje uit. Zijn gezicht dat ooit glad en strak was geweest, was nu pafferig en zijn ogen zagen er altijd wat glazig uit op paparazzifoto's.

Vaak werd hij 's avonds als hij uitging rondgereden in een gifgroene Bentley, omdat een aanklacht wegens rijden onder invloed (in de rechtszaal verworpen nadat een goede advocaat had betoogd dat zijn cliënt een middel tegen verkoudheid had ingenomen dat een verkeerde wisselwerking had gehad met een medicijn van intiemere aard – de kranten hadden hun lol niet op gekund met die fijngevoelige formulering) had betekend dat een vaste chauffeur een verstandige investering was. Hierdoor was het niet bijzonder moeilijk om vast te stellen waar hij was, als je toevallig in de stad was, aangezien de auto zelfs in de smalste straten in

Londen dubbel geparkeerd stond, te beginnen bij de exclusiefste bars van Mayfair, daarna bij verschillende besloten clubs, en tegen drieën, als de meeste feestgangers naar huis gingen, in de richting van Chinatown naar de louchere gelegenheden die niet geheel open waren over wat ze precies deden.

Dat wist ik omdat ik de Bentley meerdere avonden had gevolgd. Het was de gemakkelijkste manier om meer over Lee te weten te komen. Hij gebruikte geen social media, alleen een Facebook-account waarop hij sinds 2010 niet meer actief was, maar waarmee hij me in het begin wel vermaakte met zijn voorliefde voor vraagspelletjes over wat hij zou zijn als hij een dier was en welke superkracht hij zou hebben als hij een superheld was (stokstaartje, laserogen). Hij verliet zijn herenhuis zelden voor drie uur 's middags, ging dan naar de sportschool, waarna hij altijd koffie ging drinken in Knightsbridge waar hij andere mannen in Gucci-instappers ontmoette in een café dat dranken in vergulde kopjes serveerde. Allemaal hadden ze hun telefoon op tafel liggen alsof ze het land regeerden en ze elk moment weggeroepen konden worden. Ik had een paar keer aan een tafeltje naast hen gezeten en gehoord hoe ze over de aandelen spraken waarin de anderen moesten investeren en wanneer ze weer naar Vegas zouden gaan. Om het gesprek luchtig te houden, werden er zo nu en dan terloopse vrouwonvriendelijke opmerkingen gemaakt. Staatslieden waren ze beslist niet.

Maar 's avonds was de beste tijd om mijn eigenzinnige oom te vinden. Hoe meer ik zijn schemerwereld leerde kennen, hoe meer ik me afvroeg of Andrew ooit met hem mee was geweest tijdens deze uitstapjes. Het zou vast verklaren waarom mijn neef zijn heil had gezocht bij kikkers. Nadat ik de auto een paar avonden had gevolgd, maar nooit ergens mee naar binnen was gegaan, trok ik de stoute schoenen aan. Ik deed nooit moeite om de vipruimten van de clubs die hij bezocht binnen te komen, ik vond het te vernederend om mezelf op te dirken en een uitsmijter te verleiden. Maar de bars waren gemakkelijker, en de kroegen in Chinatown waren helemaal een eitje. Ik kon probleemloos met een drankje in mijn hand pal naast zijn vriendenclub zitten kijken en luisteren.

Voor zover ik kon zien, was gezien worden het enige doel. Champagne werd per fles gekocht, er werden luchtkusjes naar jonge vrouwen geblazen, mannen gaven elkaar ingewikkelde handdrukken, en met juwelen bezette horloges wierpen schitteringen op het plafond. Een halfuur later, als er nieuwe mensen waren opgepikt en anderen waren afgedaan, vertrokken Lee en zijn maten weer, door naar de volgende gelegenheid. Rond twaalf uur werden de bezoekjes aan het toilet frequenter en begon Lee druk te worden, verkondigde luidruchtig dat ze een feestje moesten bouwen en nam zijn potige maten in de houdgreep. Tegen de tijd dat het drie uur was, zat ik met een glas water en verveelde me dood. Ze hadden geen van allen oog voor mij; ik was geen meisje dat aandacht trok. Niet jong genoeg. Niet bloot genoeg. Ik droeg altijd een zwart broekpak en een T-shirt, wat rode lippenstift, zodat het nog wat leek, en een paar hoge hakken. De hakken waren mijn enige tegemoetkoming. Als je in de bars waar Lee kwam gemakkelijke schoenen met platte zolen droeg, zouden ze ervan uitgaan dat je een of andere undercover politieagent was en wantrouwig naar je kijken.

Tijdens mijn derde verkenningsmissie sprak ik met oom Lee. Ik was het niet van plan geweest – ik had er geen belang bij om hem beter te leren kennen – maar het leek me leuker dan toezien hoe hij borrels achteroversloeg en zo beroerd danste dat een jong fotomodel letterlijk huiverde en zijn arm van haar schouder af sloeg.

Lee en zijn maten waren naar een privéclub in de buurt van Berkeley Square in Mayfair gegaan, en ik liep naar het café ertegenover omdat ik wist dat ik niet hoefde te proberen om me deze gelegenheid, met rode touwen rond de deur en een oude man met een hoge hoed die er op wacht stond, binnen te bluffen. Ik ging met een glas rosé bij het raam zitten wachten tot het moment waarop de Bentley voorgereden werd, wat erop wees dat ze weer verder gingen. Het was kennelijk rustig in de club die avond, want de auto kwam om één uur voorrijden en ik rende het café uit, wenkte een taxi en zei tegen de chauffeur dat hij mijn vrienden in de auto vóór ons moest volgen. Het klonk als een slap verhaal en inwendig huiverde ik, maar hij vertrok geen spier. Zoals ik al had verwacht reden we regelrecht naar Chinatown en stopten bij een gelegenheid die ik niet eerder had gezien. Er was ook niet aan af te zien dat het een café was. Er viel helemaal niets aan af te zien. Het pand had een kleine deur zonder bord of menukaart en zat tussen twee dimsumrestaurants ingeklemd; zo'n tent waar je tienduizend keer voorbijloopt zonder dat hij je opvalt. Ik keek toe terwijl Lee en twee stevige maten op een intercom drukten en de oude deur openduwden. Vlak voordat de deur werd dichtgeslagen, zette ik mijn voet over de drempel en glipte naar binnen. Ik liet hun voetstappen wegsterven voordat ik hen volgde, aangezien ik ze niet tegen het lijf wilde lopen op de smalle trap. Het was een groezelige tent met donkerrood behang en vaal tapijt. Het had de uitstraling van een bordeel, op de harde housemuziek na die ik van boven hoorde komen. Dat gaf me het vertrouwen om op zijn minst te proberen binnen te komen. Als het stil was geweest, was ik meteen omgekeerd.

Ik bleef een paar minuten op de trap wachten en liep toen verder omhoog. De deur waar ik op uitkwam was een grote, zwarte branddeur en ik duwde hem aarzelend open. Daarachter was een kleine ruimte, waarschijnlijk de oude receptie van een kantoor, met zwarte jaloezieën voor het raam. Twee aantrekkelijke vrouwen van mijn leeftijd zaten op hoge krukken achter een tafel waarop champagneglazen en een kom met condooms stonden. De vrouwen glimlachten naar me.

'Hallo, daar,' zei degene met een korte bob en eyeliner tot aan haar wenkbrauwen. 'Welkom bij de Pleasure Parade. Heb je je uitnodiging bij je?'

Ik ben altijd een snelle denker geweest, zonder stotteren, zonder oogcontact te vermijden. De truc is om te glimlachen en niet te veel uit te leggen. Dit was duidelijk een seksfeest. Ik was nog nooit bij zoiets geweest, maar had genoeg artikelen in damesbladen gelezen over de toename van het aantal besloten feesten waar aantrekkelijke mensen bijeenkwamen voor seks, om te weten wat er hier aan de hand was. *Vogue* prees deze bijeenkomsten aan. Waarom verlegen doen?

'Het spijt me,' zei ik, en ik legde mijn hand op tafel. 'Ik was in Soho, bedacht opeens dat het feest vanavond was en heb hem dom genoeg niet bij me. Ik hoop dat het geen probleem is; Flick zei dat het niet erg was.'

De andere vrouw, met een hoofdband van groene zijde en grote gouden ringen in haar oren, bekeek me van top tot teen en keek even naar de vrouw met de bob. 'Tja, je weet dat exclusiviteit... en discretie essentieel zijn bij deze gelegenheden.' Ze legde haar vinger tegen haar lippen. 'Maar als Flick voor je instaat, dan is het wel goed. Wil je het formulier even tekenen en je telefoon in deze bak leggen?'

Wat was ik blij met het toverwoord. Flick, de naam van het chique witte meisje dat gegarandeerd deuren opende in bepaalde situaties. Er is altijd een Flick; ze is een pr-meisje, een galeriehoudster of gewoon een vriendin van een vriendin. Noem haar naam en je geeft aan dat je te vertrouwen bent, dat je een ingewijde bent en dat je Floss en India vast ook kent.

Ik tekende het formulier, wat erop neerkwam dat ik niet met anderen over Pleasure Parade mocht praten en geen namen van bekende gasten mocht noemen. Ik mocht geen beeld- of geluidmateriaal opnemen. Ik moest plechtig beloven dat ik het 'veilig en leuk' zou houden en de grenzen van anderen zou respecteren.

Ik gaf mijn telefoon af en het meisje met de hoofdband gaf me een knipoog en een condoom. 'Vergeet niet dat de blauwe kamer voor kinky spel is. En als iemand je lastigvalt... Marco is in de bar.'

‘Prima, ik ben er klaar voor,’ zei ik, terwijl ik haar mijn jas gaf en met meer zelfvertrouwen dan ik voelde door de deuren achter hen liep.

Ik houd van seks. Ik ben niet teergevoelig of preuts. Het is een leuke stressverminderende activiteit, zelfs als ze slecht uitgevoerd wordt, wat vaak het geval is als je neukt met mannen die zijn opgegroeid met porno en denken dat vrouwen nauwelijks voorspel nodig hebben en van lenige standjes houden. Orgasmes zijn heerlijk, vooral als je ze in je eentje hebt, gevolgd door stilte en niet de wanhopige behoefte om zo snel mogelijk een vreemde vent je huis uit te werken. Maar ik ben niet dol op die ongeremde sekspositiviteit waar we mee doodgegooid worden. Vrouwen die iedereen over hun seksuele ontwikkeling willen vertellen, alsof van seks genieten een karaktertrek is. Stellen die foto’s van zichzelf tussen de lakens plaatsen en doen alsof het kunst is wanneer ze opscheppen dat de seks zo goed was. Afschuwelijke essays en amateuristische poëzie over neuken. Niet lullen, maar doen.

Seksfeesten leken me altijd een manier voor saaie mensen om anderen te laten zien dat ze ook een interessante kant hebben. Die zouden ze misschien hebben als ze opeens een orgie in een supermarkt in het centrum begonnen, maar een chique bijeenkomst uitsluitend voor genodigden in de West End, waar meisjes haarbanden dragen, vind ik nou niet bepaald alternatief. Het is net zoiets als een luxe sportschool waar de smoothies negen pond kosten, ze designer douchegel hebben, iedereen met zijn lichaam pronkt in dure leggings, maar niemand echt met fitness bezig is. Het is allemaal voor de show.

Dit feest bevestigde al mijn vooroordelen maar weer eens. De eerste ruimte was een bar waar aangeklede mensen uit kristallen glazen stonden te drinken. Het was er erg schemerig, maar ik zag een Gucci-tas, de schittering van een diamanten ring en er hing een bedwelmende mengeling van te veel Tom Ford-parfums. Het was overvloedig en banaal, en het feit dat er even verderop in andere kamers lichaamssappen werden uitgewisseld maakte dat er niet minder op.

De muziek stond hard, misschien om de extatische geluiden van elders te maskeren. Ik liep naar de bar, keek of ik Lee in de duisternis zag en hoopte dat hij niet in een sekskamer was verdwenen, voornamelijk omdat dit dan een zinloze oefening was, maar ook omdat ik mijn oom echt niet naakt wilde zien. Mijn wraakplannen waren ambitieus, maar ik moest ergens een grens trekken, en nu bleek die grens te liggen bij het aanschouwen van een bezweet familielid boven op een vrouw die waarschijnlijk twintig jaar jonger was dan hij. Ik had drie mensen vermoord, maar bij deze gedachte werd ik misselijk. Verrassend.

Terwijl de barkeeper een martini voor me mixte (ik houd niet van cocktails, maar vond dat ik het spel moest meespelen), bekeek ik de mensen om me heen. Een aantrekkelijk stel van halverwege de dertig – hij in een blauw overhemd en een kakibroek, zij in een groene zijden jurk met roze hoge hakken en een enigszins bezorgde blik – stond naast me. Hij had haar hand vast en glimlachte over zijn schouder naar mij. Ik lachte vriendelijk terug, maar keek snel weg. Ik wilde niet in een gesprek verstrikt raken. Aan haar onrustige gefluister en zijn geruststellende hand op haar rug was te zien dat zij hier alleen was om hem te behagen. Ik hoopte maar dat ze mij niet zagen als de ideale keus voor hun eerst ongelukkige triootje.

Aan de andere kant van de ruimte zag ik twee vrouwen, mager als windhonden en al even elegant maar gespannen, op een fluwelen bank zitten met een gedrongen man die op zijn hurken met hen zat te praten. Aan zijn gebarende handen te zien probeerde hij leuk te zijn, maar hun beleefde glimlachen en dwalende blik straalden verveling uit. Het zag er in elk geval niet uit alsof ze niet konden wachten om deze man te berijden. Sterker nog, niemand om me heen straalde veel seksuele spanning uit. De sfeer was bedrukt en een beetje ongemakkelijk, alsof iedereen zat te wachten tot iemand anders het startsein zou geven. Misschien hadden ze nog niet genoeg gedronken.

Met een harde duw stootte iemand mijn arm met drankje en al van de bar. Ik keek om en zag dat een van Lee's maten ruimte voor zichzelf had gemaakt aan de bar zonder te kijken of de ruimte die hij nu innam een paar seconden daarvoor nog door iemand anders bezet was geweest. Dat doen mannen vaak, dan spreiden ze hun benen in de metro alsof ze een aangeboren behoefte hebben om elke ruimte te vullen die niet is bezet, of lopen midden op een smal trottoir en zijn dan bijna verbaasd dat ze tegen je aan lopen, of duwen tegen je aan in de rij voor de koffie, alsof je dan wel verdwijnt. Ze hebben niet eens in de gaten wat ze doen. Zij zijn belangrijk, hun behoeften zijn belangrijk. Jij bent niet zo belangrijk. Jij bent helemaal niet belangrijk. Tenzij ze je aantrekkelijk vinden. In dat geval wordt jouw persoonlijke ruimte op een andere manier bezet. Dan gaan ze voor je staan en houden je tegen om je aandacht te trekken. Als ze in de auto zitten, remmen ze af, zodat je je ongemakkelijk voelt als je over straat loopt. Ze hangen over je heen in bars, raken je arm aan, pakken je hand vast. Met een beetje mazzel alleen je hand.

Ik verschoof geen centimeter. In plaats daarvan keek ik strak naar het bezwete profiel van de man die de aandacht van de barkeeper probeerde te trekken. Als iemand lang genoeg naar je staart, kijk je vanzelf een keer terug. Het duurde even, maar uiteindelijk keek hij opzij.

'Je hebt mijn drankje net omgestoten,' zei ik, zonder een spier te vertrekken, zonder mijn lichaam te bewegen. Zonder met mijn ogen te knipperen.

'Ik wil even wat bestellen, mop, doe me een lol,' zei hij, en hij draaide zich weer om.

Ik voelde woede in me opkomen, mijn gezicht raakte verhit. 'Je hebt mijn drankje gemorst. Wat ga je daaraan doen?'

De man draaide zich weer naar mij toe, balde zijn vuist op

de bar. 'Denk maar niet dat ik jouw drankjes ga betalen. Ik ben niet gek.' Hij gebaarde naar zijn maat en haalde onverschillig zijn schouders op.

Net toen ik bijna ontplofte van woede, kwam Lee tussen ons in staan. Hij zorgde ervoor dat ik zijn potige vriend niet meer kon zien en vouwde zijn handen alsof hij ging bidden. 'Mijn excuses voor mijn vriend, schat, hij is geen gentleman, en ik kan zien dat hij je een mooi glas wijn heeft gekost. Ik wil je heel graag een drankje aanbieden om het goed te maken.' Hij keek me met een brede grijns aan, vouwde zijn handen om de mijne, legde ze op de bar en gebaarde naar de barkeeper dat hij nog een wijntje voor me moest inschenken.

En zo raakte ik met mijn oom aan de praat. Hij was heel innemend, net zoals mijn moeder Simon had beschreven. Een lekkere babbel en een brede lach. De zelfverzekerdheid om de leiding te nemen en zich van alles te permitteren zonder echt kwaad te doen. Ik liet hem een glas wijn voor me bestellen. Ik vertelde hem niet dat ik een martini had gehad. Ik zei ook niets toen hij een wijn koos die ik niet echt lekker vond, en huiverde niet toen hij ongevraagd mijn handen aanraakte. Zijn houding was absoluut niet prettig of interessant, maar hij was opgegroeid met het idee dat hij een machtige man was en gedroeg zich alsof iedereen dat wist. Zulke mannen kunnen ongelooflijk veel ongestraft doen. Zelfs als je die houding verafschuwt, is het soms moeilijk ertegenin te gaan. En naderhand verafschuw je jezelf omdat je het hebt laten gebeuren.

Lee dwong zijn maat, die hij 'Scotty dog' noemde, om zijn excuses aan te bieden, waarna hij prompt door een deur links van de bar verdween.

'Scott laat er geen gras over groeien,' zei Lee met een knipoog. 'En wat brengt een meisje zoals jij hier?'

Ik vertelde hem dat mijn vriendin deze bijeenkomsten had aanbevolen als een goede plek om te beginnen als je in die wereld geïnteresseerd bent.

Lee knikte. 'Het is een doorsnee groep, niet al te obsceen, wat neuken, wat leuke meid-op-meid-actie. Minder hardcore dan ik zou willen, maar verder niets mis mee, op een regenachtige donderdag.'

'En waar hou jij van?' vroeg ik. Ik besefte opeens dat dit flirterig klonk en moest het gevoel van misselijkheid dat in me opkwam onderdrukken. Maar hoe klink je niet flirterig op een seksfeest? Een discussie over de gemeentebelasting komt nog zelfs suggestief over wanneer mensen even verderop aan het seksen zijn met vreemden.

Hij hield zijn hoofd schuin en glimlachte naar me. Ik kon zien dat hij me voor het eerst goed bekeek, de tijd nam om aandacht aan me te besteden. Hij nam me in zich op, als oneerbaar voorstel of als eigenaardigheid. Ik nam een slokje wijn en deed mijn best niet koket te kijken. Als hij me uit zichzelf iets wilde vertellen over zijn seksuele voorkeuren was dat één ding, maar ik was niet van plan ze aan hem te ontlokken.

'Dat is nogal brutaal, gezien het feit dat we onze kleren nog aanhebben, jongedame.' Lee grijnsde en keek op zijn horloge, een grote zilveren Rolex vol diamanten die op de bar schitterden. 'Daar wil een net meisje als jij niets over horen, geloof me. Probeer het eerst hier maar eens, dan hebben we het er nog wel over.'

Mijn optreden als het onervaren, naïeve meisje werkte niet. Hij had nu al genoeg van me. 'Wat, hou je ervan vernederd te worden, is dat het? Een stoere, rijke vent die nooit nee te horen krijgt en als prins wordt behandeld, maar er in werkelijkheid naar verlangt dat iemand zijn eigen heimelijke gevoel van falen naar hem terugkaatst? Of misschien krijg je graag klappen. Word je graag echt toegetakeld. Of wil je gewoon geneukt worden? Je bent geen homo, o nee, stel je voor, maar je wilt iemand die jou onderdrukt en domineert? Zo interessant is dat niet. Denk je dat jouw fetisjen uniek of anders zijn? Echt niet, hoor, dat kan ik je verzekeren.'

Daar moest hij om lachen. Mannen lachen vaak verrast als ze

vrouwen grappig vinden, alsof het een talent is dat ze niet van ons verwachten. Lee was nu geïnteresseerd, ik had zijn aandacht weer. Mijn waardigheid had zwaar te lijden, terwijl ik de wereld van deze afschuwelijke familie probeerde te ontdoen. Het eindresultaat zou het waard zijn, daar was ik van overtuigd, maar rondhangen in Marbella, onkruid wieden in een natuurgebied en nu over seks praten met mijn oom... Het was een ware beproeving. Op een grappige manier deed het me denken aan een tekstregel uit *Verstand en gevoel*: ''t Heet dat de huurprijs van dit huisje laag is, maar 't komt ons toch al heel onvoordeelig uit.'

'Jij bent niet snel ergens van onder de indruk, of wel?' Hij keek om zich heen alsof hij van plan was staatsgeheimen prijs te geven. 'Lekker blasé. Goed dan, ik hou van een beetje wurgseks. Riemen, sjaals, wat je maar hebt. Geen lucht meer krijgen op het moment dat je het punt van extase nadert, dat is verdomme waanzinnig. Heb ik altijd lekker gevonden. Een superslimme psychiater zou zeggen dat het komt doordat ik als kind een keer bijna in ons zwembad ben verdronken, of dat soort onzin, maar wie zal het zeggen?'

Ik keek doordringend naar zijn hand. 'Houdt je vrouw daar ook van?' vroeg ik, en ik keek met een glimlach naar zijn trouwring. 'Ik neem aan dat ze jou zo nu en dan wel zou willen wurgen.'

Ik moest hem nageven, hoe twijfelachtig dat ook was, dat Lee niet eens zijn best deed om beschaamd te kijken. 'Mijn vrouw heeft... stijl. Zij negeert mijn hobby's en ik laat haar haar gang gaan als ze onze keuken voor de achttiende keer wil laten verbouwen. Ze gedraagt zich tegenwoordig als een oud wijf. Ik snap het, ze heeft een goed leven dankzij mij, dat is de deal in een huwelijk. Maar mannen en vrouwen zijn verschillende wezens, hè? Ik heb nog steeds verlangens. Als zij me daar niet bij wil helpen, dan moet ze niet verbaasd zijn als ik verder kijk.'

Op hetzelfde moment kwam een andere maat van Lee op ons af gebanjerd. Zijn drankje klotste over de rand van zijn glas en hij botste tegen een groepje mensen in de buurt aan.

'O jezus, Benj heeft het wel gehad voor vanavond,' zei Lee. 'Leuk je te ontmoeten, schat, doe niets wat ik niet zou doen.' Ik onderdrukte de neiging om zichtbaar te huiveren en zwaaide, terwijl hij zijn vriend vastpakte en hem in de richting van de deur duwde.

Voor de zekerheid bleef ik nog vijf minuten zitten, dronk mijn smerige wijn op en liep naar de uitgang, waarbij ik met een grote boog om het zenuwachtige stel heen ging dat nu bij de deur stond te ruziën, zij met uitgelopen mascara onder haar ogen. De meisjes bij de receptie wuifden me vrolijk uit, helemaal niet verbaasd over mijn snelle vertrek. Misschien zijn er veel mensen die even langs wippen bij seksfeesten.

In de taxi naar huis had ik allerlei interessante gedachten. Wat was mijn oom een vrijgevig man. In slechts twintig minuten tijd had hij een drankje voor me betaald en me een aanwijzing gegeven voor de manier waarop ik hem het best kon vermoorden. En wie zegt dat de ultrarijken de armen geen helpende hand toesteken?

Tijdens mijn massage viel ik in slaap, ook al paste de masseur stevige druk toe. Hierna nam ik een lang bad en las mijn oude, beduimelde exemplaar van *De tweede sekse*, scheerde mijn benen en gaf mijn haar een intensieve crèmespoeling. Ik was op mijn zestiende met feministische literatuur begonnen, toen Jimmy's moeder zich zorgen maakte over de vele uren die ik met Jimmy en zijn vrienden doorbracht. Ik denk dat ze dacht dat een gebrek aan vrouwelijke rolmodellen ervoor zou zorgen dat ik compleet onvoorbereid was om om te gaan met de nadelen die mijn sekse opwierp. Het was heel goed bedoeld en typisch Sophie, maar het liet ook zien hoe bevoorrecht ze was. Een rijke witte vrouw die in vrijwel elk opzicht afgeschermd leefde van werkelijke discriminatie, maar er graag in algemene, verontwaardigde termen over wilde praten. De Latimers en hun vrienden waren er meesters in; ze schudden hun hoofd bij de sluiting van de buurtwinkel, terwijl ze er normaal gesproken gewoon voorbijliepen op weg naar de delicatessenwinkel ernaast, ze verkondigden luidkeels tijdens dinertjes dat ze hun schoonmaakster bij ziekte doorbetaalden, maar ontsloegen haar als ze niet langer op woensdag kon werken. 'Buitengewoon teleurstellend, ze is al tien jaar bij ons, maar de dinsdag komt ons gewoon niet goed uit.'

Dacht ze soms dat ik geen idee had hoe de wereld vrouwen behandelde? Ik wist al dat het systeem tegen vrouwen gekant was nog voordat ik de woorden had om te beschrijven hoe wij worden buitengesloten, afgedankt, gekleineerd. Ik zag dat het mijn moeder dag in dag uit ondermijnde. Opgevoed door strenge ouders die vastomlijnde ideeën hadden over hoe meisjes zich hoorden te gedragen (die haar verstootten toen ze besloot dat zij anders wilde leven), gewaardeerd voor haar schoonheid, totdat ze op een dag niet meer aan het ideaal voldeed, gebruikt door een man voor zijn plezier tot hij genoeg van haar had. Keihard werken, slechtbetaalde banen, nooit waardering. In haar eentje een kind opvoeden alsof het niets was.

Maar de feministische literatuur was een openbaring en ik zal Sophie er altijd dankbaar voor zijn. Misschien bracht ik te veel tijd met jongens door, paste ik mijn gedrag aan om erbij te horen. Zonder spoedcursus Wollstonecraft, De Beauvoir en Plath zou ik die eerste vonken van woede misschien hebben onderdrukt, zou ik hebben geprobeerd onopvallend te leven, zoals vrouwen vanaf hun geboorte zonder woorden wordt geleerd. Maar het lezen over andere boze vrouwen maakte me dapperder, zorgde ervoor dat ik mijn woede koesterde, het ging zien als iets wat waardevol en gerechtvaardigd was. Daarmee wil ik natuurlijk niet zeggen dat deze vrouwen op wat voor manier dan ook verantwoordelijk waren voor mijn uiteindelijke daden, hoewel de boulevardbladen zouden kwijlen bij het creëren van een 'boosaardig feministisch' artikel, als mijn verhaal ooit in de pers zou komen.

Er was één boek dat me hielp goddeloze wraak in een positiever licht te zien: *The Bloody Chamber* van Angela Carter. Dat boek had ik niet van Sophie, maar kwam ik op een regenachtige herfstmiddag vlak na mijn zeventiende verjaardag tegen in een boekhandel in Soho, toen ik de dag alleen in de stad was geweest. De omslag viel me op, de slingerende rood met zwarte lijnen leken een bekroning van datgene wat er in mijn tienerbrein gaande was. Ik las de flaptekst vluchtig, nam het boek mee naar de kassa en las het in één ruk uit in een groezelig toeristencafé in de buurt van Tottenham Court Road. Carters zwartgallige sprookjes waarin vrouwen liegen en bedriegen openden een deur in mijn gedachten. Vrouwen hoefden niet nietig en stil en zwak te zijn, en we hoefden ook niet braaf of sterk te zijn – deugdzaam maar uiteindelijk opgeofferd. We konden achterbaks en egoïstisch zijn, ons laten leiden door verlangens die we niet hardop durfden uit te spreken. Toen ik het boek uit had en naar buiten liep, had ik het gevoel dat ik nieuwe mogelijkheden had. Ik gaf het boek met Kerstmis dat jaar aan Annabelle, met het idee dat het gestreste kind wel wat lef kon gebruiken, maar Sophie perste haar lippen op elkaar toen haar dochter het boek uitpakte en nam me na de lunch even apart om me te zeggen dat Annabelle veel te gevoelig was voor zulke bloederige verhalen. 'Werkelijk, Grace, ik weet dat je een stoere meid bent, maar Belle leidt vreselijk onder haar zorgen en daar had je best wel rekening mee mogen houden. Ze kijkt naar je op en nu kan ze natuurlijk niet wachten om dit boek te lezen. En ik ben degene die het haar uit haar hoofd moet praten tot ze wat ouder is. Kun je het ruilen voor Primo Levi? Volgend trimester behandelen ze de Tweede Wereldoorlog op school.'

Ik staarde haar alleen maar aan tot ze haastig wegliep om in de jus te roeren. Ik verving het sprookjesboek door een heuse schreeuw van pijn over het ergste dat de menselijkheid ooit heeft gedaan. Annabelle had nog drie dagen nachtmerries toen ze *Is dit een mens* uit had. Sophie was supertrots dat haar dochter zo invoelend was.

Toen het badwater koud werd, droogde ik mijn haar met zorg en liet het in losse krullen over mijn rug vallen. Ik lakte mijn nagels feloranje en trok voorzichtig een nieuwe panty over mijn benen omhoog, zodat er niet meteen een ladder in kwam. De jurk die ik uitkoos was een korte zwarte, met lange mouwen en een hoge nek met ruches. Ik zag er streng uit, maar op een prettige manier. Na mijn eerste korte uitje in de wereld van de seksclubs, waar mijn oom zo attent was om mij het idee voor zijn moord te geven, ging ik online en deed onderzoek. Er zitten er tientallen in de hoofdstad, variërend van 'een gemaskerd bal met fotomodellen' tot 'verwacht een kleverige bedoening en neem antibacteriële doekjes mee'. Maar het was niet moeilijk om te zien welke ik beter kon vermijden – 'we zitten op drie minuten lopen van de McDrive' of 'breng je eigen drank mee, geen blikjes' vallen meteen af. Lee zou heus geen seksfeest bezoeken langs een ringweg ergens in de buurt van Wembley. En ik wilde best onderzoek doen, maar niet op een industrieterrein.

Toen ik een heel stel algemene seksfeestsites had bekeken waar wordt gestrooid met het woord 'plezier' alsof je naar een pretpark gaat, vond ik drie chique clubs waar wurgseks en sm werden aangemoedigd, en ik meldde me aan voor hun mailinglijst. Ze waren niet zo relaxed als die tent in Chinatown. Ze vroegen om een foto en een stukje tekst over jezelf voordat je een avond mocht bijwonen. Ik stuurde een foto van een semi-beroemde Instagrammer die genoeg op mij leek om geen vragen bij de deur op te roepen, plus drie wollige regels waarin ik vertelde dat ik een pr-meisje was op zoek naar nieuwe ervaringen met sexy vreemden. Het is niet moeilijk om ergens binnen te komen als je een niet onaantrekkelijke vrouw bent. De organisatoren zijn veel strenger als het gaat om alleenstaande mannen die opvallen en anderen de zenuwen geven.

Ik volgde ook een EHBO-cursus, wat achteraf gezien belachelijk is. Als ik iemand ging wurgen, leek het me op de een of andere manier misschien wel een goed idee om te zien waar de experts naar keken als ze iemand probeerden te redden van zo'n lot. Ik wilde weten wat het omslagpunt was, wanneer de bloeddoorlopen ogen en de bewusteloosheid onomkeerbaar waren. Helaas betekende dit een saaie dinsdagavond in een buurthuis in Peckham, waar een drukke vrouw die Deirdre heette ons twee uur lang liet zien hoe je iemand moest reanimeren, met behulp van een pop die er net zo oud uitzag als zij. Het is niet gemakkelijk om terloops over wurgen te praten, maar ik kwam erachter dat mensen normaal gesproken binnen enkele seconden hun bewustzijn verliezen en dat het vier minuten kan duren voordat iemand daadwerkelijk dood is, ook al ziet het eruit alsof die persoon al de pijp uit is. Maar het feit dat ik om dat te weten te komen een verband om de zweterige hand moest winden van een zekere Anthony die de hele tijd naar me zat te staren, was het per saldo niet waard. Ik had het ook gewoon kunnen googelen. Nou ja, nu weet ik dat huishoudfolie handig is bij lichte brandwonden, dank je wel, Deirdre.

Toen ik me helemaal had opgemaakt, dronk ik staand bij het aanrecht een glas wijn. Dit soort feesten begint pas laat en ik had zo'n vermoeden dat ik me niet op mijn gemak zou voelen als ik broodnuchter was. Het evenement waar ik naartoe ging werd georganiseerd door de zoon van een lid van het Hogerhuis. Hij is veel in het nieuws geweest om zijn liederlijke clubavonden te promoten, maar over deze kant van zijn werk is hij veel zwijgzamer. Ik wist alleen dat hij erbij betrokken was omdat het in het gebouw achter Regent Street wordt gehouden, waar ook zijn bedrijf geregistreerd staat. Logisch. Vermaak rijken en schoonheden met je feesten en houd ze in de gaten. Zoek degenen die meer willen, die niet onder de indruk zijn van het dansen en de aangeboden champagne. Ze hebben alles wat ze willen, en toch willen ze meer. Duw ze een discreet, zwart visitekaartje met het logo van een website in reliëf in de handen, samen met de torenhoge rekening. Exclusief, straalt het kaartje uit. Voor wie iets extra's wil. Het zijn leuke neveninkomsten voor de edelachtbare Keith Forth. Hij weet wie die klanten zijn. Hij is er zelf een. Ik stuurde mijn aanmelding op en wachtte drie weken op antwoord.

Toen ik dat eindelijk kreeg, was het simpelweg een uitnodiging met de datum en locatie. Verder niets, geen welkom, geen instructies. Ik vermoedde dat het niet de bedoeling was om terug te mailen met de vraag of ik mijn eigen mondknevel moest meenemen, dus deed ik wat elke millennial zou doen en googelde. Van de drie gelegenheden die ik had opgezocht, was dit zo te zien de exclusiefste. De reviews op een website die Sleekexperts heette, beschreven zelfingenomen hoe moeilijk het was om aan een uitnodiging te komen (ik denk dat ik die bewering wel ontkracht heb), hoe overvloedig de gelegenheden waren en hoe 'verdorven' de avond kon worden. Alles was vaag en om gek van te worden, maar duidelijk was wel dat ik op de juiste plek was als het ging om een gelegenheid waar serieuze excentriciteiten werden aangemoedigd. Meer dan één persoon zei dat ze nog nooit zo van zulke verdorven handelingen hadden kunnen genieten, wat merkwaardig platvloers overkwam op een beoordelingswebsite die eruit moest zien als een kopie van TripAdvisor.

Ik had geen idee of Lee er zou zijn, maar dat deed er niet toe. Ik ging voornamelijk om te zien welke grenzen er aan dit soort bijeenkomsten zaten. Hij hield van wurgseks, had hij me verteld. Maar was dat opschepperij om gewaagder over te komen dan hij was, of scheerde hij daadwerkelijk langs de grens tussen leven en dood? Zo ja, deed hij dat op dit soort feesten, of voerde hij dat soort praktijken uit in de privacy van een hotelkamer waar hij door niemand gestoord of veroordeeld kon worden?

Ik ging met de metro naar Tottenham Court Road en liep de rest van de weg. Ik vind het altijd fijn om door de stad te lopen. Vroeger, als het me bij de Latimers even te veel werd, zwierf ik urenlang met hun oude hond Angus door Hampstead Heath, dan liet ik mijn gedachten met elke stap de vrije loop. Ik kan alles van me afzetten als ik in beweging ben. Daarom houd ik van hardlopen. Dan kan ik mijn eigen dwangmatige gedachten ontvluchten, afstand nemen van de plannen die ik heb gemaakt en de aandrang onderdrukken om ermee verder te gaan. Als ik die momenten niet had, zou ik denk ik zodanig gebukt gaan onder de drukte in mijn hoofd dat er niets meer uit mijn handen kwam.

Om kwart voor twaalf stond ik bij het gebouw. Laat genoeg om niet te gretig over te komen en het slachtoffer te worden van zij die stipt en louche zijn, en vroeg genoeg om niet bij binnenkomst al meteen met seks te worden geconfronteerd.

Als de kroeg in Chinatown een last minute vliegticket van een budgetmaatschappij voor erotische feesten was, dan was dit een privéjet. Compleet met gratis drankjes. En gratis nootjes, uiteraard. De enorme dubbele deuren werden vanbinnen geopend door een vrouw in een jurk die verdacht veel op leek op iets wat Chanel het afgelopen seizoen over de catwalk had gestuurd. Ik zette een stap op de marmeren vloer en zag een grootse ijzeren trap voor me die zich in tweeën splitste en me naar een vorstelijke ontvangstruimte leidde waar een man in een smoking en een zwart masker voor zijn ogen me zonder iets te zeggen een glas champagne op een presenteerblad aanbood. Hij gaf me eenzelfde masker van dunne zwarte zijde, waarvan ik aannam dat het verplicht was. Toen ik het op had gedaan, streek ik mijn haar glad en liep ik naar de hoofdruimte, waar het al wemelde van de mensen. De enorme ramen achter hen boden uitzicht op de winkellichtjes van Regent Street. Even vroeg ik me af hoe sexy het nou was om de Apple Store te zien als je klaarkwam, totdat ik besefte dat rijken juist degenen zijn die dat inderdaad erotisch zouden vinden.

Ik dronk mijn glas leeg, nam er nog een bij een vrouw die gekleed was alsof ze naar een gala-avond voor een goed doel ging, en liep de zaal rond. Drie mensen links van mij stonden elkaars arm te strelen. Ik zag een vrouw een man zoenen, terwijl een andere man met een vlinderdasje steeds dichter bij hen kwam, alsof hij wilde meedoen. Het tapijt was zo dik dat mijn hakken er met elke stap in wegzakten. Het strelen en zoenen was saai. De maskers waren een beetje goedkoop. Als ik zo laat nog op stap was, wilde ik wat actie zien.

Ik liep in de richting van een deur die was behangen met zwarte stof en me naar een gang met verschillende deuren leidde. De kamers hadden namen die net leesbaar waren in het schaarse licht. Waarschijnlijk waren het ooit ruimten voor deugdzame lieden uit de victoriaanse tijd geweest. Nu hingen er bordjes die aangaven dat je bijvoorbeeld 'De Speelkamer' betrad. Maar goed, de tering hebben we niet meer, dus dat is vooruitgang, denk ik.

Ik had te veel respect voor mezelf om die kamer binnen te gaan, dus liep ik verder en bleef bij 'De Darkroom' staan. Ik had over darkrooms gelezen. Ze waren in de jaren zeventig ontstaan in homobars, maar waren nu heel gewoon bij dit soort feesten. Het kon simpelweg een ruimte zijn met weinig licht, maar het zou ook een plek kunnen zijn voor mensen die op zoek waren naar grensoverschrijdendere activiteiten. Behoedzaam opende ik de deur, in de wetenschap dat de kamer misschien in gebruik was en bezoekers niet altijd welkom zijn.

Er liep een schemerig blauw licht langs de plinten. De deur ging zachtjes achter me dicht en ik bleef er met mijn rug naartoe staan en liet mijn ogen wennen. Ik hoorde iemand huiveren, naar adem happen, en nog een ander geluid: het geluid van kettingen. Langzaam nam ik het tafereel voor me in me op. Een vrouw hing aan de muur als een soort *Mens van Vitruvius* van Leonardo Da Vinci. Naast haar stond een man met ontbloot bovenlijf en een masker op. Hij had een dikke ketting in zijn hand en maakte zich klaar om haar ermee te slaan. Ik hield mijn adem in en wachtte op wat ging komen.

De man deed zijn arm naar achteren en bracht hem toen snel op. De ketting vloog naar voren en landde op haar buik. Ze gilde even, klemde haar lippen op elkaar en deed haar ogen dicht. De man liep naar haar toe en kuste haar schouder, terwijl ik zag dat zij haar ademhaling tot rust probeerde te brengen. Zelfs in het donker kon ik zien dat zich een striem op haar buik begon te vormen. De regel was kennelijk om alleen sporen op het lichaam achter te laten die maandag op kantoor gemakkelijk te verbergen zouden zijn. Je zou het niet zeggen na alles wat ik de laatste tijd heb gedaan, maar geweld windt me niet op, zelfs niet als de ander ermee heeft ingestemd. Het is bijna een vereiste dat seriemoordenaars in hun jeugd dieren hebben gemarteld voordat ze zich op mensen richten, om de adrenalinekick te verkennen die ze ervaren als ze de pijn van anderen zien.

Dat soort zinloos handelen vind ik verbijsterend. Deze vrouw met haar bloedende buik verbijsterde me. Geweld en straf zijn in sommige situaties nodig, maar ik kan werkelijk niet bevatten dat je iemand pijn zou willen doen of doodsangst zou willen aanjagen omdat dat je plezier doet. Het plezier zit 'm in de vergelding, in een fout herstellen of in iemand straffen die het werkelijk verdient. Wat ik doe geeft me kracht. Maar ik doe het niet omdat de pijn van de ander me een kick geeft. Goed, het gaf me wel enige voldoening om mijn grijze oude grootvader zwakker te zien worden in de seconden voor zijn dood, terwijl zijn onthoofde vrouw naast hem lag, maar dat was niets vergeleken met de kettingreactie die ik ermee in gang zette. Ik ontdoe de maatschappij van een giftige groep mensen. Een familie die alleen om zichzelf geeft en anderen minacht.

Ik was zo in gedachten verzonken dat ik schrok toen ik de ketting weer hoorde neerkomen. Deze keer slaakte de vrouw de kreet 'Machtig!', waarop de man de ketting liet vallen, een waterfles pakte, naar haar lippen bracht en haar haar streelde. Wat een elegant stopwoord, dacht ik, terwijl ik achteruit de kamer uit liep. Het stel had me nauwelijks een blik waardig gekeurd terwijl ik naar hun optreden had staan kijken. Ze deelden tederheid en vertrouwen; de verstandhouding dat dit een samenwerkingsverband was, wat er ook gebeurde. Ik begon te snappen dat seksfeesten op dit soort onuitgesproken richtlijnen draaiden. Dat je een overtreding kon begaan zonder het gevoel van schaamte dat daar normaal gesproken mee gepaard ging. Dat je iemand pijn kon doen en meteen daarna kon troosten. En dat je vijf minuten later de deur uit kon lopen zonder de naam van je slachtoffer te kennen. Schaamte werd binnen de vier muren van dit vorstelijke gebouw tijdelijk opzijgezet, natuurlijk. Maar daarbuiten? Daar stond ze te wachten. Als Lee op een plek als deze zou overlijden, wist ik dat de familie Artemis haar uiterste best zou doen om te verhullen en te verduisteren. Niemand zou willen begrijpen wat Lee in deze darkrooms zocht. Niemand zou op zoek gaan naar antwoorden.

Ik stak mijn hoofd om een hoekje bij een aantal andere kamers – een stel dat met een rubberen pak experimenteerde, mensen die onhandig een orgie wilden houden, maar niet goed wisten wat ze met de fysieke logistiek aan moesten – maar mijn hoofd stond er niet naar. En dat van hen ook niet, zo te zien. Als Lee hier was, zou ik hem waarschijnlijk niet in deze slecht verlichte ruimten vinden, en ik wilde niet té goed zoeken naar mijn gemaskerde en mogelijk naakte oom.

Terug bij de bar knoopte ik een gesprek aan met een andere vrouw die alleen was. Ik voelde me tot haar aangetrokken omdat ik haar broekpak bewonderde, een pikante zwarte smoking die ik een paar dagen daarvoor bijna zelf had gekocht. Daar stond ik dan op een drukbezocht seksfeest, alleen geïnteresseerd in kleding. Dat was míjn zonde. Ik vroeg haar of ze het naar haar zin had en ze keek me met haar gemaskerde ogen aan en haalde haar schouders op. 'Als ik een coke snuivende bankier wilde neuken, hing ik op een donderdagavond wel bij station Liverpool Street rond,' zei ze.

Ik schoot in de lach, wenkte de barkeeper en vroeg wat ze wilde drinken. 'Waar zou jij dan naartoe gaan,' vroeg ik, 'als je… meer wilde dan dit? Het is alsof iedereen opschept dat dit zo hardcore is, maar deze feesten lijken allemaal op van die infotorials voor gin of zo.'

Ze knikte beamend, was even stil en keek om zich heen. Het werd rustiger naarmate meer mensen de privéruimten opzochten. 'Serieus, dit feest is alleen aantrekkelijk omdat het centraal gelegen is en je geen kater krijgt van de wijn die ze serveren. Maar het is zo véílig. Ze beloven verdorvenheid, maar bij de meeste mannen hier betekent dat alleen dat ze al klaarkomen als je ze een loser noemt. Dat vinden rijke mannen spannend. Maar waar ben jij naar op zoek?'

Ze was echt heel mooi, zelfs met een masker dat de helft van haar gezicht verborg. Jukbeenderen die niet verdwenen als haar glimlach verdween. Kuiltjes waardoor ze er een fractie minder bedreigend uitzag. Een mond die aangenaam vol was, maar niet was volgepropt met vulmiddelen, zoals bij de meeste vrouwen die ik vanavond had gezien. Ik vroeg me af wat haar achtergrond was, of ze naar dit soort avonden kwam om rijke mannen te ontmoeten of dat ze echt op zoek was naar seksuele bevrediging op een manier die ik niet begreep. Wie ze ook was, ze hield duidelijk van een directe aanpak. Dus gaf ik haar die. 'Ik wil iemand vastbinden en helemaal hulpeloos maken. Dan wil ik hem wurgen tot hij bewusteloos raakt. Sexy voor hem, deel van het genezingsproces voor mij. Weet jij waar ik zoiets zou kunnen doen?'

Op weg naar huis opende ik de browser op mijn telefoon en zocht op de naam van de club die ze had genoemd. 'Nou, dan is er maar één plek, schat, je verspilt je tijd hier.' Ze had naar de vorstelijke ruimte om ons heen gewezen. 'Maar als je hier bent, ben je een amateur, en ik vertel je nu over een plek waar je als beginneling niets te zoeken hebt. Ga niet als je het niet echt wilt.' Ze had geen idee hoe graag ik het echt wilde, had verder geen vragen gesteld en was stilletjes met haar drankje in de richting van De Speelkamer vertrokken. Zoals ze al had gezegd was er online weinig te vinden over de plek die ze me had aanbevolen, alleen

een stip op een plattegrond – Mile End – en een mobiel nummer. Misschien zat ik nu eindelijk op het goede spoor. Dan moest ik Lee alleen nog zien mee te krijgen. Dat hij bereid moest zijn zich te laten wurgen door een vreemde, leek me niet het lastigste. Dat ik hem moest vragen om mee te gaan naar de East End baarde me meer zorgen.

Uiteindelijk had ik mazzel. Op een dinsdagavond werd ik door mijn collega's gestrikt om wat te gaan drinken, al was dat niet de mazzel. Langer dan een halfuur hield ik het uiteindelijk niet uit in de pub. Er zaten zeven vrouwen rond de tafel plus Gavin, de nichterige IT'er die vaker een vest droeg dan zou moeten, en dan ben ik nog aardig, want het correcte aantal keren is nooit. Ik kon ze horen gieren van het lachen toen ik bij de bar stond, waar ik een groot glas Brunello voor mezelf bestelde, aangezien het ondenkbaar was dat deze mensen iets anders hadden gekozen dan een fles witte huiswijn. Toen ik uiteindelijk bij ze wilde gaan zitten, zag ik dat mijn intuïtie klopte. Mijn enige vergissing was om te denken dat ze het bij één fles hadden gehouden. Er stonden er drie op tafel en slechts een ervan was nog niet helemaal leeg. Ik werd luidruchtig welkom geheten en kreeg een stoel aangeboden.

'We hebben het over de Hemsworth-broertjes en wie van de twee het aantrekkelijkst is, Grace,' zei Jenny onduidelijk, een vrouw die op kantoor nooit iets tegen me zei, maar veel glimlachte als ik toevallig haar kant op keek.

'O, sorry,' zei ik, terwijl ik mijn sjaal afdeed. 'Ik weet niet wie dat zijn.' Dat wist ik natuurlijk best, en doen alsof je niets van popcultuur weet vind ik treurig, maar ik wilde niet dat ze zouden denken dat ik van dit soort gesprekken hield. Voor je het wist zouden ze van me verwachten dat ik er op kantoor ook aan zou meedoen. Niet dat ik een lange carrière bij het bedrijf had gepland. Zodra het plan was voltooid, was ik weg, zonder ook maar een afscheidsmailtje.

Het gesprek ging verder en iemand haalde zijn telefoon tevoorschijn om me de duidelijke verschillen tussen de broertjes Hemsworth te laten zien. Ik luisterde, weerde pogingen tot privégesprekken af en vertrok toen Christie naar het toilet ging en Gavin nog een rondje haalde. Ik probeerde vrolijk te doen terwijl ze me smeekten om te blijven, maar ging helaas iets te ver toen Jenny mijn hand vastpakte en probeerde mijn sjaal los te trekken. Ik greep haar hand al net zo stevig vast en boorde mijn nagels in haar vingers om mezelf uit haar greep los te maken. Ze kromp ineen, keek naar haar hand en wreef erover terwijl ik de groep gedag zei. Toen ik naar de deur liep, keek ik nog een keer achterom. Iedereen zat naar Magda te luisteren, die een of ander verhaal vertelde waarbij ze deed alsof ze een lege wijnfles aan het pijpen was. Iedereen, behalve Jenny. Zij staarde me nog steeds met een geschokte blik op haar gezicht na, haar hand onder haar oksel alsof ze probeerde zichzelf te troosten. Het kostte me moeite om niet naar haar te knipogen toen ik me omdraaide en de deur uit liep.

Ik wilde nog niet naar huis, dus rookte ik een sigaret en werd maar één keer lastiggevallen door iemand die mijn aansteker wilde lenen, zo irritant. De man was aantrekkelijk, zij het een beetje gewoontjes, en had duidelijk behoefte aan een gesprek, maar ik kon zien dat hij zijn beste tijd gehad had. Het haar zou als eerste gaan, vermoedde ik, en daarna kwamen de kwabwangen. Ik was niet van plan om daar ook maar één minuut in te investeren.

Ik liep nog wat door Soho, bekeek etalages en overwoog om ergens wat te eten. Het was pas acht uur, dus ging ik naar mijn favoriete Italiaan waar je aan de bar kunt zitten en je niet zonderling hoeft te voelen omdat je alleen eet. Het is een van de beste geneugten in het leven om te eten zonder dat er iemand tegen je praat. Wat is er erger dan een waardeloze date en heerlijk eten? Hoe kun je genieten van je eten als iemand je vertelt dat hij echt niet van lezen houdt? Of nog erger, dat *Goodfellas* zijn lievelingsfilm is. Als je *Goodfellas* leuker vindt dan welke andere film dan ook, wil dat zeggen dat je nooit een eigen persoonlijkheid hebt ontwikkeld.

Na een bord *cacio e pepe*, nog een glas wijn en een macchiato, keek ik op mijn horloge en zag dat het al over tienen was. Grappig dat een halfuur met collega's een eeuwigheid lijkt en twee gelukkige uurtjes met je eigen gedachten in een flits voorbij kunnen gaan. Ik denk dat ik tijdens het eten bedacht dat ik later op de avond naar die kroeg in Chinatown kon gaan waar Lee vaak kwam. Misschien was ik daarom zo lang blijven zitten. Ik had er niet bewust over nagedacht, maar toen ik afrekende en de straat op liep, wist ik dat het ergens in mijn gedachten had gespeeld. Het was nog wat vroeg voor mijn oom en ik wist niet eens of de kroeg op dinsdag open was. Maar seks is niet alleen voor zaterdagavond en Lee was niet vaak thuis – als hij ooit thuis was – dus wilde ik het er wel op wagen. Bovendien stond ik te trappelen om verder te gaan met het volgende deel van mijn plan, en ik vond dat ik wat assertiever moest zijn. Ik moest Lee zien over te halen om met me mee te gaan naar Mile End. Dat leek misschien onmogelijk, aangezien we elkaar amper kenden, maar omdat hij graag gevaarlijk spel speelde en niet tegen verveling kon, vermoedde ik dat hij er wel voor te porren was. Mannen als Lee hebben niet dezelfde mate van vertrouwen nodig als anderen. Simon zou nooit ingaan op het aanbod dat ik Lee ging doen. Maar Lee was niet heel slim, al vond hij zelf van wel. Het was de perfecte combinatie, een bedwelmende cocktail, waardoor ik er redelijk zeker van was dat hij op het aanbod zou ingaan. Ik moest hem alleen zien te vinden.

Ik liep naar de bar. Ik was niet gekleed op een seksfeest, liep nog in mijn werkkleren, droeg een wollen sjaal en muts, maar het was dinsdagavond en deze zaak kon moeilijk een kledingvoorschrift hanteren terwijl ze zelf kennelijk vonden dat een overdaad aan rood tapijt een rijke uitstraling gaf.

Er was bijna niemand, dat was geen verrassing. Een paar stelletjes zaten op lage fluwelen stoelen wat te drinken, terwijl een iets te dronken man in een leren jas bij de bar stond en opklaarde toen hij mij zag. 'Mag ik...?' vroeg hij, toen ik mijn sjaal afdeed.

'Absoluut niet, nee,' antwoordde ik, en ik staarde recht voor me uit. Wees nooit aardig tegen mannen die een gesprek met je willen aanknopen. Zelfs als je ze beleefd afwimpelt, zien ze dat als een uitdaging. Vooral in een seksclub.

Ik gaf mezelf een uur. Als Lee er om elf uur nog niet was, ging ik naar huis. Ik ben het helemaal eens met het gezegde dat er na twee uur 's nachts niets goeds gebeurt, en in deze tent was het verstandig om daar nog een paar uur vanaf te halen.

Omdat ik de man naast me geen kans wilde geven om met me te praten, pakte ik mijn drankje en slenterde verder. In een kamer vlak bij het gehandicaptentoilet (hanteerde de gemeenteraad van Westminster deze regels net zo streng in seksclubs als bij Starbucks?) vond ik twee mannen en een vrouw die met een triootje bezig waren. Drie mensen die elkaar proberen te bevredigen heb ik er altijd één te veel gevonden. Hoe kun je je concentreren op je eigen orgasme als je je moet afvragen of de anderen zich niet verwaarloosd voelen? In dit geval was er een duidelijk verschil in de mate van aantrekkelijkheid van deze twee mannen, wat ze waarschijnlijk alle drie wisten maar niet onder woorden konden brengen. Een van de mannen had een gespierd lijf, op zo'n ijdele manier die suggereert dat hij veel tijd in de sportschool doorbracht om de indruk te wekken dat hij heel sterk was, maar dat waarschijnlijk niet was. Hij zag eruit alsof hij met zijn blote handen kon houthakken, maar zijn verzorgde nagels wekten de indruk dat alleen het idee hem al met schrik zou vervullen. De andere man had een stevige pens en haar op zijn rug, wat ik weiger aantrekkelijk te vinden bij iemand in de moderne wereld. Je scoort geen punten met een warme vacht. Het ergste was wel zijn kont, die onder de acne zat. Zelfs het vergevingsgezinde licht kon het niet verhullen. Ik wou dat ik het zelfvertrouwen had van een man die met een kont vol puisten naar een seksclub gaat. Dat was echt body positivity in levenden, afzichtelijke lijve.

Niet dat de vrouw het heel erg leek te vinden. Híj deed tenminste zijn best, had zijn hoofd tussen haar benen, terwijl zij achteroverleunde en de slappe, aantrekkelijke man een beurt gaf. Het had wel iets weg van domino, en de vrouw moest haast wel pijn in haar onderrug hebben van al die kronkelingen. De knappe man genoot beslist van het gebeuren, ik kon zo ongeveer zien hoe hij zijn buikspieren spande toen hij mijn kant op keek en gebaarde dat ik mee moest doen. Ik lachte kort, waarop de vrouw opkeek en fronste, en ik voelde me helemaal niet solidair met mijn seksegenote door haar zo uit haar extase los te maken. Deze mensen dachten toch zeker niet dat ik met ze mee wilde doen? Absurd. Maar ik was wel degene die met een winterjas aan naar drie vreemden stond te kijken die elkaar bevredigden, dus misschien was mijn lach misplaatst.

Ik liep de kamer uit, ging terug naar de bar, waar de man met de leren jas een andere vrouw aan het vervelen was, en bestelde een drankje. Terwijl ik daarop zat te wachten ging de deur open en kwam er een prachtige vrouw binnen. Achter haar liep Lee, compleet met cowboylaarzen aan. Mijn hart maakte een sprongetje, om meteen hard neer te komen toen hij zijn hand tegen haar rug aan legde. Het zou moeilijk worden om hem alleen te spreken met deze vrouw – beslist niet zijn echtgenote – die al zijn aandacht opeiste. Zelfs ik vond het moeilijk om niet naar haar te kijken. Lee was vierenvijftig. Daar probeerde hij misschien wat af te knabbelen met de geverfde haren en de regelmatige sportschoolbezoekjes, maar het was een feit. En naast deze vrouw, die nauwelijks meer dan een meisje was, was dat onontkoombaar. Een jonge vrouw die zeker tien centimeter langer was dan ik, met lippen die eruitzagen alsof God ze hoogstpersoonlijk had gevormd, maar toch amper meer dan een meisje. Ik vind het altijd verbluffend dat oudere mannen zich prettig voelen bij de beelden die ze oproepen wanneer mensen ze met zulke jonge vrouwen zien. Zien ze dan niet dat mensen lachen en hun vrienden laten gokken of het een dochter of maîtresse is? Of nog erger, dat we denken dat ze het meisje met financiële macht of emotionele ervaring hebben gedwongen? Maar ik ben een vrouw. Misschien kijken mannen van zijn leeftijd daadwerkelijk met een mengeling van jaloezie en bewondering toe. Ik denk vaak dat het maar goed is dat we niet weten wat er in de gedachten van mannen omgaat. Anders zouden we een groot deel van ons leven in angstige wanhoop leven, denk ik.

Het meisje dat jong genoeg was om zijn dochter te zijn zei iets tegen hem en liep naar een zijdeur. Lee bleef met haar kleine Chanel-tas achter en liep ermee naar de bar, terwijl hij hem in zijn hand verfrommelde alsof hij van papier was en niet bijna drieduizend pond had gekost. Hij leek behoorlijk aangeschoten, had een glazige blik, er stond zweet op zijn voorhoofd. Hij glimlachte toen hij me zag, herkende mijn gezicht. Hij was goed in mensen begroeten alsof ze oude vrienden waren, een succesvolle bluffer die je naam nooit wist, maar jou in de vijftien seconden die hij aan je besteedde voordat hij doorging naar de volgende een warm en welkom gevoel gaf. 'Hallo,' zei hij, toen hij bij me was en de lucht naast mijn hoofd kuste. 'Ik dacht dat je iets zocht wat meer hardcore was dan dit.'

'Dat heb ik gevonden,' zei ik. 'Ik ben hier om je uit te nodigen. Maar ik zie dat je bezet bent.'

Hij keek me vragend aan en wierp toen een blik op de tas in zijn hand. 'O, zij. Ze is aan het werk, als je begrijpt wat ik bedoel.'

Ik knikte, hoefde niets te weten over zijn gewoonte om prostituees in te huren die dertig jaar jonger waren dan hij, maar kennelijk dacht hij dat ik het nog steeds niet begreep, want hij leunde naar voren, gleed met zijn handen over de bar en dook op mijn gezicht af. 'Virginie is een slet,' fluisterde hij overdreven luid, terwijl hij met zijn whisky-adem in mijn gezicht hijgde. 'Een slet die houdt van… ballet.' Hij lachte om zijn eigen rijmelarij en knipte met zijn vingers in de richting van de barkeeper, die zijn ogen samenkneep en hem negeerde.

'Wil je die nieuwe tent met me uitproberen of ga je hier alleen maar stoer staan lullen over alle spannende, verknipte dingen waar je van houdt, terwijl je nooit ergens anders komt? Virginie zal heus wel doen wat je wilt. Maar dat klinkt niet erg spannend. Zij krijgt er geen kick van. Voor haar levert het niet meer dan de huur op.'

Hij lachte weer, maar hij was te dronken en ik wist niet hoe ik hem kon overreden voordat zijn vriendin terugkwam. 'Meiden zijn allemaal hetzelfde. Jullie doen alsof jullie zo gedurfd zijn, maar vervolgens weigeren jullie te doen waar ik zin in heb. Dan is het gemakkelijker om ervoor te betalen. Haar hoef ik niet over te halen, zij doet het gewoon voor de juiste prijs, ontevreden wijf dat ze is.'

'Oké, dan zal ik mijn tijd niet verdoen. Ik heb een club gevonden waar alles is verzorgd, waar geen vragen worden gesteld. Vergeleken daarmee is dit niet meer dan een yogastudio voor huisvrouwen die zich vervelen. Ik heb geen zin om alleen te gaan, want wat is daar nou aan? Ik denk dat we het samen leuk zouden kunnen hebben. Als je er genoeg van hebt om per uur te betalen en je wilt met iemand spelen die echt alles geeft, dan bel je maar.' Ik glimlachte naar de barkeeper, die onmiddellijk naar me toe kwam. 'Wat vervelend dat deze man zojuist zo onbeleefd was. Ik geloof dat hij zich wil verontschuldigen. Voor hem een whisky met ijs en neem zelf ook wat. Zou ik even een pen mogen lenen?' De barkeeper haalde een balpen tevoorschijn, waarmee ik mijn nummer op een cocktailservetje schreef dat ik in Lee's borstzak stopte. 'Bewaar dat goed en zorg ervoor dat de huishoudster het niet vindt. Of nog erger: je vrouw. Al zal het mobiele nummer van een andere vrouw geen verrassing voor haar zijn.'

Hij keek me aan en fronste zijn wenkbrauwen. 'Je bent een trut, weet je dat?' zei hij op overdreven toon, zoals dronken lieden doen.

'Dat weet ik, ja,' zei ik, terwijl ik me omdraaide om weg te gaan. 'Maar dat is toch juist wat je wilt, Lee?' Ik verliet de bar en bestelde een taxi. Hij zou wel bellen. Nu moest ik alleen nog de laatste voorbereidingen doen.

Het voorbereidende werk om iemand te doden is merkwaardig. Was er maar een online groep waar mensen tips delen en advies aan nieuwelingen geven, vertellen welke handschoenen het handigst zijn en of een duw van de trap een effectieve manier is om iemand om te brengen. Een website voor moordenaars. Zoiets zal er vast wel zijn op het darkweb of zo, maar ik ga er niet naar op zoek. Het is een eenzame bezigheid met veel wachten en redelijk wat vallen en opstaan.

Voor Lee moest ik twee dingen doen. Het eerste had ik al geregeld: een bezoekje aan de club in Mile End waar hij aan zijn einde zou komen. Ik was er geweest en vermoed dat zijn familie zich bijna meer zal schamen voor het feit dat hij in Mile End overlijdt dan dat hij sterft aan solitaire wurgseks. De club lag iets achter de doorgaande weg, onder een brug, de deur bijna verborgen onder de bogen. Hier geen charmant meisje met een klembord, er stonden alleen twee grimmig kijkende mannen achter een scherm die twintig pond eisten, mijn telefoon innamen en naar een trap omlaag wezen. Maar mijn god, het was perfect. Het was er donker, de vloeren waren plakkerig en er waren geen ramen. Overal wreven lichamen tegen elkaar aan, er klonk stampende muziek die het gekreun uit alle hoeken bijna overstemde. Er was geen plekje waar je even rustig wat kon drinken om je in een rustig tempo in de verdorvenheid te begeven, hier was iedereen half of geheel naakt. En ze gingen allemaal los. Het was eigenlijk schitterend. Kronkelende mensen in allerlei vormen en maten, alsof het een enorm bacchanaal was en niet plaatsvond in een voormalig spoorwegpakhuis. Ik liep zigzaggend door de massa, zette me schrap voor een verdwaalde hand of omhelzing, maar was aangenaam verrast toen ik merkte dat iedereen netjes om toestemming vroeg. Ik had geen belangstelling, maar het is altijd fijn om eerst gevraagd te worden.

Net als bij de andere clubs waar ik was geweest, waren er in de grote zaal verschillende deuren, en ik had de aangrenzende ruimten allemaal bekeken om te zien of ze geschikt waren. De meeste waren klein en bedompt, eenvoudig ingericht met verschillende thema's. Eén kamer was met zwart rubber bekleed. Eén had een enorme schommel midden in de kamer, waarvan het maximumgewicht werd uitgeprobeerd door vier beweeglijke lijven. Maar deze ruimten waren gemoedelijk en dat was niet wat ik wilde. Dus liep ik door. Naarmate ik de grote ruimte verder achter me liet, werd het steeds rustiger. En toen vond ik de juiste plek. Een glanzend zwarte deur leidde me naar een kamer die eruitzag als een oude opbergkast. Er zaten grote zilverkleurige haken in de bakstenen muur met touwen eraan. Toen ik wat beter keek, zag ik dat ze in de vorm van een mens waren aangebracht, en aan het plafond bungelde veelbelovend nog een haak. Tegen de muur stond een metalen stoel. Ik ging erop zitten en nam de kamer een tijdje in me op. Aangezien camera's niet waren toegestaan in de club, moest ik de inrichting goed onthouden. De stoel was een belangrijk onderdeel van het plan, en ik kon alleen maar hopen dat niemand hem weghaalde. Het zou Lee's stemming vast behoorlijk verpesten als ik er een moest gaan zoeken.

Iemand deed de deur een stukje open en ik zei streng: 'Dit is een privésessie.' De deur ging weer dicht. Wat was iedereen toch heerlijk beleefd bij deze losbandigheid. Zo'n typisch Brits respect voor de regels. Niet dat het er veel toe zou doen als we gestoord werden, aangezien het eruit zou zien als gewone perverse seks, maar ik hoopte dat we geluk hadden.

Het tweede wat ik moest doen was oefenen. Oefening baart per slot van rekening kunst.

Na zorgvuldige bestudering van een boekwerk over knopen – toevallig ontdekt toen ik een keer in een tweedehandsboekwinkel aan het snuffelen was – had ik geleerd dat een touw zwakker werd naarmate je er meer knopen in legde. Dus heb je één stevige knoop nodig. God help me, maar ik vond het fascinerend. Ik besloot dat de geschiktste knoop voor mij een variatie op de beulsknoop was. Ik denk dat ik niet hoef uit te leggen hoe toepasselijk die naam is. Het leek op een ingewikkelde strop en mijn beschrijving schiet vast ernstig tekort, maar als ik het me goed herinner, ging het ongeveer zo: je vormt een lus met het touw, wikkelt het langste eind meerdere keren rond de lus, waarna je het door de tornen terugsteekt. Hij heeft drie losjes gevormde tornen die vervolgens worden strakgetrokken. Ik moest het veel oefenen voordat ik het perfect kon, want ik zou de knoop moeten leggen op het moment dat het touw al aan de haak zat. Ik was een hele zondag bezig om het voor elkaar te krijgen en het leverde me uren van frustratie op voordat het me eindelijk in één keer lukte. Zelfs toen had ik er drie minuten van opperste concentratie voor nodig. Op de dag zelf had ik geen drie minuten, dat zou veel te dreigend overkomen, zelfs voor een man die een bereidwillige deelnemer was. Na nog een uur oefenen had ik die tijd teruggebracht tot vijfenveertig seconden, wat ik acceptabel vond.

Het andere belangrijke advies dat ik uit het grote knopenboek haalde, was dat een touw dat bedoeld is om een val te breken onderhevig is aan een belasting die vele malen het gewicht van het object kan zijn. Met dat in gedachten koos ik voor het nylon touw van tien millimeter dik. Iets duurder, maar aan gemoedsrust kun je geen prijskaartje hangen, toch?

Wanneer vrouwen zich klaarmaken voor een bevalling, zetten ze een ingepakte tas in de gang klaar. Ik deed iets soortgelijks terwijl ik wachtte tot Lee me belde. Ik had een prachtige middelgrote, chocoladebruine Celine-tas die me perfect leek, aangezien hij groot en niet al te opvallend was. Een klassieke Celine. Daarin stopte ik mijn touw, een paar handschoenen dat zo min mogelijk deed denken aan een moordenaar in een donkere steeg en meer aan een modeslachtoffer, een wollen muts met een brede rand waarmee ik er een beetje uitzag alsof ik voor detective speelde, en wat ontsmettingsdoekjes. Het was niet nodig om een tas klaar te hebben staan terwijl ik nog geen datum had, maar ik begon ongeduldig en zenuwachtig te worden, zoals elke keer wanneer de moord dichterbij kwam.

Tien dagen lang liep ik doelloos door Londen, stak bruggen over en sleepte mezelf heuvels op in een poging de nerveuze energie kwijt te raken. Ik ging met Jimmy een avond naar de pub, waar hij me herhaaldelijk uitlachte omdat ik afwezig in de verte staarde. Ik zei hem dat ik op het telefoontje van een man wachtte, wat niet echt een leugen was. Ik zette mijn telefoon urenlang in vliegtuigmodus, zodat ik niet elke keer kon kijken of ik nieuwe berichten had. Het begon een kwelling te worden. En toen werd ik op vrijdagochtend wakker en had ik een berichtje van oomlief. Het was om 03.48 uur verstuurd en er stond simpelweg: *Oké, juf bijdehand, ik verveel me. Laten we uitgaan.*

Ik schoot overeind in bed en las het opnieuw. Daarna legde ik mijn telefoon weg, nam een lange douche, deed honderd squats en zette koffie. Toen pas liep ik terug naar mijn telefoon en bedacht een reactie, maar besloot dat het te vroeg was om het bericht te versturen. Lee sliep vast nog en ik wilde niet te gretig overkomen. Pas aan het eind van de ochtend, toen ik het kantoor verliet en gelegenheid had om na te denken, las ik mijn antwoord opnieuw en verstuurde het.

Ik beloof je dat mijn plan niet saai is. Zaterdagavond om middernacht bij metrostation Mile End. App me als je er bent. Wees op tijd.

Twee uur later kreeg ik een appje: *Moest opzoeken waar dat is. O wee als het niets is. Ik zie je daar.*

Ik had vrijdagavond een date maar zegde hem af. Mijn concentratie mocht niet aangetast worden, ik moest scherp zijn. Ik wilde opgefokt zijn. Ik had schoon genoeg van wachten tot deze mensen zich aanpasten aan mijn plannen. De aanloop was altijd het leukst, de wetenschap dat er binnenkort weer iemand afgestreept kon worden, zien dat de lijst korter werd, reacties van de familie opzoeken. Ik kon er dagenlang euforisch van zijn. Dat gevoel werd natuurlijk vermengd met een spoortje angst dat het plan niet zou werken, dat ik helemaal opnieuw zou moeten beginnen. Maar dat maakte het juist zo duizelingwekkend. Ik kon de datum altijd nog verschuiven. Maar dat was onwaarschijnlijk, aangezien hij een beetje teleurgesteld leek, baalde dat hij me niet kon zien en een treurige emoji had toegevoegd.

Zaterdag rende ik van Shadwell naar Battersea en terug naar St. Paul's, en mijn app liet me weten dat ik mijn snelste vijftien kilometer ooit had gelopen. Ik moest even uitrusten, ging op de trap naar de kathedraal zitten en bekeek de toeristen. Een andere hardloper deed hetzelfde, ging een paar meter verderop zitten en strekte zijn benen. Hij glimlachte naar me, en ik glimlachte ongewild terug. Hij was aantrekkelijk op een blozende manier, maar er lag iets meer rond de ogen dan zijn bekakte uiterlijk in eerste instantie had gesuggereerd. Ik zag dat hij draalde en besefte geïrriteerd dat hij moed verzamelde om me aan te spreken, dus stond ik op en liep naar de metro. Jammer, eigenlijk. Hij was misschien niet helemaal afschuwelijk, maar ik had geen tijd en energie om op de zonovergoten treden naar de kerk romantisch te doen. Vandaag was daar niet de dag voor. Geen enkele dag was daar eigenlijk de dag voor. We zouden hoogstens een of twee keer neuken en dan zou hij me vragen om met hem mee te gaan naar Putney, zodat hij me na het rugbyen aan zijn vrienden kon voorstellen, en dan zou ik zijn nummer moeten weggooien. Die verschrikking kon ik maar beter voorkomen.

Om kwart voor twaalf trek ik mijn jas strak om mijn lijf en vis mijn muts uit mijn tas met spullen. Ik heb gelukkig een goed hoofd voor mutsen. Dat heb je of je hebt het niet; als er één je niet staat, dan staan ze je allemaal niet. Te veel vrouwen denken dat ze er leuk uitzien met een pomponmuts. Dat is niet waar.

Met een pomponmuts op je hoofd straal je niets anders uit dan de wanhopige wens om er leuk uit te zien met een pomponmuts op. Afgezien van dat soort afzichtelijke gevallen staan mutsen mij prima en dit biedt me extra broodnodige anonimiteit. De vertrouwde pruikenwinkel in Finsbury Park heeft het goed gedaan, en vanavond ben ik een prachtige ravenzwarte verleidster. Ik weet zeker dat niemand veel tijd zal besteden aan het zoeken naar eventuele anderen die betrokken zouden kunnen zijn bij Lee's dood, maar ik ben ook niet van plan om arm in arm met hem het pand waar hij zal overlijden binnen te gaan. Een muts en een pruik zijn een aardige voorzorgsmaatregel.

Ik wacht op zijn berichtje in een pub in de buurt (werkelijk de allereerste pub in Oost-Londen die ik heb gezien die niet geyuppificeerd is; het is verfrissend om eens geen trieste hertenkop aan de muur te zien hangen of een stapel inferieure bordspelletjes in de hoek te zien staan) en verwacht min of meer dat hij me is vergeten of een beter plan heeft. Maar om vijf voor twaalf appt hij dat hij bij het station staat.

Top. Kom naar Bushell Street, app ik terug. Twee minuten later komt een zwarte Mercedes met vierwielaandrijving voorrijden. Ik huiver even; in deze wanstaltige bak is zijn komst niet te verbergen.

De chauffeur opent het portier voor hem en Lee stapt de avondlucht in. Hij draagt een dikke jas van schapenleer met een grote draak op de rug geborduurd. Zijn zwarte cowboylaarzen zijn van namaakslangenleer, hij heeft duidelijk zijn beste paar uit de kast gehaald. Hij kijkt om zich heen, zoekt mij, en ik laat hem even een minuutje wachten, terwijl ik in een deuropening een paar meter verderop sta. Hij bevindt zich op onbekend terrein, is kwetsbaar. Ik wil dat dat tot hem doordringt. Dat hij begrijpt dat ik de touwtjes in handen heb. Ik heb de leiding. Dus blijf ik nog een paar seconden staan, terwijl hij steeds onbehaaglijker om zich heen kijkt, zich afvraagt of ik hem heb laten zitten, of erger nog: dat hij erin geluisd is. Ik zie dat hij zich afvraagt of hij veilig in de auto moet gaan zitten en de deuren op slot moet doen. Als hij op het punt staat de benen te nemen, doe ik een stap naar voren en fluit zachtjes, alsof hij een verdwaalde hond is.

Lee kijkt op en glimlacht opgelucht. Hij loopt naar me toe, steekt zijn armen uit, pakt mijn hand vast en kust hem. 'Goddank, wat een gribus, ik dacht dat ik verdomme voor nop was gekomen.'

Ik trek zo zachtjes mogelijk mijn hand terug en glimlach ook, dwing mijn mondhoeken omhoog.

'Mooi haar, staat je goed. Je ziet er jonger uit. Stap in, we willen hier niet rondlopen, schat, ik draag een Patek Philippe waar je in deze buurt een huis voor kunt kopen,' zegt hij.

Ik vertel hem dat het maar een paar minuten lopen is en plaag hem een beetje dat hij een bangerd is. Zijn frons zegt me dat hij dat niet waardeert, maar hij gebaart naar de chauffeur, waarop deze vertrekt.

'Hoe werkt dat?' vraag ik, als we op pad gaan. 'Wacht hij op je, waar je ook bent, of betaal je hem per uur en moet je soms met de nachtbus naar huis met de rest van het plebs?'

Hij werpt zijn hoofd in zijn nek en buldert van het lachen. Het is altijd gemakkelijk om Lee aan het lachen te maken. Je moet gewoon iets zeggen over hoe rijk hij is. Het idee van een nachtbus is ook vast grappig als je er nog nooit een hebt hoeven nemen.

'Mijn vriend Ke is in vaste dienst. Ik ben een drukbezet man en tijd is geld, zoals men zegt. Er is geen bestemming waar hij me niet in twintig minuten naartoe kan brengen, en met wat ik hem betaal, zou hij dagenlang in de auto op me blijven wachten. Als je braaf bent, zal ik je straks thuisbrengen.'

Gelukkig ben ik van plan om bepaald niet braaf te zijn, dus van dat aanbod ga ik geen gebruikmaken. We lopen de hoek om en komen bij de boog waar de ingang naar onze eindbestemming zich bevindt. Tenminste… zíjn eindbestemming. 'Ta-da!' zeg ik, en ik steek mijn handen uit.

Lee kijkt enigszins verafschuwd en blijft staan. 'Ik wil niet moeilijk doen, schat, maar wat is dit? Een tunnel of zo?'

Ik rol met mijn ogen en gebaar dat hij moet doorlopen. 'Hoor eens, ik weet dat je niet gewend bent aan clubs zonder butlers, maar je zegt zelf ook dat je je verveelt. Deze tent bezorgt je de stuipen, maar ik garandeer je dat je het lekker gaat vinden. Probeer het nou maar, je vertrouwde chauffeur staat om de hoek als je terug wilt naar Chelsea.'

'Als het maar net zo ondeugend is als jij zegt,' mompelt hij, terwijl hij achter me aan de trap af loopt, de club binnen.

Tot mijn opluchting is het er stampvol, mensen staan drie rijen dik voor de bar, en terwijl we op een drankje staan te wachten, kleden mensen zich her en der al uit. Ik doe mijn muts af en voel behoedzaam met één vinger of mijn pruik nog goed zit. Lee is binnen enkele seconden opgevrolijkt en kijkt om zich heen. Het is misschien niet wat hij gewend is, maar losbandigheid herkent hij wel. Hij heeft zijn jas over zijn arm geslagen (hij weigerde hem af te geven, zei tegen de garderobemedewerkster half schertsend dat het een unieke, op maat gemaakte Gucci was die hij haar voor geen goud zou toevertrouwen) en staat er kaarsrecht bij, zijn buik ingetrokken. Hoe vaak mannen van boven de vijftig ook naar de sportschool gaan, ze hebben altijd een buikje dat hen eraan herinnert dat ze hun jeugd kwijt zijn zodra ze naar hun pik kijken. Ik zie dat hij zijn ogen samenknijpt als hij door de ruimte tuurt, nu al op zoek naar lichamen die hij wil verkennen. Als ik hem hier nu achterlaat, zou hij het amper doorhebben. Ik bestel twee dubbele wodka's en leid hem verder de ruimte in. Ik had al besloten dat ik hem even laat spelen. Hij mag zijn galgenmaal hebben, we hoeven het niet te overhaasten. 'De hoofdruimte is saai,' zeg ik, en ik gebaar naar een zijdeur. 'Laten we de privéruimten bekijken.'

Hij is niet te houden, duwt me zo ongeveer die kant op. De eerste kamer heeft een wand vol pikgaten. Lee trekt een gezicht en duwt me de kamer weer uit. 'Ik hoef niet te zien hoe vrouwen andere mannen en niet mij pijpen, weet je wel?'

Ik weersta de neiging om hem diep te beledigen en we lopen verder. De volgende kamer is beter. Die is als een gevangeniscel ingericht, en drie vrouwen proberen nogal aanstellerig te ontsnappen, terwijl een naakte man hen staat te hekelen. Ik roep naar Lee dat ik naar het toilet moet en laat hem alleen. Hij kijkt nauwelijks om als ik wegloop, loopt meteen naar de tralies en zegt iets tegen een van de vrouwen. Ik geef hem een kwartier, dan heeft hij genoeg tijd om ten minste één weerzinwekkend ding te doen, maar toch bereid ik me op het ergste voor als ik terugkom. Als ik de cel binnenga, zie ik tot mijn schrik dat Lee er niet is en dat er nieuwe mensen sexy gevangenen aan het spelen zijn. Ik duw een licht gevoel van paniek weg en ren naar de volgende kamer, waar hij op zijn buik op een tafel ligt en een vrouw met een bivakmuts op hem er hard met een zweep van langs geeft. Zijn spijkerbroek zit om zijn enkels, waarschijnlijk omdat hij zijn laarzen niet wilde uittrekken, en hij heeft de mouwen van zijn zwarte shirt tot aan zijn oksels opgerold. Het geheel ziet er zo absurd uit dat ik bijna medelijden met hem krijg en een lach moet onderdrukken. Lee heeft zijn hoofd naar mij toe gedraaid, maar heeft vol extase zijn ogen dicht, dus ik stoor hem niet. Ik sta daar, houd me een beetje afzijdig en kijk toe terwijl mijn oom wordt afgestraft door een vrouw die eruitziet alsof ze net een bank heeft beroofd in een goedkope pornofilm. O moeder, als je me nu toch eens kon zien.

Uiteindelijk komen er een paar andere mensen binnen en wordt de sfeer wat gespannen. Er ontstaat een rij bij de tafel en één man kucht om Lee's aandacht te trekken. In de rij staan. De enige Britse fijngevoeligheid die niet kan worden genegeerd, waar je ook bent. Lee kijkt kreunend op als hij merkt dat hij niet meer geslagen wordt en onwillig rolt hij van de tafel af en hijst zijn broek op. De man die ongeduldig op zijn beurt stond te wachten, gaat verwachtingsvol op tafel liggen. Er wordt tussendoor niet even schoongemaakt, zie ik.

'Waar nu naartoe?' vraagt Lee me. Hij trekt zijn shirt recht, grist zijn jas mee en pakt het glas uit mijn hand. 'Dit is waanzinnig, je hebt niet gelogen. Ik moet die striemen nog weken voor mijn vrouw verbergen. Niet dat het haar zal opvallen. Zolang het niet gaat om gordijnstoffen of geld inzamelen voor kansloze sloebers, heeft ze tegenwoordig geen belangstelling.'

Is dat een indirecte verwijzing naar de dood van hun zoon? Ik ben er zelf natuurlijk niet over begonnen, en vanaf het moment dat ik mijn pijlen op Lee had gericht, kostte het me eerlijk gezegd moeite om hem op wat voor manier dan ook met Andrew te associëren. Voor Lara moest het verlies van haar kind ingrijpend en hartverscheurend geweest, maar Lee deed alsof het hem niet eens was opgevallen. Ieder mens verwerkt zijn verlies natuurlijk anders, en deze nachtelijke ontsnappingen waren misschien zijn manier om ermee om te gaan, maar als ik hem zo bekijk, lijkt me dat niet waarschijnlijk. Opeens ben ik woedend over de manier waarop Andrew volledig uit het leven van zijn vader lijkt te zijn verdwenen. Volkomen onzinnig, aangezien ik daarvoor gezorgd heb. Maar ik ben niet degene die hem heeft opgevoed, en zelfs in de korte tijd dat ik mijn neef kende, kon ik zien wat zijn familie met hem had gedaan.

'Heb je kinderen?' vraag ik, als we een kamer binnenlopen waar een vrouw op vervaarlijk scherpe hoge hakken over de rug van een man wandelt. (Wat waren er veel kamers bezet door vrouwen die hun mannelijke gezelschap vernederden.)

'Privéspel!' blaft ze naar ons, terwijl ze haar hak verder in de bil van de man boort. We lopen al giechelend achteruit de kamer uit, in de richting van de ruimte die ik voor ons in gedachten heb.

'Nee,' zegt Lee, zonder me aan te kijken. 'We hadden er twee. Een is als baby overleden, het arme kind, en een niet zo lang geleden. Maar hij wilde niets met ons te maken hebben. Vond ons verdorven omdat we geld hebben. Dat weerhield hem er niet van om ervan te genieten, totdat hij dat niet meer deed. Moeder de vrouw heeft het er moeilijk mee, maar goed, je moet door, hoe kapot je er ook van bent. Zij heeft het als excuus gebruikt om zich terug te trekken en ik ben verdergegaan met mijn leven.'

We komen bij de deur naar 'onze' kamer en ik blijf even staan, weet niet wat ik moet zeggen tegen een man die zojuist zijn zoon in drie zinnen heeft afgeschreven. Lee en Simon waren echt in elk opzicht broers.

'En wat is er hier? Gaan we hier echt los?' Hij grijnst en duwt de deur open.

Dat was verdomd link van mij. Als hij ook maar vijf procent minder een monster was geweest, was hij misschien zo van slag geraakt door mijn vraag dat hij niet meer van de gelegenheid had kunnen genieten en dan had ik mijn kans gemist, waarschijnlijk voorgoed. Ik heb mazzel dat ik te maken heb met een man die in staat is over zijn dode zoon te praten om vervolgens meteen zijn eigen genot na te streven.

De kamer is leeg, waarschijnlijk omdat hij het verst van de bar ligt. Lee doet het licht aan en ik zie dat de stoel nog op zijn plek staat. Ik haal diep adem door mijn neus en zet mijn tas op de grond, trek mijn handschoenen aan op een manier die gezag uitstraalt en zeg: 'Dit is nu mijn kamer. Jij doet precies wat ik zeg, akkoord?' Hij glimlacht opnieuw. 'Dat was geen vraag. Je doet wat ik zeg. Nú.'

Lee salueert spottend en ik staar hem zonder met mijn ogen te knipperen aan totdat hij zijn arm laat vallen. 'Kleed je uit,' zeg ik, terwijl ik het touw uit mijn tas haal en de knoop begin te leggen. Hij doet wat ik zeg en heeft, zoals ik al had verwacht, wat moeite met zijn laarzen. Terwijl hij aan het stuntelen is, maak ik de knoop af en controleer of hij goed vastzit. Met een dunner touw bind ik zijn handen losjes vast, zodat hij een vals gevoel van veiligheid heeft en ervan uitgaat dat hij de knopen gemakkelijk los kan maken. 'Ga op die stoel staan, zodat ik je eens goed kan bekijken.' Hij schiet in de rol die hij wil spelen en gehoorzaamt meteen. Ik prop het touw met de knoop in zijn mond en loop om hem heen, zie de grote tattoo van een spinnenweb op een van zijn biceps. Er staan initialen naast: KA. Zijn moeder. Als mijn moeder ontsteld zou zijn als ze me nu zag, dan kan ik me alleen maar voorstellen wat Kathleen zou vinden. Zijn kont is verrassend stevig, zie ik, en heeft een bruine tint die alleen maar van vele uurtjes op een zonnebank afkomstig kan zijn. Ik dwing mezelf om naar zijn penis te kijken, die vol verwachting omhoogwijst. Niet kijken zou een teken van zwakte zijn. Ik haal het touw uit zijn mond en duw het in zijn handen. 'Stopwoord?'

Hij grijnst weer en zegt dat hij het woord 'Barbados' wel mooi vindt, wat prima is, aangezien ik toch niet ga luisteren, welk woord hij ook kiest. 'Je zou hier geld voor kunnen vragen. Je bent dan wel geen fotomodel, maar je bent wel grondig,' zegt hij, en hij kijkt me aan.

Ik negeer hem en doe de strop om zijn nek. 'Ik ga je aan deze haak vastbinden en jij gaat jezelf aftrekken terwijl ik het touw straktrek. Ik bepaal de druk en kijk toe hoe jij bijna komt. Je zult kronkelen en wriemelen, maar je stopt niet. Ik wil de hele show zien, voor minder doe ik het niet. En als je klaar bent, is het mijn beurt.'

Ik doe het eind van het touw om de haak, leg nog een knoop en kijk even trots naar mijn vakmanschap. Ik houd de uiteinden van de touwen in mijn handen en trek de strop rustig wat strakker. Lee begint zichzelf te strelen, doet zijn ogen dicht en haalt diep adem. Ik trek wat harder en zijn ogen schieten open, maar met een luide snauw spoor ik hem aan. Ik houd de druk op het touw en laat hem eraan wennen, terwijl zijn nekspieren beginnen te zwellen en zijn gezicht steeds roder wordt onder dat bruine kleurtje. Na een halve minuut kreunt hij, terwijl ik zeg dat hij sneller moet werken. En dan, als ik dicht bij zijn rode gezicht ga staan, trap ik de stoel onder hem vandaan. Hij valt en ik laat het touw los. Mijn knoop houdt het, en Lee begint met zijn voeten te trappen en zo hard te trekken en te draaien dat ik moet maken dat ik wegkom. Met zijn handen grijpt hij naar zijn hals, klauwt hij aan het touw, maar ik ga achter hem staan en duw ze hard omlaag. Het is belangrijk dat ik geen sporen achterlaat. Het duurt niet lang, hoor. Het is snel maar pijnlijk, voor hem, maar ook voor mij terwijl ik elke paar seconden naar de deur kijk. Zijn ogen zien eruit alsof ze uit zijn hoofd puilen en zijn tong hangt gezwollen tussen zijn lippen terwijl hij wanhopig naar lucht hapt. Heel even overweeg ik om te zeggen wie ik ben, maar ik heb er ook eigenlijk geen zin in. Ik heb Lee nooit gemogen. Zijn dood is alleen een middel om mijn doel te bereiken en hij verdient geen verklaring. Binnen veertig seconden is hij bewusteloos en dan is hij dood. Ik kijk op mijn horloge en zie dat het hele gebeuren nog geen vier minuten heeft geduurd, precies zoals Deirdre, de EHBO'er uit Peckham, zo behulpzaam had verteld. Ta-da! Redelijk walgelijke man overlijdt op redelijk walgelijke manier. Niet echt gedenkwaardig. Behalve voor hem, denk ik.

Wanneer ik er zeker van ben dat hij dood is, kom ik snel in actie. Als er tijdens ons spelletje mensen zouden zijn binnengekomen, had ik ze kunnen zeggen dat het een privéaangelegenheid was en dan zouden ze zonder meer zijn vertrokken. Maar dit is moeilijker uit te leggen. Ik maak zijn handen los en veeg ze met ontsmettingsdoekjes af. Ik zet de stoel iets dichterbij, zodat het lijkt of hij hem zelf heeft omgegooid, pak mijn spullen zorgvuldig in en laat alleen het touw rond zijn nek zitten. Dat heb ik alleen aangeraakt met handschoenen aan, en hij heeft het een minuutje vastgehouden, ik hoop dat dat genoeg is. Ik slinger mijn tas over mijn schouder en kijk nog één keer naar de figuur die achter me hangt. Jammer dat je hier geen telefoon mag hebben, een laatste foto ter herinnering aan oom Lee zou fijn zijn. Niet om in te lijsten, hoor, hij ziet er behoorlijk gruwelijk uit. Ik doe de deur achter me dicht en loop door de gang waar mensen bij elkaar staan te zoenen en te flirten. Een lange man met een dierenmasker op leunt tegen de muur en bekijkt me van top tot teen als ik langsloop. Hij steekt zijn hand uit en strijkt zachtjes langs mijn vingers. Ik loop door en vraag me af wie de geile vreemde is die Lee straks vindt. Het meisje in de broek zonder kont, of misschien het stel met de goedkope maskerademaskers die allebei wel een paar uur naar de sportschool hadden mogen gaan voordat ze latex aantrokken dat niet echt meegaf? Het is nu in de handen van de goden, maar ik hoop vurig dat de betreffende persoon ermee naar de roddelpers gaat. Met mijn muts op mijn hoofd begeef ik me naar de garderobe, waar ik mijn telefoon ophaal, en dan loop ik naar buiten.

Hoewel de moord op Lee me de meeste moeite kostte, was de nasleep verrukkelijk. Al het wachten in chique bars en het aanschouwen van naakte vreemden die zichzelf vernederden was een beproeving geweest, maar de krantenberichten over zijn dood maakten dat meer dan goed. Op maandagochtend werd het nieuws bekend, net toen ik naar mijn werk ging. BROER VAN MAGNAAT OVERLIJDT TIJDENS SEKSSPEL, schreeuwde de *Daily Mail.* PERVERSE ARTEMIS DOOD IN SEKSKERKER, was de invalshoek van de *Mirror.* Zelfs *The Guardian* kon de verleiding niet weerstaan, al had hun kop beter gekund. BROER ZAKENMAN KOMT OM BIJ ONGELUK dekte de lading niet echt, vond ik. Maar het woord 'ongeluk' kon ik waarderen, en in alle artikelen leek daar de nadruk op te liggen. Een snelle reactie van de pr-afdeling van Artemis om het een tragisch ongeval te noemen en te proberen verwarring te zaaien over de reden dat de broer van de miljardair dood was aangetroffen in een seksclub in Mile End. 'Het is zo onbegrijpelijk,' zou een familievriend die niet bij naam werd genoemd gezegd hebben. 'Lee was gelukkig getrouwd en deed niets liever dan de weekenden met goede vrienden op het platteland doorbrengen. Ik kan me alleen indenken dat hij nog steeds rouwde om de tragische dood van zijn zoon Andrew. Je weet niet wat zo'n verlies met iemand doet.' Keurig, dacht ik. Als iemand beroep doet op een dood kind, mag je niet te veel kritiek hebben, toch?

De berichtgeving in de media ging nog een paar dagen door, maar de pr-machine van de familie draaide op volle toeren en snoerde iedereen die mogelijk iets wilde zeggen de mond. Daarnaast leverde het rapport van de lijkschouwing niet veel op. Ik had een klein beetje spijt dat ik het tafereel niet wat meer had aangekleed. Een sinaasappel in de mond of een paar indrukwekkende stiletto's zou de pers nog wat extra voer hebben gegeven, maar ik had uiteindelijk besloten om verstandig te zijn. Ik moest niet te zelfingenomen zijn. Ik had gewild dat hij doodging, en wel op een manier die snel vergeten zou zijn.

Ik merkte dat ik in de weken erna veel aan Lara moest denken. Ik vroeg me af of ze stiekem – of misschien niet zo stiekem – opgelucht was. Het verlies van haar zoon moest enorm zijn geweest. Maar het verlies van een overspelige onvolwassen echtgenoot die haar tientallen jaren harteloos had behandeld, was waarschijnlijk een geschenk. Misschien kon ze zich nu helemaal losmaken van de familie Artemis en haar eigen talenten benutten die ze al had voordat ze met hen in contact kwam. Ik stelde me haar toekomst voor, wat vreemd was, aangezien ze nog steeds op mijn lijst stond. Maar hoe meer ik erover nadacht, hoe minder ik het zag zitten. In veel opzichten leek zij net zozeer een slachtoffer als mijn moeder, haar leven verzwolgen door een egoïstische, gedachteloze man die weinig om haar geluk gaf als zijn eigen geluk niet meetelde. En praktischer gezien waren er ongetwijfeld waterdichte huwelijkse voorwaarden, waardoor ze geen enkele aanspraak kon maken op Simons fortuin, wat betekende dat ik me niet veel zorgen hoefde te maken over mijn uiteindelijke bonus.

Ik nam mijn besluit op de dag van de uitvaart, die in besloten kring zou plaatsvinden, maar werd bezocht door enkele B-sterren, een paar gezichten uit de modewereld en een heleboel potige zakenlieden die allemaal naar St. Peter's Church in Kensington kwamen om te laten zien hoe ze Lee de laatste eer bewezen. Ik weet niet hoeveel eer de verzamelde menigte had, maar daar ging het bij deze mensen niet om. Ik had de aankondiging in de ochtendkrant zien staan, had een lange lunchpauze genomen met het excuus dat ik naar de tandarts moest, en was er met de metro naartoe gegaan om te zien of ik de kerk binnen kon komen. Het was veel te gemakkelijk, de zwijgende mannen in hun zwarte coltruien en hun security-oortjes bij de ingang stelden geen vragen bij het zien van een jonge vrouw die keurig in het zwart gekleed ging en doelbewust naar binnen liep, achter een vrouw in een dikke bontjas en met diamanten die zelfs Joan Collins ordinair zou hebben gevonden.

Ik ging natuurlijk achterin zitten en bestudeerde het programma met gebogen hoofd terwijl de gasten binnenstroomden. Zo nu en dan keek ik om me heen, en ik zag Janine en Bryony vooraan zitten. Bryony zat zo onopvallend mogelijk op haar telefoon te kijken, terwijl Janine met een grijze man in een blauw krijtstreeppak links van haar zat te praten. Toen ze zich omdraaide en zag wat Bryony aan het doen was, griste ze de telefoon uit de handen van haar dochter en stopte hem in haar tas, zei iets en perste haar lippen toen op elkaar. Janine zag er schitterend uit. Haar haar was zó perfect geföhnd dat het amper bewoog als ze haar hoofd draaide en ze had de goudbruine highlights achter haar oren geduwd, waar joekels van smaragden in zaten. Ze droeg een roomkleurige zijden blouse die ik niet goed genoeg kon zien om er een mening over te hebben, en haar nagels waren donkerrood gelakt. Het geld dat ze had besteed werd tentoongespreid op een manier die zij overduidelijk subtiel vond, maar niet te missen was. Haar kleren vertelden echter slechts een deel van het verhaal. Zelfs van achter in de kerk kon ik het werk van de plastisch chirurg in haar gezicht zien. De neus ging nog wel, die was jaren geleden al gedaan toen het nog de gouden standaard was om elke vorm van karakter weg te snijden en alleen een meisjesachtig puntje over te laten. Maar verder was er niets subtiel, haar huid zat strak over haar jukbeenderen getrokken waardoor haar ogen klein en boos leken, haar mond was opgepompt, zodat hij altijd een beetje openstond, en haar huid had een wasachtige glans, alsof ze een masker van haar gezicht over haar gezicht droeg. Dit alles gaf haar een bespottelijke aanblik. Een gezicht dat er alleen normaal uitzag in een wereld waar de rest er ook zo uitzag. Het beviel Janine kennelijk goed in Monaco. Maar in het licht dat door de prachtige oude ramen van de kerk stroomde, zag ze er enigszins angstaanjagend uit.

De dienst begon erg laat, misschien passend voor een man die nooit ergens op tijd hoefde te zijn. De laatsten die binnenkwamen waren Lara, Simon en een man die ik niet herkende, die Lara bij de arm nam toen ze de kerk binnenliep en geruststellend over haar schouder wreef. Simons fronste zijn wenkbrauwen en volgde hen toen ze naar voren liepen, waar een verrassend jonge dominee hen opwachtte.

Lara leek totaal niet op de gebroken vrouw die Lee had beschreven. Ze liep met opgeheven hoofd in een wijnrood broekpak en felroze schoenen waarvan ik op iedere andere dag graag had willen weten waar ze die had gekocht. De man die naast haar naar het altaar liep was bijna het tegenovergestelde van haar echtgenoot. Hij was lang, slank, en droeg een enigszins verkreukeld antracietkleurig pak met een goede snit en nette schoenen. Hij had bruin haar met hier en daar wat grijs, en droeg een kleine bril. Ergens anders zou hij niet opvallen, maar hier vormde hij een schril contrast. Hij zag eruit als een hoogleraar in een kamer vol sjacheraars.

De dienst was saai, traditioneel, met psalmen en lezingen, blablabla. De kist stond vooraan, was bedekt met een gouden kleed van zijde, en mensen gingen ernaast staan om te vertellen wat een bijzondere man Lee was geweest, de gangmaker van elk feest. Allemaal clichés, niets wat iets zei over hoe hij als mens echt was geweest. Toen de laatste psalm was afgelopen, stond de dominee op om nog een laatste woord te spreken, maar hij haperde en ik deed mijn best om te zien wat er aan de hand was. Lara was opgestaan, zei iets tegen hem en liep naar de kist. De dominee ging weer zitten, en even was het stil terwijl de gemeenschap wachtte op wat Lara ging zeggen. Zij streek met haar handen over haar broek en keek een beetje ongemakkelijk. Ik kreeg zo'n vermoeden dat dit niet gepland was en keek opnieuw in het programma of de treurende weduwe werd genoemd. Nee. O, jee.

'Bedankt dat jullie zijn gekomen,' zei ze zacht. 'Mijn man zou ervan genoten hebben om van zoveel mensen te horen hoe fantastisch hij was.' Er werd zachtjes gelachen. 'Maar dat was hij niet echt, hè? Natuurlijk, hij was altijd te porren voor een avondje stappen. Vele avondjes. Elke avond. Maar hij was naar niemands maatstaven een fatsoenlijk mens te noemen. Jullie mochten hem omdat hij aan het einde van de avond de rekening betaalde, of omdat hij in je bedrijf investeerde, je meenam op vakantie, of misschien omdat je hoopte dat hij dat zou doen. Maar ik woonde met hem samen, moest omgaan met zijn egoïsme en zijn gebrek aan respect. Dagelijks. Echt elke dag. Jarenlang.' Ze keek naar de kist naast haar. 'Ik was jong toen we elkaar ontmoetten, te jong, eigenlijk. En hij was charmant, jullie weten allemaal hoe charmant hij kon zijn. Hoe gemakkelijk het was om zijn ergste driften te negeren. Maar die liepen steeds meer uit de hand, toch? Toen onze dochter stierf, ging Lee drie dagen aan de boemel, hij kwam uiteindelijk stoned en met een negentienjarig Litouws meisje in hotpants aan zijn arm thuis en vroeg onze huishoudster om ontbijt voor hen te maken. Hoe stom het ook klinkt, ik weet het aan zijn verdriet. Maar toen onze zoon jaren later stierf, deed hij iets soortgelijks. Het was in elk geval consistent, dat moet je hem nageven. Hij was een wreed, harteloos mens, wat hij goed kon verbergen. In zekere zin was ik erger. Want ik bleef bij hem en hield zijn gedrag in stand. En nu is hij dood, hij heeft de hand aan zichzelf geslagen. Dood door het voortdurend najagen van zijn eigen genot. En ik kan hier niet staan luisteren hoe zijn leven compleet wordt herschreven. Er valt niets meer te halen, dus hou op. Hou op.'

Lara trilde, van de adrenaline, niet van verdriet, dacht ik. Mensen bogen hun hoofd en beten op hun lip. Het had niet gênanter kunnen zijn. Het was geweldig. De lange man met de bril stond op en pakte haar hand vast. Samen liepen ze door het middenpad van de kerk naar buiten. Het was een applaus waard, maar dat kon ik niet maken. In plaats daarvan volgde ik hen de kerk uit, terwijl de dominee opstond in een wanhopige poging zich te herpakken. Buiten stonden Lara en het hoogleraartype in een innige omhelzing. Ik hoorde dat hij haar prees, zag dat hij haar haar streelde en haar een zoen op haar wang gaf. Ze keek op en glimlachte waterig, waarna ze de trap af liep en in een wachtende Mercedes stapte. Op het moment dat de auto wegreed, wist ik dat ik haar zou laten gaan. Er was haar genoeg afgenomen, door Lee, door mij. De vrouwen die in deze familie verwikkeld raakten, waren niet mijn hoofddoel. Mijn eigen moeder was per slot van rekening een van hen. Lara zou het waarschijnlijk nooit weten, maar ze redde die dag haar eigen leven.

9

Oscar Wilde schreef *De Profundis* tijdens de laatste drie maanden van een tweejarige gevangenisstraf. Het is een zeer geprezen werk; een liefdesbrief (als het ware) aan Lord Alfred Douglas waarin hij afwisselend tegen zijn onderwerp tekeergaat en hem in de armen sluit. Het is Oscar Wilde, dus ik durf te zeggen dat het waarde heeft (zijn vermeende laatste woorden op zijn sterfbed zijn onaanvechtbaar goed: 'Het behang en ik voeren een duel tot de dood. Een van ons moet weg.'), maar hij was ook een geschoolde witte man, dus de lat voor genialiteit ligt niet onmogelijk hoog.

Wilde sliep in een piepkleine cel op een bed zonder matras. Hij mocht één uur per dag zijn cel uit om wat te bewegen en had altijd honger. Naar verluidt ging hij er bijna aan onderdoor. Hij stierf drie jaar na zijn vrijlating.

Ik weet dat het niet moeilijk is om mij op een comfortabel bed te zien liggen met een spelcomputer naast me, die volgens de boulevardbladen elke gevangene bij binnenkomst krijgt; met een mooie trui aan, kijkend naar Netflix op een breedbeeld-tv met een Mars in mijn mond die ik van mijn wekelijkse toelage heb gekocht. Er zijn heel veel mensen die zichzelf liberaal, ruimdenkend, progressief vinden. Van het type dat tijdens een diner bereid is te betogen dat het beter is om gevangenen niet te straffen, maar ze door scholing op het rechte pad te krijgen, en dat het in vage termen over het Noorse model heeft, zonder te weten wat dat betekent. Maar diep vanbinnen denken ze nog steeds, ook al willen ze dat niet toegeven, dat wij die achter de tralies terechtkomen tuig zijn, ook al huiveren ze als ze dat woord hardop zeggen. Het is echt zo. Net zoals ze stiekem medelijden hebben met vrouwen die een hoofddoek dragen en ze een stukje omlopen als ze een enge hond in het park zien. Ze doneren aan Amnesty en vertellen nooit iemand dat ze blij zijn dat gevangenismuren hoog en dik zijn, of dat ze arrogant knikten toen ze lazen dat de Conservatieve regering instemde met langere gevangenisstraffen bij een eerste overtreding.

Het ergste is nog wel dat ze er niet helemaal naast zitten. Gevangenen zíjn ook tuig. Nou ja, dat is mijn ervaring hier, in elk geval. Deze vrouwen missen een paar laagjes beschavingsvernis. Ze hebben rotte tanden, een wilde blik en de gewoonte om agressief te schreeuwen, hoe laat het ook is. Geef ze de kans en ze zouden elke vorm van structuur die de heersende klasse heeft ingevoerd negeren en leven volgens ongeschreven regels die jij niet kent. Het is fascinerend om te zien, maar reken maar dat ik mijn beveiliging thuis opschroef zodra ik vrijkom.

En dan nu terug naar spelcomputers en comfort, na deze bekentenis. Want daar heeft de liberale hypocriet het mis. Oscar Wildes cel lijkt zoveel jaar later best wel op de mijne, afgezien van het matras. Ja, ik heb een dun, bobbelig laagje polyester om op te liggen, maar er staat geen tv, er is geen snackautomaat en ik moet nog steeds de gruwelen van de woensdagmiddagen doorstaan. Je kunt er de klok op gelijkzetten: welgeteld drie uur nadat Kelly de chili con carne heeft weggestouwd die op woensdag tijdens de lunch wordt opgediend (elke week krijg je in de gevangenis hetzelfde schema aan maaltijden geserveerd, net als op school, maar dan zonder het juiste bestek, aangezien er nog steeds wordt gepraat over het vorkincident van 1996), is ze op het toilet van onze kleine cel te vinden, waar ze soms wel een halfuur zit te kreunen en te hijgen. Ze denkt geen moment dat het de chili con carne is die slecht is gevallen. Ze denkt geen moment dat haar dramatische optreden mij slecht zal vallen.

Net als Wilde krijgen ook wij officieel één uur per dag lichaamsbeweging. De meeste vrouwen hier maken er geen gebruik van. Ik wel. Ik heb het nodig. Daar draait mijn dag om. In mijn normale leven, met een flat vol daglicht, goede wijn die je niet in de supermarkt kunt krijgen en boeken die niet door damesbladen worden aanbevolen, liep ik elke dag hard. Ik liep hard om mijn frustratie kwijt te raken, mijn hoofd leeg te lopen, om tegen sombere buien te vechten en – laten we eerlijk zijn – om slank te blijven. De vrouwen hier zitten niet met dat laatste, zoals wel blijkt uit hun onverklaarbare behoefte aan chili con carne, en ze denken kennelijk dat hun woede ze karakter geeft, gezien de regelmatige vechtpartijen om vijf uur 's middags. Dat lijkt het exacte tijdstip te zijn waarop mijn medegevangenen beseffen dat ze vastzitten. Alsof ze met hun doorsnee negen-tot-vijfactiviteiten bezig waren, op het punt stonden om naar huis te gaan om voor de buis te hangen, en opeens tot ze doordringt dat ze niet naar huis kunnen. Dat *Groundhog Day*-moment vindt elke dag opnieuw plaats, zonder dat iemand iets leert. En dan komen de muren hier echt op je af.

Ik kan niet hardlopen, aangezien ik weiger om als een treurige hamster kleine rondjes over het sportterrein te rennen, dus doe ik burpees, squats, spreidsprongen, ik hef gewichten; alles om mijn hart maar sneller te laten kloppen. Alles om me zodanig uit te putten dat ik door Kelly's gesnurk heen slaap. Eén uur per dag is niet genoeg voor mij. Ik heb nog twee uur lichaamsbeweging nodig om niet gek te worden. En dus ga ik in mijn cel verder als Kelly een van haar workshops volgt. Oscar Wilde lijkt me niet iemand die zijn tijd in de nor gebruikte om een wasbordje te krijgen, maar ik schaam me niet voor mijn verlangen naar lichaamsbeweging. Mijn armen, die ooit pezig en afgetraind waren door de yoga die ik naast mijn hardlopen deed, beginnen gespierd te worden. Mijn benen, die ooit strak maar niet supersterk waren van al het hardlopen, voelen nu zwaar en log aan, ze drillen niet meer. De vrouwelijke zachtheid lost op. En daar ben ik wel blij mee. Dit is niet van dat Instagramgelul over 'sterk niet mager', wat alleen een eetstoornis verbergt achter een dwangmatig trainingsschema; een Russische matroesjkapop vol neuroses. Ik heb dit steeds sterkere gevoel van hardheid, van pantsering, het gevoel dat ik in staat ben om iemand pijn te doen met mijn lichaam, niet alleen met mijn verstand. Mannen hebben dat gevoel waarschijnlijk al vanaf hun geboorte. Als ik had geweten hoe ik mijn lichaam moest gebruiken om mijn familie uit de weg te ruimen, zou ik het dan anders hebben aangepakt? Zou het gemakkelijker of bevredigender zijn geweest?

Verder ga ik naar de verplichte therapiesessies. Ik verdraag Kelly en haar schare zo goed mogelijk. En de afgelopen dagen schrijf ik. We worden misschien niet door bewaarders afgetuigd of uitgehongerd (al zou ik kunnen betogen dat een doelbewuste hongerdood een serieuze optie lijkt bij het zien van het aanbod in de kantine), maar ik vraag me af of Oscar Wilde toen meer leed dan hij nu zou hebben gedaan, met Kelly als celgenoot, gedwongen workshops pottenbakken, traumagesprekken met een groep jankende vrouwen met rubberen sandalen aan hun voeten, en dagelijks uren in onze cellen zitten terwijl mensen om ons heen schreeuwen en kreunen omdat de bezuinigingen van de overheid betekenen dat er niet genoeg bewaarders zijn om ons in de gaten te houden.

Mijn verblijf hier is grotendeels saai geweest, ondanks de populariteit van tv-programma's over gevangenissen de afgelopen jaren waarin wordt gesuggereerd dat elke minuut vol actie zit. Er zijn heus wel lesbische afspraakjes en knallende ruzies zo nu en dan, maar we liggen voornamelijk urenlang alleen op ons bed, tellen de minuten af die voorbijkruipen, op weg naar weer een week, een maand of in sommige gevallen jaren. Ik stel me voor dat je op een gegeven moment stopt met tellen. Maar ik kan dat niet. Als ik de tijd niet meer bijhoud, zou dat betekenen dat de mogelijkheid bestaat dat ik hier nog langer moet blijven.

Ondanks dit alles zal niemand mijn werk vergelijken met *De*

Profundis. Om te beginnen ben ik geen man, en ik ben zeker niet zo gestoord om te denken dat ik een intellectueel ben. Ik schrijf geen dwaze liefdesbrieven vanuit mijn cel. Ik doe geen grote waarheden op tijdens mijn gevangenschap. Maar ik zal er ook niet half gebroken uit komen. Ik zal mijn leven oppakken, floreren, en deze periode in mijn leven zal mij niet tekenen.

Daarnaast heb ik nog een ander voordeel ten opzichte van Oscar Wilde. Hoewel Wildes teksten over het leven in de gevangenis worden gezien als de diepgaandste in het genre, zwelgt hij veel in medelijden vanwege een man die hem onrecht heeft aangedaan. Van Lord Douglas werd gezegd dat hij een verwende, aanmatigende man was die achteloos omging met de gevoelens van anderen. Hij liet Wildes liefdesbrieven in kleding zitten die hij aan mannelijke prostitués gaf. Hij verwierp hun relatie en veroordeelde Wilde na diens dood. Zo te horen leek Douglas precies op mijn vader. Charmant, arrogant, middelpunt van het heelal. Mannen die een paar seconden al hun charmes op je richten, waarna je de rest van je leven op zoek gaat naar die kunstmatige warmte. Het maakt jou kapot en hij heeft geen schrammetje. Maar dat ontdekte ik al vroeg. Oscar Wilde nooit. Misschien had hij wel iets van mij kunnen leren. Verlang nooit naar de vlam waarmee sommige mannen je een fractie van een seconde verwarmen. Blaas hem uit.

Vandaag ontbeet ik, maakte de keukens schoon en ging toen naar Kelly en haar vriendin Nico. Niet omdat ik dat graag wilde, maar Kelly had beloofd om sigaretten voor me te kopen bij het winkeltje dat één keer in de week open is, en roken is het beste wat je hier kunt doen. Buiten de poort wordt er tegenwoordig afkeurend naar gekeken, maar in de gevangenis zijn sigaretten een effectieve manier om vriendschap te sluiten, om bij iemand in de gunst te komen of om verveling tegen te gaan. Dus dronk ik lauwe thee met ze. Nico trakteerde ons op iets wat taart moest voorstellen. Het enige wat hier te krijgen is, is niet te verteren rotzooi met wat jam erbij. Alles is bruin. Het is vreemd om te voelen dat mijn hersenen zich losmaken van het grote geheel en zich dwangmatig richten op de maaltijden die ik zou willen eten, de kleren die ik zou willen dragen. Ik wil een bord pasta van La Bandita en ik wil ademende kleding die over mijn lichaam glijdt en niet in de hens vliegt als ik in de buurt van een vlam kom. Ik denk minstens tien keer per dag aan een bad en voel paniek in me opkomen – wil met mijn vingers aan mijn sleutelbeenderen krabben – als ik probeer om daar niet door overweldigd te raken. Maar dan geef ik eraan toe en dat mag ik niet toestaan; ik kan hier niet weg en met mijn ogen knipperen als ik het licht betreed. Ik heb geen tijd om me aan te passen. Ik moet meteen aan de slag en niet eerst gedwongen zijn een achterstand in te halen.

Nico is prettiger om naar te luisteren dan Kelly, haar stem is niet zo nasaal. Ze zit hier ook om een interessante reden: ze heeft de gewelddadige partner van haar moeder vorig jaar met een hamer vermoord. Ik heb haar er nooit rechtstreeks naar gevraagd, ik weet wel beter. Altijd wachten tot iemand er zelf over begint, maar zij doet dat dus heel vaak. Ze vertelt vol trots dat haar moeder psychische hulp krijgt en nu zelf ook therapeut wil worden. Nico belt haar twee keer per week en huilt vaak zachtjes terwijl ze naar haar luistert. Ik mag Nico wel. Ik zou haar buiten de gevangenis niet opzoeken, beschadigd en moordlustig als ze is, maar ik heb respect voor wat ze voor haar moeder heeft gedaan. Het was niet zo goed uitgevoerd als mijn wraakactie, maar de opwelling vroeg waarschijnlijk om snelheid en niet om een goed uitgewerkt plan. Helaas betekende haar ondoordachte handelen dat ze nog naast hem stond toen de politie tien minuten later verscheen. Nico kon een geloofwaardig alibi wel vergeten en zit hier nog twaalf jaar. Haar moeder is zestig. Tegen de tijd dat ze vrijkomt is het mens tweeënzeventig. Ze heeft haar jeugd opgeofferd voor een bejaarde. Dat is liefde. Maar ook goed stom.

Vandaag hebben Nico en Kelly het over hun borsten. Kelly

heeft ambitieuze plannen voor een opknapbeurt van haar lichaam als ze uit de gevangenis komt, en heeft over borstvergrotingen gelezen alsof ze een wetenschappelijk onderzoeker is die hard op weg is naar haar eerste Nobelprijs. Kennelijk moet je in Turkije zijn, stukken goedkoper, plus een gratis vakantie na de operatie. Clint betaalt. Of misschien weet ze de volgende keer iemand met meer succes te chanteren. Nico maakt zich zorgen om de algehele narcose en heeft over een behandeling gehoord waarbij je met alleen injecties een cup groter wordt. Kelly kijkt laatdunkend. 'Injecties voor het gezicht, schat, tieten hebben wat meer werk nodig.'

Dan kijken ze naar mij. 'Wat zou jij laten doen, Grace?' vraagt Nico, terwijl ze allebei mijn gezicht bestuderen en hun blik naar mijn borsten laten zakken. Ik heb niets tegen plastische chirurgie. Ik wil niet bij de opgeblazen plastic gezichten horen, maar over het algemeen kan ik me niet druk maken over wat aanpassinkjes. Ik zie het niet als zelfverminking of een belediging voor het feminisme. Als je iets verafschuwt waar je elke dag mee moet leven, doe er dan wat aan. Ik houd wel van mijn borsten. Ze zijn klein, wat betekent dat ik alles kan dragen zonder eruit te zien als een schoolmatrone uit de jaren vijftig. Het meeste aan mezelf vind ik wel oké. Niet als zo'n wanhopige millennial die zwangerschapsstriemen liever 'krijgersstrepen' noemt, en cellulitis 'celluLEUK', maar ik weet dat ik er goed uitzie. Er komt een dag dat ik net zo rimpelig ben als ieder ander, maar op dit moment heb ik een cosmetisch voordeel. Ik benut het ten volle. Mensen geven me kansen die anderen niet krijgen, waarom zou ik dat niet erkennen? Energie besteden aan het onderzoeken van mijn tekortkomingen is zo zonde van mijn tijd.

Toch heb ik een hekel aan mijn neus. Anderen zullen het een prima neus vinden. Ik heb er complimentjes van andere vrouwen over gekregen, omdat hij recht en strak is. Maar het is een Artemisneus en dat is het enige wat ik in de spiegel zie. Marie wreef er vroeger met haar duim over als ik stout was en dan zei ze dat ik mijn vaders wil had. De rest van mijn gezicht heb ik van haar. Kort na haar overlijden ging ik bij Helene thuis weleens vlak voor de spiegel in de badkamer zitten, zodat ik alleen mijn eigen ogen kon zien. Op die momenten had ik het gevoel dat ik mijn moeder kon zien. Dan keek ik mezelf recht in de ogen en dacht aan al die keren dat ik naar haar had gekeken en me veilig had gevoeld. Als mijn benen dan begonnen te trillen omdat ik in een moeilijke houding zat, moest ik opstaan en kwam de rest van mijn gezicht in beeld. Het kleine beetje troost werd dan weggerukt.

Bryony had haar moeders neus. Schattig, klein en een beetje bijgewerkt door een chirurg. Eigen ontwerp. Als ik Simon niet in de spiegel zag, zou ik blij zijn met mijn scherpe profiel. Trots dat ik een neus had die zich niet zo strikt aan vastomlijnde schoonheidsidealen hield. Toch zou ik hem in een oogwenk veranderen. Ik ben bij de beste chirurgen geweest, ik heb gezien wat ze met een paar kleine halen van een scalpel kunnen. Artemis helemaal wegsnijden. De enige reden dat ik het nog niet heb gedaan, is omdat ik wilde dat mijn vader me zou herkennen als ik over hem heen gebogen stond en hem vertelde wie ik ben.

Ik kijk op van mijn beker thee en zie dat Kelly en Nico klaar zijn met de beoordeling van mijn gezicht en lijf, en nu willen weten of mijn antwoord overeenkomt met hun suggesties. 'Niets,' zeg ik, en ik neem een slok van het lauwe water. 'Ik ben geen voorstander van chirurgie.'

Mijn advocaat komt straks langs, een uitzonderlijke kans om iemand anders te zien dan Kelly of de saaie, chagrijnige bewaarders die maar beter hier kunnen werken dan in een verzorgend beroep. Ik stel me voor dat sommige van deze vrouwen op een splitsing in hun leven kwamen en verpleegkundige, docente of therapeut hadden kunnen worden. Gezien hun reactie als ze geconfronteerd worden met psychische aandoeningen, lichamelijke kwalen of zelfs bange jonge vrouwen die even gerustgesteld willen worden, kan ik alleen maar zeggen dat ze er goed aan hebben gedaan om die vakgebieden te mijden.

Om elf uur word ik naar de bezoekersruimte gebracht waar George Thorpe al op me zit te wachten. Hij draagt weer een prachtig pak. Van lichtblauwe wol, passend bij de afgelopen paar warme dagen, met een spoortje terracotta in de voering die zichtbaar is als hij opstaat. Ik kijk maar niet naar zijn schoenen. Ik daarentegen draag een grijs trainingspak. Ik vraag me af of een vreemde die deze ruimte binnenkomt mij een vreemde eend in de bijt zou vinden en of diegene aan mijn gedrag en houding zou kunnen zien dat ik een heel ander leven heb gehad dan de andere vrouwen hier. Ik heb rijkdom in anderen, scholing in vreemden, verfijning in iemands manier van doen altijd herkend. Is het niet heel erg Brits om precies te weten waar iemand in het klassensysteem thuishoort zonder dat er een woord is gesproken? Sommigen beweren dat ze het niet zien, maar dat zijn dezelfde ergerlijke mensen die beweren dat ze zich niet bezighouden met ras, en dat is vrijwel altijd omdat ze wit zijn en er geen reden toe hebben. Maar het grijze trainingspak is een grote gelijkmaker. Je kunt anderen moeilijk laten merken dat je anders bent in een outfit die is gemaakt van brandbaar materiaal dat nog honderd jaar op een vuilnisbelt zal rotten. Zelfs de aarde wil het niet.

Ondanks het feit dat George Thorpe volledig op de hoogte is van mijn achtergrond en ondanks het enorme uurtarief dat ik hem betaal, heb ik nog steeds het absurde verlangen om hem te laten zien dat ik niet ben zoals deze andere gevangenen. Dat ik beter ben. En tijdens mijn beklimming van de Artemis-ladder heb ik geleerd hoe gemakkelijk dat is. Je moet hem als oud vuil behandelen, dat is de enige manier.

Hij staat op om me begroeten en steekt zijn hand uit.

Ik negeer hem en ga zitten. 'De teller loopt, George, vertel me maar hoe het ermee staat.'

Goede manieren zijn er bij mannen als George Thorpe in gedrild. Particuliere school, topuniversiteit, opgevoed door kinderjuffrouwen die hen met een moedercomplex hebben achtergelaten dat ze vervolgens op hun vrouw afreageren: al deze constructies hameren op beleefdheid, etiquette en de correcte manier van handelen. Ik heb de orde verstoord. Hij gaat onhandig zitten en ik kijk expres ongeduldig toe terwijl hij zijn koffer opent en er wat papieren uithaalt.

'Juist, tja, eh, dus...' Zijn stem sterft weg, terwijl hij zijn bril opzet, en ik vraag me niet voor het eerst af of deze man wel een haai is. Want ik wil een haai. Ik heb een haai nódig. Toen deze ellende begon, heb ik een tijd dwangmatig onderzoek gedaan naar advocaten, en vrijwel iedereen die ik het vroeg, zei dat hij goed was, met als bonus dat hij meerdere familieleden heeft die ooit het Britse Rijk hebben bestuurd. Hij heeft veel zaken gewonnen, te veel om op te noemen, en heeft mensen in hoger beroep vrij gekregen. (Slechte mensen, mensen die echt levenslang opgesloten zouden moeten zitten en nu vrij rondlopen omdat hij gebruikmaakt van elke vormfout, elk teken van zwakte in de verklaringen van overwerkte, vermoeide politiemensen, elk aarzelend jurylid dat het niet op zijn geweten wil hebben dat hij iemand naar de gevangenis stuurt.) Dus hij is de beste. Maar is hij gehaaid? Hij verbergt het goed en ik wil dat hij bloed ruikt.

George Thorpe neemt de beroepsprocedure opnieuw met me door en verzekert me ervan dat we op schema liggen voor de definitieve uitspraak volgende week. Het feit dat waargebeurde misdaadverhalen op tv het misdrijf uitmelken en voorbijgaan aan het daaropvolgende juridische proces heeft een reden: het is ingewikkeld, saai, ontmoedigend en bestaat voornamelijk uit maandenlang wachten. Drie dagen na mijn veroordeling gingen we in hoger beroep. We dienden een verzoek in om op borgtocht vrij te komen in afwachting van het beroep, maar dat werd afgewezen, waarschijnlijk vanwege de publiciteit rondom mijn zaak. Dus nu zit ik hier al meer dan een jaar te wachten en weg te rotten. Het zal de lezer niet veel moeite kosten om mij op dit bed te zien liggen in een wanhopige poging om nog meer groepstherapie te vermijden waarbij een persoon huilend praat over gruwelijk seksueel misbruik en drie andere vrouwen haar ervan beschuldigen dat ze alle aandacht opeist.

Ik heb je niet veel verteld over de reden dat ik hier zit, of wel? Omdat me dat vreselijk tegenstaat. Het is niet de onrechtvaardigheid die me ervan weerhoudt; het zou wel oerstom zijn als ik mijn tijd verdeed met tegen de oneerlijkheid van alles tekeergaan, terwijl mijn daden die ongestraft zijn gebleven zoveel erger zijn. Nee, het is juist vreselijk banaal. Het motief dat ik zou hebben gehad, was te treurig voor woorden. Het misdrijf dat ze me in mijn schoenen hebben geschoven, zou ik in een vlaag van woede moeten hebben gepleegd, met een gebrek aan planning die ik afschuwelijk zou hebben gevonden. Ik ben geen Nico. Maar dat kun je moeilijk als verdediging gebruiken, nietwaar? *Sorry, edelachtbare, maar als ik mensen vermoord, doe ik dat met iets meer zorgvuldigheid, begrijpt u wel?* En dus heb ik dit juridische proces, dat zich maanden en maanden heeft voortgesleept, tandenknarsend moeten doorstaan – tegen hoge kosten. Hoe gaat dat spreekwoord ook alweer? De mens wikt, God beschikt? Ik beraamde de moord op zeven mensen en eindigde in de cel voor de dood van iemand die ik met geen vinger had aangeraakt. God zou zich een breuk lachen.

10

Toen we zesentwintig waren, leerde Jimmy een meisje kennen. Hij had wel vaker vriendinnen gehad, aardige, rustige meisjes met jute boodschappentassen met het logo van zelfstandige boekhandels, die voor liefdadigheidsinstellingen, ngo's of kleine uitgevers werkten; je kent dat soort meisjes wel. Bril, kleine zilveren oorhangers, houdt bijzonder veel van thee. Ze waren allemaal prima. Prima, prima, prima. Maar Jim is zo relaxed, zo vriendelijk en goedbedoelend, dat de passie er niet echt vanaf spatte. Zo had je Louise die vervuld was van haar volkstuin, maar nooit enige hartstocht toonde voor iets anders en binnen het jaar weer verdwenen was. Dan was er nog Harriet, die meer bereikte en een tijdlang met Jim en wat studiegenoten samenwoonde. Ze gingen zo pijnloos uit elkaar dat het (mij) nauwelijks opviel. In de periode waarin zij vertrok, was ik alleen maar aan het werk, en tegen de tijd dat Jim en ik samen iets gingen drinken, leek hij er al helemaal overheen, en ik was blij dat ik hem op mijn kostbare vrije avond niet hoefde te troosten vanwege een vrouw die ik me niet eens meer voor de geest kon halen.

Daarna kwam Simone, en ik dacht dat zij misschien wel de ware was. Ze werkte als curator bij een galerie, droeg interessante sieraden (interessant betekent hier alleen 'hoekig') en gaatjesschoenen in allerlei kleuren. Ze was serieus, dat waren ze allemaal. Maar ze hield van mijn gevoel voor humor en deed niet moeilijk over mijn lange en soms onduidelijke relatie met haar vriend. En veel belangrijker, ze vond Jimmy echt leuk, zo leek het, en sprak over hun toekomst samen zonder de gênante voorbehouden die sommige vrouwen hebben om een man niet weg te jagen. Ze gingen weekendjes naar Norfolk en adopteerden een kat. Ze overwogen samen een appartement te kopen. En ik raakte gewend aan Simone. Dat ik haar met Jimmy moest delen, was voor mij geen compromis. Misschien had ik wel genoegzaam kunnen toezien hoe zij samen oud werden. Maar Simone was ambitieuzer dan ik had vermoed, en net toen ze op zoek gingen naar een appartement, kreeg ze een baan als curator aangeboden in een nieuwe galerie in New York. Ik denk dat ze ervan uitging dat Jimmy zonder discussie zijn spullen zou pakken en met haar mee zou verhuizen naar Brooklyn, maar hij aarzelde. Hij was net bij *The Guardian* begonnen, vond het afschuwelijk om een vaste baan op te geven bij een krant waar hij altijd voor had willen werken. Hij zou daar niet op hetzelfde niveau kunnen werken, had hij geprotesteerd. Dan zou hij als freelancer iets moeten zien te vinden in een stad vol freelancers. Simone had geduldig naar hem geluisterd, had zijn zorgen gepareerd met opties en had benadrukt wat deze verandering voor haar zou betekenen, maar hij was steeds koppiger geworden. Binnen een week sprak hij nog nauwelijks met haar. Ze zetten een verbleekte versie van hun oude leven voort, terwijl zij haar visum regelde, haar meubels verkocht en een afscheidsfeest hield. Jimmy had nog steeds niet definitief nee gezegd, en ik stel me voor dat zij dacht dat hij nog steeds aarzelde, wachtte tot haar afwezigheid in zijn gedachten echt werd, voordat hij zwichtte en haar naar New York zou volgen. In plaats daarvan vertrok ze op zaterdag en stuurde hij haar de dinsdag erna een e-mail waarin hij zei dat hij het niet kon, dat hij van haar hield, dat het hem erg speet. Dat weet ik omdat hij me die mail een paar minuten later doorstuurde met als onderwerp: IK HAAT MEZELF.

Het probleem met Jimmy is dat hij het te gemakkelijk heeft en dat hij daardoor een lafaard is geworden. Hij heeft lieve ouders, zijn gezinsleven was stabiel, liefdevol en veilig. Hij groeide op met intelligente, invloedrijke mensen om zich heen die hem het gevoel gaven dat hij alles zou kunnen wat hij maar wilde. Hij had waanzinnige vakanties, spreekt vloeiend Duits en bespeelt twee instrumenten. Dit alles stelde hem in staat om te heersen over welk domein hij maar wilde. Maar het maakte hem ook bang om ergens anders naartoe te gaan, want waar ter wereld zou hij zo zelfverzekerd kunnen zijn, zou zijn naam iets betekenen? Al die voordelen, al die privileges, en toch wil Jimmy het liefst vlak bij zijn vader en moeder wonen en hetzelfde soort leven leiden als zij. Toch voel ik me met hem verbonden. Hij is vertrouwd, zijn geur, zijn armen die net sterk genoeg zijn om me een veilig gevoel te geven. Het is absurd, banaal en ik haat dat ik me zo voel. Toch is het zo. Er is niemand die ik al zo lang ken als Jimmy. Er is niemand die ik heb getolereerd zoals ik hem heb getolereerd. En omdat hij geduldig en lief is, was ik op hem gaan rekenen, stelde ik me (grotendeels) open voor hem en maakte ik gebruik van de oude band die we nog altijd hebben. Ik heb hem nooit verteld wie mijn vader is, heb die twee kanten van mijn leven altijd gescheiden willen houden. Maar verder kent hij me zoals geen ander me ooit heeft gekend of zal kennen. En als hij geen heerser over zijn eigen domein wil zijn, dan neem ik zelf wel het voortouw en ben ik tevreden met hem naast me. Vroeger streelde hij mijn arm als ik in slaap viel, omdat hij wist dat ik aan het eind van de dag onrustig werd. Dan kwam hij naast me liggen en volgde hij de sproetjes op mijn arm. 'Wat ben je toch zacht, Gray. Zoooo zacht!' zong hij dan op de melodie van een nummer dat we allebei mooi vonden. Dan was ik in staat om in slaap te vallen.

Simone heeft nu haar eigen galerie. Ze is getrouwd met een bekende toneelschrijver en ze hebben een dobermann, wat mij het toppunt van arrogantie lijkt in een stad waar eigenlijk alleen plek is voor chihuahua's. Dat weet ik omdat Jimmy haar Instagram bekijkt als hij dronken is en zijn telefoon dan voor mijn neus houdt om me te laten zien dat hij blij voor haar is, terwijl hij tegelijkertijd van mij wil weten of haar man er in zijn T-shirt met v-hals belachelijk uitziet.

Een halfjaar nadat Simone naar New York was vertrokken en Jimmy bij zijn ouders om de hoek was gaan wonen, ontmoette hij iemand anders. Ik zou graag willen zeggen dat hij na de breuk wat van zijn lafheid kwijtraakte en dat hij haar ontmoette tijdens een driedaags zuipfestijn in een minder hip deel van Zuid-Londen, maar dat was niet het geval, omdat hij Noord-Londen tegenwoordig nog maar zelden verlaat, alleen voor een enkele boekpresentatie. Hij ontmoette haar tijdens een etentje bij zijn peetvader in Notting Hill. Horace is advocaat en lid van de Queen's Counsel (hij is degene die me in contact bracht met Thorpe, dus maak ik me in feite net zozeer schuldig aan het gebruiken van de kleinburgerlijke relaties die zijn ouders ons hebben gegeven als Jimmy), en elke maand organiseert hij een etentje waarbij hij 'interessante jonge mensen' uitnodigt om te praten over de gebeurtenissen in de wereld. Ik ben nooit uitgenodigd voor een van die afschuwelijk klinkende bijeenkomsten. In gedachten heb ik dat recht gepraat door mezelf eraan te herinneren dat Horace een saaie, oude snob is en vijftig pond uit zijn portemonnee te jatten toen ik hem de laatste keer bij de Latimers thuis zag.

In de weken na dat diner zag ik Jimmy niet, omdat ik op dat moment meer aan mijn hoofd had. Ik had net korte metten gemaakt met Bryony – daarover later meer – en slingerde heen en weer tussen blijdschap over mijn succes en frustratie omdat ik er maar niet in slaagde een werkbare manier te vinden om Simon te pakken te krijgen. Het hele proces had betekend dat ik niet veel tijd voor Jimmy had gehad. Het was te moeilijk om ondertussen met mijn beste vriend te communiceren zonder over de kleinste details van mijn activiteiten te praten. Maar ik had moeten weten dat er iets speelde, want hij stuurde steeds minder appjes, totdat het acht dagen lang helemaal stil bleef. En opeens stond hij op een zaterdagochtend onaangekondigd bij me op de stoep met koffie en croissants. Als er iets is wat schreeuwt dat je nieuws hebt, dan is het wel aanbellen zonder eerst een appje te sturen. Het is zó zelfingenomen dat je enige excuus kan zijn dat er een akelig ongeluk is gebeurd of dat je over een nieuwe relatie wilt wauwelen. Omdat ik aan zijn gezicht kon zien dat zijn moeder niet bij een gruwelijk jetskiongeluk om het leven was gekomen, was de enige andere mogelijkheid een nieuwe vlam. Het gevolg was dat ik hem een beetje plaagde door geen vragen te stellen, maar meteen eindeloos veel te praten over de plannen die ik had voor mijn nieuwe keuken. Ik had helemaal geen plannen voor een nieuwe keuken. Ik woonde alleen in deze flat omdat hij bruikbaar was, en gelukkig maar, want mensen die over verbouwingsplannen praten zijn onuitstaanbaar.

Net toen ik een bijzonder saaie monoloog over handgreepjes voor laden was begonnen, hield hij het niet meer uit en vertelde me over Caro. Caro Morton was een jonge advocate die voor het kantoor van Horace werkte. Ze hadden naast elkaar gezeten tijdens de saaie ideeëndiners en hij was, zo zei Jimmy stellig, op slag verliefd op haar geworden. In de weken daarna waren ze een paar keer uit geweest en ze hadden het al over samenwonen gehad. Caro bleek een vrouw die van aanpakken hield en niet deed alsof ze niet op zoek was naar een serieuze relatie.

'Ik wil je aan haar voorstellen, Gray,' zei hij. 'Ze heeft John en Sophie al ontmoet, maar jij moet haar ook aardig vinden.' Ik schrok. Ze had zijn ouders al ontmoet? Simone had er maanden over gedaan voordat ze die mijlpaal had bereikt. Maar goed, Caro verkeerde in dezelfde kringen, nietwaar? Een collega van Horace, een advocate die ongetwijfeld in Oxford of Cambridge had gestudeerd en ouders had die de Latimers kenden of van wie ze hadden gehoord. Simone, hoe leuk ze ook was geweest, had dat voordeel niet. Als dochter van een verpleegkundige en een gemeentearbeider, geboren in Oost-Londen, had ze nooit zo gemakkelijk bij Jimmy's familie gepast als iemand uit zijn eigen kring. Sophie en

John hadden haar overladen met complimenten – Sophie had haar een weekendje meegenomen naar het landhuis in Oxfordshire dat ze hadden gehuurd om de band te versterken, en had erop gestaan de hele dag marmelade te maken – maar het zou nooit echt een ontspannen relatie hebben kunnen worden. Ik kon het weten. Door die familie omarmd worden is niet hetzelfde als werkelijk geaccepteerd worden. Ze slaan zichzelf op de borst omdat ze je helpen, maar dat betekent niet dat ze van je houden.

Caro. Ik zal geen tijd verdoen. Ik haatte haar vanaf het moment dat ik haar ontmoette. Met een passie. Je zult je wel afvragen of dat komt doordat ze met haar aanwezigheid dreigde mijn oudste vriend van me af te pakken, de man op wie ik al leunde toen ik nog klein was. Tegen jou zeg ik: 'Probeer het nog eens. Kom niet aanzetten met psychologie van de koude grond.'

Een maand nadat ik voor het eerst over de nieuwe vriendin had gehoord, zouden we elkaar ontmoeten. We hadden afgesproken om op woensdagavond iets in Maida Vale te gaan drinken, waar ik in stilte van baalde, omdat ik nog helemaal niet was opgeschoten met mijn slotakkoord. Maar ze was een kenau en ik kon geen goede reden bedenken om het opnieuw uit te stellen. Jimmy en ik dronken samen een fles wijn leeg terwijl we op haar zaten te wachten. Ze had het heel druk op haar werk, legde hij uit, terwijl hij onrustig op zijn telefoon keek. Tien minuten later arriveerde ze. Hij hoefde me niet te vertellen dat zij het was, ik wist het. Zonder een woord te hoeven zeggen, baande Caro zich een weg langs de mensen die stonden te wachten op een tafeltje. Ze had haar telefoon tegen haar oor gedrukt, had lang, rood haar (wat er heel natuurlijk uitzag, maar later geverfd bleek te zijn; je moet een geverfde roodharige nooit geloven, want door hun behoefte om anders en interessant te zijn, zijn ze geen van beide) en droeg een roomkleurige zijden blouse en een broek met wijde pijpen. De enige make-up die ik kon zien, was een veeg rode lippenstift. Het behoeft natuurlijk geen uitleg dat ze beeldschoon, verfijnd en betoverend was, blablabla. Ze wist het. Vrouwen weten dat altijd. En Jimmy dacht natuurlijk dat hij een onaangeboorde schoonheid had ontdekt omdat ze geen strakke kleding droeg en haar nagels niet lakte. Mannen denken altijd dat een ogenschijnlijk gebrek aan ijdelheid een goede eigenschap is, alsof de moeite die vrouwen als Caro in hun uiterlijk steken anders was dan de opgedirkte meisjes die je op zaterdagavond op een willekeurige Britse straat ziet. Het is alleen een andere benadering. En de schoonheid is nog steeds overduidelijk, maar mannen vinden het geraffineerder, alsof de schoonheid van een vrouw alleen puur is als ze doet alsof ze die niet bezit.

Ach, moet je kijken, nu heb ik toch tijd verspild. Maar het is goed om een idee van haar te krijgen, al is het alleen om mezelf te feliciteren met mijn zelfbeheersing, terwijl ik bedenk wat er uiteindelijk gebeurde. Ze was jong, jonger dan Jimmy en ik, maar ze was bijzonder ingetogen. Een advocate, dat zei ik al, die gespecialiseerd was in complexe bedrijfsovernamen. Ze omschreef haar functie als 'de organisator als Nike Adidas zou willen kopen'. Dat vond ik een bijzonder neerbuigende verduidelijking en het was het exacte moment waarop ik besefte dat ik haar haatte. Ze deed niets om me voor zich te winnen en hing ook niet rond Jimmy's nek om hem te claimen. Ze was een beetje afstandelijk tegen hem, waardoor hij haar alleen maar meer met genegenheid overlaadde, en heel zakelijk tegen mij. We draaiden een paar uur om elkaar heen, maar ik deed niet heel erg mijn best, omdat ik alleen maar zag hoe hoteldebotel Jimmy was. Hoeveel nerveuze energie hij uitstraalde. Hoe wanhopig graag hij wilde dat wij aansluiting bij elkaar zouden vinden, hartsvriendinnen zouden worden, als een warme deken om hem heen. Ik werd er onrustig van, voelde dat mijn vingers omhoogkropen, in mijn nek wilden krabben. Om elf uur – Jimmy was halverwege een verhaal over de familievakantie toen we per ongeluk een berg beklommen – legde Caro haar hand over de zijne, wreef over de huid tussen zijn duim en wijsvinger en zei dat ze naar bed moest. En opeens was de avond voorbij. De rekening werd gevraagd, Ubers werden besteld, en ik kreeg nog een stevige knuffel van Jimmy en een luchtkus van Caro waarbij huidcontact niet nodig was. Hun taxi kwam eerst, en toen ze wegreden zat Caro op haar telefoon te kijken, ze wierp geen blik meer achterom. Geen van beiden had voorgesteld om nog iets af te spreken.

Ik wist dat ik dit op geen enkele manier kon winnen. Jimmy was stapelverliefd op deze vrouw en als ik ook maar de geringste kritiek uitte, zou ik hem alleen maar verder in haar armen drijven. Ik heb me altijd afgevraagd waarom mensen zo snel beledigd zijn als je iets over hun partner zegt. Als je eigen moeder, iemand die jou al kende toen je nog een krijsende aardappel in een rompertje was, denkt dat de persoon die je hebt uitgekozen niet helemaal je van het is, waarom zou je dat dan in godsnaam niet serieus nemen? Zeg het me als je vindt dat de persoon op wie ik verliefd ben een monster lijkt. Kom met een lijst. Doe het grondig, maak grafieken. Ik wil alle informatie. Maar er is kennelijk niemand anders die er zo over denkt. Jimmy ook niet. Ik kon alleen maar vriendelijk doen en hopen dat Caro op hem uitgekeken zou raken. Ze straalde niet echt uit dat ze dol op hem was en daar hield ik me een tijdlang aan vast.

Een avond bij de Latimers thuis maakte aan die gedachte snel een einde. Ik was natuurlijk allang het huis uit, maar als straf voor mijn ontsnapping had Sophie op de een of andere manier de belofte aan mij ontfutseld dat ik ten minste twee keer per maand kwam eten. (Twintigers uit een middenklassengezin in Londen wonen over het algemeen nog thuis; sommige huren tijdelijk misschien ergens een flatje, maar zelfs dan wonen ze nog deels thuis, tot hun ouders de aanbetaling voor een hypotheek kunnen ophoesten en ze echt een eigen woning kunnen kopen.) Het was een belofte die ik echt niet van plan was om na te komen – driekwart van het moderne leven bestaat uit afspraken afzeggen, tot opluchting van beide partijen – maar ik had onderschat hoezeer Sophie behoefte had om bij mij betrokken te blijven en het gevoel wilde hebben dat ze een belangrijke rol speelde in het leven van de mensen die ze kende. In het begin probeerde ik af te zeggen, dan had ik smoesjes als hoofdpijn en overwerken. Elke keer als ik met een geloofwaardig excuus kwam dat ons allebei een hoop gedoe kon besparen, toonde ze haar medeleven en stelde prompt een andere dag voor. Niet dat ze echt wilde dat ik kwam, hoor, maar ze kon goede sier maken door op de hoogte te blijven van het wel en wee van de wees die ze zo onbaatzuchtig in huis had genomen. Ik had al snel door dat ik maar beter kon doorbijten en de dagen kon kiezen die mij het best uitkwamen. Jarenlang betekende dat de tweede en laatste zondag van de maand. Altijd bij hen thuis. Altijd een Ottolenghi-recept met kruiden die zelfs Sophie – die langs supermarkten in de buurt ging, zoals anderen bij een etalage vol diamanten staan te kwijlen – niet kon vinden. Als gevolg daarvan smaakte elke maaltijd voornamelijk naar basilicum, omdat dat bij elke Waitrose te krijgen was.

De zondag waarop ik besefte dat Caro zich nog dieper had ingegraven in Jimmy's leven dan ik me had gerealiseerd, was ongewoon omdat John en Annabelle er niet bij waren (Jimmy trouwens ook niet). Normaal gesproken werden we voortgestuwd door anderen, gaven we ons over aan zinloze discussies over hoe afschuwelijk het was dat de plaatselijke bibliotheek moest sluiten en dat de ware slachtoffers van de bezuinigingen nu duidelijk werden. Politiek gezever waar je niets mee bereikt, maar dat sommige mensen volhouden omdat ze dan het gevoel hebben dat ze er iets aan doen in plaats van dat ze er alleen maar over praten. God weet dat geen enkele Latimer ooit naar de bibliotheek ging in de tijd dat ik bij ze woonde.

Sophie leek totaal niet afgeschrikt door het intensieve gesprek dat we nu met elkaar zouden moeten hebben. Sophie voelt zich nooit ongemakkelijk tijdens een gesprek. Ze vindt dat ze altijd iets interessants te zeggen heeft, en gewapend met die zekerheid was er toch zeker niets wat haar het gevoel kon geven dat ze niet goed genoeg was?

Terwijl ze een glas wijn voor me inschonk en de oude kat van de bank duwde, begon ze met Caro te dwepen. 'Zo'n leuk meisje. Jimmy vertelde dat je haar hebt ontmoet. Ze is de dochter van Anne Morton, je weet wel, de voorlaatste minister van BuZa, en Lionel Ferguson. Hij schrijft fantastische boeken over het Britse Rijk. We kenden elkaar vrij goed van zwangerschapsgymnastiek toen ik Annabelle verwachtte, we hadden allebei een dikke buik en het klikte omdat we de belachelijk kritische juf niet leuk vonden. Door de jaren heen kwamen we ze weleens tegen op feesten, maar Anne had natuurlijk een zware baan en ze waren inmiddels naar Richmond verhuisd. Wat bijzonder dat onze jongen nu iets met die kleine Caro heeft.'

O god. Natuurlijk. Het soort zelfverzekerdheid dat Caro had kwam niet uit het niets. Haar vader heette verdomme LIONEL. Haar moeder was politica. En naast alle privilege waarmee ze was geboren, was ze ook nog eens beeldschoon en slim. Vroeger bladerde ik op kantoor weleens door de societyrubrieken van *Tatler* – meestal om te zien of Bryony erin stond – en de vrouwen op de foto's waren altijd dochters van graven of hertogen. Maar wat me stoorde was dat ze ook zo verfijnd en bloedmooi waren en lange benen hadden. Hoe was het mogelijk dat de mensen met het meeste geluk in de maatschappij ook fysiek superieur waren? Ik was ervan uitgegaan dat de kweekvijver voor dat soort mensen zo klein was dat ze alleen maar zwakker werden, maar daar stonden ze afgebeeld: de Caro's, moeiteloos en perfect, door het leven dwarrelend met het zelfvertrouwen dat ze in de jackpot van hun geboorte hadden gewonnen.

Sophie bleef Caro maar verheerlijken. Caro had haar afgelopen week een limited edition van Toni Morrisons essays opgestuurd. Caro had bij Jimmy thuis voor de hele familie gekookt. De kip was verrukkelijk geweest. Caro had voorgesteld om in het voorjaar een weekendje naar Frankrijk te gaan. Ik gleed met mijn vingers over nagelsporen van de wraakzuchtige oude kat in de leuning van de bank en knikte. Sophie verwachtte niet veel inbreng van mij. En ik had toch niets te zeggen wat Sophie wilde horen.

'Ja, het gaat allemaal wel snel, maar John en ik hadden nog maar een paar maanden iets toen we gingen samenwonen in dat flatje in Angel,' hoorde ik haar zeggen. Ik keek op en spoelde het gesprek in gedachten even terug. Ze gingen samenwonen! Ze kenden elkaar... ik dacht even terug... amper twee maanden. Welke wanhopige idioot gaat met iemand samenwonen terwijl hij nog niet eens heeft opgebiecht dat *Die Hard* zijn lievelingsfilm is, en niet *Il Postino* zoals hij tijdens hun tweede date had gezegd? Ik bedoel, volgens mij heeft Jimmy *Il Postino* zelfs nog nooit gezien. Misschien zou hij een voor de hand liggende film van Tarantino noemen.

Caro kwam op mij niet wanhopig over. Ze maakte geen behoeftige indruk, zoals zoveel ambitieuze vrouwen die oprecht verlangen naar een goede man en een kans om uitentreuren op zoek te gaan naar verfstalen voor de antieke ladekast die ze samen hebben gekocht. Waarom had ze zo'n haast? Jimmy was dan wel stapelverliefd, maar hij zou niet hebben voorgesteld om te gaan samenwonen, die drive had hij helemaal niet. Jim vond het ideaal als alles lekker voortkabbelde.

'Ik vind het natuurlijk hartverscheurend dat hij bij haar intrekt – Clapham is zo ver weg – maar haar appartement is werkelijk prachtig en veel dichter bij haar werk, dus ik begrijp het best.' Sophie keek op van de pan risotto waar ze in stond te roeren en glimlachte naar me. 'Het zal voor jou ook wel ongemakkelijk zijn om hem niet meer zo vaak te zien, hè? We zullen voor jou je eigen Caro moeten vinden.'

Ik voelde me ook ongemakkelijk. Dat zou ik niet toegeven waar Sophie bij stond, ze wordt altijd een beetje zenuwachtig van mijn hechte band met haar zoon. Niet dat ze hem ooit openlijk heeft geprobeerd te ontmoedigen, niet zo direct. Ik denk dat ze het gewoon altijd vreemd heeft gevonden dat haar zoon in zijn tienerjaren omging met een meisje zonder ooit voor haar te vallen. Of dat in elk geval niet hardop te zeggen. Sophie en John hebben eigenlijk geen vrienden van het andere geslacht; er schuiven altijd stelletjes aan tijdens hun diners, of een enkele alleenstaande vriend of vriendin die ze dan aan iemand proberen te koppelen, meestal tevergeefs. Ik vermoed nog altijd dat ze onze tienerjaren bij de deur naar de hobbykamer stond te wachten om de deur open te gooien, in de veronderstelling dat ze ons naakt zou aantreffen. Dat is nooit gebeurd. Ik denk dat ze dat laatste nóg verontrustender vond. Dat had ze tenminste kunnen begrijpen.

Het punt is, Jimmy is waarschijnlijk altijd verliefd op me geweest. Hij heeft het nooit gezegd, hoor. Hij is het zich waarschijnlijk niet eens bewust. Jimmy is geen navelstaarder. Maar ik heb het altijd geweten. Zoiets weet je gewoon, toch? En normaal gesproken zou dat het einde van de vriendschap betekenen. Op een gegeven moment biecht iemand iets op, iemand doet een versierpoging of begint moeilijk te doen. Maar Jimmy niet. Hij houdt hartstochtelijk veel van me. Ik ben een deel van hem. Maar er is nooit iets gebeurd. Nou ja, we hebben het die ene keer gedaan, toen we bijna volwassen waren en ik niet wilde dat hij zich helemaal van me losmaakte. Maar voor het overgrote deel hield ik stand; ik bracht hem nooit op ideeën, moedigde hem nooit aan om de mogelijkheid te onderzoeken. Geen zwoele blikken, geen dronken knuffels die iets te intens aanvoelden. Ik heb het spel goed gespeeld en heb mijn vriend behouden. Ik wist dat de mogelijke verkenning van diepere gevoelens ons kapot zou maken op een manier die niet meer te lijmen zou zijn. En waarom zou ik het verkloten door een suffe poging tot een relatie te doen tijdens onze tienerjaren waarin niets iets betekende? Ik heb het altijd weggestopt, gedacht dat het iets was waar we op terug konden komen als we wat ouder waren, wanneer de missie die mijn leven beheerste was voltooid. Een band die ik gedurende vele jaren had gesmeed zou me belonen met een eenvoudige en ongecompliceerde toekomst. Maar daar kon ik allemaal nog niet aan denken, niet nu ik nog zoveel te doen had. Ik had het nog nooit serieus overwogen, had helemaal niet aan de details van dat leven gedacht. Het was niet meer dan een vaag idee, maar wel altijd sterk aanwezig. En nu dreigde Caro het te verpesten. Je kunt geen rekening houden met de Caro's in de wereld, hoe strak je alles ook plant. Mensen als zij scheppen er genoegen in om je leven binnen te walsen en te pakken wat ze hebben willen. Nog niet eens doelbewust, jouw pech is gewoon een leuke bonus voor hen. Ik was misschien in staat een rol te spelen in een legendarische vergeldingsactie, maar wist niet hoe ik de liefde kon tegenhouden. Het ging mijn verstand te boven en daardoor had ik het gevoel dat ik verdronk.

Ik ben helemaal afgedwaald. Dat deed mijn moeder vroeger ook altijd en het stoorde me mateloos. Een verhaal over een ritje naar de supermarkt ging over in een of ander treurig relaas over de plaatselijke café-eigenares en haar rugproblemen, en dan zat ik daar aan mijn arm te krabben en wilde ik snauwen dat ze moest opschieten. *Dat stomme mens van het café kan niemand iets schelen*, wilde ik zeggen, *maak je toch niet zo druk om vreemden die jouw naam niet eens kennen en bedenk een manier om de verwarming weer aan te krijgen*. Ik wil maar zeggen, ik zou een boek kunnen schrijven over de problemen van Caro, maar het is niet het meest interessante verhaal dat ik zou kunnen vertellen, bovendien is ze dood. Dus ik had gewonnen. Alleen was dat niet zo. Want Caro zou me heus niet zo gemakkelijk laten winnen, toch?

De feiten zijn als volgt: Jimmy trok bij Caro in, in haar smetteloze appartement in Clapham. Vrijwel meteen stortte zijn communicatie met mij in. Lange telefoongesprekken laat op de avond sneuvelden als eerste. Gevolgd door de spontane koffieafspraken in de pub waar we al kwamen sinds we oud genoeg waren. Clapham is per slot van rekening een ander land als je boven de rivier woont. Het appcontact stopte niet helemaal, maar meestal nam ik het initiatief, waardoor ik me treurig en boos voelde. Erger nog, áls ik Jim al zag, kwam zij meestal mee. Een borrel (met haar vrienden), eten bij de Latimers (waar zij dan de deur voor me opendeed), een enkel feest bij hen thuis, waar ze me met veel vertoon voorstelde aan ongelooflijk saaie, blozende mannen in kaki broeken en me vervolgens met een geamuseerde blik achterliet.

Ik slikte het allemaal. Ik speelde het spel niet mee. Ik had belangrijke zaken aan mijn hoofd, was me aan het voorbereiden op mijn laatste aanval op de familie Artemis en baalde er al genoeg van dat ik nog geen goed plan had. Ik wilde het niet in gevaar laten brengen door een deftig meisje dat zich verveelde en Jimmy als een soort trofee wilde behandelen. In plaats daarvan keek ik toe. En ik kwam vier dingen te weten:

Caro had een verwoestende eetstoornis.
Caro had een niet onbeduidende drugsverslaving.
Caro had woede-uitbarstingen die vaak enigszins fysiek werden (van haar kant).
Caro was doodongelukkig.

Wat een godvergeten cliché.

Hij vroeg haar met kerst ten huwelijk. Niet dat ik nou wil beweren dat Jimmy niet spontaan is, maar mensen die een huwelijksaanzoek doen op een belangrijke betekenisvolle datum hebben geen verbeelding. Ik kan me geen ergere dag voor een aanzoek voorstellen dan Kerstmis met het gezin. Sophie was hysterisch van blijdschap. Zelfs John zat te stralen tijdens de feestelijke lunch, maar misschien had dat meer te maken met het feit dat hij om elf uur al aan de Buck's Fizz had gezeten. De familie Morton was uitgenodigd en onder het genot van couscous en een fraaie collectie Italiaanse witte wijnen die Lionel uit zijn wijnkelder had meegenomen, werden de oude banden aangehaald. Caro was zoals altijd heel beheerst, ze droeg een zijden jumpsuit en liet haar ring alleen zien als iemand ernaar vroeg. Korte ongelakte nagels. Jimmy glimlachte veel naar haar, maar was stil, liep achter haar aan en zei eigenlijk alleen iets als zij hem een vraag stelde.

Er was één leuk moment tijdens de lunch, toen Caro's moeder begon te praten over de schokkende dood van Bryony Artemis. Iedereen leunde tegelijkertijd naar voren, en ze begonnen te roddelen als oude wijven over een jonge vrouw die ze nooit hadden ontmoet, kwamen met theorieën over haar dood en zeiden hoe afschuwelijk haar familie wel niet was. 'Hij wilde met vijftigduizend pond een plek in het Hogerhuis kopen, hoorde ik. Alsof we daar nog meer van dat soort vriendjespolitiek kunnen gebruiken. Zulk soort mannen maakt het hele systeem belachelijk.'

Ik zat stilletjes wijn te drinken en genoot van de schijnheiligheid van deze mensen die deden alsof ze te goed waren voor zulke sappige verhalen, maar de hele dag nog niet zo enthousiast waren geweest. Het daaropvolgende gesprek over het nieuwste boek van Ian McEwan was lang niet zo levendig, kan ik je vertellen.

Twee dagen na de lunch kon ik me niet meer inhouden. Ik had even niet opgelet, was verteerd geweest door paniek vanwege mijn grote plan en de steeds grotere onmacht die ik ervoer omdat ik niet dicht genoeg bij Simon kon komen. Ik was zo dom geweest om ervan uit te gaan dat ik meer tijd zou hebben om me met dit iets minder belangrijke probleem bezig te houden, maar dat bleek dus een serieuze vergissing. Ik vroeg Jimmy of hij naar de Southbank wilde komen, waar ik hem met een beker koffie begroette en we langs de rivier slenterden. Hij gleed afwezig met zijn vingers over de sproetjes op mijn arm zoals vroeger toen we nog tieners waren en onszelf als eenheid zagen. Niet gespannen en vol verwachting, maar warm en vertrouwd. Hij noemde me 'Gray', net als vroeger, en plaagde me met de nieuwe schoenen die ik droeg.

'Wat opzichtig, Gray, je schoeisel hoeft er niet uit te zien alsof het moderne kunst is.'

Ik kaatste de bal terug en zei dat hij er met zijn nieuwe zijden sjaal uitzag als een oude Italiaanse graaf, waarop hij gelukkig bloosde. We wisten allebei dat Caro de sjaal had uitgekozen. Na een tijdje vroeg ik hem naar hun trouwplannen, sneed het onderwerp luchtig aan, wat nogal geforceerd aanvoelde. Hij deed vaag, zei dat Caro graag een diner wilde in de privéclub waar haar vader lid van was. Hij klonk niet erg enthousiast en bleef naar het water staren dat naast ons stroomde.

Toen er een stilte viel, gaf me dat het duwtje om ter zake te komen. Ik vertelde hem dat haar uitbarstingen me zorgen baarden, dat ik tijdens de lunch de schrammen in zijn nek had gezien. Ik zei dat Caro al zijn tijd in beslag nam, dat ze alles wat hem uniek maakte uitvlakte en dat ik het een slecht idee vond als hij met haar trouwde. Ik had mezelf wijsgemaakt dat ik dapper was, dat hij zou willen dat ik deze dingen zei, wat er ook gebeurde. Hij wendde zijn hoofd af, gooide zijn beker in een afvalbak, liep toen naar de reling en haalde diep adem. 'Ik snap dat dit vreemd is voor jou. Onze vriendschap is intens, en dat is geweldig. Je bent mijn familie, mijn beste maat, mijn surrogaatvriendin, als het ware. Heel lang dacht ik dat wij voor elkaar voorbestemd waren, maar dat stond jij nooit toe, toch?' Kennelijk zag hij een reactie in mij, want hij ging fel verder. 'Nee, Grace! Jij hield me op een afstand die jij veilig vond. Mensen willen van je houden en dat schrikt jou af.' Hij haalde een hand door zijn haar en slaakte een zucht. 'Maar oké, prima, jij was duidelijk en ik nam daar genoegen mee, omdat ik weet dat je geeft wat je kunt. Maar Caro wil meer. Ik hou van Caro en zij van mij. En ik kan hier niet in meegaan, Grace. Dat kan ik gewoon niet. Ik wist wel dat je niet gewoon blij voor me kon zijn, mama waarschuwde me al, C. waarschuwde me. Ik begrijp het. Maar dat betekent niet dat je dit nog eens kunt doen.'

Op dat moment keek hij me met een tedere glimlach aan en

wreef over mijn hand. 'Voor ons verandert er niets. Maar je kunt niet meer zo over haar praten. Je moet dit zien voor wat het is. Ik laat je niet in de steek. Ik ben je vader niet; dit is gewoon iets wat gebeurt in het leven.' Hij knuffelde me even en liep toen in de richting van Waterloo.

Ik zei niets. Ik walgde van mijn eigen slapheid. Vond het afschuwelijk dat hij gelijk had. Vond het afschuwelijk dat ik was bezweken. Ik haatte ze allemaal.

Een maand later gaven Caro en Jimmy hun officiële verlovingsfeest. In de tussenliggende weken hadden we elkaar weinig gesproken, maar ik ging omdat ik uitgenodigd was en als ik niet zou gaan, zou dat een eigen leven gaan leiden. Nog erger was dat zij zou denken dat ik er kapot van was en daar zou ze alleen maar van genieten. Ik droeg een donkergroen, fluwelen pakje met een wit T-shirt van zijde en negeerde het enigszins onpasselijke gevoel bij het bedrag dat het ensemble me had gekost. Rode lippenstift werd aangebracht. Wij kleden ons voor andere vrouwen. Een banaal cliché, maar waar. Zij zou de boodschap wel begrijpen. Dat was het creditcardafschrift waard.

Ik was er om tien uur, had eerst wat gedronken bij een bar om de hoek, omdat ik vond dat ik te vroeg was. Caro's feestjes kwamen meestal pas om een uur of halftien op gang en ik was niet van plan mijn tijd te verdoen met haar brallerige vrienden als iedereen nog nuchter was. Hun appartement lag op de vierde verdieping van een rij herenhuizen met uitzicht over het park. Het was een prachtig gebouw met marmeren treden en een originele lift met koperen hekken. Ik zag nooit iemand in de lobby of de gangen. Deze appartementen waren van rijke mensen. Rijke mensen die verschillende huizen in de wereld hebben die ze 'uitvalsbases' noemen. Niet van die huizen met uitpuilende rommelladen of oude fietsen in de gang.

Het feest kwam net een beetje op gang toen ik binnenkwam. Een groepje vrienden van Jimmy stond in de keuken; een paar oude schoolvrienden die wel oké waren, en wat saaie studiegenoten die hij weigerde op te geven. Maar verder waren het allemaal Caro's vrienden en vriendinnen. Beangstigend magere meisjes in ingetogen, zijden jurken. Ze hadden allemaal een chic kapsel – je kent het wel – vol, glanzend, lang, dat nonchalant lijkt, maar de highlights alleen kosten al vijfhonderd pond. De mannen droegen allemaal dezelfde soort broek en een blauw overhemd. Zo nu en dan zag je een paar instappers, maar ze droegen voornamelijk gymschoenen in een poging relaxter over te komen dan ze in werkelijkheid waren. Nagenoeg iedereen was wit. De muziek stond hard, maar niemand danste.

Ik knikte naar een paar gezichten die ik herkende, maar liep verder in de richting van de dranktafel, pakte een glas wijn en vervolgde mijn weg naar het balkon. Ik houd niet echt van feestjes, nooit gedaan. Ik word moe en gespannen van al het beleefde gebabbel. Niet omdat ik verlegen ben, maar omdat het dodelijk saai is. Het leven is zo kort en we zijn zoveel tijd kwijt aan gesprekken met vreselijke mensen over de onbenulligheden van hun zinloze bestaan. Daar kan ik niet enthousiast van worden. In de gevangenis is het trouwens niet beter. Nou denk je misschien dat dat gelul is. *Jij zit al in de gevangenis, je hoeft niet over het weer te praten, over de tijd die je kwijt bent om op je werk te komen, of over het knutselproject van je kind.* Maar de gevangenis maakt mensen nog kleiner dan anders, waardoor ze zich krampachtig vasthouden aan iets wat geruststellend normaal is. Dat betekent dat er hier veel gesproken wordt over de keuzes bij het ontbijt, over wat er die avond op tv is. En in tegenstelling tot in het normale leven kan ik er hier niet aan ontsnappen.

Op het balkon steek ik een sigaret op, ga tussen twee groepjes mensen staan die ik niet ken en draai me om, zodat duidelijk is dat ik me niet in het gesprek probeer te mengen. Ik rook mijn sigaret (ik probeer het bij één per week te houden, net als Gwyneth

Paltrow, maar meer dan dat hebben we niet gemeen) en luister naar de gesprekken om me heen. Een zekere Archie gaat met Pasen skiën met zijn nieuwe vriendin, en ene Laura doet alsof ze dat schattig vindt, maar haar steeds schrillere toon wijst erop dat ze hoopt dat de betreffende vriendin van een berg valt. Rechts van mij vertelt iemand dat hij onze afschuwelijke premier een keer heeft ontmoet in een bar in de buurt van Kings Road en dat hij hem 'echt een heel amusante kerel' vond. De gesprekken stoppen allemaal als Caro het balkon op komt. Haar magere lichaam is in een smaragdgroen jurkje gehuld dat geen beha vereist (chique meisjes hebben geen beha nodig), haar haar hangt los en ze loopt op blote voeten. Dan straal je echt de ultieme onverschilligheid uit, toch? Alsof je meestal vakantie viert in villa's waar huishoudsters de vloer de hele tijd vegen en iemand regelmatig langskomt om je een pedicure te geven. Iedereen juicht als ze zich in de groep mengt en biedt haar sigaretten en wijn aan.

Ze ziet me staan en trekt me met haar slanke pols naar zich toe. 'Dag, schat, wat lief dat je er bent. Ik zie dat je een drankje hebt. Jimmy is zich binnen druk aan het maken over glazen, maar hij zal heel blij zijn om jou te zien, ga maar gauw naar hem toe. Hij zal heel opgelucht zijn dat alles... goed is.' Ze kijkt me met een opgetrokken wenkbrauw en een zweem van een glimlach aan. Hij heeft het haar verteld. Natuurlijk.

Ik ga naar binnen, heb helemaal geen zin om met Jimmy te praten, maar wil zo snel mogelijk weg bij Archie en Laura en een of andere vent die Phillip heet die nu luidkeels voorstelt dat iemand wat coke regelt. Het is geen 1989, Phil, wat beschamend.

Jimmy zit op de bank met een collega van hem, een aardig meisje dat Iris heet. Ik krijg een stevige knuffel, zo een die alleen een grote man je kan geven. Ik weet dat hij vastbesloten is om ons gesprek te vergeten en hij laat me heel lijfelijk merken dat ik dat ook moet doen. Hij geeft me een klap op mijn rug en grijnst, opgelucht dat alles goed is tussen ons.

Het wordt steeds drukker, er wordt gedronken tot er alleen nog flessen chardonnay van de Tesco over zijn, dus ga ik over op wodka. Om één uur zijn de meeste mensen die er nog zijn high. Ik heb nooit drugs gebruikt – een klassieke behoefte om alles onder controle te houden – en krijg ze ook nooit aangeboden. Maar ik zie de signalen, de glazige pupillen, op de binnenkant van de wangen bijten, de stompzinnige gesprekken. (Al kan dat eerlijk gezegd ook aan het gezelschap liggen.) Caro staat midden in de kamer heen en weer te wiegen en wrijft over haar arm. Jim loopt naar haar toe en pakt haar hand vast. Ze trekt hem abrupt terug, zegt iets en draait zich om. Hij doet nog een poging en ze duwt hem weg. Niet hard, maar overdreven, zichtbaar. 'Word eens wakker, allemaal, jullie kakken een beetje in,' zegt ze, en ze loopt naar de keuken.

Ik kijk naar Jimmy en trek een gezicht, probeer hem te laten weten dat ik er voor hem ben en ook, iets minder duidelijk, dat zijn verloofde een ramp is, maar hij kijkt me met een bijna minachtende blik aan en gaat zitten.

Caro komt de keuken uit met een zilveren dienblad met borrelglaasjes en iedereen gaat om haar heen staan. 'Op mijn aanstaande,' zegt ze, voordat ze haar glas leegdrinkt en een arm om een brunette naast haar slaat. Ze biedt Jimmy niets aan.

Ik voel dat ik weer boos word, op haar omdat ze zo'n trut is, op Jimmy omdat hij haar gedrag tolereert. Iemand heeft een taart meegenomen, bedekt met een laag ganache en de letters C en J in roze glazuur. In de uitzinnige behoefte om dronken te worden is de persoon die hem heeft gebakken hem vergeten. Ik pak een mes en begin er grove stukken van te snijden, leg een stuk op een servet en houd het in de lucht. 'Caro, neem een stuk taart. Het is niet wat je gewend bent, maar je moet op krachten blijven. Straks raak je die beruchte rechtse hoek van je nog kwijt.'

De groep in de deuropening giechelt nerveus. Caro kijkt naar mij, haar mond is verstijfd van woede en vervolgens beent ze weg.

Jimmy, die te ver weg stond om te horen wat ik zei, komt met grote passen op me af en trekt me het toilet in. 'Waar ben je mee bezig?' sist hij. Hij leunt tegen de wasbak en duwt mij op de pot. 'Probeer je nou ruzie met haar te maken tijdens ons verlovingsfeest? Ik dacht dat we het erover eens waren dat jij op zijn minst zou proberen om blij voor ons te zijn.'

'Hoe kan ik dat nou doen als je van plan bent om te trouwen met een narcist die wel een hekel aan jou lijkt te hebben?' vraag ik, en ik sta op. 'Ik wil respect voor je hebben, niet jou naar de mond praten. Waarom verwacht je van mij dat ik aardig ben, maar vraag je van Caro niet hetzelfde?' Ik duw hem opzij en loop langs de rij mensen die bij het toilet staan te wachten.

De avond is uit de hand gelopen, de sfeer is opgefokt en intens. Het is geen vrolijke vertoning van liefde, we zijn hier niet om een verbintenis te vieren, we zijn hier voor Caro. Maar wat verwacht zij? Ik wil weg, maar kan Jimmy hier niet achterlaten met een dronken verloofde en een groep mensen die waarschijnlijk zijn achternaam niet eens kennen. Ik ga in een hoekje van de woonkamer zitten, zodat het lijkt of ik bij een groep zit. Ik doe alsof ik e-mails lees en houd me niet aan mijn eigen limiet door nog een paar sigaretten te roken. Mensen vertrekken, lopen struikelend naar de slaapkamer om hun jas te pakken, maken zich los van Caro die hen smeekt om te blijven. Zij is de enige die de vaart erin houdt, haar magere lichaam is niet in staat om stil te staan. Jimmy heeft niet eens geprobeerd om weer met haar te praten en hij weigert mij aan te kijken.

Uiteindelijk zijn we om drie uur 's nachts nog maar met zijn drieën en één andere vrouw. Zij probeert een serieus gesprek met Jimmy te voeren en boven de muziek (die Caro nog harder heeft gezet) vang ik wat woorden op: 'bezorgd', 'gegeten?' en 'alweer...' Ik stel me voor dat ze deze versie van Caro allebei eerder hebben gezien en iets willen doen, haar naar bed willen brengen. Maar Caro bevindt zich in haar eigen wereld, zet om de minuut een ander nummer op, schenkt nog een glas in, verdooft zichzelf. Ik kijk toe, vraag me af of ik een taxi moet bellen en het aan hen moet overlaten, maar opeens stopt ze met dansen en kijkt ze naar mij. 'Heb je sigaretten? Ik moet even een peuk roken, wat is het hier heet.'

Jimmy staat op en wil voorstellen dat we de avond afronden, maar zij onderbreekt hem. Ik pak mijn sigaretten en zeg haar dat ik wel met haar meega. Jimmy kijkt eindelijk naar mij. 'Het is al goed. Blijf maar hier. Ik regel het wel,' zeg ik, terwijl ik haar door de gang naar het balkon leid.

Caro loop struikelend naar buiten en leunt tegen de balustrade. Ik haal mijn sigaretten tevoorschijn en steek er een voor haar op. Ik toren boven haar uit, ben me ervan bewust hoe klein ze lijkt. 'Je gedraagt je als een idioot,' zeg ik, en ik neem een trek van mijn sigaret. Ze kijkt me niet aan. 'Je hebt er een kloteavond van gemaakt. Ik kan alleen maar concluderen dat je doodongelukkig bent. Waarom wil je met Jim trouwen? Verbreek de verloving en zoek iemand met een mooi landgoed die het prima vindt dat jij jezelf uithongert zolang je er aan zijn arm maar mooi uitziet. Dat is gemakkelijk. Dan ben jij een stuk gelukkiger en maak je Jim niet stukje bij beetje kapot. En dan hoef ik niet te doen alsof ik je tolereer. Kom op, Caro, je weet dat ik gelijk heb.'

Ze hijst zichzelf omhoog, gaat schrijlings op de rand van het balkon zitten en gooit haar hoofd in haar nek. Ze lacht. Ik heb haar de hele avond nog niet zo normaal gezien. Caro hoest, gaat rechtop zitten en duwt een lok haar achter haar oor. 'Wat ben jij dom,' zegt ze, struikelend over haar tong. 'Wat ben jij dóm! Ik wil niet trouwen met een of andere sukkel met een smak geld. Natuurlijk zou ik dat móéten doen, maar ik zou me doodvervelen. Ik wil met Jimmy trouwen; hij is lief en aanbidt me. Niet met een of andere muffe bankier die me als een voetveeg behandelt en elke kans die hij krijgt met zijn secretaresse neukt. Ik wil Jimmy.'

Onwillekeurig rol ik met mijn ogen. 'Wat een cliché, Caro. Was therapie niet goedkoper geweest? Dat helpt misschien ook nog bij je andere problemen. Die gaan heus niet weg, ook al doet Jim nog zo zijn best. Waarom wil je hem ook in de vernieling helpen?' Dit heeft geen zin, denk ik. Ze haat me, we proberen elkaar pijn te doen met woorden en willen geen van beiden een fatale klap uitdelen.

Caro kijkt me met enorme, zwarte pupillen aan. 'O, schei toch uit. Je hebt het recht niet om iets van mij te vinden, alleenstaande witte vrouw. In je groene pakje, om me op mijn eigen verlovingsfeest te overtroeven. Godsamme, ik zou niet eens moeten reageren op je jaloezie en je waanideeën. Iedereen is een wrak, Grace, dat zou jij toch moeten snappen. Maar we zijn volwassen. We komen wel tot een goede verstandhouding. Ik verdien het geld, hij is een fatsoenlijke kerel, en op die manier hebben we een prima leven. Simpel. Normaal. Ik wíl normaal. Hij is niet zoals Lionel, nooit thuis, altijd kil, altijd wanhopig op zoek naar iets nieuws.' Ze neemt een trek. 'Het wordt geweldig. Maar voordat het zover is, wordt steeds duidelijker dat jij hier niet hoort. TE. ZIJN!' Ze benadrukt die laatste twee woorden, kijkt me aan en lacht niet meer. 'Jimmy houdt van je, je bent een raar soort *sister wife*, of niet? Je bent er altijd, maar je bent niet echt van hem. Je hoort bij de familie, maar ook weer niet, niet echt. Sophie is een onverbeterlijke wereldverbeteraar. Jij was een van haar projecten, meer niet. Waarom kon je op je achttiende de hint niet vatten en verdwijnen? Een volwassene met een saaie baan is niet de trofee die een kind met een dode moeder is. Je dient geen nut meer.' Ze schreeuwt bijna, zwaait met haar sigaret door de lucht.

Ik heb mijn vuisten gebald en voel die aandrang om aan mijn hals te krabben. Ik loop naar haar toe en zij leunt achterover, spert haar ogen open. Ik kook van woede en haal nog één zinloze keer diep adem, probeer de adrenaline te verdrijven die ik door mijn hele lichaam voel kolken.

Wat had ik op dat moment anders kunnen doen? Zou ik haar ruw tegen de borst hebben geduwd, zodat ze achterover over het balkon zou gaan? Zou ik haar bij haar voet hebben gegrepen toen ze viel, mijn impulsieve woede hebben herkend en hebben geprobeerd die te corrigeren, alles in een fractie van een seconde? Of zou ik boven haar hebben gestaan en iets vernietigends teruggezegd hebben in de hoop een paar puntjes te scoren? Daar heb ik veel over nagedacht, een interessant 'kies je eigen avontuur', waarbij het pad dat je bewandelt je naar dramatisch andere eindscenario's brengt. In al mijn herziene scenario's ben ik minder impulsief en iets stijlvoller. Maar goed, dat is achteraf praten. De realiteit was dat ik niets deed. Caro viel van het balkon, haar magere kleine lichaam niet in staat haar val te breken. Ze was binnen enkele seconden dood. Ik zei toch dat ik had gewonnen? Dat was ook zo, totdat het niet meer zo was.

11

George Thorpe neemt alle ontwikkelingen rondom mijn beroep met me door. Hij is grondig, dat moet ik hem nageven. Zo grondig dat ik stilletjes knik in de hoop dat hij opschiet en me alleen de belangrijkste punten vertelt. De man lijkt te denken dat hij elk deel van de zaak moet samenvatten voordat we door kunnen met het deel dat me hopelijk vrij krijgt. Verveelt mijn eigen onterechte veroordeling me? Dat zou wat zijn.

Als hij is vertrokken, tot zwijgen gebracht door de zoemer die het eind van het bezoekuur hier in Limehouse aangeeft, worden we in stilte teruggebracht naar onze cellen. Ik wil opschrijven wat hij heeft gezegd en het allemaal in mijn eigen tijd tot me laten doordringen, maar de gevangenis onderkent de behoefte om alleen te zijn niet. Tuurlijk, je kunt hier ongelooflijk eenzaam zijn, maar je krijgt nooit echt tijd om alleen te zijn. Voor mij betekent dat meestal dat Kelly om me heen hangt. Inderdaad zit ze op mijn bed als ik terugkom.

Ik geloof niet in God, maar ik zweer je dat ik soms denk dat Kelly door een of andere wraaklustige engel is gestuurd om mij te treiteren. Als er daarboven werkelijk een alziende godheid leeft… bravo voor het bedenken van een passende straf voor mijn daden in de vorm van Kelly McIntosh als celgenoot.

Kelly zit voorovergebogen en vijlt haar teennagels op mijn matras. Er liggen stukjes nagel op mijn bed. 'Hoi!' zegt ze, zonder opkijken. 'Hoe ging het?'

Voor zover ik weet heeft Kelly nooit geprobeerd om in beroep te gaan tegen haar vonnis, heeft ze nooit een advocaat gezien of gezegd dat ze onschuldig is, zoals veel anderen hier. Alsof iemand zich iets aantrekt van andermans situatie, al die vrouwen hier hebben hun eigen sores. Het is net als verhalen over de kinderen van anderen – of nog erger – over iemands eindeloze psychische problemen. Kelly heeft hier eerder gezeten. Deze keer is het voor mannen chanteren met erotische foto's. Toen ze nog jonger was, was het voor mensen aan de Caledonian Road beroven. Ze zegt altijd dat de criminaliteit in haar postcodegebied met tachtig procent is gedaald toen ze werd veroordeeld. Kelly houdt niet van verandering. Waarom zou ze haar modus operandi veranderen, vraagt ze, haar misdaad loont, waarmee ze haar herhaalde gevangenisstraffen vrolijk negeert. Al zegt ze geen 'modus operandi', want Kelly zou ongetwijfeld denken dat dat een Latijns-Amerikaanse soap is.

'O, gewoon,' zeg ik, terwijl ik boven haar hang en indringend en met een passende hoeveelheid vernietigende walging naar de nagels kijk. Maar Kelly laat zich nergens door van de wijs brengen. Schaamte, ontsteltenis, verlegenheid, het is haar allemaal vreemd. Het zou fascinerend zijn, ware het niet dat ze zo'n leeghoofd is. Een psycholoog zou uren met haar kunnen doorbrengen voordat hij tot de onwillige conclusie zou moeten komen dat er misschien niet altijd iets verborgen ligt in de krochten van de geest. Sommige mensen gaan niet zo diep. Kelly heeft de meeste tijd van haar leven door het pierenbadje gewaad.

'Kom je nou nog vrij of niet? Heeft jouw man kunnen vinden wat hij zocht? Je hebt zeker een getuige nodig, hè? Wil je vriend nog steeds niet met je praten?'

Het stoort me dat Kelly zoveel belangstelling heeft. Ze heeft mijn zaak zeker opgezocht, aangezien ik haar nauwelijks iets vertel, en toch stelt ze me vragen waaruit blijkt dat ze meer weet dan zou moeten. Het verhaal is openbaar, de *Daily Mail* had zo ongeveer een vaste verslaggever voor mijn rechtszaak, ik mag niet verwachten dat anderen niet meer willen weten. Maar ik wil niet dat er hier mensen dingen te weten komen die ze kunnen opleuken om dan aan de pers door te spelen als ik vrijkom. Ik wil weer in mijn oude leven kunnen verdwijnen. Nou ja, niet zozeer mijn oude leven, maar het leven dat ik wilde beginnen voordat dit probleempje zich voordeed.

Ik vertel haar heel oppervlakkig hoe het ging, dat we hopen dat er snel een uitspraak komt en dat ik vertrouwen heb in mijn hoger beroep. Ze staat van mijn bed op en gaat als een klein meisje in kleermakerszit op de grond zitten, terwijl ik mijn laken uitklop, het kussen opschud en vurig hoop dat ze er niet met haar voeten op heeft gezeten.

'Is het niet gek,' begint ze, terwijl ze haar teennagels een schreeuwerig koraalrood begint te lakken, 'dat ik zoveel erge dingen heb gedaan en niemand mijn naam kent, en dat jij een soort beroemdheid bent geworden voor iets wat je niet eens hebt gedaan?'

Kelly baalt er duidelijk van dat ik tot de verbeelding van velen spreek, alsof ik de twijfelachtige aandacht die ik krijg niet verdien. Alsof het een springplank voor me kan zijn naar een of andere realityshow, een rol in een reclame voor haarverzorgingsproducten, of een fotoreportage in *OK! Magazine* waarin ik met betraande ogen over mijn beproeving vertel. Na maanden op elkaars lip te hebben gezeten, weet ik dat dit Kelly's droom is.

Ik weet niet hoe ik moet uitleggen dat vrouwen zoals zij er dertien in een dozijn zijn. Ze komt heus niet op de voorkant van de roddelbladen, want zo smeuïg was haar verhaal in feite niet. Tot op zekere hoogte is ze best aantrekkelijk, en er zit een seksuele kant aan haar misdrijven (dat helpt altijd), maar iemand die anderen geld aftroggelt na een slechte start in het leven is niet uniek. Nell Gwynn deed het eeuwen geleden al en met meer stijl dan Kelly ooit zal doen.

'Ik zal wel geluk hebben gehad, denk ik,' zeg ik, en ik rol met mijn ogen.

'Maar had je daarvoor nooit iets slechts gedaan? Nog niet eens iets bij een winkel gegapt? Wij deden dat zo vaak bij de Sassy Girl, dan propte ik mijn trainingsbroek vol met spullen die ik dan op zaterdag op de rommelmarkt doorverkocht. Mijn moeder verbaasde zich erover dat ik zoveel van mijn zakgeld spaarde. Maar die winkel werd later een stuk chiquer, ging beveiligingslabels gebruiken en zo, dus toen ging het niet meer.' Ze glimlacht bij de herinnering, alsof het zo braaf is als iets uit een boek van Enid Blyton.

Ik glimlach ook, goed getraind om het echt te laten lijken. Een gemaakte glimlach kost moeite, hij is niet terug te zien in de ogen en de aangezichtsspieren lijken door te hebben dat ze alleen maar voor de vorm worden gebruikt, waardoor het voelt alsof ze meegesleept worden. Maar het mag er ook niet sarcastisch uitzien, zoals veel halfhartige pogingen. 'Nee,' zeg ik. 'Eigenlijk niet. Ik heb best een saai leven gehad.'

Ik weet dat het alleen maar toeval is. Ik weet dat ze alleen maar over Sassy Girl begint omdat er in elke winkelstraat een zat. Ik weet zeker dat ze niet weet dat Simon Artemis mijn vader is. Ze zou niet eens weten wie Simon Artemis is. Ze weet niet van wie die winkel is, en wiens spullen ze in haar broek propte om op zaterdagochtend te verkopen. Ik kijk over mijn schouder naar haar, maar het interesseert haar al niet meer, ze is bezig met de topcoat van haar net gelakte tenen. Ik pak mijn schrijfboekje en loop naar de computerzaal om alles wat ik met Thorpe heb besproken nog eens door te nemen. Maar ik merk dat mijn vingers al zachtjes langs de huid bij mijn keel schrapen. Ik houd niet van toeval.

Ik zoek een plekje in de zogenaamde computerzaal, ver weg van de anderen. Er staan drie logge monitors in de ruimte die eruitzien alsof ze begin jaren tachtig door Amstrad zijn gedoneerd. Het schijnt dat in sommige gevangenissen computers langzaam maar zeker in cellen worden toegestaan, maar Limehouse staat kennelijk onderaan de lijst met gevangenissen waar dit een privilege is. Er worden hier wel computercursussen gegeven, alsof iemand wil leren hoe je e-mails verstuurt en een Worddocument moet maken. De meeste vrouwen die hier zitten willen alleen maar op Facebook zoeken naar die ene ex die hen heeft gedumpt voor het meisje van HR om te zien of ze gelukkig zijn.

Ik schrijf alles wat mijn advocaat heeft gezegd puntsgewijs op en neem het meerdere keren door, totdat ik het volgens mij allemaal uit mijn hoofd ken. Is het niet belachelijk? Alles wat ik de afgelopen paar jaar heb gedaan, alle plannen en alle doden. Dat ene doel dat ik had gekoesterd en aangewakkerd en met succes had bereikt en toen… dit.

Ze viel en ik werd gearresteerd, aangeklaagd en berecht voor moord. Zij viel als het dronken, uitgemergelde hoopje ellende dat ze was en ik zit nu hier in mijn trainingspak en moet een man met een hoornen bril honderden ponden per uur betalen om bewijs van mijn onschuld te vinden. Hoe kun je bewijzen dat iets niet is gebeurd als jij de enige getuige bent? Caro zal de waarheid over die avond nooit kunnen vertellen en zelfs als ze het zou kunnen, zou ze het waarschijnlijk niet doen. Zij zou dit wel lollig vinden.

Ik ben dicht bij de dood geweest, vergeef me mijn verdorven opschepperij. Ik heb gezien dat het stervensproces vaak paniek bij mensen veroorzaakt, dat ze doorslaan, schreeuwen en huilen en in rondjes blijven gaan. Goddank heeft het op mij nooit dat effect gehad. Ik wist altijd dat het ging komen, misschien is dat het verschil. Maar met Caro had ik geen idee. Ze wiebelde wel wat, maar dat ze echt zou vallen was niet bij me opgekomen. Misschien voelde het te voor de hand liggend; in Magaluf vallen mensen dronken van het balkon, niet in Clapham. Het ging zo plotseling en zo geruisloos. Ze schreeuwde of jammerde niet. Ik zag geen hand die ik kon grijpen, zoals in de films. Het ene moment was ze er nog, even later was ze weg. Als ik op dat moment niet naar haar had gekeken, niet vlak bij haar gezicht had gestaan, zou ik het niet hebben geloofd. En dus raakte ik in paniek. Mijn anders zo afstandelijke benadering bij het zien van het einde van een leven liet me in de steek en ik kreeg een waas voor mijn ogen. Ik zakte door mijn knieën, hield me vast aan de stenen spijlen en keek ertussendoor om te zien waar ze was. Maar ik zag alleen de keurig gesnoeide heg rond de gebouwen. Ik gilde niet, rende niet weg om hulp te halen. Ik had niet eens in de gaten dat ik mijn telefoon in mijn hand had. Niemand weet hoelang ik daar heb gezeten, maar het kan niet meer dan een paar minuten zijn geweest. Jimmy zei later tegen de politie dat hij kwam kijken waar we bleven, omdat we alleen maar een sigaret zouden roken. Hij zei dat ik een hekel aan haar had. Jimmy zei veel tegen de politie.

Ik hoorde voetstappen en draaide me om in de richting van de dubbele deuren. Daar stond hij, en ik keek op, me plotseling bewust van de realiteit.

'Waar is Caro, Grace?' Hij wachtte niet op antwoord. Ik wees naar de balustrade (ik denk dat ik wees) en hij stapte over me heen en keek omlaag. Ik heb nooit gezien wat hij zag. Ik keek niet. En tegen de tijd dat we later die ochtend het gebouw mochten verlaten, was ze weg. Maar Jimmy zag haar. Hij schreeuwde of kreunde niet, er kwam geen gekerm diep uit zijn keel, zoals je je zou kunnen voorstellen. Hij draaide zich alleen om, ging op zijn hurken zitten en pakte mijn handen vast alsof hij mijn armen van mijn lijf wilde rukken. 'Wat heb je gedaan?' fluisterde hij, zijn gezicht verwrongen van verwarring en schrik. 'Wat heb je verdomme gedáán?'

Ik keek hem alleen maar aan. Hij kwam wankel overeind, stormde door de dubbele deuren en even later hoorde ik de voordeur dichtslaan. Het meisje dat nog binnen was, van wie ik de naam compleet ben vergeten, heeft toen kennelijk de politie gebeld. Ik zat nog steeds op het balkon toen die met gillende sirenes en drie agenten in uniform arriveerden. Meteen gevolgd door een ambulance, wat ik merkwaardig grappig vond, de hoop die het won van ervaring. Ze was toch dood? Wat een show.

Ik kreeg een deken, werd overeind geholpen, teruggebracht naar de zitkamer, waar een agente bij me bleef en erop stond dat ik wat water dronk. Ze zei dat ze Asha heette en legde uit dat ik in shock verkeerde. Dat leek me belachelijk. Ik mocht Caro niet, dit had een enorm probleem voor me opgelost, en trouwens, ik had niet echt iets gezíén. Maar terugblikkend had ze waarschijnlijk gelijk. Ik had het akelig koud, kon niet ophouden met rillen en moest elk kwartier plassen. Jimmy kwam niet meer boven en ik bleef maar vragen waar hij was. Het andere meisje was inmiddels verdwenen en ik was te moe om te protesteren toen Asha zei dat ik niet naar beneden mocht om hem te zoeken. In gedachten speelde ik het moment waarop Caro viel zo rustig mogelijk af. Hoe dichtbij was ik geweest? Had ze bang gekeken? Had ik iets kunnen doen?

Terwijl ik alles in gedachten doornam, begon mijn lichaam zich te ontspannen en voelde ik de stress wegsijpelen. Ik wist mezelf weer onder controle te krijgen door de reeks gebeurtenissen te analyseren. Een ogenblik van paniek was niet erg, het gebeurt niet elke dag dat een vrouw die je eigenlijk dood wenst voor je ogen ook daadwerkelijk doodgaat, maar langer was zelfgenoegzaam en – erger nog – schadelijk. Hoewel het duidelijk een ongeluk was geweest, zou ik vragen moeten beantwoorden. Ik zou door de politie aan de tand gevoeld worden, iets wat rampzalig zou kunnen uitpakken. Als ik mezelf niet kon vermannen, zou ik deze situatie erger kunnen maken voor mezelf.

Tegen de tijd dat er een rechercheur bovenkwam, had ik het weer warm, was ik rustig en had ik mijn verhaal uitgewerkt. De man stelde zich voor als Greg Barker, maar vroeg me niet naar mijn naam. Hij noemde me meteen Grace toen hij op de blauwfluwelen bank ging zitten en zijn broek iets optrok, zodat ik zijn gele sokken zag. Er waren kleine hotdogs op afgebeeld. Ik hoop dat zijn kinderen hem die met Vaderdag hadden gegeven. Ik hoop dat hij ze in het donker had aangetrokken. Er is geen excuus voor cartoonsokken aan de voeten van een volwassen man. Helemaal niet aan de voeten van iemand die om vijf uur 's morgens een tragische dood onderzoekt.

Rechercheur Barker was vrij kortaf, maar niet onvriendelijk. Ik kon het zelfs wel waarderen; ik had genoeg van Asha's gefluister en haar hand op mijn arm. Soms zou ik willen dat ik een penning kon dragen zoals van die asielhonden die een moeilijk leven hebben gehad: AGRESSIEF, NIET AAIEN.

'Ik vind het heel naar om je te moeten vertellen dat Caroline Morton eerder vanmorgen door het ambulancepersoneel is doodverklaard. Je bent vreselijk geschrokken, Grace, dat begrijp ik, maar het is essentieel dat we een duidelijk beeld krijgen van wat er vannacht is gebeurd, en daarom willen we je het liefst zo snel mogelijk ondervragen.'

Hij staarde me met zijn grijze ogen aan, en even overwoog ik om bezwaar te maken, te zeggen dat ik naar huis wilde, wilde douchen, deze kleren die in het ochtendlicht belachelijk ondeugdelijk voelden wilde uittrekken. Ik wilde een dikke trui aantrekken en een broek met een hoge taille. Ik wilde een getailleerde jas rond mijn lichaam voordat ik met de politie praatte. Maar Greg Barker staarde me nog steeds aan. En ik vroeg me af of het voor de politie veelzeggend is als een getuige tijdrekt. Ze staan niet echt bekend om hun ruimdenkendheid en halsstarrige weigering om dingen klakkeloos aan te nemen, dus ik stel me voor dat enige tegenzin van mijn kant om protocol te volgen betekende dat ik een groot zwart kruis achter mijn naam kreeg.

'Het is zo godvergeten afschuwelijk,' zei ik, en ik duwde mijn linkerwenkbrauw met mijn handpalm omhoog. 'Zo zinloos. Arme Caro. Arme Jim. Kan ik hem niet eerst even zien?'

Hierop keek Barker me even schuin aan. 'Dat gaat vandaag helaas niet. Maar de familie van meneer Latimer is gebeld en hij is in goede handen, dus maak je geen zorgen.'

Verdomme, ík ben zijn familie. Zijn moeder is ongetwijfeld een huilerig wrak dat alleen maar kan zeggen hoe afschuwelijk het allemaal is. Zijn zusje wordt steeds gestrester, tot ze helemaal in zichzelf gekeerd raakt. En John zal proberen praktisch te zijn. Dingen willen regelen. Familievrienden komen opdraven alsof ze nodig zijn, terwijl ze er alleen zijn om snel te laten zien hoe goed ze wel niet zijn. Van die types die altijd te vroeg bij begrafenissen zijn, zodat ze vooraan kunnen zitten en de mensen achterin kunnen laten zien dat ze belangrijk zijn. Maar Jimmy heeft iemand nodig tegen wie hij tekeer kan gaan. Bij wie hij stil kan zijn. Die in zijn oude slaapkamer zit en oude afleveringen van *The Sopranos* met hem kijkt omdat dat soms het enige is wat helpt.

Dus: moeilijk doen of meewerken? Ik dacht dat ik er in dit geval alleen een bezorgde indruk mee zou wekken. 'Meneer...' (Mannen houden ervan als ze meneer genoemd worden.) 'Ik wil zeker weten dat alles goed is met mijn vriend. Hij is net zijn verloofde verloren, ik kan hem toch wel even vijf minuten zien? Als zijn familie er nog niet is, dan heeft hij me denk ik nodig.'

Opnieuw liet Barker zijn blik ergens onder mijn oor vallen en hij gromde even. 'Dat gaat vandaag helaas niet. Ik kan u verzekeren dat mijn mensen voor hem zorgen.'

O. Was Jimmy dan al weg? Of betekende het dat de politie niet wilde dat wij elkaar spraken voordat ze onze afzonderlijke verklaringen hadden afgenomen? Of erger. Veel erger. Betekende het dat Jimmy me niet wilde zien?

'Wat heb je verdomme gedáán?' Het laatste wat hij tegen me had gezegd. Ik had aangenomen dat hij het in paniek had gezegd, uit ongeloof. Een moment van tijdelijke waanzin dat je door je hersenen opgedrongen krijgt wanneer er iets gebeurt wat je niet op een normale manier kunt verwerken. Maar stel dat het niet alleen een moment was. Had die gedachte hem in haar greep? Had ze zich verankerd in deze man die zo goed van vertrouwen was, zat ze diep begraven, zodat hij haar nog steeds zou geloven wanneer de ergste schrik voorbij was en hij een paar uur had geslapen?

Jimmy was niet iemand die zijn eigen gedachten niet vertrouwde. Zelf had ik zo vaak gedachten die ik opzijschoof omdat ik wist dat ze verknipt, ondermijnend of verraderlijk waren. Opdringerige gedachten die aanvoelen alsof ze van jezelf zijn, maar het niet echt zijn. Ze hebben zich een weg in je hersenen gebaand en doen zich voor als je eigen gedachten. 'Je moeder was een hoer', 'je wilt met die ouwe man neuken tot hij erbij neervalt', je kent het wel. Jimmy weet niet dat hij zijn gedachten niet moet vertrouwen, want wanneer heeft hij ooit een gedachte gehad die zo eng of tegennatuurlijk was dat hij besefte dat zijn hersenen niet altijd zijn bondgenoot zijn? Als hij zich afvroeg of ik een rol had gespeeld bij Caro's dood, waarom zou hij dat dan in twijfel trekken? Zijn hersenen hadden het zaadje geplant. Zou de gedachte nu een eigen leven gaan leiden?

Ik hoopte dat ik niet te veel had laten blijken in aanwezigheid van de politieagent. Hij zat nog steeds naar me te kijken, wachtte op antwoord. Buiten kwam de zon steeds hoger aan de hemel te staan. 'Goed,' zei ik. 'Hoe kan ik helpen?'

Ik werd naar het politiebureau in Battersea gebracht en nam me voor om niet snel meer de rivier over te steken. Dronken mannen in rode broeken liepen er struikelend rond en dronken meisjes vielen van balkons. Er gebeurde hier niets goeds.

Ondanks de zorgvuldig gecreëerde saaie sfeer – de kopjes thee die voortdurend werden aangeboden, een vrolijke vrouw aan de balie die aanbood een trui voor me te regelen – voelde alles opeens als een valstrik. Waarom zaten Jimmy en ik en die nietszeggende vriendin van Caro niet bij elkaar? Dan konden we onze schrik delen, vertellen wat er was gebeurd en daarna naar huis gaan om samen bij te komen. Ik werd naar een verhoorkamer gebracht die eruitzag alsof hij haastig was gebouwd voor een middelmatige misdaadserie van ITV en werd daar een kwartier alleen gelaten. Ik keek of ik een spiegelwand zag waarachter iemand naar me zou kunnen staan kijken, of een duidelijk zichtbare microfoon om de spontane bekentenis van een slappe crimineel vast te leggen na vijf minuten alleen, maar ik zag niets. Alleen ik en de slappe thee die ik met goed fatsoen niet had kunnen weigeren. Waarom bied je iemand thee aan die mogelijk de gevangenis in gaat? Doe mij dan maar wodka, dan heb ik in elk geval lol tijdens het verhoor.

Toen de deur eindelijk openging, kwam niet rechercheur Barker binnen, maar een jonge vrouw in een coltrui en een zijden rok. Zowel haar geslacht als haar kleren legde de opgekropte afkeer van vrouwen bloot die ik normaal gesproken negeer, want krijgt niet iedereen hier iets van mee? Ik krijg wel jeuk als ik een vrouwelijke piloot zie. Ik weet niet of ik mezelf dat zomaar mag vergeven.

De rechercheur was, toen ik haar wat beter bekeek, niet zo jong, maar ze was ook geen grijze Jane Tennison. Geen trouwring. Mooie nagels. Ik vroeg me af welke tint rood het was, Karmozijn? Ik was altijd op zoek naar de perfecte kleur rood.

'Dag Grace, mijn excuses dat ik je heb laten wachten, het was hier vanmorgen een beetje hectisch. Het is op zondag normaal gesproken niet zo druk. Alle cellen zitten vol en we zijn de achterstand aan het bijwerken. Mijn naam is Gemma Adebayo en de collega die zo komt heet Sandra Chisholm.' Terwijl ze dit zei, kwam er een kleine gezette vrouw in uniform stilletjes de kamer binnen die naast Adebayo ging zitten. Ze glimlachte gespannen. 'We willen alleen even praten over de trieste gebeurtenis van vanmorgen. Niet onder ede of zoiets, alleen om jouw verklaring vast te leggen, zodat we weten hoe het precies is gegaan en we Carolines familie hopelijk wat rust kunnen geven.' Gemma trok haar wenkbrauwen op, iets wat een bemoedigend gebaar moest zijn, geloof ik, waarna ze de bandrecorder startte en de datum, het tijdstip en de namen van iedereen in de kamer noemde.

Ik sprak langzaam, vertelde alles wat er tijdens het feest was gebeurd. Ik zei tegen de agenten dat Caro veel had gedronken, drugs had gebruikt en dat ze gespannen, opgefokt en zenuwachtig had geleken. Ik vertelde ze niet waar we over hadden gesproken, in plaats daarvan zei ik dat we een dronken gesprek over bruiloften en jurken hadden gehad, alsof het een gezellig onderonsje over haar speciale dag was geweest. Het leek me iets wat een bruid met de beste vriendin van haar verloofde zou doen tijdens haar verlovingsfeest. Als de bruid tenminste een normaal mens was geweest dat verrukt zou zijn over uitnodigingen met tortelduiven en gouden reliëfletters, en niet een verwend kreng dat met mijn beste vriend trouwde omdat ze, naast haar vader, iemand in haar leven wilde hebben van wie ze kon houden. Jezus, wat mankeert vrouwen dat ze zo weinig eisen stellen? Met 'iemand die niet je vader is' leg je de lat wel heel laag. Heeft niet iedereen een vader die op een onbeduidende maar uiteindelijk ongelooflijk schadelijke manier teleurstelt? Oscar Wilde (daar is hij weer) zei ooit: 'Vrouwen worden later net als hun moeder. Dat is hun tragiek. Mannen niet, dat is die van hen.' Er is te veel mis met die stelling om te analyseren, ik kan alleen maar zeggen dat hij beter naar de mannen die als hun vader eindigden had kunnen kijken. Als je je op hen concentreert, los je de problemen van de maatschappij eerder op.

Ik vertelde ze hoe ontzettend (en oprecht) ik was geschrokken dat Caro halverwege ons gezellige gesprek was gevallen. 'Ik was pas een paar keer bij hen thuis geweest en had het balkon niet eerder gezien. Ik heb hoogtevrees en had geen idee hoe hoog het was of hoe onveilig die plek waar ze zat was, maar ik heb echt geen moment gedacht dat ze in gevaar was. Het is echt... zo afschuwelijk.'

Nu was het hun beurt om iets te zeggen. Ik liet mijn gezicht in mijn handen zakken, ademde in door mijn neus en rilde even toen ik uitademde. Naar behoren getraumatiseerd, zelfs in de ogen van deze vrouwen, die alles al eens gezien hebben. De oudere blonde knikte, begon me duidelijk aardig te vinden. Ik was een sympathieke persoon, een geschrokken, vermoeide jonge vrouw die zich zorgen maakte om haar vriend. Overweldigd. En deels was dat waar. Adebayo glimlachte snel, maar stelde me niet meteen gerust. 'Dank je wel, Grace. Je zult wel moe zijn. Ik wil nog even wat vragen met je doornemen en dan zullen we je laten gaan. Je wilt vast graag naar huis.'

12

Bryony stierf voordat Caro haar ongeluk kreeg. Achteraf gezien is het grappig om te bedenken dat Caro's familie, enkele weken voordat Caro zelf zo ongelukkig ten einde kwam, over Bryony's tragische dood roddelde. Ik vraag me af of ze net zo hard werden geraakt door Caro's dood als Simon door die van Bryony. Ik vermoedde (en dat bleek terecht) dat Bryony de ergste klap voor hem zou betekenen. Je kunt altijd opnieuw trouwen, en een man als mijn vader, nou ja, die zou niet lang wachten. Een nieuw liefje, half zo oud als hij, zou al ten tonele verschijnen nog voordat de grafsteen gegraveerd was, dat wist ik zeker. Maar Bryony was zijn enige kind, en in tegenstelling tot zijn vrouw die haar tijd verdeelde tussen plastisch chirurgen en saaie restaurants in Monaco, had Bryony ervoor gekozen om bij Simon te wonen. Ik dacht dat haar dood hem wel tot actie zou bewegen. Dus moest Janine eerst.

Ik had al besloten hoe ik Janine zou doden voordat ik aan iemand anders in de familie had gedacht. Dat lijkt absurd, maar goed. Veel van deze plannen moeten het van het toeval hebben, ondanks het feit dat ik als tiener voortdurend plannen smeedde, nauwgezette en ingenieuze manieren om deze mensen te vermoorden. Zoals bij alles blijkt de realiteit meer overgeleverd aan het toeval of aan een idee dat je om drie uur 's nachts te binnen schiet. De moord op Janine had van allebei wat. Ik las drie jaar geleden een artikel in de zondagsbijlage over 'het internet der dingen', een uitdrukking waar de laatste tijd veel mee wordt geschermd door opgewonden nerds, maar in feite gaat het over een heleboel apparaten die met internet zijn verbonden en met elkaar kunnen communiceren. Ze hebben geautomatiseerde systemen en kunnen informatie verzamelen en taken uitwisselen, een boodschappenlijst samenstellen als je schoonmaakmiddelen bijvoorbeeld op zijn, of je verwarming aanzetten als je terugkomt van vakantie. Niet echt het beeld wat we van de nabije toekomst hadden, het is *The Jetsons* niet, en we hebben nog steeds geen vliegende skateboards, maar we kunnen nu van onze huizen verwachten dat ze meer werk doen. Geen sleutels nodig voor de voordeur als het met je vingerafdruk kan, niet langer stofzuigen als een robot het voor je kan doen terwijl je weg bent. Gewone mensen hebben op dit moment hoogstens een slim huis door een Alexa of iets dergelijks te kopen, die ze zelfvoldaan opdracht geven muziek af te spelen of iets te googelen. Voornamelijk in het bijzijn van verveelde vrienden die ertegen opzien om langs te komen. Maar de überrijken verbinden soms hun hele hebben en houden eraan.

Raad eens wat Janine met haar penthouse in Monaco had gedaan? Dat bedoel ik dus met toeval. Ik las dat artikel op een ochtend met een lichte kater, was nauwelijks geïnteresseerd, en drie weken later werd er een stuk aan Janine gewijd in *Lifestyle!*, een maandblad met voornamelijk interviews met heel rijke vrouwen die werden gefotografeerd op zachte banken waar ze mochten praten over wat ze maar wilden. Normaal gesproken waren dat liefdadigheidslunches of verbouwingsprojecten met veel glas en marmer en een overdadig gebruik van het woord 'authentiek'. De enige mensen die dit tijdschrift kochten waren volgens mij andere rijke vrouwen die artikelen over hun rivalen wilden lezen om erover te bitchen, maar er stonden ook veel advertenties in voor exclusieve binnenhuisarchitecten en ambachtslieden, en zo was de cirkel weer rond en bleef het tijdschrift bestaan.

Het artikel over Janine richtte zich op haar nieuwe terras, dat ze in een opwelling had laten aanleggen toen ze besefte dat ze ergens yoga wilde kunnen doen in de ochtendzon. De daktuin liep wat schuin, legde ze uit, en was veel geschikter voor het avondlicht. Ik vroeg me af hoe de interviewer hierop zou hebben gereageerd, waarschijnlijk met oprecht medeleven voor zo'n zware last. Maar ze had het niet alleen over het terras, dat kennelijk was ontworpen naar een Griekse visie met grote terracottapotten en een heuse witte marmeren fontein die twee keer zo groot was als alle andere elementen. Er volgde een rondleiding door de rest van het penthouse, dat drie verdiepingen besloeg, met negen slaapkamers, zes badkamers en – hou je vast – een sereniteitsruimte die alleen rust leek uit te stralen omdat hij leeg was, op één crèmekleurige bank en een plafondhoge spiegel na. Janine legde uit dat ze zich daar terugtrok als het leven overweldigend was en ze zich moest centreren, wat de aanwezigheid van de spiegel niet verklaarde, maar misschien kon je daar maar beter niet naar vragen. Haar gezondheid was de reden dat ze naar Monaco was verhuisd, vertelde ze. De diagnose van een hartstoornis had haar ertoe aangezet haar leven te herzien. Het vorstendom had kennelijk vreselijk veel gezondheidsvoordelen. De fiscale achterdeurtjes? Daar werd niet over gesproken.

Het was een artikel van meer dan vijfduizend woorden en de interviewer had kennelijk wanhopig gezocht naar iets nieuws en origineels, en had Janine aangemoedigd om over haar kleding te praten. 'Vertel ons hoe jouw droomgarderobe eruitziet, want hij heeft bijzondere features waar elke vrouw die dit leest dolgraag meer over wil weten.' Naast een foto van een enorme inloopkast legde Janine uit dat elk kledingstuk in haar kast was gespecificeerd, van alle kanten was gefotografeerd en was opgeslagen in een database die ze vanaf haar iPad kon raadplegen. Het was nu heel gemakkelijk voor haar om zich 's morgens aan te kleden, want het systeem kon haar vertellen welke stukken goed bij elkaar pasten. 'Het herinnert me aan kleding die ik al was vergeten. Afgelopen week nog kocht ik een prachtig koningsblauw jasje van bouclé van Chanel, om tot de ontdekking te komen dat ik twee precies dezelfde had toen ik het in de database invoerde!' Die jasjes kostten vijfduizend pond. Wat hilarisch. Maar de technologie stopte niet bij de kledingkast. Dat was nog maar het begin. Alles in huis was met internet verbonden, vertelde Janine. De lampen gingen niet langer aan via schakelaars, de oven had geen knopjes ('niet dat ik de laatste tijd gekookt heb,' zei ze zangerig), en zelfs de temperatuur van haar ochtendsauna werd via de *smart hub* geregeld. Elke kamer kon op afstand worden afgesloten bij een veiligheidsprobleem en dat bood haar veel rust, vertrouwde ze de interviewer toe. 'Ik begrijp niet precies hoe het allemaal werkt, maar onze fantastische huishoudster heeft het onder de knie en ik hoef amper iets te doen.' Dat was in zoveel woorden Janines levensmotto.

De sauna was wat mijn belangstelling pas echt wekte. Het leek wel de setting van een misdaadroman en ik zag al voor me hoe ik het huis zou infiltreren, misschien als schoonmaakster, om haar dan in de sauna op te sluiten en te zien hoe ze om genade zou smeken. Dat was misschien niet echt haalbaar, maar het idee om op afstand iets te doen was aantrekkelijk, en een huis dat met internet was verbonden leek me op zijn minst wat nader onderzoek waard. Kon je deze technologie voor snode doeleinden gebruiken? Was het compleet beveiligd of kon het vrij gemakkelijk gehackt worden?

Internet stond vol verhalen over smart apparaten die storingen vertoonden. Stellen die uit elkaar waren gegaan toen hun AI-apparaat per ongeluk de naam van een maîtresse had genoemd, kinderen die werden blootgesteld aan vloekwoorden, waterkokers die urenlang kookten en verwarmingssystemen die niet te bedienen waren. Maar de interessantste gebreken bij dit soort intelligente ontwerpen was het veiligheidselement. Op internet was een stortvloed aan enge verhalen te vinden over mensen die babyfoons hackten en ouders die vreemden 's nachts via het smart apparaat tegen hun kinderen hoorden praten. Er waren voorbeelden van inbraakalarmen die gemakkelijk gehackt en uitgeschakeld konden worden lang voordat de inbrekers het huis binnendrongen.

Uitgeputte gezinnen beweerden dat hun smart apparaat was overgenomen door criminelen die losgeld eisten om in ruil daarvoor niet meer met de temperatuur te knoeien of dag en nacht muziek af te spelen. In de meeste gevallen kwam het doordat het systeem dat deze apparaten aanstuurde niet geëncrypt of up-to-date was. Natuurlijk, sommige bedrijven namen het wat serieuzer, maar de meeste verkochten je alleen een pakket en zeiden erbij dat je een goed wachtwoord moest nemen.

Ik moest erachter zien te komen of Janines systeem te hacken was, maar waar te beginnen? Ik kon niet zomaar op goed geluk 'hoe vind je een hacker' intypen in Google. (Dat deed ik in eerste instantie dus wel en ik voelde me nog dagenlang erg dom.) Ik zocht wetenschappers die research deden naar smart apparaten en vond een vrouw die een artikel had geschreven over de toekomstige gevolgen van huisbeveiliging in het tijdperk van smart homes. Ze werkte aan de Universiteit van Londen en – God zegen ons hoger onderwijssysteem – haar e-mailadres stond op de website onder haar naam, voor iedereen zichtbaar. Ik e-mailde Kiran Singh met het mailadres sarah.summers@journo.com en vroeg haar of ze tijd had voor een interview. Ik zei dat ik hoopte een stuk in de *Evening Standard* te publiceren over de gevaren van dit soort technologie in huis.

Iedereen wil zijn naam gedrukt zien. Ook al zijn kranten op sterven na dood, mensen vinden het nog steeds geweldig als ze genoemd worden. Op internet ben je meestal met een paar minuten verdwenen. Maar je oma kan de bladzijde uit de krant scheuren en het artikel aan haar vriendinnen laten zien. Misschien je succes in het toilet beneden ophangen, waar je het papier ziet vergelen en omkrullen als je moet plassen. Wetenschappers zijn net als iedereen. Kiran e-mailde me binnen het uur terug en zei dat ze me met alle plezier te woord wilde staan en vroeg of aanstaande vrijdag goed uitkwam.

We spraken af in het restaurant van het British Museum. Haar idee, en weer eens wat anders dan het gebruikelijke banale broodje van een van de acht miljoen Pret A Mangers in deze stad. Ik ging gewapend met een schrijfblok en een voicerecorder die ik die ochtend bij een elektronicazaak aan Tottenham Court Road had gekocht, in de hoop dat ik er een beetje als een journalist uit zou zien. Het apparaat was gegarandeerd eenvoudig in het gebruik, had de lichtelijk wanhopige man gezegd, die het me had verkocht in zijn lege winkel die zat ingeklemd tussen twee meubelgiganten met identieke lichtroze fluwelen banken in de etalage. Ik zette hem aan en hoopte er het beste van.

Kiran was een aardige vrouw, maar wel een beetje serieus. Ze zat aan een tafeltje groene thee te drinken toen ik arriveerde, maar was gemakkelijk te herkennen als een wetenschapper. Normale mensen dragen geen ribfluwelen broeken. Ze denken erover, passen er misschien zelfs een in het vrijwel permanente uitverkooprek van Gap. Maar uiteindelijk beseffen ze dat de stof aan je huid kleeft, dat hij als geen andere stof op aarde pluisjes aantrekt en – erger nog – dat je eruitziet als een wetenschapper. Na een oppervlakkig praatje wilde ze graag over het onderwerp in kwestie praten, en ze had een zwik informatie voor me over de mogelijkheid om deze technologie te gebruiken om iemand kwaad te doen. Kiran dacht dat er één voor de hand liggende manier was waarop een hacker deze smart-home-apparaten met kwade opzet zou kunnen gebruiken: als hij toegang kon krijgen tot de hub van de eigenaar, was alles verkeken.

De hub, vertelde ze me geduldig toen ik haar vroeg om het nog een keer uit te leggen, was het brein van alle apparaten in een slimme woning. Hij stuurt commando's die de apparaten uitvoeren. De hub kan de thermostaat zeggen dat de verwarming in huis omhoog moet, of de tv opdracht geven om de kanalen te updaten. Als een apparaat door de hub eenmaal als 'vertrouwd' is aangemerkt, heeft het toegang tot het netwerk en kan het communiceren met alle andere technische snufjes.

Sommige van deze smart apparaten werken met end-to-end-encryptie. 'Amazon neemt *cloud security* over het algemeen aardig serieus, maar ik zou niet in de buurt willen komen van Ergos-apparaten,' zei ze, en ze haalde een vinger langs haar hals. Veel kleinere bedrijven met minder middelen hadden hun beveiliging niet op orde. Er zijn eenvoudige manieren om toegang te krijgen tot de hub, vertelde Kiran me, en als je het serienummer van de eigenaar kunt bemachtigen is het appeltje-eitje.

'Ik zie heel vaak dat mensen het online posten,' zei ze, en ze wierp haar blik ten hemel. 'Maar zelfs als je het niet op een presenteerblaadje krijgt aangereikt, zijn er manieren om eraan te komen, als je wat eenvoudige hackerskwaliteiten bezit.' Als een hacker eenmaal toegang heeft tot de hub en de apparaten die ermee zijn verbonden, kan de slimme woning een wapen worden voor de persoon die het systeem bedient. 'Je zou de camera's van de huiseigenaar kunnen gebruiken om hem te bespioneren,' zei ze, 'of iemand gek maken door op willekeurige momenten muziek aan te zetten, deuren open te doen of zonneschermen te laten zakken.'

Ik onderdrukte een glimlach, ze mocht niet merken hoe geweldig ik haar ideeën vond.

'Maar dat komt eigenlijk niet voor. De meeste mensen kopen een Alexa of Google-apparaat om er melk mee te bestellen. Natuurlijk zijn die apparaten te hacken, maar het werkelijke gevaar schuilt erin wanneer alles in huis met elkaar is verbonden. Die technologie staat nog in de kinderschoenen, het terrein van de rijken.'

Ik vroeg haar wie zich met deze vorm van hacken bezighield, en ze keek snel om zich heen alsof we werden omringd door mensen die graag wilden weten hoe ze konden beginnen. De werkelijkheid was dat er een oudere dame in een bloemetjesjas aan de ene kant een bosbessencakeje aan het eten was, terwijl er aan de andere kant een Japans stel selfies zat te maken en drie tafeltjes verderop een jongeman met donker haar en een nette jas een boek zat te lezen.

'Het grote werk gebeurt door natiestaten, China, Rusland, de Verenigde Staten, al ontkennen ze het. Het tweederangs hacken gebeurt meestal door groepen die op chantage uit zijn, bijvoorbeeld door met webcams lhbt'ers in het Midden-Oosten te chanteren. En dan heb je nog eenzame jongeren op hun slaapkamer, autodidacten die het voor de gein doen of omdat ze zich vervelen, wie zal het zeggen? Ze hebben de tijd om een ander gek te maken door met diens deurbel te rotzooien of verwarming uit te zetten en er dan over op te scheppen op Reddit of 4Chan of Babel...'

Na nog een paar vragen en een belofte om contact op te nemen als het artikel klaar was, vertrok ik. Ik ging met een ruime boog om het stel heen dat nog steeds vastbesloten was de volmaakte selfie te maken en begaf me weer in de richting van mijn werk. Ik liep in stevig tempo door de straten achter Oxford Street en peinsde of ik het risico durfde te nemen een handlanger te nemen die me kon helpen Janines huis te hacken. Ik voelde er weinig voor om mijn plan uit te besteden, wilde niet nog meer struikelblokken, want er zouden er al zoveel zijn. Maar ik wist ook zeker dat ik het in mijn eentje niet kon. Mijn verstand van technologie begon en eindigde bij de updates voor mijn eigen telefoon, maar toch was ik erg gecharmeerd van het idee om Janines huis zich tegen haar te laten keren. Zou ik iemand kunnen vinden die ik genoeg vertrouwde om me te helpen?

Dat weekend was ik achtentwintig uur lang online, wreef elke vijf minuten in mijn ogen en dronk afwisselend koffie en wijn, afhankelijk van mijn energieniveau. Ik keek op sites die Kiran had genoemd, las duizenden posts van amateurhackers die over hun successen pochten, opschepten over het infiltreren van clouddiensten, hubs, telefoons en camera's in een taal die me bijna volledig vreemd was. Was het gemakzucht om te denken dat het allemaal broodmagere zestienjarigen waren die al weken geen daglicht hadden gezien? Misschien wel, maar ik weet zeker dat het klopte. Ik zag veel posts van mensen die hackers om hulp vroegen, voornamelijk om partners te bespioneren die ze van overspel verdachten. *Meisje (22) zoekt hulp om te bewijzen dat vriend (28) het met zijn collega doet. Help!* was een typische hulpvraag. In reacties werd meestal voorgesteld om het privé verder te bespreken, dus had ik geen idee wat het resultaat was en of een behulpzame hacker zijn diensten had aangeboden.

Maar ik was doodmoe en nogal hyper door alle cafeïne, dus plaatste ik zelf een oproep. Als er niemand op reageerde, was dat niet erg, maar het was een poging waard. Ik hield het vaag en kort, legde uit dat ik, vrouw, zestien jaar (ik dacht dat dat misschien een computernerd zou aantrekken die graag de held wilde spelen), hulp zocht om mijn afschuwelijke stiefmoeder te treiteren. Ik zal hier niet herhalen wat er in sommige reacties stond die ik de dagen erna ontving. Laten we het erop houden dat ze op mijn smeekbede afkwamen als bijen op honing. Waarbij het kwetsbare jonge meisje de honing was en de bijen een godvergeten zwerm vieze oude mannen. Ik reageerde op de minst vunzige berichten en blokkeerde de rest. De daaropvolgende week voorzag ik drie gebruikers stukje bij beetje van informatie om te zien hoe ze zouden reageren, wat ze over hacken wisten en wat ze in ruil daarvoor wilden. Degene van wie ik het minste verwachtte was ColdStoner17, die kennelijk niet in staat was fatsoenlijke woorden te gebruiken en op de meest willekeurige tijdstippen reageerde, vaak met GIF'jes die ik niet begreep. Ik wilde hem net afschrijven toen hij me om zeven uur 's morgens een bericht stuurde, terwijl ik me aan het klaarmaken was voor mijn werk.

Yo, typte hij, *wanneer gaan we het ouwe mens op stang jagen? Ik heb ook een teringhekel aan me stiefmoeder. Misschien is dit de therapie waar me pa niet voor wil dokken.* Het taalgebruik was simpel, maar de hele zinnen waren een goed begin. Ik kwam erachter dat hij zeventien was (vandaar zijn username), met zijn vader en de eerder genoemde boze stiefmoeder in Iowa woonde en veel tijd op internet bezig was in plaats van zijn huiswerk te maken. Ik vertelde hem botweg dat het me onwaarschijnlijk leek dat hij een superhacker was, maar kennelijk begreep ik zeventienjarigen niet erg goed. Hij bombardeerde me die ochtend met alle manieren waarop hij laptopcamera's kon hacken, met babyfoons kon knoeien en de verwarming bij mensen thuis kon uitzetten. Het was gematigd, maar klonk nog altijd indrukwekkender dan alles wat ik kon, dus poeierde ik hem niet af, maar ging in gesprek met hem.

We communiceerden de rest van de avond via een geëncrypte messengerdienst. Hij vertelde me hoe eenzaam hij was en ik verzon verhalen over mijn ouders die ik haatte. Hoe meer we met elkaar praatten, hoe rustiger hij werd en beter wist te spellen. Hij vertelde me dat hij dol was op lezen, en het klikte tussen ons door onze gedeelde liefde voor Jack Kerouac. (Ik heb nog nooit iets van Kerouac gelezen, maar Google wist me net genoeg informatie te bieden.) Ik gaf hem bewust nog geen details van mijn plan, vond het prima om eerst een band met hem te creëren, ook al was die gebaseerd op leugens en seksistische sprookjesachtige stiefmoederbeelden.

Dit ging een paar weken zo door, terwijl ik probeerde me te gedragen als de denkbeeldige zestienjarige die ik in zijn ogen was, om hem het zelfvertrouwen te geven dat hem zou helpen om zich verplicht te voelen tegenover mij. Hij vertrouwde me toe dat hij werd gepest toen hij jonger was omdat zijn ouders waren gescheiden (Iowa was kennelijk niet de meest progressieve plek) en vertelde me over zijn angst dat hij nooit een vriendin zou krijgen. Ondanks mijn pogingen het allemaal netjes te houden, had ik zo nu en dan 's morgens vroeg geluidsopnamen waarin hij zong dat ik hem zo opvrolijkte, en dan wimpelde ik hem af met smileys. Hij begon verliefd te worden. Ik was vergeten hoe gemakkelijk het was om tienerjongens te manipuleren, maar de herinnering kwam snel boven. Ik had het gevoel dat ik met Pete (op de vierde dag vertelde hij me hoe hij echt heette, en ik vertelde hem dat mijn naam Eve was) op het goede spoor zat en besloot de volgende stap te nemen en hem iets te vertellen over wat ik Janine, mijn boze stiefmoeder, wilde aandoen.

Ik legde uit dat ze in Monaco woonde (ja, dat was zoiets als Frankrijk) en dat ze mijn vader in de loop der jaren tegen me had opgezet en dat we eigenlijk nauwelijks nog contact hadden (geen totale leugen). Ik wilde haar bang maken en haar een lesje leren. Of hij iets afwist van smart homes. Wel iets, zei hij, maar een dag later was hij volledig op de hoogte van de verschillende domoticasystemen die bedrijven aanboden. Het joch moest de hele nacht hebben zitten lezen over alle mogelijke manieren waarop je een huis als dat van Janine kon binnendringen, en hij was ervan overtuigd dat hij kon inbreken in haar hub. *De beste manier zou zijn als je een nieuw apparaat binnen kunt krijgen. Als je iets nieuws op het systeem aansluit, kunnen we de besturing zo overnemen. Ga je er binnenkort nog naartoe?*

Die vraag verwarde me even. Ik had gehoopt dat we toegang tot de hub zouden kunnen krijgen zonder een voet over de drempel te zetten, en ik had geen idee hoe ik Janines appartement binnen zou kunnen komen zonder alles op het spel te zetten. Ik was geen inbreker en hoefde me geen illusies te maken over hoe goed het beveiligd zou zijn. Maar ja, ik was nooit zelf in Monaco geweest om te zien hoe Janine daar woonde. Ik had nog wat vakantiedagen over, en het terrein verkennen kon geen kwaad, zelfs als ik daardoor zou moeten concluderen dat dit plan onmogelijk was.

Ik zei Pete dat ik er toevallig over een paar weken naartoe ging, maar dat ik niet zeker wist of ik binnengevraagd zou worden. *Ze heeft een hekel aan me*, schreef ik, *en meestal logeer ik met mijn moeder in een hotel en dan zie ik mijn vader als zij er niet bij is.* Het was een slap verhaal, maar als Pete vond dat dit een vreemde familiestructuur was, dan liet hij niets merken. Hij was bijna volwassen, maar in zijn familie moest iedereen twee keer per week naar de kerk en in de vakantie elke dag, dus ik denk dat de lat voor wat gezond was bij hem niet erg hoog lag.

Ik nam een week vrij en boekte een hotel in Monaco, wat me hard in mijn portemonnee raakte. Dit hele project was een aanslag op mijn spaargeld geweest dat ik zo ijverig bij elkaar had gesprokkeld, en ik vond het moeilijk om te zien dat mijn zuurverdiende geld verdween. Vanaf het moment dat ik een toelage van Sophie en John kreeg, had ik elke maand wat opzijgelegd. (Zij vonden dat ze me in dat opzicht als een van hun eigen kinderen moesten behandelen. Ik voelde me er niet prettig bij, maar accepteerde het geld wel.) Het gaf me een gevoel van zekerheid dat ik nergens anders van kreeg. Elke keer als ik op mijn spaarrekening keek, werd ik opnieuw boos om het feit dat het financiële landschap van de familie Artemis en mij zo oneerlijk verdeeld was. Ik moet toegeven dat dat belachelijk is, aangezien ik mijn geld aanwendde om hen uit te moorden. Tja, niet elke emotie is redelijk.

Maar goed, een week in de zon was niet iets om over te wanhopen, en Monaco was piepklein, ongeveer zo groot als Central Park, dus Janine opzettelijk tegen het lijf lopen was geen probleem, als ze tenminste in de stad was. Jammer genoeg had ik geen garantie, aangezien de superrijken de neiging hebben om op willekeurige momenten te vertrekken. Haar Instagramaccount was afgeschermd, maar ze had het volgverzoek van @Monacodeluxe geaccepteerd, een account van mij waar ik foto's van societygelegenheden op had gezet. Ze toonden de rijken en machtigen bij feesten en liefdadigheidsevenementen. Ik had ze gemakkelijk kunnen reposten met lovende eerbetonen aan 'mevrouw Daphne Baptiste, die zo ruimhartig een prachtige bontjas heeft gedoneerd aan het Children's Care Fund' of 'mevrouw Lorna Gold, die een elegante soiree in haar penthouse organiseerde ten bate van de straathonden'. Als deze vrouwen ooit de moeite namen om een keertje op mijn pagina te kijken, zouden ze de lof klakkeloos accepteren. Ze waren pijlers van de Monegaskische samenleving, natuurlijk wilden mensen hen bedanken. Met behulp van dit account had ik een klein beetje een idee van wat Janine deed, maar ze postte niet vaak en was ook geen goede fotografe. Op een paar geposeerde foto's na, die waren genomen door beroepsfotografen, waren de beelden op haar account voornamelijk wazige zonsondergangen vanuit het raampje van een privéjet, kiekjes bij de lunch met teksten als 'geweldig om weer bij te praten met Bob en Lily in Cafe Flore', en een paar foto's van familiegelegenheden. Bryony leefde haar hele leven op Instagram en dat was van onschatbare waarde. Janine was ouderwets. Haar laatste foto was van drie dagen gelegen, een close-up van haar mollige, met sieraden bedekte handen en een donkerrode manicure. Eronder stond 'met dank aan @MonacoManis', wat betekende dat ze er in elk geval was.

Ik vloog er op maandag naartoe, en zodra ik de kansloze lucht van een budgetmaatschappij en shuttlebus van me af had gespoeld, ging ik op ontdekking uit. Ik wist uiteraard waar Janine woonde. Het is opmerkelijk hoe gemakkelijk het is om achter de privéadressen van mensen te komen. Zelfs als ze niet in het kiesregister staan, zijn er veel mensen die hun locatiegegevens delen of accounts op social media uit hun eigen regio volgen. Als je acht verschillende accounts volgt met 'Islington' in de naam, dan kan iedereen op zijn vingers natellen waar jij je ochtendkrantje haalt. Erger nog, mensen zijn zo goed van vertrouwen dat ze foto's posten die vanuit hun slaapkamerraam zijn genomen of voor hun voordeur. En bij beroemdheden is het nog gemakkelijker. Vaak is in de media te vinden waar iemand precies woont. Als de betreffende celeb bij een schandaal betrokken is, laten ze zelfs een helikopter boven het huis vliegen of publiceren ze een plattegrond. Janine gaf me haar adres zelf. Ze gaf het twee jaar geleden aan alle lezers van *Hello!* toen ze haar deuren opende voor een receptie ter ere van een Turkse zakenvrouw die veel lof verdiende vanwege haar ontdekking van een mogelijk geneesmiddel voor eczeem. Het stuk begon letterlijk met: 'Janine Artemis verwelkomt ons in haar prachtige penthouse in het Exodora-gebouw in Monaco's vergulde speelterrein.' De zakenvrouw kreeg later trouwens acht jaar cel voor het aannemen van bijna honderd miljoen pond aan financiering en het vervalsen van onderzoeksgegevens. De strijd tegen eczeem duurt voort.

Het was een heerlijk warme dag en met behulp van de plattegrond op mijn telefoon liep ik naar het Exodora-gebouw, langs cafés vol feliene vrouwen en gezette mannen in overhemden met een contrasterende kraag, die allemaal weleens wat eerder in hun leven factor 50 hadden mogen gebruiken. Het gebouw lag op slechts tien minuten van mijn hotel, dat was een opluchting, want de temperatuur liep op en de hoop op een aangename wandeling werd enigszins verstoord door de supercars die een wolk stinkende benzinedampen in hun spoor achterlieten als ze langssuisden. Het schijnt dat een op de drie inwoners van Monaco miljonair is. Ik begrijp dat rijken voornamelijk in leven blijven om hun geld te behouden, en dat belastingparadijzen zoals deze ze daarbij helpen, maar het deed aan als één grote omheinde gemeenschap waar geen behoefte is aan open ruimte en frisse lucht omdat de helikopter binnen twintig minuten kan opstijgen om je naar Zwitserland of Provence te brengen als je daar behoefte aan hebt.

Het gebouw waar Janine woonde was adembenemend, al deed het aan dure massaproductie denken. Het was een roomkleurig gepleisterd huis, hoewel 'huis' het verkeerde woord is. Ik had me afgevraagd waarom de familie Artemis voor een appartement had gekozen in plaats van een afgelegen villa ergens, maar nu ik het zag, begreep ik het. Het gebouw was enorm, besloeg de lengte van ten minste zes huizen, en naarmate het meer in beeld kwam, werden balkons zichtbaar die steeds groter werden. Er groeiden rozen tegen de muren met bloemen die ogenschijnlijk in een wilde waterval naar beneden tuimelden, maar toch heel symmetrisch leken. Zorgvuldig geschikt om er nonchalant uit te zien. Het pand had plafondhoge ramen waar zonneschermen voor zaten, en boven op het gebouw stond een hoge vlaggenmast waaraan de vlag van het vorstendom wapperde. Ik keek omhoog en telde de verdiepingen. Acht in totaal, en ik wist uit het designtijdschrift dat het appartement van de familie Artemis drie ervan in beslag nam. Met moeite kon ik het glazen balkon helemaal bovenin zien, waar Janine graag aan yoga deed in de ochtendzon. Ik liep rond het gebouw naar de achterkant, maar die was afgesloten met een grote, indrukwekkende muur en een hek dat waarschijnlijk naar het parkeerterrein liep. Aan de zijkant was een grote metalen deur die op de aanwezigheid van een goederenlift duidde.

Er hingen natuurlijk overal beveiligingscamera's, ik telde er zeker vijf. De voordeur daarentegen leek opvallend toegankelijk; er bevond zich alleen een smeedijzeren hek en een grote, gouden klopper tussen mij en de intercom. O, en een bewaker bij de deur. Ik hoefde niet te denken dat ik zo even naar binnen kon. Het pand was een vesting, waarschijnlijk met vierentwintig uur per dag portiers in hoogste staat van paraatheid.

Ontmoedigd liep ik verder en vond een cafeetje, waar ik een café crème bestelde en Pete appte. *Knallende ruzie met mijn vader, kan hier niet blijven. Geen schijn van kans dat ik bij de boze heks binnenkom. Gaat dus niet door.* Ik voegde een huilende emoji toe en stak een sigaret op. Hij reageerde meteen. *O nee, wat waardeloos. Kun jij je vader niet iets meegeven?* Dat was een idee. Misschien kwam ik het pand niet binnen, maar er was vast personeel dat de hele dag kwam en ging. Janine had overduidelijk al tientallen jaren geen poot uitgestoken, behalve om te wijzen en met haar vingers naar ingehuurde hulpen te knippen. Er was vast en zeker iemand die bereid was om een apparaatje mee naar binnen te nemen in ruil voor een passende vergoeding.

De twee daaropvolgende dagen hield ik in de gaten wie het gebouw via de zijingang binnengingen. In eerste instantie was het lastig om te zien naar welk appartement mensen gingen, maar ik creëerde van iedereen een profiel, en gebruikte mijn scherpe blik en opmerkzaamheid om erachter te komen wie waar werkte. Natuurlijk deed ik dat niet. Janines personeel bleek verplicht een wit uniform te dragen met ARTEMIS cursief op de borst geborduurd. Er is niets wat zo goed *ik heb mijn menselijkheid verloren* zegt als een onderbetaalde migrantenarbeider verplichten jouw naam op zijn hart te dragen, dus dit paste precies bij deze familie. Zenuwachtige vrouwen kwamen naar buiten met waszakken die ze aan de chauffeur van de stomerijdienst meegaven, of ze tekenden voor pakketjes van bezorgers en doken dan snel weer naar binnen alsof ze werden getimed. Ze hadden zoveel haast dat ik geen kans had om met ze te praten. Maar er was ook een dame die elke dag stipt om acht uur 's morgens, twee uur 's middags en zes uur 's avonds met een pluizige kleine bichon frisé naar buiten kwam, waarmee ze in de richting van de boulevard liep. Ik heb een hekel aan pluizige honden. Het zijn altijd van die omhooggevallen keffertjes. Ik neem aan dat ze door hun baasjes zo gemaakt zijn. Je ziet nooit een kalm persoon met een bichon frisé. Het is altijd een ontevreden vrouw van middelbare leeftijd die haar teleurstellingen uit via de hond. 'Betty kan hier niet zitten, het is te warm en ze wordt onrustig.' Er is niets mis met Betty. Jij, daarentegen, moet maar eens naar een therapeut.

De tweede avond van mijn surveillance haalde ik even voor zes uur een kop koffie en liep in de richting van de boulevard, in afwachting van het uitlaten van de hond. En ja hoor, de dame in het menselijkheidsvrije uniform kwam in zicht en sleepte het donzige, onwillige geval met zich mee. Ik wachtte tot ze me was gepasseerd en volgde haar toen een paar minuten, tot ik naast haar ging lopen.

'Wat een schattig hondje,' zei ik met een glimlach. De vrouw was klein van stuk en droeg haar haar in een lage knot. Ze reageerde amper en zou zijn doorgelopen als de hond niet tegen me was opgesprongen en wat sporen op mijn lichtgekleurde broek had achtergelaten.

'Nee, Henry!' riep ze, en ze bukte zich om de hond, die absoluut niet berouwvol keek, te bestraffen. Ik zei haar dat het helemaal niet erg was, maar ze bleef bij een muur staan, haalde een zakdoek tevoorschijn en probeerde mijn broekspijpen grondig schoon te poetsen.

'Is de hond van jou?' vroeg ik, al was aan haar blik te zien dat ze niets om het beest gaf. Ze zei dat ze hem uitliet voor haar werkgever en ik uitte mijn medeleven, zei haar dat het maar saai was om elke dag een hond uit te laten, vooral zo'n onopgevoed beest. Ze glimlachte, waarna ze snel om zich heen keek alsof Janine elke moment boos tevoorschijn kon komen omdat we het beestje niet prezen.

Ik liep met haar mee toen ze verderliep, vroeg wat ze van Monaco vond en vertelde haar dat ik er nog maar net was en het allemaal erg overweldigend vond.

'De mensen zijn onbeschoft,' zei ze kort. 'Alles draait om geld en niemand is aardig.' Maar is je werkgever dan niet aardig, vroeg ik. En toen kwam het er allemaal uit. Dat Janine om het minste of geringste tegen haar tekeerging, dat ze zes dagen per week werkte en alleen donderdag vrij had en dat ze zelfs dan soms geacht werd te komen opdraven. 'Ze kortte mijn salaris vorige week omdat een blouse was gekrompen bij de stomerij!' riep ze hoofdschuddend uit. Lacey, want zo heette ze, stuurde geld naar huis en onderhield drie tieners. Ze werkte hier nu drie jaar, hiervoor had ze voor een andere familie in Dubai gewerkt. Die waren geen haar beter geweest, maar daar had ze tenminste haar eigen verblijf gehad. We liepen de hele boulevard over voordat ze zich omdraaide. De hond jankte uit protest.

Ik toonde haar mijn medeleven en vertelde haar dat Janine mij een monster leek, al zorgde ik ervoor dat ik haar naam niet noemde en dat uit niets bleek dat ik haar kende. En zo had ik opeens een ingang.

'Ik werk voor een krant in Groot-Brittannië. Volgens mij zit er wel een verhaal in rijke vrouwen als deze die hun hardwerkende huishoudsters uitbuiten. We zouden dit soort mensen kunnen ontmaskeren, ze te schande kunnen zetten, zodat ze zich fatsoenlijk gaan gedragen.'

Lacey schudde haar hoofd. 'Nee, ik heb deze baan nodig. Ik kan niet meer met je praten.'

Ze versnelde haar pas, maar ik bleef naast haar lopen. 'Ik zou jouw naam of die van de persoon voor wie je werkt niet gebruiken. Maar we zouden ze een spiegel kunnen voorhouden. Het is een bekende krant en deze vrouwen lezen hem vast. Als ze beseffen dat de maatschappij dit onaanvaardbaar vindt, zouden ze het wel beter doen. Doen ze het niet voor jou, dan doen ze het wel omdat ze niet willen dat anderen denken dat ze slechte werkgevers zijn.' Absolute onzin, natuurlijk. Er waren eindeloos veel artikelen geschreven over de manier waarop überrijken hun personeel behandelden, en er was nooit iets veranderd. Het was zelfs erger geworden, en er kwamen voortdurend verhalen naar buiten over dienstmeisjes die waren ontsnapt aan afschuwelijke en mensonterende omstandigheden, met weinig of geen nadelige gevolgen voor hun werkgevers. Ik maakte ook misbruik van haar, dat besef ik. Maar wat moet dat moet, en ik kon haar op zijn minst iets aanbieden in ruil voor haar medewerking.

Ze schudde haar hoofd weer, heviger nu. 'Ik kan het niet. Ik heb deze baan nodig.'

We waren bijna bij het huis. 'Oké, dat begrijp ik. Maar ik zou nauwelijks iets van je nodig hebben en we zouden je natuurlijk betalen voor je moeite. Handje contantje, voor je gezin, Lacey.' Ze ging iets langzamer lopen, maar keek me niet aan. 'Wil je erover nadenken?' vroeg ik. 'Mocht je geïnteresseerd zijn, dan sta ik hier morgenmiddag om twee uur. Je zou heel veel kunnen betekenen voor anderen in een soortgelijke situatie.' Met een laatste rukje aan de riem liepen zij en Henry terug naar het penthouse. Ze ging het wel doen, dacht ik, toen ik zag dat ze achteromkeek. Als Janine haar met een greintje fatsoen had behandeld, zou ik geen schijn van kans hebben gehad. Ik bofte dat ze dat niet had gedaan.

Ik trakteerde mezelf die avond op een diner en kleedde me voor de gelegenheid. Zelfs in mijn zwarte jurkje en mijn felroze hoge hakken zag ik er nog vrij casual uit naar Monegaskische maatstaven. Ondanks de warmte waren er bontjassen in overvloed; de dierenbescherming was de laatste tijd duidelijk niet in het vorstendom geweest. Ik zag overal diamanten zo groot als kwarteleieren in oorlellen en aan vingers, en horloges die ik niet herkende maar die ongetwijfeld meer dan genoeg waard waren om een aanbetaling voor een appartement mee te doen. Zou ik ook zo zijn als ik geld had? Ik kon geen superrijk persoon bedenken die het anders had gedaan. Bill Gates, misschien, maar wie wil er nou lelijke gympen en kaki broeken dragen en zo serieus zijn? Al die mensen leken helemaal niet gelukkig. Het is een cliché dat geld niet gelukkig maakt – zeg dat maar eens tegen iemand die met zijn minimumloon de eindjes aan elkaar moet knopen – maar het kweekt bij velen duidelijk ook ontevredenheid. Misschien zou het voor mij anders zijn omdat het mijn eigen geld zou zijn. Veel van deze vrouwen waren rijk vanwege hun echtgenoten, en dat leverde vast een onzeker bestaan op. Want rijke mannen houden het meestal niet bij één vrouw, of wel? Ze ruilen in en schalen op, en zelden zeggen ze: 'Dank je wel dat je aan mijn zijde stond, lieverd. Dank je dat je onze kinderen hebt grootgebracht en het huishouden hebt gerund en alle emotionele arbeid hebt gedaan, waardoor ik zonder afleiding kon werken. Het is nu tijd voor iets nieuws, maar hier is vijftig procent van alles wat we samen hebben opgebouwd.' Nee. Ze nemen een advocaat in de arm en proberen je te naaien, verbergen hun geld op buitenlandse rekeningen, claimen dat ze armlastig zijn, betogen dat je nooit op wat voor manier dan ook een bijdrage hebt geleverd en beweren dat de kinderen niet zoveel nodig hebben. Of ze doen wat mijn vader deed en schuiven elke verantwoordelijkheid zo snel mogelijk af.

Op weg naar Monaco zag ik twee vrouwen in een taxfreeshop naar een vitrine vol ringen kijken. Ik hoorde de een tegen de ander zeggen: 'Ik zou zo graag eens één keer iets voor mezelf willen kopen zonder mijn man te hoeven vragen of het mag.' Dat probleem zou ik nooit hebben. Ik zou nooit afhankelijk zijn van een ander, zou nooit zo aan een ander gebonden zijn. En als ik al een partner vond, zou ik edelmoedig met het geld omgaan. We zouden gelijken zijn en genieten van wat het ons kon bieden. Geen diamanten ringen waardoor je bang moest zijn om op straat beroofd te worden, maar ervaringen en comfort. Een leven met eindeloos veel mogelijkheden. Misschien wist ik pas hoe het me zou beïnvloeden als ik het had, maar als ik zo om me heen keek naar de mensen in het restaurant, was ik er zeker van dat ik mijn best zou doen om te onthouden hoe het niet moest. En de familie Artemis in mijn achterhoofd zou zeker helpen. Zo nu en dan zou ik een smak van hun geld aan liefdadigheidsinstellingen geven waar zij ongetwijfeld een hekel aan zouden hebben gehad. Daar zou hun stempel op de wereld niet beter op worden, maar het zou een bescheiden genoegen zijn om uit hun naam een fonds op te richten om krakers te helpen hun uitzettingsbevel aan te vechten.

Toen ik terug was in het hotel appte ik Pete om hem te zeggen dat ik via mijn vader misschien iets het huis binnen kon krijgen, en ik vroeg hem wat het handigst was, waarna ik mijn telefoon uitzette en in een diepe slaap viel.

De volgende ochtend was ik vroeg wakker. Pete had gereageerd met een stroom berichten over hubs, niet-geëncrypte apparaten en routers, allemaal in een technische taal die ik niet echt begreep. Ik stuurde een vrij streng bericht terug dat hij duidelijker moest zijn, waarna ik een eind ging hardlopen. Een uur later nam ik een boek mee naar de boulevard en ging bij een café zitten wachten op Lacey. Het was fijn om een hele ochtend absoluut niets te doen, en het deed bijna als een echte vakantie aan – als je het trillerige gevoel in mijn buik dat me liet weten dat ik enigszins gespannen was buiten beschouwing liet. Ik las een paar hoofdstukken uit *Israel Rank: The Autobiography of a Criminal* dat ik jaren geleden had gevonden toen ik nog aan het bedenken was wat ik met de familie Artemis wilde doen. Het had al die tijd op mijn boekenplank gestaan, maar mijn oog was erop gevallen toen ik voor Monaco aan het pakken was, en ik had het in mijn tas geduwd. Het gaat over een man uit de tijd van koning Edward die uit wraak zijn familie vermoordt. Snap je wat me er zo leuk aan leek? Om kwart voor twee rekende ik mijn drie koppen koffie en een minidonut af, deed mijn best om niet tegen de serveerster tekeer te gaan toen ik zag dat ze me voor zesentwintig euro had afgezet, en liep in de richting van Janines appartement.

Even na twee uur zag ik Lacey met Henry verschijnen. Toen ze dichterbij kwam, zwaaide ik en ging naast haar lopen. We begroetten elkaar en ik babbelde een paar minuten over de warmte, totdat de hond ons tot stilstand dwong om zijn behoefte te doen.

'Wat zou je van me nodig hebben?' vroeg Lacey bezorgd, toen ze in haar zak naar een plastic zakje zocht. Ik kon haar wel zoenen, en ik ben niet iemand die van spontane uitingen van genegenheid houdt.

'Het lijkt me het gemakkelijkst dat we een microfoontje in het appartement plaatsen dat opneemt hoe ze tegen je praat. Op die manier hebben we keihard bewijs, maar hoeven we je naam niet te gebruiken, je er niet bij te betrekken. Daarna kunnen jij en ik praten over deze branche en wat er moet veranderen. Hoe lijkt je dat?'

Lacey bukte zich om de hondenpoep op te rapen en zei iets wat ik niet verstond. 'Hoeveel?' herhaalde ze, toen ik haar vroeg wat ze had gezegd. Ik dacht snel na. Om financiële redenen moest ik het bedrag laag houden, maar hoeveel verwachtte ze? Als ik te hoog inzette, ging ze er misschien van uit dat er meer in zat.

'Duizend pond,' zei ik. 'In welke valuta je maar wilt, in contanten. Maar meer keurt mijn redacteur niet goed. Zou je je gezin daarmee kunnen helpen, Lacey?' Ik kon aan haar gezicht niet zien of het een redelijk bedrag was, en we liepen weer verder.

'Goed dan,' zei ze uiteindelijk. 'Maar ik wil het geld vooraf en jij belooft dat je mijn naam of die van Madame niet gebruikt en niets over Henry zegt.' Dat begreep ik niet en het stond op mijn gezicht geschreven. 'Het is een ongemanierd beest, maar ik hou van hem,' zei ze eenvoudig.

'Oké, niets over Henry,' beloofde ik, en ik deed mijn best om mijn gezicht in de plooi te houden. Ze was bereid een voicerecorder van een vreemde in het huis van haar afschuwelijke werkgeefster te plaatsen en maakte zich zorgen over de humeurige hond die duidelijk een hekel aan haar had. Ik begrijp werkelijk niets van andere mensen.

Ik legde uit dat ik de volgende dag op dezelfde tijd met haar wilde afspreken om haar het apparaat te geven dat ze zou moeten verbinden met de hoofdhub; wist ze hoe dat moest? Dat wist ze. Zij bleek degene te zijn die had moeten leren hoe de domotica in huis werkte.

'Madame begrijpt het niet, maar kan nu wel spraakopdrachten geven.' Oké, goed. Als het eenmaal was verbonden, hoefde ze niets meer te doen, het apparaat zou alle gesprekken opnemen en naar mij terugsturen voor mijn artikel. Het interview konden we op haar vrije dag doen en dan zat het erop.

Lacey knikte en wilde gaan. 'Morgen eerst het geld, in euro's. Zonder het geld doe ik niets.'

Uitgekookt. Dat kon ik waarderen. 'Natuurlijk,' zei ik, en ik wenste haar een fijne middag. Henry ontblootte zijn kleine tanden naar me en ze vertrokken.

Vervolgens appte ik een uur lang met Pete, die eindelijk wakker was, over welk apparaat het best zou werken. Ik vertelde hem dat het een geloofwaardig cadeau voor mijn vader moest zijn, en we namen door wat geschikt was. Ik benadrukte dat het klein moest zijn, zodat boze stiefmoeder het niet zou zien en zou vragen wat het was. Waar het me om ging was dat Lacey het zonder problemen het huis binnen moest kunnen smokkelen. De draadloze stofzuiger was te groot, de lamp te willekeurig. Op een gegeven moment bleef Pete een paar minuten stil, waarna hij terugkwam met een link naar een wifi-powerplug, wat in normaal taalgebruik gewoon een slimme stekker was die gemakkelijk in een zak gestopt kon worden.

Je bent geniaal! appte ik, terwijl ik meteen begon te googelen waar ik zoiets in vredesnaam kon vinden in Monaco. Pete wilde praten, hij had een proefwerk waar hij zich zenuwachtig over maakte, maar ik scheepte hem af door te zeggen dat mijn batterij bijna leeg was. Geen wonder dat hij bang was dat hij nooit een vriendin zou krijgen, als dat zijn conversatieniveau was.

In heel Monaco blijkt geen Argos te vinden te zijn, dus bestelde ik een powerplug die de volgende dag kon worden bezorgd voor een smak geld. Toen keek ik naar Janines Instagramaccount, waar een nieuwe post stond. Het was een foto van twee jurken die naast elkaar hingen. De ene was een lang, goudkleurig geval met lange mouwen met lovertjes, de andere had eenzelfde model maar was donkerrood en had in plaats van lovertjes een smal randje dons bij het decolleté. Janine had kennelijk nog nooit een versiersel gezien dat ze niet mooi vond. De tekst erbij was: *Aan het klaarmaken voor het diner, welke beauty zal ik kiezen?* De comments waren laaiend enthousiast, iedereen zei dat het een onmogelijke keuze was en dat ze er hoe dan ook fantastisch uit zou zien. Dolly Parton zou het er niet mee eens zijn. Haar beroemde uitspraak was: ‘Het kost veel geld om er zo goedkoop uit te zien.’

Ik besloot een risico te nemen, trok een zwart mantelpakje en een wit T-shirt aan met daaronder de knalroze hakken van de vorige avond. Met een taxi reed ik om halfacht naar het huis van Janine en vroeg de chauffeur om aan de overkant van de straat te wachten tot mijn vriendin kwam. Om kwart voor acht kwam Janine naar buiten (ze had de gouden jurk gekozen) aan de arm van een flamboyante man in een zilverkleurige blazer en liep de trap af naar de straat waar een Mercedes stond te wachten. Toen de auto wegreed, slaakte ik een theatrale zucht en zei tegen de chauffeur dat mijn vriendin zeker was vergeten dat ik haar zou ophalen. We volgden de auto acht minuten lang en stopten bij een restaurant met een grote rode luifel en boeketten bloemen in vazen bij de deur. Janines jonge vriend hield het portier voor haar open en samen liepen ze het restaurant binnen, terwijl een portier lichtjes boog toen ze hem passeerden zonder hem ook maar een blik waardig te keuren. Ik wachtte een minuut en liep vervolgens achter hen aan. Een vrouw in een strakke coltrui begroette me zonder glimlach. Als zulke mensen proberen je te intimideren, kun je maar beter precies hetzelfde doen. Zonder haar gedag te zeggen vroeg ik om een tafel.

'Hebt u gereserveerd?' vroeg ze, en ze bekeek me van top tot teen.

'Nee. Ik kan me niet voorstellen dat dat nodig is voor één persoon,' antwoordde ik, en ik keek met veel omhaal op mijn telefoon.

Ze trok haar neus op en liep naar de maître d'. Een paar minuten later bracht ze me naar een plekje aan de bar en vertrok weer. Janine zat op een bankje van roodfluweel dat haar jurk een jammerlijk feestelijke aanblik gaf. Haar opzichtige partner zat naast haar en twee andere vrouwen maakten het viertal compleet. Ik zat te ver weg om te horen waar ze het over hadden, maar nam genoegen met toekijken. Het zou heus niet interessant zijn en het was leuk om haar eens van dichtbij te zien. Ik zou het slordig van mezelf hebben gevonden als ik haar wasachtige lijf niet had gezien voordat ik haar vermoordde, en op deze manier had ik het idee dat ik haar een gepast afscheid gaf.

Ik had een enigszins smerig kipgerecht en twee glazen wijn en keek toe terwijl de jongeman zo nu en dan aan Janines haar zat of haar een hapje van zijn eten aanbood. Het was merkwaardig flirterig, ook al was hij duidelijk een homo en zeker twintig jaar jonger dan zij. Misschien hadden ze een overeenkomst dat hij met haar mee uitging en haar aandacht gaf, iets wat Simon duidelijk niet deed. In ruil daarvoor betaalde ze zijn eten en kocht ze cadeautjes voor hem? Erg retro. Zo nu en dan barstten ze in lachen uit en dan vertrok Janine haar gezicht tot iets wat op een glimlach leek. Toen ik haar de ober zag wenken voor de rekening, deed ik hetzelfde en volgde hen de avondlucht in. De man stak een sigaret op terwijl de vrouwen kletsten en een van hen tegen Janine zei dat ze donderdag een kopje koffie kwam drinken. Janine schudde haar hoofd. 'Nee, kom morgen. Donderdag heeft de huishoudster vrij en dan kom ik de hele dag mijn bed niet uit. Ik vlieg vrijdagochtend naar Marokko en wil me ontspannen.'

Ik liep terug naar mijn hotel. Zou Pete het vóór donderdag allemaal kunnen regelen? Misschien was dat te gehaast, en haast leidde tot fouten, dat wist ik. Maar de gedachte om hier in Monaco te zijn op het moment dat ze doodging vond ik wel aantrekkelijk, het zou me een gevoel van macht geven dat ik niet eerder had gehad bij dit plan. Bovendien had ik geen idee hoelang ze weg zou blijven, wat zou kunnen betekenen dat ik nog weken moest wachten op een volgende kans. Wie weet zou Lacey zich in de tussentijd bedenken. Bij de geldautomaat naast het hotel pinde ik vijfhonderd euro, dat is mijn daglimiet bij mijn bank. De inwoners van Monaco zouden ontzet zijn over zo'n regel; de opties voor kasopnamen beginnen bij vijfhonderd, het soort kleingeld dat je bij je moet hebben hebt om obers op jachten fooi te geven.

Pete was nijdig dat ik de hele avond offline was geweest, en ik moest eerst een klaagzang van twintig minuten aanhoren omdat hij van zijn vader geen slot op zijn slaapkamerdeur mocht, voordat ik hem weer terug kon brengen naar waar het om ging. Wat zijn tieners toch bijzonder egocentrisch in een fase van hun leven waarin ze het oninteressantst zijn. Ik had al mijn zelfbeheersing nodig om hem niet te vertellen dat de vrijheid om op elk willekeurig moment van de dag te masturberen geen grondrecht was en dat het feit dat hij geen slot op zijn deur mocht geen inbreuk op zijn privacy was, wat hij ook zei over het Veertiende Amendement. Ik vertelde hem over de slimme stekker die ik had gekocht en die morgen bezorgd zou worden. Daarna legde ik uit dat ik mijn stiefmoeder gek wilde maken voordat ik zaterdag vertrok. Ik had het idee dat een beetje omgekeerde psychologie misschien wel zou werken bij Pete, dus zei ik dat het niet erg was als hij de technische uitdaging niet aankon.

Ik vind het al fijn dat ik in jou een vriend heb gevonden, schreef ik. *Ik kan vast wel iemand vinden die me kan helpen.*

Ik had zijn aandacht meteen weer. Het was zo voorspelbaar. Hij antwoordde met een emoji van een gebroken hart, zei dat hij het echt aankon en dat hij de hele nacht zou opblijven om aan het plan te werken. Ik had hem al verteld wat ik wilde… tot op zekere hoogte. Hij wist dat ik van plan was om Janine op te sluiten in haar sauna en de temperatuur hoger te zetten, maar hij wist niet dat ik haar daar wilde vasthouden tot ze bezweek. En hij wist niet dat ze een hartaandoening had die dat proces zou kunnen versnellen. Hij deed dan wel stoer, maar volgens mij zou hij het niet met mijn ware bedoelingen eens zijn, hoezeer hij ook indruk op me wilde maken. Het leek me beter om te doen alsof ik te ver was gegaan, om pas later de verantwoordelijkheid bij hem te leggen, mocht hij in paniek raken.

We moeten toegang zien te krijgen tot de beveiligingscamera's, zodat we weten waar ze is, schreef hij, en hij kwam meteen in actie. *Die zitten vast op hetzelfde netwerk, maar dat weten we pas zeker als de stekker is ingeschakeld. Dan hebben we controle over het systeem vanaf onze telefoons, kun je me zeggen wat je wilt en dan regel ik het. Je kunt zelfs met haar praten als je dat wilt, daar zou ze echt van flippen, toch?*

We appten tot in de kleine uurtjes, Pete beschreef hoe het ging werken en ik vroeg hem steeds opnieuw om dat in normale taal uit te leggen. Om drie uur probeerde hij het gesprek persoonlijker te maken, stuurde weer de gevreesde geluidsopnamen, dus zette ik mijn wifi uit en ging naar bed zonder hem welterusten te wensen.

Ik werd wakker toen het zonlicht door de ramen stroomde en ik bleef een tijdje liggen, tevreden met mijn voortgang. Janine zou een grote overwinning zijn. Simon was dan wel geen trouwe of toegewijde echtgenoot, maar ze waren al tientallen jaren getrouwd en ze was in veel opzichten zijn poortwachter. Het verlies van zijn ouders had hij vast heel erg gevonden, zijn broer waarschijnlijk wat minder. Ik vroeg me af of de dood van zijn neefje überhaupt indruk had gemaakt. Maar van zijn vrouw zou hij erg ondersteboven zijn. Zou hij een patroon herkennen, vragen gaan stellen bij de reeks sterfgevallen? Hij leek me niet iemand die in een vloek geloofde, maar zou hij denken dat hij ergens een vijand had die zijn familie ombracht, maar zichzelf niet bekendmaakte? Ik hoopte dat deze ideeën vorm begonnen krijgen. Niet in die mate dat hij actie zou ondernemen, maar wel zodanig dat ze zijn hersenen binnendrongen en hij moeilijk nog ergens anders aan kon denken. Hij had zakelijk vijanden gemaakt, mensen die hij had genaaid, bedrijven die hij had gekocht en gereorganiseerd – een beleefde manier om te zeggen dat hij veel mensen had ontslagen. Hij had sinds mijn moeder al maîtresses gehad, de kranten zinspeelden daarop. Zou hij terugblikken en zich afvragen of ze hem genoeg haatten om op zo'n dramatische manier wraak te nemen? Rijkelui zijn altijd ontzettend achterdochtig, met hun beveiligingssystemen en gepantserde auto's. Misschien zou hij zijn beveiliging aanscherpen of een privédetective inhuren om op zoek te gaan naar mogelijke vijanden. Misschien zou hij zelfs wel naar de politie gaan. Allemaal verstandige stappen, maar uiteindelijk zinloos. Jeremy en Kathleen waren allang begraven en hun auto-ongeluk zou nooit aan iets anders worden geweten dan hun eigen roekeloosheid. Andrew was in de ogen van zijn familie een gekwelde, vreemde vogel geweest, zijn dood was tragisch, maar niet verdacht. Lee, tja, hoe minder de autoriteiten over zijn ranzige dood te weten kwamen, hoe beter.

En Janine had al langere tijd hartproblemen, ze zou eigenlijk niet eens gebruik moeten maken van de sauna. De vraag zou op ieders lippen liggen: 'Maar zij had toch niet...?' Altijd aardig om het slachtoffer de schuld te geven.

Ik keek op mijn mobiel. Een bericht van Jimmy die voorstelde om vanavond wat te gaan drinken, en een van mijn buurvrouw om te laten weten dat er een pakje voor me bij haar lag. Twee e-mails van kantoor die ik negeerde. Daarna zette ik de wifi van mijn andere telefoon weer aan – het toestel dat ik voor alle Artemis-zaken gebruikte – en hoorde een reeks piepjes die aangaven dat ik nieuwe berichten had. Negen van Pete. Ik scrolde langs de rij. Een ervan was om me te vertellen dat ik moest uitzoeken welk systeem de hub gebruikte. Dat kon ik aan Lacey vragen. De volgende waren linkjes naar artikelen over slimme deurbellen die waren gehackt, en daarna volgde een berichtje waarin hij me vroeg waar ik was gebleven, met een foto van hem voor de spiegel. Hij had zijn hoofd van de foto geknipt, maar zijn trainingsbroek was omlaaggetrokken en ik kon zijn penis zien die als een speciale offergave voor de camera werd gehouden. Waarom sturen mannen ongevraagd foto's van hun lul? Ik heb niet veel vriendinnen, maar ik weet zeker dat ik namens het overgrote deel van mijn sekse spreek als ik zeg dat niemand op die manier wakker wil worden. Vooral niet met een foto van een amper volwassen jongen met te veel schaamhaar en een treurig geval van acne op zijn borst. Ik vond het deprimerend en had tegelijkertijd medelijden met Pete die kennelijk dacht dat dit een verplicht ritueel was wanneer je met een meisje praatte. Ik stuurde de foto door naar mijn eigenlijke telefoon. Ik kon hem maar beter bewaren voor het geval Pete in gewetensnood kwam. Ik appte hem vriendelijk terug en vroeg of we het iets rustiger aan konden doen. Ik hoopte dat hij zich daardoor meer dan een beetje schaamde en tegelijkertijd nog wat hoop had dat hij op een later tijdstip misschien iets retour zou krijgen. Hij zou natuurlijk nooit iets van me krijgen, maar ik was niet van plan al te veel medelijden met een eenzame puber te hebben. Als je een vriendschap begint op basis van hacken, verdien je het om bedonderd te worden. Sterker nog, dat zou je moeten verwachten.

Zodra mijn pakje was gearriveerd, nam ik het mee naar mijn kamer, maakte het open en las de instructies. Ik schreef een samenvatting op een papiertje en stopte de slimme stekker toen in een toilettasje, samen met het geld. Het was een klein pakketje en zou zonder problemen in Laceys tas passen, mocht Janine haar zien terugkomen van haar wandeling. Ik pinde nogmaals vijfhonderd euro naast mijn hotel, stopte het erbij, liep naar de boulevard en zag Lacey al in de verte aan komen. Ze was vandaag in een betere bui; ze had vast al bedacht wat ze met het geld ging doen. Of misschien was Janine die ochtend bijzonder onaangenaam geweest en wilde Lacey wat macht terugpakken. Waarschijnlijk allebei.

Ik gaf haar het geld en het toilettasje, vertelde haar dat daar een stekker met ingebouwde voicerecorder in zat en wat ze ermee moest doen. 'In het tasje zitten ook nog instructies, voor het geval je die nodig hebt. En mijn nummer, dus app me zodra je hem hebt geïnstalleerd en geef me dan ook het merk en unieke nummer van de hub, die staan op de zijkant. Het nummer bestaat uit zestien cijfers.' Lacey knikte en vertelde me dat Janine vrijdag wegging. Ik verzekerde haar dat ik de afluisterapparatuur zou uitzetten als ze weg was en pas weer zou aanzetten als ze weer terug was. Ik vroeg me af of Lacey het ervan zou nemen als Janine de stad uit was, haar teennagels zou lakken op de bank vol sierkussens, zou roken in de keuken, uren in Janines bad zou liggen. Ik hoopte het, maar waarschijnlijk was ze te bang.

'We hebben maar een weekje aan audio nodig, dan hebben we waarschijnlijk voldoende voorbeelden van haar beschamende praktijken. Dan kun je de stekker eruit halen en weggooien, goed?'

Ze knikte weer en bukte zich om Henry achter zijn oor te aaien. 'Ik doe dit voor mijn gezin en omdat ik niet wil dat andere vrouwen onder een slechte baas lijden. Het geeft me een goed gevoel om iemand te helpen.' Henry deed zijn best om in haar vingers te bijten en ik voelde me opeens heel schuldig. Ze hielp alleen mij. En ze zou binnenkort geen baan meer hebben.

'Wat is je achternaam, Lacey?' vroeg ik opeens. Ze keek intens wantrouwig naar me op. Henry had eenzelfde blik, maar dat was normaal voor het kleine snertbeest. 'Ik beloof je dat het alleen voor mijn eigen dossier is, ik zal hem nergens gebruiken.' Ze keek nog steeds ongemakkelijk. 'Als het artikel wereldwijd wordt verkocht, krijg je een deel van de opbrengst,' verzon ik snel. Het werkte; zo gaat het meestal met geld.

'Phan,' zei ze, en ze spelde het voor me. Ik bedankte haar en liet haar opnieuw beloven dat ze me straks een appje zou sturen om te zeggen dat ze de stekker had geïnstalleerd. Met een serieuze blik zei ze dat ze dat zou doen. We namen afscheid en ik liep terug naar mijn hotel om daar te wachten.

Vier uur later, nadat ik een online work-out had gedaan, een bad had genomen en een uur lang door Bryony's Instagram-account had gescrold, pingelde mijn telefoon. *Geregeld*, stond er. *Hij is geïnstalleerd, er knippert een blauw lichtje. Het merk op de doos is Henbarg. Het nummer is 1365448449412564.*

Ik draaide me om op bed en stompte een halve minuut tegen de kussens voordat ik rechtop ging zitten en diep ademhaalde. Ik appte Pete, die al de hele dag niets van zich had laten horen. Zelfs met het tijdsverschil was dat niets voor hem. Normaal gesproken was hij de halve nacht wakker, stuiterde hij rond op internet, zijn speelterrein. De blauwe vinkjes naast mijn laatste bericht gaven aan dat hij het had gelezen. Misschien schaamde hij zich, was hij gekwetst of boos. Een beleefde afwijzing en mannen zijn meteen boos. Ik schreef dat de slimme stekker was geïnstalleerd en gaf hem de informatie van de hub. Ik eindigde met: *Zullen we morgen los? Het lijkt me zoooo grappig om haar de stuipen op het lijf te jagen.*

Het was bijna zeven uur, ik stond stijf van de adrenaline ondanks de slopende work-out, dus trok ik mijn sportkleren weer aan en ging nog een rondje hardlopen. Ik wist er tien kilometer uit te persen, rende door de schone straten met aan weerszijden nette keitjes en keurig verzorgde planten. Het leek haast wel een speelgoedstad, het was alsof de rest van de wereld ver weg was en niet in staat je te bezoedelen. Ik kocht een ijsje en liep terug naar het hotel terwijl ik afkoelde en genoot van de zoetigheid.

Ik had nog steeds niets van Pete gehoord, maar hij had het laatste bericht wel gezien. Er stonden twee blauwe vinkjes op mijn scherm. Had zijn vader zijn telefoon afgepakt? Was hij gewoon druk bezig om te bedenken hoe hij het systeem kon hacken? Of had zijn stilte een duisterder reden? Had hij het serienummer gebruikt om erachter te komen wie Janine was? In dat geval had hij vast ook ontdekt dat ik loog over wie ik was en wat ik van hem wilde.

Dat was altijd een mogelijkheid geweest. Hij was degene met de technische expertise, als je een zeventienjarige jongen een expert kunt noemen in iets anders dan walgelijke lichaamssappen. Het betekende dat ik alle controle kwijt was en niet wist hoever hij zou gaan in zijn onderzoek naar wat we aan het doen waren. Ik had gehoopt dat hij me zou helpen om Janines huis te hacken, geschokt zou zijn als ze dood neerviel en zich dan zou terugtrekken. Dat was het beste scenario. Maar ik was ook niet naïef en wist dat het absoluut mogelijk was dat hij doorhad dat ik meer wilde dan haar laten 'schrikken' en dat hij antwoorden van me wilde. Of nog erger: naar de politie wilde.

Dat was het probleem als je een ander om hulp vroeg. Al met al vond ik nog steeds dat het beter was om een suf kind om hulp te vragen, hem wat te manipuleren om mijn zin te krijgen en bij een eventueel resultaat te doen alsof ik van niets wist, dan een 'professional' in te huren die me er de rest van mijn leven mee zou kunnen chanteren. Zo iemand zou alles over me hebben uitgezocht en tegen me gebruiken. Waarschijnlijk om me bakken met geld af te troggelen. Als Pete de verveelde, enigszins treurige tiener was die ik me voorstelde, dan zou het niet moeilijk zijn om hem te laten zwijgen.

Maar waar was hij, verdomme? Het was negen uur 's avonds tegen de tijd dat ik had gedoucht en me klaarmaakte om te gaan eten, en nog steeds niets. Ik appte hem opnieuw, vroeg of ik hem had gekwetst en zei dat ik hem miste. *App me terug, ik verveel me kapot. Ik heb je nodig xx.*

Ik at in een toeristische bar waar op het menu foto's van het eten stonden. Altijd een fatale vergissing, maar ik was afgeleid en kon niet wachten tot deze avond voorbij was. Een verlepte salade en twee glazen wijn later betaalde ik de rekening en liep terug naar mijn hotel. Onderweg appte ik Lacey om te vragen wie er morgen in het huis zouden zijn. Ik legde uit dat het goed zou zijn om te weten van wie de stemmen waren die we hoorden, zodat we de audio-opnamen konden begrijpen. Ze antwoordde snel en zei dat ze de volgende dag vanaf negen uur 's morgens vrij had en om zes uur 's avonds weer in het appartement zou zijn. Als zij vrij had, kwam er 's morgens een meisje om Janines ontbijt te bereiden en het huis even snel aan kant te maken, maar verder zou er waarschijnlijk tot de avond niemand zijn. *Madame is op donderdag graag thuis, dan wil ze zich ontspannen. Ze zegt dat ze het fijn vindt om het huis voor zich alleen te hebben. Soms laat ze haar nagels doen of er komt een kapper langs. Als ik terug ben, ruim ik alles weer op.*

Het leek me een beetje overdreven dat Janine een hele dag per week nodig had om zich te ontspannen, terwijl dat het enige was waar haar leven om leek te draaien, maar het betekende dat ze thuis was, daar waar ik haar hebben wilde, en dus was ik blij dat zelfzorg zo belangrijk voor haar was.

Ik ging om elf uur naar bed, belachelijk vroeg voor mijn doen. Ochtendmensen hadden de strijd lang geleden al gewonnen, maar ik bleef me verzetten, ging normaal gesproken pas om twee uur naar bed en stond als het even kon niet voor elf uur op. Maar ik kon niet wachten tot de nacht voorbij was, als een kind dat op de Kerstman wacht en alleen gaat slapen zodat ze de volgende ochtend cadeautjes krijgt. Maar ik kon niet slapen. Pete had me al zestien uur lang geen berichtje gestuurd en ik lag in bed met het besef dat ik Janine de volgende dag onmogelijk zou kunnen vermoorden als hij niet snel contact opnam. En na morgen zou dit plan niet meer uitvoerbaar zijn en zou ik opnieuw moeten beginnen. Ik probeerde naar een rustgevende opname van golven op het strand te luisteren, maar daar moest ik alleen maar van plassen. Ik deed ademhalingsoefeningen die ik mezelf jaren geleden had aangeleerd, maar ze konden de zenuwen, die ergens onder mijn ribbenkast dansten, niet onderdrukken. Ik stond op en nam een spraakbericht op voor Pete. Ik zette een hoge stem op om jonger te klinken dan ik was en zorgde ervoor dat ik voldoende ongerust klonk.

'Ik weet niet waar je bent en of alles goed met je is. Ik heb uren liggen janken, ik ben bang dat ik je heb gekwetst of dat ik het heb verpest. Ik ben bang voor mijn gevoelens voor jou, babe, daarom duwde ik je weg, maar ik wilde je niet verdrietig maken. Laat alsjeblieft wat van je horen. Die plannen voor mijn stiefmoeder kunnen me niks meer schelen. Ik wil alleen weten dat alles goed me je is. Ik ben er voor je, geef alsjeblieft antwoord.'

Vijf minuten later appte hij terug. *Ik was er kapot van toen je zei dat je langzamer wilde gaan. Dacht dat je genoeg van me had, voelde me voor schut staan. Werd boos en viel in een zwart incelgat, alle meiden zijn stom, ik ben er klaar mee. Mensen zijn zo nep, weet je? Dacht dat jij ook nep was en wilde je straffen.* LOL *ik ben zo verknipt. Ik geef ook om jou, babe. Sorry dat ik te ver ging, pas toen ik je stem hoorde, besefte ik wat een sukkel ik was. Maar ik ga het goedmaken.*

Echt verontrustend, dit inkijkje in zijn gedachten. Zijn bereidheid om een meisje te straffen omdat ze niet meteen verrukt was bij het zien van foto van zijn penis was ijzingwekkend, en dat zeg ik als iemand die zes mensen heeft vermoord. Ik zou blij zijn als dit voorbij was en ik uit zijn leven kon verdwijnen, met zijn dickpic als onderpand.

Een uur lang appten we, ik speelde de rol van een gekwetst en verlegen tienermeisje, hij voelde zich heel wat door mijn uiting van genegenheid en wilde graag weer mijn beschermer zijn. Ik liet het aan Pete over om weer over het onderwerp hacken te beginnen, wilde hem het gevoel geven dat hij de touwtjes in handen had. In bewoordingen die ik niet helemaal begreep, appte hij me dat hij bezig was met het smartsysteem. Ik moet op een gegeven moment zijn weggezakt. Hij had lange stiltes in onze communicatie laten vallen terwijl hij bezig was om uit te vogelen hoe hij toegang kon krijgen tot het systeem in Janines huis, en ondanks het belang van het werk was het wachten saai.

Om negen uur 's morgens schrok ik wakker en moest moeite doen om te bedenken waarom vandaag zo belangrijk was. Ik pakte mijn actietelefoon en zag tweeëntwintig nieuwe berichten van Pete. Zouden ze over ons plan gaan of waren het penissen? Het eerste bericht was een foto van een naakte stripfiguur, compleet met wasbord en een gouden trofee in zijn hand. Als typische tiener had Pete ervoor gekozen plaatjes te gebruiken in plaats van woorden. Ik hoopte dat het plaatje betekende dat hij succes had geboekt en niet dat het een ondoorgrondelijke manier van hem was om zijn incel-neigingen nog meer te tonen. Het volgende bericht was een filmpje, de thumbnail wazig. Ik zette me schrap en tikte op PLAY. Het beeld was donker en slecht te zien. Ik kneep mijn ogen samen, probeerde te begrijpen wat de bleke vorm in het midden van het scherm was. Er bewoog iets, een schokkerige ruk, gevolgd door een geluidje. Dat was het. Ik speelde het opnieuw af. Het was... Ja. Het was een bed. En die beweging was van een persoon. Deze keer was het gemakkelijker om de contouren van het matras te zien, en de beweging was van een arm of been, misschien? Stuurde Pete me nu filmpjes van hoe hij lag te slapen? Jezus, dit was niet ideaal.

Lichtelijk geschrokken opende ik het derde appje, een spraakbericht. 'Maak voordat je weggaat het bed nog even bed op, alsjeblieft. Ik wil niet de hele dag tegen verkreukelde lakens aan kijken. O, en bel de nagelstyliste om te zeggen dat ze pas rond de middag moet komen. Nee, ik weet niet bij wie geboekt is, waarschijnlijk bij Monaco Manicures. Zoek het op, Lacey, zo moeilijk is het niet! Ik ga douchen, zeg tegen de portier dat hij moet bellen als de bestelling er is.'

Ik bleef doodstil zitten, terwijl de dominante stem in mijn oren echode. Het was Janine. Zeker weten. Ik scrolde terug en keek opnieuw naar het filmpje. Dat was zij waarschijnlijk, in bed. Ik keek hoe laat Pete het had verstuurd: zes uur 's morgens. En de geluidsopname om acht uur. Een uur geleden nog maar. De daaropvolgende berichten waren foto's van het appartement, genomen met de beveiligingscamera's. De beige woonkamer met alle foute gouden accenten, als een woonwinkelversie van Versailles, de gangen met de goudomlijste schilderijen van dingen die mensen kopen die niet in kunst geïnteresseerd zijn, in een poging beschaafd te lijken. Landschappen, paarden, een paar zoete schetsen van ballerina's. De keuken was de enige mooie ruimte in het appartement, met witte kastjes en een marmeren vloer. Hij zag eruit alsof hij nog nooit was gebruikt. De eetkamer deed pijn aan mijn ogen: donkerrode muren, een donzig kleed onder een enorme mahoniehouten tafel die was gedekt voor een uitgebreid diner. Wat is er tragischer dan het idee dat een permanent gedekte tafel het hoogtepunt van verfijning is? Alsof er elk moment een lid van de koninklijke familie kan aanschuiven dat teleurgesteld zou zijn bij het gebrek aan couverts.

De foto van de inloopdouche was het toppunt voor mij. Een gigantische witmarmeren ruimte, bijna zo groot als mijn flat, met een enorme ronde hemeldouche, een vrijstaand bad en twee wasbakken onder een barokke spiegel. De spiegel was op een muur bevestigd met een tegelmozaïek van nimfen in een zoetwaterbad. Een glazen deur naast de douche vormde de toegang voor de sauna, die traditioneel van hout was gemaakt.

Pete had nog een paar berichten gestuurd waarin hij met behulp van GIF'jes liet merken hoe trots hij was op zijn werk, en tot slot een laatste opmerking: *En voor mijn meesterwerk…*

Ik tikte op het laatste filmpje. Het was weer een opname van de slaapkamer, deze keer met de gordijnen open. Lacey had het bed opgemaakt. Ik keek op het scherm hoe de deur openging, dichtging en weer opengging. Pete pronkte met wat hij kon doen. Hij had controle over het huis. En ik had controle over Janines leven.

Ik stuurde Pete een zo dankbaar mogelijk antwoord. Een GIF van een sexy cheerleader die haar pompons in de lucht gooit. Hij kwam meteen online en vertelde me dat hij helemaal niet had geslapen.

Het is idioot, Eve, ik kan letterlijk alles doen wat ik wil in dit huis. Het systeem heeft geen end-to-end-encryptie. Ik had nog wat onderzoek naar het bedrijf gedaan en toen wist ik dat het niet meer mis kon gaan. Het wordt gerund door een ouwe vent uit Duitsland die alleen aan stinkend rijke lui verkoopt, maar hij zorgt niet voor software-updates en doet niets om data te beveiligen. Deze sukkels betalen honderd mille voor iets wat goddomme nog minder goed beveiligd is dan een Fitbit.

Ik vroeg hem of ik via het systeem met Janine zou kunnen praten en hij plaagde me dat ik het allemaal niet snapte. *'Via het systeem', lol, je lijkt mijn moeder wel. Maar ja, je kunt haar tot waanzin drijven als ze in de douche opgesloten zit. Heb je trouwens die afbeelding op de muur gezien? Dat zijn nog eens sexy nimfen. Is je stiefmoeder naakt in ons plan?*

Ik negeerde dit en we appten nog wat over de manier waarop ik via mijn telefoon toegang kon krijgen tot het systeem. Hij stuurde me een link naar een bestand en zei dat ik het moest downloaden.

Het icoontje werd groen en ik tikte erop, waarop er een webpagina werd geopend met livebeelden van Janines gang. Pete nam met me door wat ik kon zien en hoe ik toegang kon krijgen tot de camera's in verschillende kamers.

Ik regel de andere dingen vanuit hier, en jij kunt via de telefoon praten en dan verbind ik hem met het huis wanneer je maar wilt.

Is ze nu thuis? vroeg ik, en ik scrolde nieuwsgierig door het appartement.

Nee, ze is tien minuten geleden vertrokken. Je hebt me nooit verteld hoe teringrijk je vader is. Dat huis is waanzinnig.

Het is háár geld, schreef ik terug, omdat ik niet wilde dat hij dacht dat ik een rijke erfgename was.

Nou, dan heeft je pa mazzel. Wil je wat cools zien nu er toch niemand thuis is?

Ik keek toe terwijl de zonneschermen in de woonkamer omhoog- en omlaaggingen, terwijl er harde muziek ergens uit een luidspreker schalde. Hij kon het echt, het was geen stoere puberpraat. Ik zei dat hij moest ophouden, ik wilde niet dat de buren het zouden zien en Janine zouden waarschuwen als ze thuiskwam. Ik had zo'n vermoeden dat Janine 's morgens zelden keiharde housemuziek afspeelde. Housemuziek zou überhaupt nooit afgespeeld moeten worden.

Ik zei tegen Pete dat hij verder moest gaan met zijn onderzoek en het me moest laten weten zodra Janine terug was. Binnen vijf minuten was ik gedoucht en aangekleed, waarna ik naar het strand ging, het mooiste café uitzocht en onder een parasol ging zitten kijken naar de golven die over het strand rolden. Ik richtte mijn aandacht weer op de beelden van Janines appartement en bekeek de verschillende kamers om te zien of ze er alweer was. Nog steeds niets. Pete had ook niets van zich laten horen, dus bestelde ik een kop koffie en een croissant, staarde over het strand en dwong mezelf om niet elke tien seconden op mijn telefoon te kijken. Lang hoefde ik mezelf deze discipline niet op te leggen. Mijn telefoon pingelde toen ik net de laatste paar kruimels bladerdeeg op had. Haastig veegde ik mijn vette vingers aan een servetje af voordat ik het bericht opende.

Ze is er weeeeeer… schreef Pete.

Ik tik weer op de cameralink en zie dat Janine haar slaapkamer binnenloopt. Ze zet haar grote, oranje Hermès-tas op bed, naast een kleine papieren boodschappentas, en haalt er een goudgerande kaars uit die ze op het nachtkastje naast haar bed zet. Ze loopt een paar minuten door de kamer, schudt een sierkussen met gouden kwastjes op en haalt haar vinger over de vensterbank om te zien of er stof ligt. Volgens mij verveelt ze zich. Niet de verveling van een zeldzame vrije dag en het gevoel dat je die niet voldoende benut. Dit is jaren van opgekropte ennui, een leven vol lunches en huishoudelijk personeel en te veel tijd besteed aan uiterlijkheden. Koop een kaars, laat je haar doen, neem een yogales, vlieg naar je andere huis en doe daar hetzelfde, steeds opnieuw. Ze vult haar tijd met activiteiten, maar ze leiden nergens toe. Het is een draaimolen van het afgezaagde. Daar loopt ze dan op een dag zonder personeel, zonder vrienden om zich heen, dolend door haar appartement op zoek naar dingen waar ze straks tegen Lacey over kan klagen. Als ze ook maar enigszins besefte hoe deprimerend haar leven was, zou ze misschien van haar yogabalkon zijn gesprongen.

Pete appt me. *Bezoek: vrouw met tas, te zien op deurcamera.*

Janine loopt door de hal en Henry rent opeens wild keffend achter haar aan. Ze schuift de hond weg en opent de deur. Een jonge vrouw in een zwart T-shirt en spijkerbroek komt binnen en volgt haar in stilte naar de woonkamer. Als ze haar tas uitpakt, zie ik dat het de nagelstyliste is die een uur van Janines dag gaat vullen.

Terwijl Janine haar nagels laat doen, appen Pete en ik een tijdje met elkaar, maken de inrichting van de woonkamer belachelijk en vertellen elkaar wat we het lelijkst vinden. Ik kies de neonletters

LOVE aan de muur, een kopie van een Tracey Emin-ontwerp van een paar jaar geleden en het enige moderne in de kamer. Misschien is het zelfs wel een echte Emin. Daar wordt het ding niet minder lelijk van. Pete houdt vol dat de glazen salontafel de winnaar is. Hij zegt dat ik moet inzoomen op de poten, die kleine engeltjes moeten voorstellen die het tafelblad omhooghouden. Ik bestel nog een kop koffie en we wachten en kijken, twee vreemden die ergens inbreken zonder een poot uit te steken.

Uiteindelijk is de nagelstyliste klaar en ze vertrekt, maar niet voordat Henry haar aanvalt, een flesje rode nagellak omstoot en er een paar druppels op de blouse van de jonge vrouw terechtkomen. Janine vaart tegen het meisje uit omdat ze terugdeinsde toen Henry tegen haar opsprong en zegt dat ze niet meer hoeft te komen als ze bang is voor honden. 'Je zou echt wat professioneler moeten zijn, het had wel op het kleed kunnen vallen,' zegt ze, en ze laat het meisje uit.

Wanneer ze de deur achter de beledigde nagelstyliste heeft dichtgedaan, slaakt ze een zucht en loopt naar de badkamer. Ze laat het bad vollopen en steekt haar haar zorgvuldig op.

Kun je de sauna aandoen, zonder haar daarop attent te maken met lichten? app ik naar Pete. Ik richt mijn blik weer op het camerabeeld. Janine smeert een kleverige smurrie op haar gezicht.

Al geregeld, antwoordt Pete.

Mooi. Doe jij het licht in de sauna aan als ze uit bad komt, dan gaat ze vast naar binnen om het uit te doen, en dan doen wij snel de deur op slot.

Hij appt meteen terug met een opgestoken duim.

Ik hoef niet te zien hoe Janine een bad neemt, vind dat ze in haar laatste ogenblikken recht heeft op wat privacy. Maar Pete heeft er geen moeite mee, doet verslag van haar badderrituelen en lacht om haar als ze achteroverleunt en Celine Dion-nummers zingt. Sommige mensen liggen graag lang in bad, noemen het zelfzorg en doen alsof het niet bedoeld is om een kostbaar uur aan hun familie te ontsnappen. Janine is zo iemand, ook al kan ze aan niemand ontsnappen, tenzij die rothond meetelt. Ze ligt bijna een uur in bad, doet er nog wat heet water en verschillende oliën bij. Ik begin zo langzamerhand wat trillerig te worden van alle koffie en bestel een glas rosé om het effect van de cafeïne tegen te gaan.

Uiteindelijk waarschuwt Pete me dat ze uit bad stapt en hij maakt een onbeschofte grap over haar borsten, waardoor ik een scherpe opmerking over zijn dickpic wil maken, maar ik houd me in. Pete geeft me het gevoel dat ik Janine moet verdedigen, een teken dat ze allebei zo snel mogelijk uit mijn leven moeten verdwijnen.

Het zal inmiddels wel bloedheet zijn in de sauna. Ik haal diep adem en geef Pete opdracht de lichten aan te doen. Ik kijk naar de camerabeelden en zie dat de sauna opeens duidelijk in beeld is. Janine heeft het nog niet gezien. Ze heeft een handdoek om zich heen gewikkeld en hangt boven de wasbak om haar gezicht schoon te maken met een doek.

Laat ze knipperen, typ ik. De lichten gaan prompt snel aan en uit. Janine stopt en fronst haar wenkbrauwen. Met een verstoorde blik op haar gezicht loopt ze naar de sauna. *Sta klaar om de deur op slot te doen, Pete, zorg alsjeblieft dat je klaarstaat.*

Doe ik toch, djiezus, laat dat maar aan mij over, babe, is het antwoord.

Janine loopt de sauna binnen. Ik houd mijn adem in en krab aan mijn hals. De deur valt zachtjes dicht. Eerst lijkt het alsof ze het niet in de gaten heeft. Ik zie de kruin van haar hoofd op het moment ze haar arm uitsteekt om het licht uit te doen. Ze wappert zichzelf lucht toe als ze beseft dat de sauna op de hoogste stand staat. Ik kijk toe terwijl ze aan de deur trekt, het glas trilt iets, maar hij gaat niet open.

LOL, ze heeft door dat ze opgesloten zit, appt Pete, maar ik negeer hem, gebiologeerd door de toenemende paniek bij Janine, die nu herhaaldelijk op een knop drukt. *Dat is het alarm*, zegt Pete. *Dat heb ik uiteraard uitgezet. Niemand die jou hoort schreeuwen, dame.*

Janine is erbij gaan zitten, ik kan haar niet meer zien, maar ze bonst op de ruit en door het lawaai komt Henry de badkamer binnengerend. Ze hoort hem en staat op, haar ogen turen over de rand van het matglazen deel van de deur. Ze zegt dat hij hulp moet halen, een absurd bevel dat duidelijk maakt dat ze in paniek begint te raken. Henry kijkt naar haar op, zijn oren naar achteren en zijn kleine lichaampje trillend van opwinding. Dan houdt hij zijn kop schuin, draait zich om en loopt de badkamer uit. Ik schakel over naar een andere camera en zie dat hij in zijn mandje in de gang gaat liggen en prompt in slaap valt. Misschien heeft Henry meer mensenkennis dat ik dacht.

Ik kijk op mijn horloge. Ze zit nu een kwartier in de sauna. *Wat is de temperatuur daarbinnen?* vraag ik Pete.

ff checken. Twee minuten later: *Sorry, moest het omzetten naar dat rare systeem van jullie. Het is er honderdtien graden. Moet ik 'm hoger zetten? Dan valt ze misschien flauw.*

Ik denk na. We hebben geen uren de tijd om haar dood te laten koken. Maar ik wil het ook niet zover laten komen dat ze ernstige brandwonden oploopt; dat duidt erop dat ze er niet uit kon. *Zet maar hoger, kan me niks schelen als ze flauwvalt. Dat zal die trut leren.*

Ik neem een slokje wijn en geniet weer van de bries die er staat, in de wetenschap dat Janines hele lichaam erom schreeuwt. Omdat ik niet wil dat Pete te intensief naar de beelden kijkt, leid ik hem af door over een mogelijke trip naar Iowa te beginnen. Hij hapt meteen toe en vertelt me hoe cool het zou zijn als we elkaar in het echt zouden zien. We wisselen ideeën uit over wat we zouden doen, hij begint steeds meer te flirten en ik stel allerlei brave activiteiten voor waar zijn dominee het mee eens zou zijn.

De hele tijd houd ik Janine in de gaten in die kleine hete ruimte. Ze beweegt zich niet. Als ik met haar wil praten, moet ik het nu doen, besef ik. Ik zeg tegen Pete dat hij verbinding moet maken en ben me ervan bewust dat wat ik ga zeggen wel vragen zal oproepen.

Het blijft even stil en dan laat Pete me weten dat ik met haar kan praten. Ik neem een slok wijn en kijk om me heen om er zeker van te zijn dat niemand me kan horen. Ik breng de telefoon naar mijn kin en spreek zacht maar duidelijk. 'Je zult op dit moment wel niet in de stemming zijn voor een openhartig gesprek.'

Haar hoofd komt met een ruk boven het matglas uit en ze veegt met haar hand de condens weg.

'Ik wil je alleen laten weten waarom jou dit overkomt. Het is geen ongeluk. Dat zul je inmiddels wel doorhebben. Maar ik ben geen crimineel meesterbrein dat jouw diamanten wil stelen. Je kunt me niets geven wat hier een einde aan zal maken.'

Ze begint te schreeuwen, bonst koortsachtig op de glazen deur.

'Hou je mond. Je hebt de energie niet om moeilijk te doen. Jouw echtgenoot liet mijn moeder achter met een baby. Hij liet haar in de steek. Hij wees mij af. En jouw familie heeft sinds die tijd een leven vol luxe en gemak gehad. Is dat eerlijk? Ik vond van niet, als ik zag dat mijn moeder keihard moest werken, een reeks waardeloze banen had en elke dag zwakker werd. Is het eerlijk dat jouw dochter alles had wat ze maar wilde en dat ik werd opgevoed door mensen die dat alleen deden om zelf een goed gevoel te krijgen?'

Ze kijkt nu verwilderd om zich heen en met één hand klauwt ze naar haar hals.

'Ademhalen gaat niet meer zo gemakkelijk, hè? Nou, dat duurt niet lang meer, dus probeer rustig te blijven, als je in paniek raakt wordt het erger, lijkt me. Ik zal eerlijk tegen je zijn, ik heb erover gedacht je dit allemaal niet uit te leggen, maar ik vond het niet meer dan netjes dat je de achtergrond kent. Mijn vader. Jouw man. Daarom ben je hier. Het is fijn om te weten wie er verantwoordelijk is, vind je niet?'

Pete appt me. *Megagrappig, maar ze zit daar nu al heel lang. Volgens mij heeft ze het echt moeilijk, babe, zullen we haar eruit laten? Zal mij een worst wezen als ze flauwvalt, maar jij mag het zeggen.*

Nog een minuut. Red ze best. Zet hem nog maar wat hoger, antwoord ik, terwijl ik naar Janine staar, die met haar vinger over het glas glijdt. Ik tuur naar het scherm, kijk wat ze probeert te doen. Ze maakt een geluid, maar het is gedempt.

'Wil je iets zeggen?' vraag ik. Ze fluistert weer iets. Ik begin boos te worden. 'Luider alsjeblieft, je hebt waarschijnlijk niet lang meer, dus als je iets wil zeggen, moet het LUIDER.'

Maar ze luistert niet, beweegt haar vinger weer ingespannen over het glas. Ze is amper in staat om meer dan een millimeter te bewegen voordat ze weer even moet stoppen. We kijken in stilte toe terwijl de vorm duidelijker wordt. Een letter G, grillig maar duidelijk genoeg. Ik voel een lichte misselijkheid in me opkomen.

Pete is gebiologeerd. *Waar is ze in vredesnaam mee bezig, een SOS-bericht?*

De volgende letter begint vorm te krijgen, een lange lijn en, terwijl ze zich tegen de deur overeind probeert te houden, een kringel eraan. Het wordt een R. De golven slaan op het strand, terwijl mijn blik wat wazig wordt. Ze probeert GRACE te schrijven. Ze weet het. Ze weet alles. Ze heeft het waarschijnlijk altijd geweten, van mij, van mijn moeder, vond het prima om ons in armoede te laten leven terwijl haar dochter alles had. En nu gaat ze me ontmaskeren. Als Simon het bericht vindt, weet hij het. Misschien niet meteen, maar hij zal het verband zien, aan de andere doden denken en beseffen wat er is gebeurd. Dan zijn hij en Bryony veilig en zit ik de rest van mijn leven in de gevangenis.

HOGER, app ik Pete. *Helemaal omhoog. De trut verdient het.*

Jezus, je hebt echt een hekel aan haar, hè? Dat verhaal was gestoord, vergeleken bij haar lijkt mijn stiefmoeder verdomme wel een engel. Ik zet 'm hoger.

Janine probeert de R af te maken. Haar volmaakt gekapte haar zit tegen haar gezicht geplakt, dat vlekkerig is en op sommige plekken een rare paarsblauwe kleur krijgt. Ik zit in de zon, heb één hand om mijn telefoon geklemd en knijp met de andere hand zo hard in mijn nek dat mijn ogen bijna uitpuilen. Dan glijden haar vingers langs de ruit omlaag, haar hoofd verdwijnt uit het zicht en ik hoor een luide klap. Stilte. Ik drink een glas water. Geen beweging.

Mijn telefoon piept. *Dat was DRAMATISCH. Volgens mij is ze flauwgevallen. Zal ik de deuren opendoen?*

Ik gebaar naar de ober dat ik nog een glas wijn wil. *Doe maar.*

Die klap was niet alleen haar lichaam dat op de grond viel. Daar was hij te hard voor. Ze moet met haar hoofd ergens tegenaan zijn gekomen. Ik kijk op mijn horloge. Lacey komt over een paar uur pas terug. Genoeg tijd voor onomkeerbare schade, als ze niet al dood is. De deuren naar de sauna gaan open en er komt stoom naar buiten, waardoor ik even niets kan zien. Terwijl de ober me een nieuw glas brengt, komt de badkamer langzaam weer in beeld. Janines voeten liggen bij de deur naar de sauna, haar lichaam roerloos en klein, en iets aan het zicht onttrokken. De grillige G lost al in het niets op.

Henry heeft al die tijd geslapen. Werkelijk waar, wij verdienen geen honden.

Ze ging dus dood. De hitte en de schok en de brandwonden zouden fataal zijn geweest, ook als ze geen lichte hartaandoening had gehad. Geen enkele hartaandoening is mild als je in een oven zit, denk ik. Lacey was geweldig, ze stelde geen enkele vraag toen ik de volgende dag bij de boulevard op haar stond te wachten. Vermoedde ze iets? Moeilijk te zeggen. Ik deed alsof ik geschokt was en met haar meeleefde, maar Lacey leek volkomen onaangedaan door het gruwelijke tafereel dat ze had aangetroffen. Sterker nog, ze liep met rechte rug, niet langer in haar uniform, maar in een spijkerbroek en T-shirt, met goudkleurige slippers en feloranje teennagels. Ze tilde Henry op en aaide zijn zijdezachte oortjes.

'Ik ga je wat geld geven, Lacey, dat is het minste wat ik voor je kan doen in deze moeilijke periode,' zei ik met een bezorgde blik. 'Ga je nu naar huis? Of blijf je voor de familie werken?'

'Meneer Artemis heeft me een maandsalaris gegeven en gezegd dat ik nog een week kan blijven, maar het is al goed. Susan, de beste vriendin van madame Janine, belde me gisteravond om te vragen of ik voor haar wil komen werken. Ze heeft een veel groter huis in de heuvels en biedt meer geld. Ze zei dat ze al een tijdje van plan was om me te vragen.' Lacey glimlachte opgewekt. 'En ze is niet zo'n trut als de dode dame. En ik neem Henry met me mee. Niemand die me tegenhoudt.'

Ik zwaaide haar uit en verwonderde me over de schaamteloze brutaliteit van Susan, een vrouw die de huishoudster van haar beste vriendin nog geen vierentwintig uur na haar dood inpikte. In een ander leven zouden we misschien vriendinnen zijn geweest.

Pete was iets lastiger. Hij stortte niet in en raakte niet in paniek door wat we hadden gedaan, en daar was ik wel bang voor geweest. In plaats daarvan was hij niet meer te houden, wilde alle gebeurtenissen van de dag doornemen, stuurde me memes over barbecues en vroeg wie ons volgende doelwit was.

Dit kan een leuke bijbaan worden, babe, appte hij me een week later, toen ik aan een glas wijn zat en bedacht welke kleur ik mijn teennagels zou lakken. Er valt niet te spotten met de hormonen van een tienerjongen, en dus had ik de telefoon niet in een rivier gegooid, had niet alle contact met hem verbroken. De jongen was verliefd en ik wilde zijn technische talenten niet op de proef stellen, dus handelde ik het subtiel af. Vooral door God te vinden. Door de plotselinge stroom Bijbelcitaten telkens als hij me een flirterig bericht stuurde, werd het contact snel minder. Er gaat niets boven wat hel en verdoemenis om de spontane erectie van een geile puber te doen verdwijnen. Maar drie maanden later had hij het nog niet helemaal opgegeven. Hij was nog steeds een beetje in extase van ons avontuur samen en weigerde me met rust laten. Dus koos ik voor een hardere aanpak. Ik deed alsof ik een catfish was. Ik bedoel, dat wás ik natuurlijk, maar ik verdubbelde de inzet. Omdat ik wist dat een *reverse image search* voor hem een eitje zou zijn, werd ik lid van een online chatforum waar je met iedereen ter wereld kon videochatten en zocht totdat ik de walgelijkste vent had gevonden die een woordje Engels sprak. Ik wist het vijf minuten met hem uit te houden, waarbij hij voornamelijk naar mij gebaarde dat ik mijn borsten moest laten zien. Ik zei dat hij me eerst een selfie moest sturen, sloeg die op mijn telefoon op en verwijderde daarna mijn account. Gewapend met die foto, van een kalende boom van een kerel die grijnsde en zwaaide, wachtte ik tot Pete me weer een suggestieve (lees: zelfbevredigende) videoboodschap stuurde. En ja hoor, het duurde niet lang of er kwam een video waarin hij zichzelf aan het aftrekken was. Ik stuurde hem meteen die foto.

Wij zijn een collectief. We hebben je kansloze video's en hebben bewijs van wat je hebt gedaan. Als je niet wilt dat we deze bestanden naar je familie sturen, verbreek dan het contact en pak je normale leven weer op. En wees blij dat we je deze kans bieden.

Hij belde die avond tweeëntwintig keer, maar ik nam niet op en stuurde het bericht nogmaals met *LAATSTE WAARSCHUWING* als aanvulling. Hij appte dat hij het nooit aan iemand zou vertellen en smeekte me om de video's niet naar zijn vader te sturen. Ondanks al zijn opschepperij kon hij het zeker niet verdragen dat zijn vader zou denken dat hij een zwaarlijvige man van middelbare leeftijd masturbatiefilmpjes had gestuurd. Hij had weliswaar geholpen om een vreemde te vermoorden, maar sommige dingen veranderen nooit. Het idee dat een ouder iets te weten komt over je seksleven is veel erger. En dat was de laatste keer dat ik iets van ColdStoner17 hoorde. Zo horen tienerrelaties te zijn. Kort maar o zo hevig.

13

Kelly heeft een telefoon. Ze loopt er nu al weken over op te scheppen, maar alleen tegen mij. Volgens mij weet ze voor het eerst in haar hele leven iets stil te houden. En terecht, aangezien de andere vrouwen hier er alles voor over zouden hebben om dat ding in handen te krijgen. Kelly bewaakt hem fel, als een terriër zijn bot. Ze zit er de hele tijd met haar lange nagels luid tikkend op te typen, en de gloed van het schermpje is net zichtbaar onder de lakens. Ik vraag niet hoe ze eraan komt. Ik stel me voor dat die onnozele Clint hem op de een of andere manier heeft binnengesmokkeld, al heb ik geen idee waarom die twee zoveel over en weer met elkaar communiceren. Ik hoop echt dat het niets met seks te maken heeft. Ik zou het niet kunnen verteren als ik een kleine ruimte moest delen met iemand die aan sexting doet met een man die gel in zijn pony smeert. Normaal gesproken leent Kelly haar spullen vrij gemakkelijk uit, maar ze heeft me haar nieuwe kostbaarste bezit nog niet één keer aangeboden. Ik zou er ook niet om vragen, zelfs als ik iemand zou willen bellen. Je wilt niet bij iemand als Kelly in het krijt staan. Ze is dan wel een enorme muts, maar zal niet aarzelen om een wederdienst te claimen. Ik probeer het geluid te dempen door mijn kussen over mijn hoofd te trekken en zou willen dat ik hetzelfde bij Kelly kon doen.

Wil je iets grappigs horen? De eerste keer dat ik mijn zus ontmoette was in een nagelstudio. Geen opzet, geen zorgvuldig geregisseerd plan om haar onopvallend tegen het lijf te lopen. Het was puur toeval, als zoiets al bestaat. Ik geloof niet in het lot, het is niet zo vreemd dat de wegen van twee vrouwen van ongeveer dezelfde leeftijd elkaar in hartje Londen kruisen. Toevallige ontmoetingen betekenen helemaal niets, ze zijn totaal niet interessant, ook al zegt je vriendin Sarah die alles van horoscopen en tarotkaarten weet wat anders. Maar grappig was het wel. Het was fijn dat ik er een keer niets voor hoefde te doen. Ze hoorde bij een familie die zich verplaatste met auto's met chauffeur en privévliegtuigen, leefde in een wereld met hekken om hun huizen, waakhonden en beveiligers. Zij torenden met hun leven ver boven ons uit. De ultrarijken zijn nog net niet in staat een andere planeet te koloniseren, leven noodgedwongen bij de rest van ons, maar zijn nooit helemaal binnen ons bereik. Ze wonen misschien in dezelfde straat (alleen als die Kings Road heet), maar ervaren die niet op dezelfde manier. Winkeldeuren gaan in een fractie van een seconde voor hen open, trottoirs zijn niet meer dan pad naar een wachtende auto, in restaurants hebben ze op elk willekeurig tijdstip privéruimten tot hun beschikking. Ze zien de wereld anders dan jij. Tegen de tijd dat jij de regen van je paraplu hebt geschud en de maître d' om een tafeltje hebt gesmeekt, zijn zij alweer door naar iets anders. Ze zijn onaantastbaar. En toch zat ze naast me en vroeg ze om gelnagels. Zonder alsjeblieft te zeggen.

Bryony Artemis heeft zo'n gezicht dat je eerder hebt gezien. Niet dat ze op een meisje lijkt dat je kent – absoluut niet – maar ze heeft een uiterlijk dat door social media alomtegenwoordig is gemaakt. Volle lippen, een dikke bos glanzend, golvend haar, een lichaam gehuld in modieuze fitnesskleding; veel te mager, al zou de eigenares van het lichaam benadrukken hoe sterk het was, vooral haar biceps en kontje. Zo'n graatmager lijf waarvan sommige vrouwen beweren dat ze er niet eens bij stilstaan, alsof het niet het enige is waar ze bij stilstaan. Vrouwen als Bryony zien er op foto's verbazingwekkend mooi uit, maar in het echt een beetje *griezelvallei*. Dat vind ik zo'n prachtige uitdrukking: de roboticus

Masahiro Mori kwam daar in 1970 mee als beschrijving van onze afkeer van robots of computergegenereerde beelden die er bijna, maar niet helemaal, uitzien als mensen. De Bryony's in de wereld zijn perfect, hun gelaatstrekken vol en gevuld en glad. Op foto's werkt dat. In werkelijkheid komt het doods over. Dan verlang ik naar de tijd van scheve borstimplantaten en foute facelifts, toen de onzekerheden waardoor vrouwen zichzelf verminkten in elk geval zichtbaar waren in hun verschijning. Je kon lachen om de Bruid van Wildenstein, of het triest vinden dat ze zichzelf dat had aangedaan. Deze kliek kan je met hun gezichten niets laten zien, niets wat medeleven, medelijden of zelfs hoon zou opwekken.

Ze droeg zo'n duur paar gympen dat nog nooit een sportschool vanbinnen heeft gezien, een strakke legging met felblauwe strepen aan de zijkant, en haar kleine bovenlichaam was in een enorme gewatteerde jas gehuld, niet dichtgeritst maar echt om haar heen gewikkeld en op zijn plek gehouden door een gigantische crossbodytas. Ze zag eruit als ieder ander meisje op Instagram. Alleen was haar tas een Chanel en had ze de look afgemaakt met gouden ringen, diamanten oorknopjes en een kleine Rolex. De kenmerken die je laten zien dat jij nooit in staat zult zijn die look te creëren, omdat de look meer kost dan jij in een jaar verdient. Meer kost dan je ouders voor hun huis hebben betaald. Meer kost dan jij ooit bijeen zult weten te schrapen om je eigen huis te kopen. Geintje, jij zult je nooit een eigen huis kunnen veroorloven.

Ik wist meteen dat zij het was. Ik had haar niet jarenlang online zien opgroeien zonder haar vanuit elke invalshoek te leren kennen. Wat een deprimerende verspilling van hersenactiviteit.

Wat deed jij toen je in de twintig was, Grace?

Nou, ik keek hoe een omhooggevallen leeghoofd vlogs maakte over lippenbalsem en leerde alles over haar vijf favoriete zonnebrilmonturen.

Misschien moest ik mezelf ook maar van kant maken.

Met gebogen hoofd zat ze ingespannen met één hand iets op

haar telefoon te typen. Haar andere hand lag uitgestrekt voor haar nagelstyliste alsof ze het mens iets cadeau deed. Ik vraag me af wat de vrouwen die in dit soort salons werken aan het einde van de dag over hun cliënten zeggen. Gaan ze tekeer over de onbeschofte mensen die hen nooit recht aankijken? Lachen ze hen uit? Of zijn ze zo afgestompt dat ze het nauwelijks merken?

Ik leunde opzij en vroeg of ik het nagellakkleurenwiel even kon lenen, en ze gaf het me zonder opkijken. Ze had een oordopje over haar oor hangen, een teken dat ze niet beschikbaar was voor een gesprek, een tactiek die ik niet zal veroordelen, aangezien ik hem zelf ook gebruik. God zegen de man (want dat zal wel) die koptelefoons heeft ontworpen zonder te weten dat vrouwen overal ter wereld ze zouden gebruiken om mannen die hen willen versieren te laten weten dat ze niet beschikbaar zijn. Het gonsde in de studio zoals elke locatie met alleen vrouwen altijd gonst, maar ik sloot me ervoor af en concentreerde me alleen op haar. Het was niet moeilijk om naar Bryony te kijken, ze was net een hond die bij iedere voorbijganger blijft stilstaan in de veronderstelling dat ze haar wel zullen willen aaien. Ze was eraan gewend dat mensen haar bewonderend aankeken, verwachtte het, was er blij mee. Genegeerd worden zou veel verontrustender zijn, stel ik me voor. Al betekende dat natuurlijk niet dat ze opkeek. Het betekende alleen dat ik daardoor ongestoord naar haar kon kijken. De adrenaline kolkte door mijn lijf bij deze kans. Ik had het gevoel dat ik elke seconde verspilde, ik moest iets doen. Straks verdween ze weer in haar warme auto en zat ik hier te wachten tot mijn nagels droog waren.

Dit was mijn halfzus! Hoe hoor je je te voelen als je je verloren gewaande zus ontmoet? Ik stel me voor dat je elkaar zenuwachtig aftast, een flauwe grap maakt, aarzelend de hand van de ander vastpakt. Totdat je elkaar uiteindelijk in de armen kunt vallen en kunt toegeven dat het bestaan van deze persoon het ontbrekende puzzelstukje in je leven was dat eindelijk op zijn plek valt.

'Au!' Boos trok Bryony haar hand bij de nagelstyliste weg, ze staarde naar haar nagelriem en wreef eroverheen. 'Krijg nou wat, je hebt me gesneden. Kun je niet voorzichtig zijn?' De dame boog haar hoofd en bood haar excuses aan, al zag ik geen druppeltje bloed. Bryony slaakte een zucht en stak haar arm weer uit, terwijl een andere dame haastig de balie verliet en naar hen toe kwam. Deze vrouw, waarschijnlijk de manager, bukte zich en bekeek Bryony's vingers. 'Sorry, mevrouw, heel sorry. Ik wat water voor u halen, goed?'

Mijn zus keek weer niet op, maar knikte instemmend. Ze scrolde door haar Instagramfeed en likete verschillende foto's van blonde meisjes die in donkere nachtclubs op leren banken stonden. Daarna opende ze de camera-app, bracht de telefoon omhoog en vertrok haar gelaatstrekken tot een blik van zelfverzekerde minachting. Ik keek toe terwijl ze de ene na de andere selfie nam, voordat ze er uiteindelijk kennelijk een uitkoos. Haar slanke vingers vlogen heen en weer over haar telefoon. Ze zuchtte opnieuw en legde hem neer. Maar met haar vrije hand bleef ze het scherm steeds weer opnieuw verversen. Ik haalde mijn eigen telefoon tevoorschijn en opende mijn Instagramapp. Ik gebruik er een pseudoniem met een nietszeggende foto van een jonge moeder met twee zoontjes. In mijn bio staat: *Vrouwtje van een grote vent en mama van twee kleine duiveltjes, woon in Hertfordshire en altijd in voor een (voeg flauwe wijn-emoji toe)*. Ik was best trots op de basisinfo hier. Het zal geen Instagrammer ooit opvallen dat Jane Field hun livevideo's meer dan eens bekijkt. Niemand zal haar willen volgen. Ik klik op Bryony's Instagram Stories en zie de foto die ze net heeft genomen waar ik bij zat: ogen vol afkeer opgetrokken, lip gekruld, zwaar gefilterd, zodat haar huid wel lijkt te schijnen. Erboven staat: *Ga je eindelijk voor een hoognodige ontspannen manicure, hakt het onhandige mens je vinger er bijna af. #slechteservice #loser*

Ik vertel je dit zodat des te duidelijker is dat wij elkaar nooit in de armen zouden vallen. Ik had geen gevoelens voor haar, behalve een totale, maar afstandelijke fascinatie. Zou ik net zo zijn geweest als zij, als ik binnen de rijke boezem van haar familie was opgevoed? Waarschijnlijk wel. Hoeveel bizar rijke mensen zijn er die jij bewondert? Ik bedoel, mensen die erin zijn geboren, niet Oprah. Ik zal mezelf niet wijsmaken dat ik het anders zou hebben gedaan. Haar neef had het geprobeerd, die lieve jongen, maar hij had niet echt een eigen leven weten op te bouwen met die kikkers. Hij had zich alleen afgekeerd van het leven dat hij had meegekregen, een leven vol macht, allesomvattend – een leven waar hij voorgoed tegen zou hebben moeten vechten. En dat gevecht zou slopend zijn geweest. Er zou een dag zijn gekomen waarop hij, moe van in deprimerende woongroepen leven en afzichtelijke dieren helpen die hem daar niet voor bedankten, door zijn vader zou zijn uitgenodigd voor het eten. En de uitputting zou een zwakke plek hebben blootgelegd in het pantser waarmee hij zich tegen het kwaad van zijn vorige leven had beschermd. Hij zou een klein beetje hulp aangeboden krijgen. Niet te veel; zijn familie zou heus wel weten hoever ze kon gaan. Misschien alleen de huur voor die maand. En hij zou het hebben aangenomen, zou ermee geworsteld hebben, maar hebben gesnakt naar de rust. En dat zou de deur op een kier hebben gezet. De familie Artemis zou hem hebben teruggehaald – zijn gekozen pad was per slot van rekening een smet op dat van hun – en uiteindelijk zou hij een tak van het bedrijf zijn gaan leiden, misschien regelmatig aan fondsenwerving voor goede doelen doen om het proces wat minder vernietigend te maken.

Andrew zou er niet helemaal aan hebben kunnen ontsnappen en Bryony had het helemaal omarmd. Ik zou vast ergens tussenin zijn geëindigd.

De nagelstyliste lakte mijn nagels dieprood, de kleur die mijn zus ook had gekozen. Deze kleine rituelen waar vrouwen over de hele wereld zich mee verwennen zijn absoluut niet lichtzinnig; ze zijn een korte vlucht uit ons harde werk. Een korte ontsnapping aan een maatschappij die ons dwingt tot emotionele arbeid én een carrière, terwijl we tegelijkertijd moeten laten zien dat we niet té emotioneel zijn. Nagellak is niet lichtzinnig. Het is een vernis, een beschermlaag.

Ik was nutteloos bezig. Deze toevallige ontmoeting leverde me niets op. Ik zat hier als een zoutzak een beetje te kijken naar Bryony die op haar telefoon zat te staren, zo nu en dan zuchtte en de hele tijd over haar haar streek. Maar toen besefte ik dat het misschien niet aan mij lag, maar dat er gewoon niet veel te weten te komen was over deze vrouw. Misschien is het net zoiets als wanneer vrouwen zichzelf gek maken door zich af te vragen waarom een man niet belt, en de ene na de andere reden bedenken, totdat ze er compleet in verstrikt raken. *Hij vindt je heel leuk, maar omdat zijn vader is overleden toen hij nog jong was, heeft hij complexe problemen met emotionele intimiteit, en het feit dat hij niet belt is een teken dat hij eigenlijk verliefd op je aan het worden is en waarschijnlijk wat ruimte nodig heeft, maar ook weer niet te veel ruimte, dus misschien moet je hem een lok haar opsturen.* De werkelijkheid is dat hij je gewoon is vergeten.

Ik hoefde ook eigenlijk niets over haar te weten te komen. Sommige familieleden had ik beter willen leren kennen om dicht bij ze te kunnen komen, zodat ik ze kon vermoorden. Bryony leefde haar hele leven online. Ik kon het allemaal zien, het was alleen niet veel. De meeste rijken willen helemaal niet op een jaarlijkse lijst komen te staan, heb ik ontdekt. Ze willen niet in de schijnwerpers staan, willen niet dat normale mensen zich afvragen wat ze hebben en waar ze naartoe gaan. Als de Artemis-clan zo was geweest, hadden ze mijn werk oneindig veel moeilijker gemaakt. Ik moet aan die afschuwelijke uitdrukking 'geld praat, rijkdom fluistert' denken. Gelukkig wilde Bryony niet alleen praten, ze schreeuwde het uit. Vooral en constant op Instagram. Die saaie voorspellingen die iedereen doet, alsof dat zo origineel is en niet gewoon uit een aflevering van een of andere dystopische Netflix-serie komt over de sombere toekomst waarin we allemaal alleen maar door onze telefoon bestaan? Dat is Bryony's leven.

Toen de nagelstyliste Bryony's handen insmeerde met olie en gebaarde dat ze klaar was, tilde Bryony haar hoofd op alsof dat heel veel moeite kostte. Ze inspecteerde haar nagels, was belachelijk veel tijd bezig om elke vinger te bekijken, waarna ze rechtop in haar stoel ging zitten en lachte. Niet vrolijk, maar intens honend. Ze fronste haar wenkbrauwen en richtte haar blik op de vrouw die tegenover haar zat. 'Je hebt mijn nagelriemen kapotgemaakt. Echt allemaal. Heb je een diploma om dit werk te doen? Nee serieus, ik meen het, hoe is het mogelijk dat je elke nagelriem kapot hebt gemaakt? Heb je een koevoet gebruikt?'

De nagelstyliste gebaarde paniekerig naar de manager, was met stomheid geslagen of bezat niet de juiste woordenschat om te reageren. Het was stil geworden in de studio, iedereen deed haar best om niet naar Bryony te kijken maar bleef roerloos zitten om alles te horen. De meeste mensen zouden zich door al die aandacht misschien een beetje inhouden, maar Bryony had kennelijk nauwelijks gevoel van schaamte. Over een school als Eton zeggen ze weleens dat die niet de slimste jongens voortbrengt, maar wel de meest zelfverzekerde. Daarom denken al die middelmatige papzakken dat ze best premier kunnen worden. Daar betaal je dan voor. Bryony had ook zo'n zelfvertrouwen. Ze kon zich ongegeneerd misdragen, het interesseerde haar geen reet.

De manager kwam naar hen toe en leidde Bryony naar de receptie. Ze was zich er duidelijk van bewust dat deze klant bereid was stennis te schoppen en wilde haar zo snel mogelijk uit de buurt van betalende klanten hebben. Maar het had geen zin. Bryony had een luide stem en die gebruikte ze ten volle. 'Dit is gewoon gênant! Ga je me vertellen dat je het prima vindt dat cliënten met rafelige nagels de studio uit lopen? Ik had gehoord dat jullie goed waren, maar mijn vriendin was zeker dronken, want ik heb nog nooit zo'n slechte manicure gehad. Ik heb straks opnamen; verwacht je dat ik mijn handen zo op camera laat zien?'

De manager maakte kalmerende geluiden, en ik stel me voor dat ze een aanbod deed, haar excuses aanbood. Ik hoef je neem ik aan niet te vertellen dat er niets mis was met haar nagels, zeker? Ze zagen er goed uit, mooi zelfs. Dit was alleen een jonge vrouw die zich verveelde en haar macht misbruikte, want met ontevredenheid bereik je meer dan vriendelijkheid.

'Daar betaal ik natuurlijk niet voor.' Bryony keek de vrouw niet eens aan, ze neusde langs de uitgestalde flesjes nagellak. 'En ik neem deze kleur mee, want over een paar uur gaan mijn nagels geheid bladderen. Je mag van geluk spreken dat ik dit niet op mijn social media zet.' En daarmee griste ze het flesje nagellak mee, liep naar buiten en sloeg de deur achter zich dicht.

Lezer, ze zette het dus wel op haar social media.

Ik heb je verteld dat Bryony niet veel om het lijf had. En dat is waar. Niet alle wateren hebben diepe gronden. Voor zover ik kon zien was ze niet echt dom, ze had alleen nooit slim hoeven zijn. Ze leefde een heel fijn leven, had alles wat haar hartje begeerde, met als gevolg dat ze niet erg aardig was. Ik zou zelfs nog verder willen gaan en zeggen dat ze gewoon een kutwijf was. Een geweldig woord, waarvan de intensiteit op verschillende manieren benadrukt kan worden, en het omschrijft heel veel mensen. Ik kan niet om de waarheid heen draaien door mensen 'onaangenaam' of 'onbetamelijk' te noemen. Jane Austen zou in staat zijn een opmerking te maken die vernietigend genoeg was om je de adem te benemen zonder haar toevlucht te nemen tot vloekwoorden, maar goed, zij heeft nooit in Limehouse gezeten. Anders zou Wickham voor erger zijn uitgemaakt dan alleen maar 'lui en lichtzinnig'.

Misschien had ik haar beter moeten leren kennen. Sommige mensen vragen zich misschien af waarom ik haar bijna uitsluitend op haar online aanwezigheid beoordeelde, terwijl iedereen weet dat niemand online helemaal zichzelf is. Deze moord veroorzaakt wellicht meer onbehagen dan de andere. *De moord op die akelige, oude grootouders snap ik nog, maar dit meisje is zo jong, ze hebben waarschijnlijk meer gemeen dan ze beseffen.* Maar dit is geen verhaal over het aanhalen van familiebanden. Dit is geen anekdote over iemand die ontdekt dat ze een hele zwik familieleden heeft die haar warm willen onthalen. En ik ben geen ziek vogeltje dat wanhopig op zoek is naar een veilige plek. Ik wil deze mensen weg hebben. Met excuses aan Elizabeth I, maar ik heb er geen behoefte aan om de ziel van anderen te begrijpen. Of het gebrek daaraan te bestuderen.

Bryony woonde nog thuis. Als je in een huis met zestien slaapkamers en twee trappen woont, kun je doen alsof je alleen woont. Ik ga ervan uit dat ze een hele verdieping voor zichzelf had, of een hele vleugel, als de megavilla van de Artemis-clan zulke pretenties koesterde. Maar toch. Ze woonde thuis, als volwassen vrouw. Omdat ze een cursus sieraden ontwerpen in Londen had gevolgd en haar neus voor het echte studentenleven had opgehaald, was ze nooit uit huis gegaan. Echt nooit. Voor haar eenentwintigste verjaardag had ze van haar ouders een verbouwd koetshuis gekregen, maar daar was ze nooit meer dan een paar nachten. In plaats daarvan hield ze er feesten voor iedereen die jong en aantrekkelijk was, maar keerde altijd weer terug naar de familie-enclave. Vind je dat dat iets over haar karakter zegt? Misschien zoek ik weer betekenis waar die niet is, maar om nou alle mogelijkheden die de volwassen wereld je te bieden heeft af te wijzen, lijkt me ook zonde. En bij je ouders in de buurt blijven als je ouders Janine en Simon Artemis zijn, dan moeten toch alle alarmbellen gaan rinkelen.

Bryony had geen partner, of in elk geval niemand over wie ze het had. Ik ging ervan uit dat ze single was, aangezien haar eerdere vlammen uitgebreid aan bod waren gekomen op haar social media en ook in de roddelbladen. Ze noemde zichzelf panseksueel, maar ging alleen met mannen uit. Tuurlijk.

Er was een hondje dat op een gegeven moment een grote rol

speelde in haar leven en toen… nou ja, opeens niet meer. Daar was veel ophef over, #WAARISFENDI was een tijdje trending op Twitter, waardoor ze genoodzaakt was toe te geven dat ze de hond aan haar personal trainer had gegeven vanwege onverwachte agressieproblemen (van de hond, niet van haar).

Ze had een miljoen vrienden, maar geen vrienden. Er circuleerden wel foto's van haar met andere rijke vrouwen met een doodse blik in hun ogen – wang tegen wang, zonder elkaar echt aan te raken – maar op de meeste afbeeldingen stond ze alleen, keek ze in de spiegel of deed ze alsof ze iets tegen een onzichtbare fotograaf zei.

Bryony had geen baan. Goed, ze had weleens wat modellenwerk gedaan (en dan bedoel ik geen haute couture, ik bedoel dat ze één seizoen merkambassadeur was voor een oud Brits modehuis dat stoffig was geworden en wanhopig graag in de societybladen genoemd wilde worden. De andere ambassadeurs waren de zoon van een oude rockster en een onbeduidend lid van de koninklijke familie; onbeduidend genoeg om absoluut niet op prins Andrew te lijken), maar ze deed nooit iets wat je zou verrassen. *De dochter van die multimiljonair? O, die heeft haar eigen makelaarskantoor, is echt bezig om zich op te werken.* Nee. Natuurlijk niet. Het dieptepunt was toen werd aangekondigd dat ze een exclusieve reeks opgesierde hoofdbanden voor Sassy Girl zou ontwerpen en iemand van de pr-afdeling – kennelijk doodsbenauwd om ontslagen te worden – het lef had om haar in het promotiemateriaal te beschrijven als een 'kunstenares'. Geen wonder dat de kranten haar blauwe maandag (lees: zesweekse cursus) sieraden ontwerpen opgroeven en haar 'pappies pronkstuk' doopten.

Maar goed, Bryony is totaal ongevoelig voor kritiek. Een overmatig bevoorrecht wit meisje is niet klein te krijgen. Ze had dan wel geen fulltime baan nodig, maar in een wereld waarin vrouwen voortdurend worden aangespoord om powervrouwen te zijn, moest ze toch iets doen om haar leven van handtasjes en fitnesslessen te rechtvaardigen. (Ze was korte tijd lid van een studio in Mayfair die Het ss-Collectief heette, wat voor *Slank en Sterk* stond, maar er alleen toe diende om ons allemaal te laten zien dat er tegenwoordig geen fatsoenlijk geschiedenisonderwijs op onze scholen is.) En dus deed Bryony wat ieder zichzelf niet-respecterend persoon in de moderne wereld doet: ze werd influencer.

Veel mensen weten misschien niet wat dat is. Doe maar niet zo zelfvoldaan bij dat gebrek aan kennis. Het enige wat erger is dan iemand die enthousiast alle popcultuur verslindt en weer uitbraakt (een T-shirt draagt met het opschrift 'WE ZOUDEN ALLEMAAL FEMINISTEN MOETEN ZIJN' en drie kwartier in de rij staat voor de nieuwste gympen die door vrouwen in een sweatshop zijn gemaakt), is iemand die er prat op gaat dat hij niets begrijpt van nieuwe trends. Denk maar niet dat je beter bent dan dat. Je scoort geen punten door moedwillig te weigeren iets op te steken van je omgeving. En je hebt de afgelopen maand vrijwel zeker de Mail Online gelezen, dus doe maar niet zo arrogant. Een influencer is iemand met een grote bekendheid op social media, die daarvan gebruikmaakt door merken aan te bevelen in ruil voor geld. Niet anders dan de wilde dagen in de jaren negentig toen bekende acteurs voor grof geld in andere landen tandpasta aan de man brachten. Alleen is deze nieuwe groep nergens anders om bekend dan hun werk als influencer. Ze hebben geen talent, kunnen niet zingen of schrijven of schilderen en dat gebruiken als springplank naar de verkoop van iets. Meestal zijn het alleen magere witte vrouwen (of dikke witte mannen) met onnatuurlijk witte tanden en verontrustend beige huizen (om hun troep beter in te kunnen fotograferen) die het gewone volk ervan proberen te overtuigen dat zij een levensstijl hebben die anderen wanhopig zouden moeten willen nastreven. Meestal blaat de influencer over dankbaarheid of carpe diem en wordt er een milde angststoornis voorgewend of een worsteling met iets wat niet nader wordt omschreven, allemaal om het herkenbaarder te maken. De Thames Barrier zou overstromen door de stortvloed aan open deuren die deze mensen uitbraakt. Als je die onzin bekijkt, zou je wensen dat het zo was.

En dus was het de perfecte baan voor Bryony. Nou ja, 'baan' gaat misschien wat ver. Het paste perfect bij Bryony. Ze hield een videodagboek bij van haar dagelijkse activiteiten (één filmpje, dat 180.000 keer was bekeken, ging uitsluitend over een afspraak bij de osteopaat) en postte foto's van zichzelf in een reeks verveelde poses met verschillende rekwisieten en tegen verschillende achtergronden. Met rekwisieten bedoel ik belachelijk hoogpolig tapijt, haar spiegelwand en haar inloopkast. Met achtergronden bedoel ik exclusieve vakantielocaties, vaak vergezeld van hashtags die erop duidden dat ze wanhopig behoefte had aan rust – #hadditnodig – alsof een leven van gezichtsmassages, sportlessen en nachtclubs haar gevaarlijk dicht bij een burn-out had gebracht. Ik kan me slechts voorstellen dat haar volgers, van wie vele waarschijnlijk schamele lonen en nulurencontracten hebben, meelevend zouden knikken en haar zouden prijzen omdat ze zichzelf op de eerste plaats zette.

Ze wisselde zulke vakantiefoto's af met gesponsorde posts die exact op de rest van haar feed leken. Deze advertenties waren bedoeld om te laten zien hoe anderen wat meer Bryony konden zijn: tandenbleeksets, flinterdunne jurkjes die de volgende dag bezorgd konden worden, een vergulde ring met haar initialen die ze beschreef als iets wat je beslist moest hebben. Dat soort onzin wordt echt verslonden door de Instagramkudde die erbij wil horen, dolgraag wil horen wat goed is, wat werkt, wat hen kan afleiden van hun eigen leven. Maar het is allemaal nep. Bryony lachte in haar vuistje. Dat zou ze tenminste hebben gedaan als ze in staat was geweest om ook maar van iets in haar leven te genieten. En het zou ook eerder een spotlach zijn. Want als mijn halfzus haar tanden wilde bleken, zou ze naar de beste tandarts in Harley Street gaan. En als ze een nieuwe jurk wilde, zou ze duizend pond neertellen en hem in een doos met zijdepapier verpakt binnen het uur door een koerier laten bezorgen. Haar sieraden zouden nooit groene plekken op haar vingers achterlaten, want die waren allemaal van Cartier. De troep die ze promoot wordt gefotografeerd, geüpload en dan weggedaan. Ik stel me voor dat ze spullen aan de huishoudster geeft, al kan ik net zo gemakkelijk geloven dat ze ze regelrecht in de vuilnisbak gooit.

Ik vond haar manier van leven walgelijk en fascinerend tegelijk. Nou ja, dat is niet helemaal waar. Vooral fascinerend. Uren van mijn leven heb ik besteed aan het scrollen door haar georganiseerde online leven. Ik heb haar saaie make-upvideo's bekeken, heb ingelogd voor haar live Q&A-sessies waarin ze elke avond om zeven uur een kwartier lang door fans stevig aan de tand gevoeld wordt met vragen als 'wat doe je om je haar zo glanzend te krijgen', die ze beantwoordt met de intensiteit en ernst van iemand die voor een oorlogstribunaal getuigt. Internet is weliswaar een plek om dichter bij je helden te komen, maar het is ook een plek om mensen die je in je echte leven zou vermijden dwangmatig te verafschuwen. Ik hield me altijd voor dat het waardevol onderzoek was, maar als je je er zo lang mee bezighoudt, ga je je vies en ontmoedigd voelen. Het is alsof je steeds weer aan een korstje krabt en je afvraagt waarom je uiteindelijk een lelijk litteken overhoudt.

Bryony's openheid op social media had me veel mogelijkheden opgeleverd, té veel. Ik raakte verwikkeld in zulke ingewikkelde scenario's dat ik op een gegeven moment opzocht hoe snel ik mijn helikopterbrevet kon halen. Ik moest een stapje terug doen. Hoewel niet al mijn plannen elegant waren geweest, hadden ze wel effect gehad. Het gebrek aan stijl stoorde me soms. Wie wil nu niet een ander met een kwinkslag de wereld uit helpen? Maar het zou het toppunt van ijdelheid zijn om al mijn zwakke plannen te laten draaien om datgene wat ik online zag. En ijdelheid kan je de kop kosten, vraag dat maar aan de vele moordenaars die in de gevangenis terechtkomen omdat ze op de plaats delict blijven rondhangen om hun werk te bewonderen en op die manier de aandacht op zichzelf vestigen.

Het toeval wilde dat het plan dat ik uiteindelijk koos toch een element van humor had. Er was namelijk nóg iets wat ik over Bryony wist, en in eerste instantie had ik dat afgedaan als aanstellerij. Influencers proberen allemaal iets van kwetsbaarheid te tonen. Dat is goed voor de *brand*. Sommigen faken een acceptabele psychische aandoening. Zoals ik al zei: een angststoornis werkt goed, een psychose niet. Anderen zeuren over hun kwalen zoals de ziekte van Lyme of een chronische pijn die zo vaag is dat niemand die ooit kan weerleggen. Bryony had zich op iets nieuws gericht. Een tijdje geleden had ze een heel persoonlijke video gemaakt (je wist dat het serieus was, want ze droeg een effen zwarte trui en weinig make-up) over een recente diagnose waar ze erg van was geschrokken. Trillend had ze recht in de camera gekeken en uitgelegd dat ze na een avond bij Vardo (een restaurant in Chelsea dat onlangs met veel tromgeroffel was geopend) was ingestort en geen lucht meer kreeg. Na uitgebreid onderzoek was de boosdoener bekend geworden: ze kon nooit meer een perzik eten. Er vielen tranen, want perziken waren haar lievelingsfruit. Toen ik dit tragische relaas aanhoorde, sloeg ik mijn ogen ten hemel en ging verder. Maar ze stopte niet met haar voorlichting over de gevaren van steenvruchten. De landelijke allergievereniging nam contact met haar op en zo vond Bryony een doel waarmee ze maatschappelijk betrokken en serieus leek. Ze organiseerde een gala om geld in te zamelen voor onderzoek, wist modeontwerpers te strikken om outfits te doneren voor een catwalkgebeuren waarbij zij en haar vrienden heupwiegend door een zaal in het British Museum liepen, marmeren standbeelden omarmden en poseerden naast oude sarcofagen. (Als de vloek van de farao nog niet bestond, dan nu zeker wel.) Zo nu en dan vertelde ze haar volgers dat ze extra goed moesten letten op vrienden met allergieën, een dienst die slechts lichtelijk werd ondermijnd door het feit dat ze een samenwerkingsverband was begonnen met een bedrijf dat allergietesten ontwikkelde en hun testkits aanprees voor negenenzeventig pond, zodat ook jij kon zien of een ogenschijnlijk onschuldige trifle je dood zou kunnen betekenen. #ad

Haar feed bestond al snel weer uit foto's van haute couture en zonsondergangen, en ik was haar steenvruchtenkruistocht alweer bijna vergeten toen ze op een avond een livestream deed vanuit de Spoedeisende Hulp. Eerlijk waar, zelfs met filter zag ze er afschuwelijk uit, gezwollen ogen, vlekkerige huid, een rasperige stem waarmee ze in de camera fluisterde over het feit dat ze drie doses adrenaline toegediend had moeten krijgen nadat ze in een nachtclub benauwd was geworden. Iemand had haar een cocktail gegeven en haar er achteloos van verzekerd dat er geen perzik in zat, waarna ze hem achterover had geslagen, maar meteen de scherpe smaak had geproefd en in blinde paniek naar de uitgang was gerend. Omdat haar vrienden idioten waren, of erger, haar misschien niet echt kenden, had niemand het begrepen en beseft dat ze een ernstige allergische reactie had. In plaats daarvan was één uitsmijter ervan uitgegaan dat ze een paniekaanval had en de andere vermoedde dat ze alleen maar dronken was. Pas toen ze paars was aangelopen en tegen de vlakte was gegaan, was er een ambulance gebeld. Ik vraag me af of de Spoedeisende Hulp voor Bryony net zo traumatisch was als de aanval zelf. Fluisterend in de camera in een zaal met alleen een gordijn voor privacy, vertelde ze hoe bang ze was. Niet omdat ze bijna was overleden, maar omdat er een dronken man in het bed naast haar lag die onder het bloed zat en de hele tijd een Bowie-nummer zong. Ze wist niet dat het een nummer van Bowie was, anders zou ze Bowie vast een griezel hebben gevonden. Als je maar prioriteiten hebt.

Je begrijpt wel waar ik naartoe wil, of niet? Het ligt zo voor de hand. Ik hoef het niet voor je uit te kauwen, neem ik aan. Verdomd briljant, al zeg ik het zelf. Niet dat het idee me niet op een presenteerblaadje was aangereikt. Als God je een boot stuurt…

Jaarlijks sterven er ongeveer tien mensen ten gevolge van een allergische reactie op voedsel. En zelfs al is ze steenrijk en heeft ze een bevoorrecht leven, waarom zou zij niet een van de slachtoffers kunnen zijn? En zie een perzikintolerantie maar eens in de schoenen van een ongeziene vijand te schuiven.

Maar waarom zou deze niet gemakkelijk mogen zijn? Voor sommige van deze moorden was echt planning vereist; vergeet de weken van eentonige kikkerwerkzaamheden en de onderdompeling in de wereld van seksfeesten in Londen niet. Maandenlang uitzoeken hoe ver ik kon gaan bij online een kind manipuleren om dichter bij Janine te komen. Dat is niet gemakkelijk als je een fulltime baan hebt, steeds dwangmatiger en langer hardloopt (Lady Macbeth slaapwandelt en probeert het bloed van haar handen te wassen, ik ren kilometers in willekeurige richtingen, op de vlucht voor mijn misdrijven, ja, daar heb je geen therapeut voor nodig, dank u) en een neiging tot ongerustheid hebt, wat niet echt een slechte eigenschap is, maar ook niet helpt als je alle ballen in de lucht probeert te houden.

Ik had geen idee hoe hecht de band tussen Bryony en haar ouders was. Ook al bestudeerde ik haar familie en sloot ik vriendschap met hun personeel, ze waren buiten mijn bereik, bevonden zich in een wereld waar ik nooit toegelaten zou worden, hoeveel promotie ik ook maakte, hoezeer ik hen ook stalkte. Dat wat ik zeker wist – ze was een enig kind, woonde nog steeds in haar ouderlijk huis, had het op social media nooit over haar ouders – was vermengd met andere feitjes. Haar moeder had de afgelopen vijf jaar ten minste acht maanden van het jaar in Monaco gewoond. (Dat doet geen mens, tenzij diegene zeer dringend de belasting wil ontduiken.) Simon vloog wel heen en weer, maar leek fulltime in Groot-Brittannië te wonen. Net als alle andere meisjes in haar wereld ging Bryony regelmatig naar Saint-Tropez, maar het had er alle schijn van dat ze niet vaak bij *Maman* langsging. Het laatste officiële bezoek (officieel, als in: ze postte erover op

Instagram) was twee jaar voor Janines tragische ongeluk. Zelfs toen Janine overleed, kwam ze op Bryony's socialmediapagina's niet voor. Bryony stopte drie weken met posten en was toen terug met een foto van haar eigen silhouet tegen de achtergrond van een ondergaande zon, compleet met een emoji van een hart. Twee dagen later postte ze alweer gesponsorde content. Janine was in Engeland begraven en haar huis in Monaco stond sindsdien leeg. Ik kan me niet voorstellen dat dat om sentimentele redenen was, maar alleen omdat het bedrijf daar geregistreerd stond.

En dan waren er nog allerlei aannamen gebaseerd op al deze informatie. Ik vermoedde dat Simon en Janine totaal gescheiden levens hadden geleid, waarschijnlijk al heel lang. Niet alleen vanwege de Monaco-situatie (al versterkte die de theorie natuurlijk, want wie brengt nou het grootste deel van het jaar ver van zijn partner door als dat niet nodig is), er deden al heel lang geruchten de ronde dat Janine genoeg had van Simons ontrouw en eindelijk iets had gedaan om zichzelf en haar aandeel in het bedrijf veilig te stellen. De klapper was dat Simon een tweede jacht bleek te hebben voor zijn maîtresse en dat hij met een speedboot heen en weer pendelde tussen haar en zijn gezin wanneer hij met hen op vakantie was. (Tina had die roddel bevestigd door het mij op een dag opgewonden toe te fluisteren toen ik na werktijd met haar had afgesproken.) Janine had het geweldig gespeeld, ze had gedreigd van hem te scheiden en de helft van zijn geld af te pakken, en was er op de een of andere manier in geslaagd (met de hulp van een leger boekhouders die ze daar waarschijnlijk rijkelijk voor had beloond) Simon ervan te overtuigen dat dit de enige andere optie was: geen scheiding of vermogensverlies, maar hij moest het bedrijf aan haar overdragen. Simon moet een rekensom hebben gemaakt en hebben beseft dat Janine hem met deze deal in feite in haar klauwen had, en toch had hij getekend. Liever een rijke gevangene dan in de roddelbladen door het slijk gehaald te worden en dan ook nog een smak geld kwijtraken. Het had één voordeel:

als Janine in Monaco woonde, hoefde hij geen belasting meer te betalen. Rijken zien belasting zoals sommige anderen klimaatverandering zien: het is een sociaal onrecht dat het demonstreren waard is. De superrijken verkeren in de veronderstelling dat zij hun geld hebben verdiend. Ze hebben geen tijd voor theoretische discussies over de mogelijkheid dat iemand zo'n enorme rijkdom werkelijk verdiend kan hebben. Als ze eenmaal welvarend zijn, worden ze hebberig, beschermen ze hun spullen en geld met alles wat ze hebben.

Janine had dus een mooi leven gehad in Monaco, waar lunches weken van tevoren werden ingepland en er veel geklaagd moest worden over de verantwoordelijkheden van het personeel, terwijl Simon in Londen zijn gang kon gaan. Bryony kwam in het verhaal eigenlijk niet voor. Ze was hun dochter, droeg de familienaam en vormde een brug tussen haar ouders, maar zo te zien speelde ze met Kerstmis geen Monopoly met hen rond de haard. Deze mensen hadden geen herkenbaar gezinsleven – gelukkig of verstoord. In plaats daarvan leek hun gezin op het oog benijdenswaardig, maar zonder de emoties die het werkelijk zo zouden maken.

Misschien had ik het mis. Ik deed al mijn onderzoek op afstand en het probleem daarmee was dat ik deze mensen en hun diepste gedachten nooit echt zou kennen. Maar goed, ik dacht ook dat ik Jimmy vanbinnen en vanbuiten kende, en hij had me nog weten te verrassen. Zijn verraad maakte hem ten minste vijf procent interessanter. Misschien hielden Janine en Simon oprecht en intens veel van Bryony. Ik kon alleen afgaan op wat ik zag. Niet dat het ertoe deed, ik probeerde mezelf niet vrij te spreken, hoopte niet dat Simon niet kapot zou zijn van het verlies van zijn dochter. Als ik hem dat verdriet had willen besparen, zou ik hem eerst hebben vermoord. Nee, uiteraard was de volgorde waarin ik zijn dierbaren vermoordde cruciaal. Daarom was hij de laatste. Hij moest het allemaal meemaken. De onthulling zou hem kapotmaken.

Ik wist dat het een gok was – ik mocht niet vertrouwen op zo'n slordige benadering – en toch was er iets in mij wat vond dat ik het op zijn minst moest proberen, al was het vanuit een iets andere invalshoek. Ik zou er geen tijd aan verspillen, ik zou één poging wagen en het moest snel gebeuren, zonder er al te veel over na te denken. In mijn lunchpauze kocht ik met contant geld zes schoonheidsproducten bij een paar verschillende warenhuizen. Ik kocht een aantal gezichtscrèmes, één met perzikpitextract. Toen ik weer op kantoor was, sloot ik mezelf op in het gehandicaptentoilet, spreidde ze op de grond uit en ging aan de slag. Het duurste flesje bevatte een gezichtsmasker van parels. (Is er dan niets wat merken schuwen om een product aantrekkelijker te maken? Op een dag zal een slimme marketingmanager voorstellen antimaterie in een nachtserum te doen, en rijke vrouwen uit Londen, Moskou en New York zullen zich erop storten.) Ik gokte dat Bryony oog voor het duurste product had, als ze al de moeite nam om de doos te openen. Dat was het flesje waar ik alles op inzette. Het was als een boom die ik wilde verbergen in het bos, vandaar dat de andere producten klaarstonden om ook in de chique doos ingepakt te worden. Allemaal goed spul, maar het meeste had ze waarschijnlijk al eens geprobeerd. En er is niets zo aantrekkelijk voor een ijdele Instagrammer dan een nieuw product dat een nieuwe mate van glans belooft.

Het gezichtsmasker en de crème met het perzikpitextract waren van hetzelfde merk. Dat was belangrijk voor een eventueel onderzoek in de toekomst. De andere producten waren van verschillende merken. Ik deed vier druppels crème in het flesje met het gezichtsmasker met een pipet die ik een paar weken geleden bij een dierenartsenpraktijk had gekocht (voor het oogprobleem van mijn arme hond; dierenliefhebbers kunnen nooit ophouden over kwaaltjes, en ik moest snel iets bedenken om het traanoog van de denkbeeldige hond toe te lichten aan een slungelige paraveterinair die deze aandoening absoluut fascinerend vond) en schudde het flesje krachtig. Toen ik het weer opendeed, rook ik aan de vloeistof. Als het naar perzik rook, had ik een probleem. Maar het rook gewoon naar een willekeurige gezichtslotion. Zoet, maar niet herkenbaar fruitig. Toch wilde ik er zeker van zijn, en dus voegde ik een druppeltje amandelessence toe die je ook voor taarten gebruikt. Dat spul overheerst alles in een recept. Nog een keer schudden en nog een keer ruiken. Succes. De vloeistof deed me nu denken aan een bakkerij, warm en vertroostend, wat gezien mijn bedoeling aangenaam toepasselijk voelde.

Ik maakte het flesje zorgvuldig schoon met een vochtig doekje en gooide de crème met het perzikpitextract weg. De overige producten gingen daarna in een witte kartonnen doos met zijdepapier. Op het kaartje erbij stond simpelweg: *Bryony, we hopen dat je geniet van deze goodies – het parelgezichtsmasker is een droom! XX.* Ik had heel graag 'stervensgoed' willen schrijven, maar dat leek me iets te. Toen ik alles mooi had ingepakt, zette ik de doos onder mijn bureau en probeerde er niet meer aan te denken, terwijl de dag zich voortsleepte.

Ik was normaal gesproken niet iemand die stipt om halfzes vertrok, mensen die dat doen zijn meestal de saaiste, meest ergerlijke collega's die er zijn; van die mensen die maar doorzaniken tijdens vergaderingen en erop staan dat er een goed systeem is voor de gezamenlijke koelkast, maar weigeren zinvol werk te doen. Ze zijn ook de mensen die het lastigst te ontslaan zijn, omdat ze hun contracteisen meestal uit hun hoofd kennen en precies weten hoever ze kunnen gaan. En niet dat het ertoe doet, maar dit soort collega's zijn niet aantrekkelijk of charismatisch. Ze gaan nooit weg om zich te verkleden voor een spannend feest.

Maar precies om halfzes pakte ik mijn spullen en vertrok. Ik zei nog vaag iets over een afspraak bij de dokter voor het geval iemand een wenkbrauw optrok, maar dat deed niemand. Mensen kwamen en gingen zo vaak voor afspraken, en het was niet ongebruikelijk dat sommige mensen 'verwenuurtjes' inlasten om hun tanden te laten bleken of hun wenkbrauwen bij te laten kleuren. 'Dat is goed voor de klanteninterface,' zei mijn baas dan, wat niets betekende, alleen dat zij zich onder werktijd kon laten botoxen.

Vijf minuten voor sluitingstijd was ik bij de pakketshop. Ik liet het pakje aangetekend versturen, ging ervan uit dat de huishoudster bij de familie Artemis er wel voor zou tekenen, en zette er geen afzender op. Niet dat ze daarop zou letten, want mensen als Bryony kregen honderden cadeaus per week toegestuurd. Toen ik het tanende herfstlicht in stapte en de deur achter me dichttrok, rinkelde de winkelbel. Ik zag het als een teken. Ik nam me voor om Bryony's socialmedia-accounts niet te controleren in de hoop dat ze was bezweken. Ik had een poging gewaagd en nu moest ik het loslaten.

De maand daarop had ik het druk op mijn werk. De uitverkoop begon bijna, en ik organiseerde socialmediacampagnes en zorgde ervoor dat er kortingsmails werden verstuurd naar klanten die zich daarvoor hadden ingeschreven. Ik wist uit onderzoek dat vijfennegentig procent daarvan ongelezen bleef en regelrecht in spamboxen verdween. Het was een zinloze oefening, maar data waren van onschatbare waarde, werd ons gezegd. Van de toon van een van de berichten die we verstuurden, zou zelfs de vurigste shopper een geregistreerd anticonsumptieaanhanger worden. Het woord 'Fri-yay' werd één keer in een mail gebruikt voordat ik daar een einde aan maakte. Wanneer ik het taalgebruik en mijn eigen waardigheid op kantoor niet probeerde te beschermen, dacht ik aan manieren om Bryony te vermoorden.

Net als bij de eerdere moorden vond ik het belangrijk dat deze zou plaatsvinden terwijl Bryony voor haar doen iets 'normaals' aan het doen was. Dat maakte het ongevalsscenario geloofwaardiger en vergde een minder uitgebreide planning. Ik wilde van deze moorden af zijn; ze moesten goed gebeuren, ja, maar ik ben geen fan van moord noch van uitgebreid de meest fascinerende en gruwelijke manieren om iemand te doden onderzoeken. Een goede moord is een kunst. Ik wil wel toegeven dat ik onder de indruk ben van datgene wat mensen bereid zijn te doen, maar ik wil niet verstrikt raken in steeds extremere plannen waarbij ik uiteindelijk puur voor het dramatisch effect aan een tokkelbaan door hartje Londen vlieg om iemand met een samoeraizwaard te onthoofden.

Na veel valse starts zag ik een mogelijkheid. Er is een man – sommigen van jullie kennen hem misschien wel – die een belangrijke speler in de wellnessindustrie is geworden. Zijn naam is Russell Chan, en hij heeft miljoenen verdiend aan een voedingsprogramma dat 'Manifest and Maintain' heet. Als je nog nooit van die onzin hebt gehoord, kun je duizend jaar bezig zijn om te raden wat het bedrijf doet, dus ik zal het je uitleggen. Zijn brand, of 'innovatie', zoals hij het in zijn TED Talk noemde – waar ik drie minuten naar keek voordat ik besloot dat ik liever doodging – bestaat uit twee hoofdelementen. Als eerste moet je positieve bevestigingen op speciale pastelkleurige post-its schrijven (die hij je toestuurt als je je hebt opgegeven) en in je huis opplakken. Als tweede krijg je te horen dat je vijfentachtig minuten per dag moet sporten, en je ontvangt elke ochtend saprecepten. De creativiteit die gemoeid is met verschillende groente- en fruitcombinaties voor driehonderdvijfenzestig dagen van het jaar bedenken (met Kerstmis krijg je absoluut geen vrij) is verbluffend. En met verbluffend bedoel ik verspilling van het talent van een arme voedingsdeskundige. De post-its verhullen het feit dat dit een dieetplan is. Je kunt de MM-app downloaden voor een eenmalig bedrag van acht pond negenennegentig, en daarna kost hij vier pond per maand voor de rest van je leven. Mensen hebben geprobeerd hun abonnement op te zeggen, al ken ik niemand die het is gelukt. Maar de meeste mensen willen er ook niet van af, want sukkels zijn gék op Russell Chan. Ze kunnen het bijna niet geloven als ze afvallen, alsof het een geheime wetenschap is die ze hebben ontdekt in plaats van een maaltijdvervangend aanbod dat alle calorierijke opties elimineert. Ze blaten over het zelfvertrouwen dat ze hebben gehaald uit (ik neem aan) computergegenereerde, inspirerende citaten die ze overal in hun boekenloze huis hebben geplakt, waar die papiertjes waarschijnlijk om ruimte vechten met de bordjes van sloophout met LOVE erop en de plantenbakken van roségoud.

Ik heb bewondering voor Chan. Hij is een vreselijk monster, maar bedondert alleen mensen die zich willen laten bedonderen. Vóór de grote crash van een paar jaar geleden trok hij zich terug uit de financiële wereld en boorde meteen de wellnessmarkt aan door met dat bankiersbrein te speculeren wat de massa zou willen in een tijd van financiële onzekerheid. En hij heeft er miljoenen mee verdiend, met de gok dat de meute zichzelf op bescheiden maar vertroostende manieren zou willen verwennen, gemoedsrust zou willen vinden in gemeenplaatsen en – cruciaal – er beter uit zou willen zien. Je kunt geen hypotheek meer krijgen, maar je kunt met nieuwverworven zelfvertrouwen glimmende leggings dragen.

De MM-ideologie is dus beschikbaar voor het gewone volk, maar de aantrekkingskracht berust op de exclusieve look. Chan wist vanaf het begin dat het alleen zou werken als aantrekkelijke mensen de promotie voor hem deden. Elk jaar in mei nodigt hij honderd van de meest invloedrijke 'movers en shakers' uit in zijn huis op Ibiza, voor een weekend vol fitnesslessen, sapworkshops en positiviteitswerkgroepen. En zonder uitzondering schuimen de *Daily Mail* en andere celebritypublicaties elk jaar de Instagramaccounts van deze movers en shakers af, maken ze screenshots van de aantrekkelijke mensen die hun zonnegroet bij de infinitypool doen en hun ondervoede, gebruinde ledematen om elkaar heen slaan en elkaar enthousiast vertellen hoeveel ze wel niet over hun ziel te weten zijn gekomen tijdens deze driedaagse trip. De laatste avond is er een feest waar, volgens een meisje dat ik ken en dat in wellness-pr werkt, ruimschoots alcohol en drugs in de fruitsmoothies worden verwerkt, iedereen knetterstoned wordt en telefoons verboden zijn. Ik neem aan dat deze 'bonte avond' een excuus is voor alle saaie wandelingen die ze de twee dagen ervoor verplicht hebben moeten maken.

Raad eens wie er naar het eerstvolgende weekend zou gaan?

Ik ontdekte Bryony's plannen omdat mijn saaie mama-Instagramaccount vrijwel iedereen volgt die Bryony ook volgt, en zo blijf ik op de hoogte. We waren inmiddels maanden verder en Chan was zijn acht miljoen volgers alweer aan het verleiden met foto's van het geplande Ibiza-weekend met de twijfelachtige hashtag #reiniggenotzucht onder foto's van yogamatten op het zonnedek en videoclips van in witlinnen gekleed personeel dat het gazon maait. Onder een foto van neonballonnen aan een boom had Bryony een comment gepost. *Kan niet wachten om bij mijn zielsverwanten te zijn.*

Ik ging aan de slag. Het weekend zelf was verboden terrein, maar het feest klonk als een gelegenheid waar ik wel iets mee kon. Ik zocht uit wie het feest die laatste avond organiseerde, geen onmogelijke klus, aangezien iedereen op social media iedereen tagt als een manier om korting te bedingen voor daadwerkelijke arbeid. En ja hoor, het evenement werd georganiseerd door een bedrijf in Watford dat Knalfeesten op Maat heette. Echt een Spaanse vibe. Toen ik begin twintig was, had ik bij feesten vaak in de bediening gewerkt en ik was ervan overtuigd dat ik wel kans maakte om een stel modellen te bedienen die stijf stonden van de coke. Op de website stond een sollicitatieformulier dat ik invulde, ik schreef dat ik op veel exclusieve (en verzonnen) feesten had gewerkt en benadrukte dat ik in de periode van het feest op Ibiza was, had gehoord dat ze cliënten op het eiland hadden en op zoek was naar wat extra werk. Nog geen vierentwintig uur later mailde een zekere Sasha me terug. Ze stelde voor om te videochatten, zeker om te zien of ik aantrekkelijk genoeg was voor de klus. Ik vond het prima; ik gebruikte toch een valse naam en was niet zo stom om ze een foto te sturen die gemakkelijk terug te vinden zou zijn.

Ik deed een laag make-up op, maakte mijn wenkbrauwen

donkerder en gebruikte rode lippenstift, twee dingen die een gezicht subtiel maar effectief veranderen. Anderhalf uur later dan afgesproken belde Sasha, wat betekende dat ik snel de bus uit moest springen en een cafeetje in moest duiken om het gesprek aan te nemen. Ze was bruusk en resoluut, en vroeg of ik de komende week een paar diensten in Londen wilde draaien om te kijken of ik een aanwinst voor het bedrijf zou zijn. Het gesprek duurde nog geen vijf minuten en het was inderdaad voornamelijk om uiterlijk gegaan. We spraken af dat ik de dinsdag erop bij een feest in de Shard zou werken. De details waren vaag, maar het was een evenement voor een bekende YouTuber die een zelfbruiningsproduct lanceerde. Ik moest er om vijf uur 's middags zijn en een zwarte broek dragen; voor een shirt zou gezorgd worden.

'Kijk de gasten niet aan, tenzij je ze een drankje aanbiedt; niemand wil een enge serveerster die zich ideeën in haar hoofd haalt,' zei Sasha, terwijl ze aan het typen was en haar eigen advies over oogcontact volgde.

De avond verliep soepel. Ik moest er meteen na mijn werk naartoe, weer een dag dat ik vroeg weg moest, maar wat kon ik anders? De zaal baadde in een zachtroze licht, her en der stonden bloemstukken. Op de tafels lagen koekjes met het bedrijfslogo en eronder stonden goodiebags. Het was niet druk, maar iedereen was gretig selfies aan het maken met de gastheer, die blij leek te zijn met de gasten die de wand van ballonnen aan het livestreamen waren. Ik schonk champagne en hield mijn hoofd keurig gebogen. Niet dat ik ook maar een van deze mensen herkende. De Warholvoorspelling over de toekomst van roem is volledig gekaapt door het enorme aantal online persoonlijkheden. Vijftien minuten lijkt nu heel schattig als je deze leeghoofdige kinderen ziet die wanhopig hun best doen om elke dag een video te produceren die viraal gaat.

Sasha was kennelijk tevreden met de feedback en ik mocht bij nog drie evenementen in Londen werken. Ik werd contant betaald, dat was een opluchting, en ze duurden meestal maar twee uur; de Londense jeugd neemt het er niet echt van, gaat liever naar huis om met een gezichtsmasker op naar de nieuwste Netflixproductie te kijken.

Een maand later appte Sasha me dat ze drie evenementen in Ibiza had waar ik kon werken. Ze voegde de data toe, en een ervan viel op de laatste avond van het wellnessweekend. Meer informatie kreeg ik niet, maar ik was er vrij zeker van dat er niet twee feesten op dezelfde avond zouden zijn die werden verzorgd door Knalfeesten op Maat. Ik antwoordde meteen, bevestigde dat ik kon en boekte die avond nog vluchten en accommodatie voor mijn verblijf op Ibiza. Ik was niet van plan veel af te wijken van mijn oorspronkelijke plan. Bryony hield van drank, en een feest dat zo genotzuchtig was als het MM-gebeuren zou waarschijnlijk snel in chaos uitmonden. Een driedaagse sapkuur en je bent al na één cocktail dronken. Een paar druppels perzikpuree in een glas en ze zou binnen een paar minuten dood op de dansvloer liggen. Weliswaar omringd door een stel gezondheidsfreaks, maar toch zou ik er mijn leven onder verwedden dat geen van hen de medische kennis had om haar te helpen. Ik moest nog zes weken wachten.

Alleen hoefde dat niet. Want Bryony stierf later die avond.

Ik hoorde het pas de volgende avond. We worden de hele dag door met heel veel nieuws gebombardeerd, en toch is het bijzonder gemakkelijk om alles te missen als je zoiets simpels vergeet als je telefoon op te laden. Ik was die woensdag niet op kantoor, had een training ter 'motivatie van vrouwen in de zakenwereld'. Het was verplicht, wat suggereerde dat het meer te maken had met de recente ongewenste intimiteitenaantijgingen tegen de teamleider neutraliseren dan over vrouwen in de zakenwereld promoten. Na acht uur lang workshops, waarbij we met veertien personen in een kring zaten en rollenspelen deden over uitdagende kantoorscenario's, bedankte ik voor de koffie en taart na afloop en liep snel naar de ondergrondse. Mijn telefoon was leeg, dus zat ik de hele weg naar een jong stel te kijken dat ruziede over de vraag of ze aan een hond toe waren als ze in staat waren een kamerplant in leven te houden. Zij rolde veel met haar ogen en hij keek nog vaker de andere kant op. Ik maakte me zorgen om deze denkbeeldige hond. Ik had zelfs medelijden met de kamerplant.

Toen ik het metrostation uit liep, kocht ik snel een *Evening Standard*, rolde hem op en propte hem in mijn tas. Twintig minuten later was ik thuis, haalde het eten dat ik bij de natuurvoedingswinkel om de hoek had gekocht uit mijn tas en zette de verwarming aan. Toen pas pakte ik de krant en ging aan mijn keukentafel zitten. Het hoofdartikel ging over iets saais als een gebrek aan sociale woningen, waar ik langs gleed omdat iedereen weet dat de *Standard* met dat soort artikelen begint, zodat ze de rest van de krant kunnen vullen met berichtgeving over een nieuwe peperdure ijssalon in Kensington of een lovend stuk over een fitnessles waarbij je gouden gewichten gebruikt. Rechts op de pagina stond een fotootje van een jonge vrouw, een selfie van opzij genomen, vijfenzeventig procent mond. De vertrouwde adrenalinegolf begon door mijn aderen te stromen.

Adrenaline stuwt je energie opeens omhoog en zet de tijd stil. Alles gaat langzamer, wordt wazig, reacties worden afgestompt. Ik wist meteen naar wie ik keek, maar de mist in mijn hoofd zorgde ervoor dat het even niet echt tot me doordrong. ERFGENAME (27) OVERLEDEN. Ik sloeg de krant open en op bladzijde drie stond nog een foto van haar; hierop was ze veel jonger en stond ze tussen haar ouders in bij een evenement.

Bryony.

De details waren summier. Ze was om halfacht 's avonds door iemand van het personeel (lees: werkster) bewusteloos aangetroffen in haar slaapkamer. Er was een ambulance gebeld, maar ze was ter plekke overleden. In het artikel werd de tragische dood van haar moeder van nog maar een paar maanden daarvoor genoemd, waarmee ze suggereerden dat het zelfmoord kon zijn. Ik wist dat het onzin was. Bryony zou zichzelf nooit uit verdriet van het leven beroven. Dat soort emotionele diepgang had ze niet, alles was voor haar verveling, hoon of verlangen. Het simpele werk. Een woordvoerder namens de familie verzocht dringend om privacy in deze moeilijke tijd, en op wat gegevens over Simon en haar vergulde leven na werd er geen verdere informatie verstrekt.

Ik scrolde een uur lang verwoed langs Instagram, nieuwssites en juicekanalen. Haar laatste post was om vier uur die middag geweest, een foto van haar terwijl ze op een kleed naar een teckel zat te kijken die naast haar zat (hopelijk had ze die alleen te leen #WAARISFENDI). Eronder stond: *Als babe wat aandacht wil.* Dus geen bruikbare aanwijzingen voor de pers die zouden kunnen helpen bij een verhaal over het tragische rijke meisje. Ergens anders verklaarden een paar Instagramvrienden met bidhandjes en huilende gezichtjes hoe geschokt ze waren. *Rust in vrede* kwam ik veel tegen, een uitdrukking waar ik altijd een hekel aan heb gehad. Hoe energiek of grappig of levenslustig je ook was. Rust nu maar uit. Een nietszeggende, zinloze opmerking. Maar verder geen nieuwe details waar ik me op kon richten. Waar was Simon? Was hij thuis toen het gebeurde of was hij met een of andere nieuwe vlam uit, zat hij in een privébar te eten, was hij met een zakendeal bezig? Hoe had hij het gehoord? Had de werkster hem gebeld of de politie? Was hij nu alleen, zonder vrouw, zonder dochter – zijn enige erkende kind? Zijn ouders dood. Zijn broer dood. Had hij al enig besef van wat er gebeurde? Dat was onmogelijk. Hij had mijn bestaan weggewerkt zoals hij elk ander lastig detail in zijn bevoorrechte leven had weggewerkt.

Maar ik was ook alleen. Bij alle andere doden had ik het gedaan, was ik er bij de laatste ademteug bij geweest, had ik het gevoel gehad dat ik de touwtjes in handen had. Nu was ik net als iedereen die een krantje had gekocht. Ik wist niets en kon het niemand vertellen. Voor het eerst in lange tijd verlangde ik naar mijn moeder. Ik wilde dat ze wist dat haar dochter degene was die nog leefde, dat ik dit voor haar deed, dat ik nooit zou hebben toegestaan dat deze mensen haar afdankten en vergaten. Maar ik was niet zo iemand die dacht dat ze kon voelen dat haar dierbare overledene vanuit de hemel naar haar glimlachte en ik was ook niet van plan om te zwelgen in zelfmedelijden. Ik trok een fles wijn open en liet het bad vollopen. Bryony was dood, de details konden wachten. Haar ondergang betekende veel meer dan een naam op mijn lijst afvinken. Het betekende dat ik de lijst bijna had afgewerkt. Nog één te gaan. Vaderlief, jij was aan de beurt.

14

Ik moet lachen nu ik dit allemaal heb opgeschreven. Wat een theatrale cliffhanger om mee te eindigen. Maar ik had het verhaal over Bryony's dood om twee uur 's nachts in absolute stilte en duisternis afgemaakt. Zelfs Kelly snurkte niet. Tegen het einde stond ik stijf van de spanning, toen ik me dat moment herinnerde waarop ik besefte dat ik nog maar één doelwit te gaan had. Ik was er zo dichtbij geweest en het had zo grandioos gevoeld. Vanuit deze benauwde cel zou ik willen dat ik wat meer van die momenten had kunnen genieten. Ik had na elke moord moeten gaan dansen, ik had een sieraad voor mezelf moeten kopen voor elk doelwit dat ik had afgestreept. Ik had een lijst, had ik dat verteld? Echt een lijst op papier, bedoel ik. Met potlood achter op een foto van mij en mijn moeder geschreven. De Latimers hadden me die met Kerstmis gegeven, kort nadat ik bij hen was ingetrokken. Het was geen grote verrassing, aangezien het mijn eigen foto was. Maar Sophie had hem in mijn bureaula gevonden en had hem naar de lijstenmaker gebracht, zodat ik hem mooi kon ophangen.

'Hier moet je elke dag naar kijken, mijn schat,' zei ze, toen ik het pakje openmaakte. 'Je moeder hield zoveel van je.' Dat wist ik zelf ook wel, Sophie hoefde me niet te vertellen hoeveel ze van me had gehouden. En trouwens, ik vraag me af of Sophie mijn moeder ooit echt had gesproken, op het regelen van wat speelafspraken na, die altijd bij de Latimers thuis plaatsvonden ('veel fijner voor de kinderen met al deze ruimte,' zei ze dan tegen Marie), dus het feit dat ze me er steeds aan wilde herinneren dat er zo van mij gehouden was, werd op een gegeven moment wel irritant. Jimmy rolde met zijn ogen als Sophie weer eens verkondigde hoe trots Marie zou zijn geweest op mijn examenresultaten, of mijn 'fantastische' cupcakejes. Lang leve Jimmy.

Maar het was een mooie lijst en ik had hem op mijn slaapkamer bij de Latimers opgehangen. Nadat ik het huis uit was gegaan, hing hij altijd ergens waar ik hem kon zien als ik wakker werd. Toen ik aan het plannen was hoe ik Kathleen en Jeremy zou vermoorden, had ik hem van de muur gehaald en een tijdje naar Maries gezicht gestaard, me afgevraagd wat zij van mijn plannen zou vinden. Waarschijnlijk zou ze verafschuwd en doodsbang zijn geweest, ze zou er kapot van zijn dat ik had besloten om mijn leven te verwoesten om haar te wreken. Maar ze was er niet om me dat te vertellen, dus hoefde ik niet zwaar te tillen aan haar mening. Bovendien deed ik dit net zo goed voor mezelf. Marie was er niet meer. Bij leven had ze het onrecht dat haar was aangedaan nooit willen herstellen. Maar het onrecht dat mij was aangedaan ook niet. We hadden allebei geleden omdat zij te slap was om te eisen wat rechtvaardig was. Ik was geëindigd als een figurant in een familie die niet de mijne was, zonder zekerheid of vangnet. Eerst had ik mijn moeder verloren en daarna had ik moeten toezien hoe mijn vader met zijn wettige familie door de stad paradeerde. Als ik het evenwicht wilde herstellen, kon ze moeilijk bezwaar maken.

Voordat ik de foto weer aan de muur had gehangen, had ik het potlood gepakt waarmee ik aantekeningen aan het maken was, en achter op de lijst de namen van elke Artemis geschreven die ik zou moeten vermoorden. Zo licht dat het nauwelijks leesbaar was als je niet heel goed keek, maar elke keer als ik een naam had afgestreept, had ik hard gedrukt en het potlood door elke letter gehaald totdat er niets meer leesbaar was. Het was een kleine, maar belangrijke teller. Al had ik ook best wat mooie sieraden kunnen kopen.

Nadat ik het verhaal over Bryony en haar treurige kennismaking met wat perzikserum had opgeschreven, was ik in slaap gevallen.

Ik werd in paniek wakker toen ik de ochtendbel hoorde. Ik had het schrijfblok nog vast, en Kelly liep door de cel heen en weer en zong een gruwelijke versie van een nummer van One Direction. Het origineel was waarschijnlijk al erg genoeg, maar haar toonhoogte maakte het oneindig veel erger. Ik schoof de papieren tussen het matras en het bed en wenste haar goedemorgen. Kelly had mijn werk kunnen zien, dat was een stomme, slordige fout van mij. Ik keek toe terwijl ze haar tanden poetste en foundation opdeed die iets te donker was voor haar huid. Toen ik hier net was, verbaasde ik me erover dat zoveel vrouwen hun best doen om er leuk uit te zien, maar nu begrijp ik het beter. Als je niet uitkijkt, beheerst de gevangenis elk deel van je leven. Van alledaagse dingen zoals hoeveel paar sokken je mag hebben tot intiemere dingen zoals waar je van droomt. Voordat ik hier terechtkwam, had ik bijna elke nacht levendige en onwerkelijke dromen. Nu droom ik nog maar over één ding. Dan ren ik langs de rivier met de wind in mijn rug en weidsheid om me heen. Je hoeft geen Freud te zijn om dat te analyseren. Dus als make-up je wat houvast geeft, dan begrijp ik dat. Maar meng het wat beter, Kelly, meer is niet nodig.

Ik was er redelijk zeker van dat ze het schrijfblok niet had gezien. Ze was net zo onverstoorbaar vrolijk als anders en blaatte over het bezoek dat ze die dag zou krijgen. 'Een vriend,' zei ze, terwijl ze laag na laag draderige mascara aanbracht, 'maar misschien wil hij wel meer. Dat kan ik hem niet kwalijk nemen.' Kelly keek via de spiegel naar mij, en ik zag dat het mens snakte naar belangstelling van mijn kant voor deze bezoeker. Maar ik had geen zin om te luisteren naar haar monoloog vol waanideeën over de andere sekse die haar zo aantrekkelijk vond, en dus trok ik mijn trainingspak aan, wenste haar veel plezier en liep naar de bibliotheek.

Ik zou eigenlijk het verhaal over Caro moeten afmaken, aangezien dat de reden is dat ik hier in mijn polyester trainingspak zit in plaats van in iets moois van MaxMara. Zij is de reden dat

Kelly de persoon is die het dichtst bij me staat, aangezien Jimmy niet op mijn brieven reageert en ik tot het besef ben gekomen dat ik heel weinig andere vrienden heb. Voordat dit allemaal gebeurde, besteedde ik niet veel aandacht aan het onderhouden van hechte banden, dat wist ik wel. Ik was geobsedeerd, dat zie ik nu in. Ik had alleen oog voor mijn plan om de familie Artemis uit te roeien, had niet eens de vooruitziendheid om een leven op te bouwen dat voor me klaarstond als het allemaal achter de rug was. Dom, natuurlijk. Ik was ervan uitgegaan dat Jimmy er zou zijn als ik klaar was, dat hij genoeg voor me zou zijn en dat de rest gemakkelijk zou gaan. En de meeste mensen zijn gewoon vreselijk. Dom of saai of een gruwelijke combinatie van beide. Daar kon ik nooit tegen en dus probeerde ik het ook niet. Mijn huidige situatie heeft me niet van die gedachte afgeholpen.

Maar Jimmy bleek niet de constante factor in mijn leven te zijn. Twee dagen nadat Gemma Adebayo me had gezegd dat ik kon gaan, was ik wakker geworden van luid gebons op mijn voordeur. Slaperig deed ik open en werd prompt gearresteerd voor de moord op Caro Morton. Ik werd weer naar het politiebureau gebracht – met minder zorg voor mijn comfort en welzijn, deze keer – en aangeklaagd. Terwijl ik die dag urenlang bij rechercheurs zat, werd het me langzaam maar zeker duidelijk. Jimmy had de politie meteen verteld dat hij dacht dat het moord was, hij had geschreeuwd dat ik Caro haatte. Mijn jaloezie, werd geopperd, had me ertoe gebracht om haar met geweld van het balkon af te duwen in de hoop dat het op een tragisch ongeval zou lijken. Het andere meisje dat er aan het eind van het feest nog was geweest, had een officiële verklaring ondertekend waarin ze zei dat ik ruzie met Jimmy had gehad over zijn verloving en dat ik vervolgens Caro had uitgenodigd om buiten een sigaret met me te roken. Dit timide meisje, dat later Angelica bleek te heten en een stuk minder slap was dan haar uiterlijk had doen vermoeden, speelde een cruciale rol bij mijn veroordeling. Wie had kunnen weten dat het meisje met een overdreven verzameling haarbanden het in zich had?

Na een hartstochtelijk betoog dat ik een gevaar voor de samenleving was, werd mijn voorarrest verlengd, waarop ik vol ongeloof mijn gezicht vertrok en luid vloekte, iets wat de rechter niet erg waardeerde. De mij toegewezen advocaat, een amper afgestudeerde sukkel die mijn dossier niet eens had gelezen voordat hij de rechtszaal binnenliep, deed hier niets tegen en werd ontslagen zodra ik het gebouw verliet en weer in bewaring werd genomen.

Toen kwam mijn eerste kennismaking met de gevangenis. Het was aanvankelijk een vreselijke schok. De instelling waar ik naartoe werd gestuurd, bevond zich in een akelig betonnen gebouw achter een hoge muur in Zuid-Londen. Ik werd uitgebreid gefouilleerd, mijn spullen werden afgenomen, waarna ik in een cel werd gezet. Het was er ijskoud en ik zat drie dagen lang te piekeren of ik iets in mijn flat had laten liggen wat de politie zou kunnen wijzen op mijn daadwerkelijke misdrijven. Ik stelde me elke hoek van mijn flat voor in een poging me te herinneren of ik zo slordig was geweest er iets te laten slingeren. Ik kon niet slapen en mijn gedachten verwrongen de beelden die ik voor me probeerde te zien, waardoor ik steeds weer opnieuw moest beginnen, totdat ik van frustratie in huilen uitbarstte. De derde dag was ik rustiger, nadat ik mezelf had gedwongen om een uur lang diep adem te halen. Tegen die tijd was ik ervan overtuigd dat niets zou wijzen op de sterfgevallen binnen de familie Artemis. Dat gevoel werd versterkt door de wetenschap dat de politie niet op zoek was naar iets wat geen verband hield met Caro, en niemand wist dat er een verband was tussen mij en die doden. Wat hen betreft had ik uit jaloezie, in een opwelling, een liefdesrivaal van een balkon gegooid. Veel bewijsmateriaal zouden ze niet vinden, tenzij ze hoopten dat ik zo iemand was die een dagboek met mijn diepste zielenroerselen bijhield. Wat absurd dat ik pas een dagboek met mijn diepste zielenroerselen begon toen ik eenmaal in de krochten van het strafrechtsysteem zat opgesloten.

Ik nam een nieuwe advocaat in de arm, Victoria Herbert, en bad dat ze de rottweiler was die ze beloofde te zijn. Een rottweiler met Hermès-sjaals en Louboutins aan haar voeten. Zo zag ik het graag. Herbert was optimistisch als het ging om mijn kansen om vrij te komen. Er was geen forensisch bewijsmateriaal, behalve het contact dat Caro en ik in de loop van die avond hadden gehad, en het grootste deel van de zaak was gebaseerd op de getuigenverklaring van Angelica Saunders en Jimmy. Jimmy, die tegen me getuigde. Jimmy, de enige om wie ik echt gaf, die het hof – zonder mij ook maar één keer recht aan te kijken – vertelde dat hij dacht dat ik zijn verloofde van het balkon had geduwd. Jimmy, met een foto in de *Sun* toen hij op vrijdag hand in hand met Angelica de rechtbank binnenliep. Zij vol trots in haar spuuglelijke kokerrokje en ballerina's. Jimmy had mij misschien verbijsterd achtergelaten, maar ik begon respect te krijgen voor Angelica's intenties.

De jury beraadslaagde zes uur lang. Victoria hield me gezelschap tijdens het wachten, wat een jaar leek te duren. Toen we te horen kregen dat de jury tot een uitspraak was gekomen, was ze uitgelaten, verzekerde me ervan dat dit snelle oordeel beslist een goed teken was. Ondanks al haar bravoure had ze het volledig mis. Schuldig. Schuldig. Schuldig. Het woord echode door de rechtszaal terwijl mensen naar adem hapten en iemand vanaf de galerij boos iets riep. Ik stond daar, mijn hand schoot naar mijn hals, ik probeerde adem te halen, maar dat ging niet. Ik keek naar Jimmy die zijn hoofd op Sophies schouder had gelegd, terwijl John werktuigelijk over de arm van zijn zoon wreef. Alleen Jimmy's zus Annabelle keek me aan. Ze hield haar hoofd schuin alsof ze me voor het eerst in zich opnam.

En dat was het. Ik werd veroordeeld tot zestien jaar en werd een week later naar Limehouse gebracht. Ik miste de termijn voor een hoger beroep, was te geschokt, wist niet wat ik moest doen. Maar toen verscheen George Thorpe ten tonele, een witte man van middelbare leeftijd, om de held te spelen, iets waar hij in zijn ogen voor geboren was. Het verzoek voor een hoger beroep werd toegewezen, op basis van zijn argument dat er meer ooggetuigen waren die niet door de politie waren gehoord.

Toen ik hier eenmaal zat, huurde ik Thorpe tegen een fors uurtarief in, omdat ik besefte dat Victoria Herbert zichzelf alleen als een aantrekkelijke vechthond wilde promoten, maar het niet echt was. Dankzij mijn zaak kwam ze in *Grazia* te staan, nam alle lof ongegeneerd in ontvangst en gebruikte het woord 'empowerment' veel te vaak. Het duizelingwekkende uurtarief dat mijn nieuwe advocaat vroeg was alleen mogelijk omdat hij werkte op basis van het principe 'achteraf betalen'. Ik begreep zijn redenatie wel; hij wilde publiciteit en die kon ik hem in overvloed geven. Ik denk dat hij lid van de Queen's Counsel wilde worden en vond dat een spraakmakende moordzaak zijn kansen vergrootte. Hij was een behoorlijke publiekstrekker. Bij de vele geruchtmakende moordzaken waar hij aan had gewerkt, hadden de media uitgebreid geschreven over zijn betogen, zijn bloemrijke taalgebruik, zijn gewoonte om halverwege een hartstochtelijk pleidooi voor zijn cliënt op tafel te slaan. Thorpe had een uitstekend slagingspercentage, wat betekende dat ik me niet te veel zorgen maakte over de uiteindelijke rekening. Wat er ook gebeurde, ik had genoeg geld om hem permanent in dienst te nemen, als ik eenmaal aanspraak had gemaakt op het Artemis-fortuin. Het moet gezegd worden, Thorpe wist elke mogelijke fout tijdens de rechtszaak bloot te leggen, en hij gebruikte de pers om die fouten te benadrukken in de wetenschap dat zij elk detail over de Morton-moord publiceerden. Tijdens de rechtszaak schilderden ze me af als een verbitterd en beschadigd meisje dat verliefd was op haar stiefbroer (dat was hij natuurlijk niet, maar de roddelbladen zijn dol op iets wat riekt naar incest), maar toen ik eenmaal was veroordeeld hadden ze een nieuwe invalshoek nodig. Nu was ik beschadigd, maar niet langer verbitterd. Mijn kwetsbaarheid kwam naar voren – *ze had in feite niemand, alleen Jimmy* – en ze publiceerden foto's van me waarop ik er verlegen en frêle uitzag in plaats van nors en arrogant. Aan de kleding te zien, waren deze foto's aangeleverd door oud-collega's en stond ik er alleen op omdat het verplicht was geweest. Het is verbazingwekkend wat mensen kunnen concluderen bij het zien van een simpele foto. Thorpe liet een oude schoolvriend die in pr werkte verhalen uitlekken over Caro's geestelijke gezondheid, haar voorliefde voor een goed feest (lees: drugs) en haar korte lontje. Een heel nare tactiek, maar dit is geen discussie over media-ethiek, en trouwens, ik zou alle verhalen waarin Caro werd afgemaakt accepteren als het mijn zaak hielp. Zelfs als ze mijn zaak niet hadden geholpen, zou ik ze hebben gelezen.

Ik zit nu al veertien maanden weg te rotten in Limehouse, en de helft van die tijd wacht ik al op mijn hoger beroep. Toen ik George Thorpe net in de arm had genomen, belde ik hem elke dag en schreef ik hem lange brieven waarin ik hem dringend verzocht het balkon opnieuw te onderzoeken of Caro's therapeut te dwingen om te getuigen over haar gemoedstoestand. Ik wilde liever binnen een paar dagen dan weken vrij zijn en werd woest als hij weer zei dat ik geduld moest hebben. Toen duidelijk werd dat ik hier wel een tijdje zou zitten, zakte ik in een soort depressie weg. Ik ben niet iemand die last heeft van depressies. Soms voel ik paniek in mijn keel opwellen of ik voel de behoefte om te ontsnappen, maar ik had nooit begrepen waarom mensen zó verdrietig konden zijn dat ze zich terugtrokken uit het leven. Misschien maakt de gevangenis ons allemaal invoelender, of misschien is het heel natuurlijk dat je depressief wordt op een plek met tl-verlichting en gemeenschappelijke douches. Ik begon meer te slapen, en een tijdlang had ik het gevoel dat mijn hersenen door stroop moesten waden. Mijn gedachten werden trager, ik stopte met sporten en op een bijzonder sombere dag keek ik naar de hele *Emmerdale*-omnibus terwijl Kelly vertelde wie iedereen was zonder dat ik haar hoofd tegen de muur aan wilde slaan.

Na acht maanden werd ik op een dag wakker en deed

vijfhonderd push-ups. Ik had genoeg van die vreemde bui en was bang dat ik voorgoed in de put zou blijven zitten als ik mezelf niet dwong eruit te klauteren. Dus begon ik een streng regime, werd elke dag op dezelfde tijd wakker, dwong mezelf tot steeds meer lichaamsbeweging in mijn cel en wandelingen rond de binnenplaats. Urenlang zat ik in de bibliotheek te lezen over alles wat me maar afleidde van de plek waar ik was, en ik begon mijn advocaat weer lastig te vallen, maar deze keer veel gerichter.

En nu dient het hoger beroep bijna en schrijf ik dit allemaal als afleiding. Ik ben ervan overtuigd dat ik vrijkom, en ik heb een speech voorbereid die ik onder aan de trap van de rechtbank zal geven. Volgens mij heb ik de juiste toon gevonden – gekwetst, maar grootmoedig – en ik zal net genoeg make-up opdoen om er aantrekkelijk uit te zien, maar niet zoveel dat het lijkt alsof ik het veertien maanden naar mijn zin heb gehad. De wallen onder mijn ogen moeten zichtbaar zijn, zodat iedereen kan zien dat deze beproeving me bijna (maar niet helemaal!) heeft gebroken. Ik zal vertellen dat we, ondanks het trauma van mijn gevangenschap, niet moeten vergeten dat er nog een ander slachtoffer in dit alles is. *Caro*, zal ik zeggen, terwijl ik recht in de camera kijk. *Deze onrechtvaardigheid heeft mij bijna twee jaar van mijn leven gekost, maar Caro is die nacht haar hele leven kwijtgeraakt en dat mogen we nooit vergeten.* Misschien zal ik aan het eind verkondigen dat ik in haar naam een mentorprogramma voor vrouwelijke gevangenen met eetstoornissen ga oprichten omdat ik kwetsbare vrouwen wil helpen, al is het er maar een. Ze zou het afschuwelijk vinden om kwetsbaar genoemd te worden.

Ik vind het overigens niet misplaatst dat ik er vertrouwen in heb dat ik zal worden vrijgelaten. De politie besloot, met de hulp van de duivelse Angelica, veel te snel dat het moord was en deed weinig om die veronderstelling te testen. Ik zal niet beweren dat ik op alle gebieden in mijn leven volkomen onschuldig ben, maar in dit geval ben ik werkelijk het slachtoffer van een enorme gerechtelijke dwaling. Wat een oefening in koorddansen. Thorpe zag meteen hoe slecht de zaak was behandeld en heeft in vrijwel elk deel van het proces fouten ontdekt. Dit zou genoeg kunnen zijn, het was in elk geval genoeg voor een hoger beroep, maar het was geen keihard bewijs. Dat kwam pas een paar weken geleden, maar het betekent dat mijn vonnis vrijwel gegarandeerd vernietigd zal worden. Thorpe was langsgekomen voor een update die een tijd geleden al was gepland, en ik verwachtte geen nieuws. Maar zodra hij binnenkwam, kon ik zien dat er iets belangrijks was gebeurd. Hij kleurde rood, van zijn hals tot in zijn gezicht, terwijl hij doelbewust door de bezoekersruimte mijn kant op liep en ongeduldig anderen passeerde terwijl zijn lange jas achter hem aan wapperde. Het was, zei hij, het resultaat van twee maanden lang onvermoeibaar speuren.

'Op de avond dat mevrouw Morton zo ongelukkig ten val kwam, is de politie bij iedereen in het gebouw langs geweest.' Hij haalde een lijst van andere appartementen in het gebouw tevoorschijn. 'Elke verdieping bestaat uit vijf appartementen, in een soort vijfhoek, maar er zijn er maar drie die aan de tuin grenzen, de andere twee kijken uit op de weg. Mevrouw Mortons appartement was het middelste van de drie die aan de tuin grenzen. Rechts van haar woont een stel van halverwege de zestig, dat er al dertig jaar woont – al ruim voordat rijke professionals naar Clapham stroomden – en zij waren de avond van het incident thuis.' Thorpe gebruikte het woord 'dood' nooit als er een beleefdere omschrijving te vinden was.

'Ze waren gewend aan de feesten van mevrouw Morton en hadden, mogelijk daardoor, opvallend weinig medeleven voor haar tragische ongeval. Ze zeiden heel stellig dat ze niets hadden gezien of gehoord, omdat ze om tien uur naar bed waren gegaan en oordopjes hadden gedragen.' Thorpe trok zijn wenkbrauwen op, maar ik kon me heel goed voorstellen hoe irritant het moest zijn geweest om naast die arrogante meid te wonen. 'De politie probeerde in contact te komen met de mensen links van mevrouw Morton, op nummer 22, maar er werd die ochtend en later op de dag niet opengedaan. Ze hebben wel nader onderzoek gedaan naar het betreffende appartement en de eigenaars, maar kregen van de beheermaatschappij te horen dat de bewoners in het buitenland woonden en er nooit waren, en dus heeft de politie het daarbij gelaten.' Met zijn gouden vulpen tikte hij driftig op het papier voor hem. 'Dat was zéér nalatig, maar helaas typerend voor onze politie. De reden dat wij het niet nader hebben onderzocht, was het feit dat het rapport suggereerde dat er contact was geweest met de eigenaars zelf en dat inderdaad was vastgesteld dat ze in het buitenland zaten. Er was geen reden om te denken dat jouw vorige advocaat dat niet grondig had uitgezocht, maar een slimme jongen op kantoor nam de papieren over de avond in kwestie nog eens door en zag dat ze geen verder onderzoek had gedaan naar de buren.'

Ik dacht weer aan Victoria Herberts duizelingwekkend hoge hakken en hoopte vurig dat ze van een roltrap zou vallen. Misschien zou ik haar wel een handje helpen als ik hier uit kwam.

Thorpe keek me vragend aan en meteen ik richtte mijn aandacht weer op hem. 'Toen begon het interessant te worden. Deze man, iemand uit mijn team, zoals ik al zei, begon wat verder te graven en ontdekte dat het appartement op naam staat van een bedrijf in de Kaaimaneilanden. Weet je wat een offshorebedrijf is, Grace?'

Ik rolde met mijn ogen, maar glimlachte meteen liefjes en verzekerde hem van het feit dat ik inderdaad wist wat dat was. Arrogante sukkel.

'Akkoord, onder de huidige Britse wetgeving kunnen buitenlanders hier onroerend goed kopen zonder zich te legitimeren. Een schandaal, uiteraard, en een systeem dat allerlei twijfelachtige transacties mogelijk maakt; voornamelijk witwaspraktijken, natuurlijk. De overheid is voornemens deze anonieme eigenaars te dwingen om zichzelf bekend te maken, maar dat is lastig en gaat waarschijnlijk nog wel een tijd duren.'

Ik kapte hem af. 'Ja oké, ik heb wel even genoeg over wetgeving gehoord. Wat heeft hij ontdekt, die slimme jongen van jou?'

Hij schraapte zijn keel en keek naar behoren op zijn nummer gezet, maar misschien is dat de standaardblik van bekakte mannen, ik wist het niet zeker. 'Nou, het is hard werken geweest, kan ik je zeggen. Een warrig web. David, dat is mijn collega, is hier twee maanden mee bezig geweest, heeft geprobeerd contact te leggen met het bedrijf, maar met een telefoonnummer op de Kaaimaneilanden dat niet werkt, bereik je niet veel. Vaak hebben dit soort bedrijven niet eens een eigenlijk kantoor daar, alleen een ruimte die ze huren om maar een adres te hebben. Uiteindelijk heeft hij een onderzoeker ingehuurd die vaker met dit bijltje heeft gehakt om de eigenaars op te sporen.'

Ik begon nu ongeduldig te worden, het bezoekuur ging zo wel heel snel voorbij. 'Met alle respect, George, dat zijn de dingen waar ik je voor heb ingehuurd en zo te horen doe je het geweldig, maar soms hoeft een mens het hoe en waarom niet te weten, bovendien heb ik vanmiddag allemaal wellnessbehandelingen gepland, begrijp je wel?'

'Ja, natuurlijk, sorry. Goed. Maar goed. David is behoorlijk tegengewerkt en om de tuin geleid, maar uiteindelijk heeft hij de eigenaars van het appartement gevonden. Ze wonen in Moskou en hebben het niet zo op e-mails. Dus is hij vorige week die kant op gegaan, en afgelopen donderdag heeft hij contact met ze gekregen. Hij heeft ze jouw situatie uitgelegd en gevraagd of ze bereid waren om te helpen. Was er op dat moment misschien een huishoudster in het appartement, hadden ze wellicht beveiligingscamera's? Het was een gok, natuurlijk, maar een poging waard. En raad eens?' Thorpe leek wel een jongetje dat op schoolreis ging. 'Ze vertelden David dat het er stikt van de camera's! Ze zeiden dat dat standaard was bij al hun onroerend goed. David wist amper zijn professionele rust te bewaren toen ze hem vertelden dat ze er een op hun balkon hebben, verborgen in een struik. Of ze de opnamen bewaarden, vroeg David. Nou inderdaad, zeiden de Russen. Ze hadden alles in een database staan. Dat was beter, al legden ze niet precies uit waarom dat zo was.' Hij stopte even om adem te halen, terwijl ik de mijne inhield. 'David heeft een kopie, Grace. Hij heeft de opnamen al bekeken en ik krijg ze zodra een expert de beelden heeft onderzocht. Ze beslaan niet het hele balkon, maar wel voldoende. Jij bent niet in beeld op het moment dat Caro haar laatste buiging maakt.'

Ik viel bijna op de grond van opluchting. Ik werd overspoeld door zo'n gevoel wanneer de zon je lichaam opwarmt op de eerste dag van de zomer, en zonder nadenken greep ik Thorpes hand vast. 'Dank je. Dank je. Ik weet niet wat ik meer kan zeggen, behalve dank je. David ook, bedankt. En de Russen. Bedankt.'

Hij keek tevreden en zijn gezicht kleurde weer. 'Tja, we hebben ons werk gedaan en het is allemaal goed nieuws. Jammer genoeg kan ik je hier vandaag niet weg krijgen, maar het zal nu nog maar een paar weken duren, en ik ben er zeker van dat deze beelden jouw naam volledig zullen zuiveren.' Er klonk een bel, waarop hij op zijn horloge keek en zijn papieren bijeenraapte. 'Zodra ik nieuws heb, neem ik contact met je op. Hou het nog even vol. En hou dit allemaal nog even onder de pet totdat het officieel is.'

Ik bedankte hem opnieuw en schudde zijn hand.

Toen hij zich omdraaide en wilde vertrekken, keek George Thorpe nog even over zijn schouder en vroeg enigszins beschaamd: 'Hebben ze hier echt een wellnesscentrum?'

En dat was, zoals men zegt, dat. Met gebalde vuisten van opwinding liep ik terug naar mijn cel, amper in staat te kijken waar ik liep of te bedenken wat ik ging doen. Kelly zat op het onderste bed met een touwtje haar wenkbrauwen te epileren en muziek van Beyoncé te zingen in een toonhoogte waar de dame zelf waarschijnlijk nog nooit mee in aanraking was gekomen.

'Je ziet lijkbleek, mens,' zei ze, toen ze opkeek. 'Slecht nieuws van je advocaat?'

Ik vertelde haar wat Thorpe had ontdekt. Ik was te opgewonden, mijn normale façade was weg. Het was stom om Kelly überhaupt iets te vertellen, maar wat kon het voor kwaad?

Ze reageerde echt heel lief, pakte mijn hand vast en vertelde dat ze een vriend in Angel had die wel een kamer voor me kon regelen, zonder referenties.

Ik had mijn flat weten aan te houden, terwijl ik hier zat, al was dat niet gemakkelijk, maar het was belangrijk voor me om te weten dat ik ergens naartoe kon als ik vrij kwam. Ook al wist ik dat het niet lang meer mijn thuis zou zijn. Als het geld eenmaal binnenstroomde, zou ik mijn accommodatie zo snel mogelijk verruilen voor iets beters. En zelfs als ik mijn flat niet meer had gehad, zou ik geen kamer huren bij een of andere louche vriend van Kelly. Zo wanhopig was ik niet.

Ze haalde haar geheime telefoon tevoorschijn en begon te typen, waarschijnlijk om haar vriend de huisjesmelker te laten weten dat ze mogelijk een nieuwe huurder voor hem had, voordat ik haar daarvan zou weerhouden.

Ik hoopte dat het aanbod niet betekende dat ze dacht dat wij in de buitenwereld contact zouden houden. Kelly was een kleefzwam, ik vond het hier al moeilijk om me van haar los te weken. Als ze kon gaan en staan waar ze wilde en haar mobiel vrijelijk kon gebruiken, was ik aan haar genade overgeleverd. Ik zag al voor me dat ze op een dag bij me op de stoep zou staan met gezichtsmaskers en een fles goedkope wijn in haar hand. Niet het nieuwe leven dat ik me had voorgesteld.

O, ik ga te snel. Tijd is een vreemd fenomeen in de gevangenis. Hij verstrijkt zo langzaam dat ik in het begin echt dacht dat ik gek werd, maar toen begon het beroep vorm te krijgen, en opeens sla ik van alles over in mijn haast om het verhaal af te maken en een nieuw leven te gaan leiden dat niet wordt beheerst door akelige maar noodzakelijke dingen als moord.

Zodra mijn veroordeling nietig was verklaard, nam Jimmy contact met me op. Tenminste, het Openbaar Ministerie had een week ervoor contact met hem opgenomen om hem te informeren over het nieuwe bewijsmateriaal. Hij had vrijwel meteen een brief voor mij meegegeven aan Thorpe. Ik zal het niet allemaal herhalen, aangezien het een epistel van drie bladzijden lang was. Jimmy is geen geboren schrijver. Zijn herhaalde en volgens mij bewuste grammaticafouten hebben het altijd lastig gemaakt om zijn e-mails en appjes te lezen. *The Guardian* doet over taalfouten kennelijk minder moeilijk dan andere publicaties. Het was een stortvloed aan foutjes in een brief die best ontroerend had kunnen zijn. Ik kreeg bij elke zin de rillingen. Het behoeft geen uitleg dat de brief bol stond van spijt. Hij had me op monumentale wijze teleurgesteld, schreef hij, dat was waar, en had sinds mijn veroordeling nauwelijks een oog dichtgedaan, wat natuurlijk gelul was. Die man kan op de moeilijkste momenten in slaap vallen, maar hij bedoelde het goed. Na eindeloze verontschuldigingen zei hij dat hij weer bij zijn ouders was ingetrokken en twee maanden vrij had genomen om te treuren om Caro. Over Angelica had hij het niet, hij had haar zeker gedumpt toen duidelijk werd dat ze een vals loeder was dat hem in bed wilde krijgen. Ik neem aan dat ze daar wel in was geslaagd voordat ze werd ontmaskerd, maar goed, verdriet doet vreemde dingen met mensen, zeggen ze. Nou ja, Jim richtte zijn verdriet op andere dingen. Een cursus meubelstoffering, hoe onwerkelijk dat ook klonk. Ik neem aan dat we met Kerstmis allemaal krakkemikkige leunstoelen krijgen. Caro's dood was dus niet voor niets geweest. Zelfs zonder gratis meubelen was haar dood niet voor niets geweest. Het betekende geen Caro. Dat was een zegen op zich.

Hij eindigde de brief clichématig door te zeggen dat hij niet verwachtte dat ik hem zou vergeven (waarom zeggen mensen dat, terwijl alleen het feit dat ze contact met je hebben gezocht al betekent dat ze dat dus duidelijk wel verwachten?), maar hij zou de rest van zijn leven zijn best doen om het goed te maken en zou op de dag van mijn vrijlating bij de gevangenis staan. *Ik hou van je, Gray, ik zal je binnenkort weer helpen om te slapen*, daar eindigde hij mee. Ik vroeg me af of Sophie ook mee zou komen om een slaatje te slaan uit mijn verhaal, net als toen ik jonger was. Misschien zouden we allemaal wel naar de plaatselijke bakker gaan voor een feestelijk ontbijt. Jimmy zou dan natuurlijk zijn portemonnee vergeten, en Sophie zou hoofdschuddend voor ons betalen en de geduldige eigenaar vertellen dat haar kinderen 'naarlingen' waren, om haar favoriete woord te gebruiken. Ik had te lang vastgezeten, want de gedachte gaf me heel even een warm gevoel vanbinnen. Het was een replica van een gezin, maar het was wat ik had.

Sinds de brief hebben we onze oude vriendschap merkwaardig gemakkelijk weer opgepakt. Ik belde hem twee dagen na het lezen van de brief op, liet hem nog even spartelen. Sindsdien hebben we elkaar bij elke gelegenheid gesproken. Ik ben grootmoedig geweest. Hij gaat gebukt onder schuldgevoelens en had het plan opgevat om me in huis te nemen en me te verzorgen, alsof ik maanden in een leprakolonie had gezeten in plaats van de gevangenis omdat hij me ervan had beschuldigd dat ik zijn vreselijke verloofde had vermoord. Daar stak ik meteen een stokje voor. Ik wilde op mijn vertrouwde plek zijn om mijn volgende stap te plannen. Dat zou lastig worden als Jimmy me om de haverklap kopjes thee zou brengen. Samenwonen was iets wat later nog wel kon, als we in een huis konden wonen dat zo groot was dat we een aangename tijd afstand van elkaar konden nemen.

Thorpe handelde telefoontjes van de media af, vooral van de roddelbladen die zo snel een totale ommezwaai hadden gemaakt dat hun journalisten wel spierpijn moesten hebben. Het verhaal van 'de Morton-moordenaar' stond op het punt om vervangen te worden door iets wat al even gruwelijk was, in hun ogen tenminste. Ik fantaseerde loom over wat mijn nieuwe bijnaam zou zijn. Als ik toegang had tot een bookmakerskantoor, zou ik mijn geld op 'Grace vol gratie' hebben gezet als ten minste een van de krantenkoppen, compleet met een foto van mij terwijl ik mijn verklaring voorlas. Ingetogen, geduldig, toegevend, waardig. Het draaiboek was te gemakkelijk. Ik zou natuurlijk niet rechtstreeks met hen praten. Ik was geen wanhopige nieuwkomer die niet begreep hoe het werkte en de eerste de beste cheque accepteerde. Mijn verhaal zou mijn eigen verhaal zijn. En trouwens, aandacht van de pers zou moeten wachten totdat ik mezelf bekend had gemaakt als niet alleen een onschuldig slachtoffer, maar ook een rouwende dochter. Dat is een eersteklas menselijk verhaal van het soort dat garandeert dat je naam nog tientallen jaren bekend zal zijn.

Als de rust enigszins is weergekeerd, zal ik Thorpe voorzichtig polsen over mijn vader en zijn nalatenschap. Zo ongevoelig zal ik het natuurlijk niet brengen. Ik zal hem zeggen dat ik door deze ervaring ben gaan nadenken over mijn leven en dat ik mijn band met die kant van de familie wil onderzoeken. Het is te laat om mijn vader te leren kennen, zal ik zeggen terwijl ik met een zakdoekje langs mijn ogen wrijf, maar ik wil weten waar ik vandaan kom en wie hij was. Er is niemand meer in leven aan die kant van de familie, alleen Lara. En Lara is niet eens een bloedverwant. Zij en haar echtgenoot waren uit elkaar, en ik ben zo genadig geweest om haar te sparen. Vanaf het moment dat ik besloot om haar niet te vermoorden, wist ik dat zij mijn toegang zou zijn. Ik zal haar met zoveel charme en gratie (haha) benaderen dat ze meteen aan mijn kant staat. Twee vrouwen die onrecht is aangedaan door Artemis-mannen en die beiden hun best doen om onder hun dominante invloed uit te komen. Vrouwen die vrouwen steunen, zo zien we het graag. Misschien worden we wel vriendinnen, al lijkt een band die uitsluitend is gebaseerd op het leed dat twee broers ons hebben aangedaan geen gezonde basis voor een levenslange vriendschap. Maar goed, gedeelde haat kan sterker zijn dan wat dan ook. Sterker dan een gezamenlijke liefde voor pottenbakken of een passie voor avant-garde opera's. Onze band zou onverwoestbaar zijn. Het geld is belangrijk, maar het uitroeien van de familie was altijd het doel. Dat betekende niet dat ik met niets tevreden zou zijn. En als zij weigerde het spel mee te spelen, waren er andere opties. Ik had haar weliswaar gespaard, maar daar viel nog altijd over te onderhandelen.

Dus nu ben je helemaal bij. Ik heb nog acht dagen in Limehouse gezeten en heb nu nog één dag te gaan. Vandaag vertelde een ongeïnteresseerde bewaarder die ik nog niet eerder had gezien (het verloop onder het personeel is hoog, want wie wil er nu een stel boze vrouwen twaalf uur per dag in het gareel houden tegen minimumloon, terwijl je bij Starbucks iets minder boze vrouwen in het gareel kunt houden en ook nog eens gratis lattes krijgt?) dat ik de volgende dag stipt om drie uur zou worden vrijgelaten. Omdat mijn privacy iets was wat de bewaarder absoluut niet interesseerde, vertelde ze het waar Kelly bij stond, die er nu op staat om vanavond een soort feestje voor me te houden in de recreatieruimte. Als onderdeel van de voorbereidingen heeft ze me naar de cel van haar vriendin Dionne gestuurd om me te laten opmaken; iets waar ik fel tegen protesteerde, maar ik werd overbluft.

Ik schrijf dit laatste deel vanuit mijn cel, ik kan niet slapen. Ik kan me deze opwinding nog vaag herinneringen uit mijn jeugd, als Marie op kerstavond met cadeautjes voor mij door de kamer sloop. Zoals elk kind deed ik mijn best om wakker te blijven om te zien wat de Kerstman me zou brengen. In tegenstelling tot de meeste kinderen lukte mij dat en had ik de zwendelarij al snel door. Het kon me niet echt schelen. Ik kreeg de cadeautjes toch wel, ondanks de misleiding. Morgenochtend maak ik me klaar; ik zal proberen rustig te blijven en mijn energie te sparen. Maar vanavond ben ik onrustig, razen er allerlei gedachten door mijn hoofd, kolkt de adrenaline door mijn lijf. Zoals ik had verwacht was mijn make-over er een die ik niet zou willen herhalen. Na een intense twintig minuten kwam ik uit Dionnes cel met supergetoupeerd haar en een gezicht dat leek op dat van een opblaassekspop. Mijn enige excuus is dat ik zeker high was van de vrijheidsdampen en wist dat er van de avond in kwestie geen foto's genomen zouden worden. Ondanks het feit dat ik erin geslaagd was tijdens mijn verblijf welgeteld geen vriendschappen te sluiten, kwamen er vrij veel vrouwen naar het feest, aangetrokken door de afleiding en de belofte dat er taart en frisdrank zou zijn. Er was geen taart, zo bleek, maar het feest sukkelde toch nog drie kwartier door, terwijl Kelly iedereen vertelde hoezeer ze me zou missen en ik daar bewust niet op reageerde. Ik betwijfel of de boodschap aankwam, Kelly heeft de huid van een Birkin-tas. Eenmaal terug in mijn cel ging ik naar bed en deed ik alsof ik om halfnegen al sliep. Ik schrijf dit onder de dekens. Hoewel ik nog maar enkele uren te gaan heb, wil ik niet het risico lopen dat Kelly nog een laatste diep en betekenisvol gesprek met me wil hebben. Morgenochtend pak ik mijn schamele bezittingen in en maak ik me klaar om de wereld weer te betreden. Een wereld die er van nu af aan heel anders voor me uit zal zien.

15

Ik droomde vannacht over mijn moeder. Het was geen fijne droom; ik droom bijna nooit fijn. Ik heb ook geen gruwelijke nachtmerries, meestal word ik alleen teruggevoerd naar moeilijke of trieste momenten in mijn leven en dan beleef ik ze opnieuw totdat ik wakker word. Ik zal wel niet veel verbeelding hebben, maar ik heb respect voor mijn praktische brein en het feit dat het me niet afleidt met nachtelijke avonturen. Ik zal je niet vervelen met de herinnering die in mijn slapende gedachten opdoken, maar toen ik wakker werd, miste ik Marie intenser dan ik in jaren had gedaan, en de afstand tussen ons voelde groter dan anders. Door elk plan en elke moord bleef ik me met haar verbonden voelen, alsof ze naast me stond en me aanmoedigde. Maar ze is hier niet. Dat kan ik haar niet kwalijk nemen. Dit is geen plek voor dolende zielen. Een geest zou één blik op Limehouse werpen en dwars door een muur heen weer vertrekken. Als Marie ergens rondwaart, vastzit tussen deze wereld en een andere, dan hoop ik dat ze door Fortnum & Mason spookt, of bij Harvey Nichols de paspoppen opnieuw opstelt.

Ik geloof trouwens toch niet in al die onzin. Er bestaan geen spoken die door deze gangen rondwaren, en mijn moeder fluisterde niet in de wind, terwijl ik wraak voor haar nam. Maar toen mijn woede kookte, lag de herinnering aan haar vers in mijn geheugen, en nu het allemaal voorbij is, merk ik dat ik minder aan haar moet denken. Haar gezicht wordt wazig, vervaagt. Een therapeut zou dat misschien afsluiting noemen. Mensen vermoorden en er ongestraft mee wegkomen is ook wel een vorm van afsluiting. Een vorm die een medische professional waarschijnlijk niet naar eer en geweten zal aanraden.

Ik moet nog vertellen hoe Simon overleed. Ik weet dat de laatste dode in romans normaal gesproken de klap op de vuurpijl is, de belangrijkste en meest dramatische. Dat is deels de reden dat ik er nog niet over heb geschreven. Want dit is geen roman. Ik heb het niet zo georganiseerd dat zijn dood de schokkendste zou zijn. Ik heb hem niet uit een heteluchtballon geduwd of bij zonsondergang van Waterloo Bridge gegooid. Misschien had ik zoiets moeten proberen, voor de dramatiek, maar ik houd niet van nodeloze stunts.

Toen het laatste belangrijke familielid van Simon eenmaal uit de weg geruimd was, voelde het niet meer zo dringend. Als een marathonloper die weet dat het nog maar een paar kilometer tot de finish is, besloot ik om het laatste stuk te genieten van de route. Dat betekende dat ik wilde weten hoe het met Simon ging. En gezien de omstandigheden leek Bryony's uitvaart me de beste plek om hem te observeren. Het was wel riskant om die bij te wonen, en ik piekerde er een paar dagen over voordat ik besloot dat er zó veel huilende vrouwen van mijn leeftijd zouden zijn dat ik vast niet opviel. Als er een moment was om Simons verdriet rauw en van dichtbij te aanschouwen, dan was dit het. Ik moest er alleen voor zorgen dat ik eruitzag alsof ik erbij hoorde. De dag voor de uitvaart plunderde ik de kledingkast op mijn werk met daarin kleren en accessoires die klaarlagen om aan belangrijke cliënten te worden uitgeleend. De verzameling spullen in die armoedige ruimte was duizelingwekkend. Designerschoenen stonden op elkaar gestapeld, tassen van meer dan tweeduizend pond slingerden op de grond. Daarboven hingen lovertjesjurken en kleurige jumpsuits aan een rek, naast een bordje waarop stond: HOE HOGER DE HAK, HOE DICHTER BIJ GOD. Als oogbollen konden bloeden, dan waren de bordjes waar ik op dit kantoor elke dag naar moest kijken de oorzaak.

Ik wist hoe ik me voor een gebeuren als dit moest kleden. Ik had mijn hele volwassen leven geleerd hoe ik me in welke situatie dan ook moest gedragen. Op mijn werk betekende dat saaie kleren, maar niet slordig. Daarbuiten betekende het regelmatig tripjes naar Zara zoals iedere andere vrouw van mijn leeftijd, om het gebruikelijke pantser van spijkerbroeken, slobbertruien en stoere laarzen te kopen. Maar in een groep überrijke Instagramtutjes betekende 'erbij horen' iets heel anders. Deze meiden besteedden niet alleen belachelijk veel geld aan kleding, dat kan iedereen die een bak geld heeft. Loop maar eens door Bond Street en lach om de sukkels die denken dat met de wol van een jaarling gevoerde instappers van Gucci en donsjassen met een bontrand het toppunt van stijl zijn, dan begrijp je wat ik bedoel. Nee, deze vrouwen waren uiterst precies en gedetailleerd als het ging om wat ze droegen, en wee je gebeente als je de plank missloeg. Zomaar een Prada-tas was niet genoeg, het moest het model zijn dat een zekere bekende Italiaanse Instagrammer drie maanden voordat hij in de winkel te krijgen was al cadeau had gekregen. Het kon mij natuurlijk niet schelen wat ze van me vonden, maar ik wilde niet dat mensen me raar aankeken of zich afvroegen wat ik daar deed. Dus stal ik een gloednieuw, wijnrood zijden broekpak van een aanstormende Italiaanse ontwerper aan wie *Vogue* op dat moment aandacht besteedde, en een slangenleren Celine-handtas die mijn ontslag zou betekenen als iemand merkte dat hij weg was. Daarna koos ik een paar gele leren slippers en bad de rest van de dag vurig dat Bryony's uitvaart er niet een was waar iedereen somber zwart droeg.

De eigenlijke begrafenis was in besloten kring en ik piekerde er niet over om daar ongenodigd naartoe te gaan. Maar de herdenkingsdienst was voor iedereen, uitgebreid verslagen door de *Evening Standard*, alsof het de opening van een nieuwe bar was. Er ging niets boven een sombere gebeurtenis waarbij om de dood van een jonge vrouw werd getreurd voor wat paparazzifoto's. En misschien een theatrale snik voor de camera, zodat je volgers dat aan het eind van de dag konden zien. De uitvaart werd gehouden in een enorme oude kerk vlak bij Marylebone Road, maar er was niets heiligs aan deze ruimte. Jaren geleden was hij omgebouwd tot een particuliere club die voor tienduizenden ponden afgehuurd kon worden, en hij had alles al meegemaakt, van celebritybruiloften tot het eenentwintigste verjaardagsfeest van de dochter van een Oekraïense oligarch dat voortijdig moest worden beëindigd nadat de organisatoren hadden toegestaan dat ze op een lichtroze gespoten paard haar entree maakte. Zelfs onze dierbare paarden kunnen niet ontsnappen aan woekerend millennialroze.

Ik liep de kerk binnen te midden van drommen mensen met donkere brillen die andere donkere brillen weerspiegelden, en met diamanten die glinsterden in de zon en juweelvormige schaduwen op de stenen vloer wierpen. Aan de dienst leek geen eind te komen. Negentig minuten lang lezingen, gezangen en zelfs een diashow van Bryony's meest gedenkwaardige momenten, als je een stel godvergeten selfies 'herinneringen' mag noemen. Het dieptepunt kwam toen een graatmager meisje in een transparante overhemdjurk dat haar neonkleurige ondergoed liet zien naar de katheder liep en een passage uit Bryony's lievelingsboek *The Secret* begon te lezen. Ik ging bijna over mijn nek bij het horen van het trillerige stemgeluid, en dat gevoel werd niet veel beter door de lezing die daarna kwam, het gedicht 'i carry your heart with me (i carry it in my heart)' van e e cummings: de patroonheilige van meisjes die diepzinnig willen lijken, maar geen andere dichters kennen. Goddank was het daarna vrij snel afgelopen. Een gospelkoor zong nog een prachtige versie van 'Stand By Me', terwijl de aanwezigen elkaar huilend omhelsden. Niet veel echte tranen, viel me op. Zorgvuldig gekunstelde verdrietige gezichtsuitdrukkingen, droge gezichten.

Ik keek vooral of ik Simon ergens zag. De compère (duidelijk niet het juiste woord voor zo'n plechtige gelegenheid, maar de man droeg een pak met gouden tressen en zag eruit alsof hij normaal gesproken de bingogetallen omriep, dus ik houd het erbij) had aan het begin van de ceremonie aangekondigd dat iedereen die het te veel werd gerust in de tuin een frisse neus kon halen. Het gevolg was dat er de hele tijd een stroom mensen in de richting van de deur liep om vervolgens op de terugweg een walm tabaksrook mee te nemen door het gangpad. Het voortdurende heen en weer lopen betekende dat Simon maar voor de helft van de tijd zichtbaar was. Tijdens een nummer van Adele kon ik hem goed zien, net toen zijn schouders schokten en hij vrij agressief zijn hand in de nek van een jongeman naast zich sloeg, waardoor deze er een beetje ongemakkelijk bij zat. Het is een vreselijk cliché, maar verdriet is niet goed voor de huid. Hij leek echt wel tien jaar ouder. Ik kan Simon alleen op een afstandelijke manier bekijken, we hebben geen echte intermenselijke band, maar ik kreeg bijna een greintje medelijden met hem. Aan de andere kant maakte zijn verdriet om het verlies van een dierbare ook een nieuwe woede in me los. Mannen zeggen vaak dat ze pas feministen worden als ze zelf een dochter hebben en gedwongen zijn vrouwen als hun gelijken te zien. Simon kon verdriet en kwetsbaarheid alleen ervaren als een dierbare hem werd afgenomen. Toen mijn moeder stierf, wist hij dat ik alleen op de wereld achterbleef. Voor mij bleef er niets over. Hij had de luxe gehad om te kiezen wie hij naast zich wilde hebben. Maar nu niet meer.

Een week later zat ik thuis de krant te lezen en van een gebakje te snoepen. Eén per week, een belachelijke regel die ik had ingesteld om de grenzen van mijn eigen zelfopoffering te testen. Ik sloeg de weekendbijlage open en zag een stuk over Simon staan waarin werd gesproken over de zorgen van vrienden om zijn geestelijk welzijn. Ah, geestelijk welzijn. Het excuus voor alle slecht gedrag. De vrienden werden uiteraard niet bij naam genoemd, maar de citaten waren onthullend. Simon was 'achterdochtig en teruggetrokken en mompelde over vijanden die het op hem hadden gemunt'. Dat kon wel kloppen, maar hij klonk er aangenaam losgeslagen door. Kennelijk bleef hij maar zeggen dat zijn dochter vermoord was, ondanks de verzekering van de politie dat ze hadden geconcludeerd dat het een tragisch ongeval was. Wat moest het afschuwelijk zijn om er tot in je tenen van doordrongen te zijn dat de mensen om je heen een voor een uit de weg worden geruimd en te beseffen dat jij de volgende zult zijn. Nog afschuwelijker, het leek alsof niemand naar hem luisterde; een vreselijke ervaring voor een machtige witte man. Ik had niet ver genoeg vooruitgedacht om werkelijk te genieten van het feit dat Simon zich zorgen begon te maken om zijn eigen veiligheid. Al die tijd had ik me alleen geconcentreerd op het verdriet dat hij zou ervaren als ik zijn dierbaren vermoordde. Dit paniekerige wantrouwen was een bonus. Daardoor vroeg ik me af of zijn aangeboren egoïsme betekende dat zijn angst sterker was dan het verdriet dat hij had. Ik stond er een tijdje bij stil en dacht toen van wel. Een man als mijn vader zou het verlies van zijn gezin wel voelen, maar hij zou absoluut geschokt zijn door de gedachte dat hij mogelijk in gevaar was. Een vrouw en dochter konden vervangen worden – hij zou heus niet de eerste vijftiger zijn die op middelbare leeftijd een nieuw gezin stichtte – maar zijn gevoel van veiligheid was voor het eerst aangetast. Dat besef maakte me zo blij dat ik het vierde met een tweede gebakje.

Toen vond ik dat moment in mijn leven prachtig. Maar als ik erop terugkijk, zie ik alleen nog hoe afschuwelijk het allemaal zou worden. Ik had zes namen van mijn lijstje geschrapt. Zes doden, nog één te gaan. De druk was van de ketel en ik begon een soort leven op te bouwen. Ik ging vaker hardlopen, nam de tijd om een paar boeken van de stapel op mijn nachtkastje te lezen en had zelfs een paar dates. Dat leverde niet veel op, want wie wil er nou een relatie met een man die vintage *Playboy*-posters in zijn woonkamer heeft hangen? Je kunt wel iets kopen en het vintage noemen, maar dat betekent niet dat je opeens geweldig bent. Oude *Playboys* zijn nog steeds pornoblaadjes, maar dan vaal. En mannen die dirty martini's bestellen zijn geen mannen met wie ik wil playboyen.

Maar goed, de dates waren dus niet het hoogtepunt van die tijd. Het heerlijke gevoel dat ik had, kwam doordat er een last van mijn schouders was gevallen. Ik ben koppig. Ik kan mijn fouten toegeven. En die koppigheid betekende dat ik me gedwongen voelde om een plan dat ik als kind had bedacht als volwassene uit te voeren – ten koste van alles. Als ik niet had bedacht dat wraak de weg voor mij was, was mijn leven onvoorstelbaar anders geweest. Onvoorstelbaar, vooral omdat het pijnlijk is om te bedenken hoe het had kunnen zijn. Het voelt een beetje zwak om dat toe te geven, maar het is wel waar. Daarom heb ik er nooit echt over nagedacht. Ik heb nooit echt nagedacht over de carrière die ik had kunnen hebben. Ik wilde op een gegeven moment journalist worden, en ik stel me voor dat dat uiteindelijk een soortgelijk leven zou hebben opgeleverd als ik nu heb: bedrog en alcohol. Ik heb nooit nagedacht over de mogelijkheid dat Jimmy en ik een leven samen hadden kunnen hebben, zonder hem op armslengte te houden terwijl ik mijn missie volbracht. Ik heb nooit nagedacht over het feit dat ik mijn leven heel klein had gemaakt, vol boosheid gericht op mensen die nooit aan mij dachten.

Ondanks het feit dat ik dit allemaal wist, brandde de woede fel. Hij vlamde in me op als ik langs het hoge hek om Simons huis liep (dat deed ik als tiener veel, aangezien het maar een kwartiertje lopen vanaf de Latimer-enclave was, maar een wereld van mij verwijderd), elke keer als ik een Google Alert zag die me liet weten dat Bryony in de *Daily Mail* stond, elke keer als Janine een liefdadigheidsgala organiseerde dat in een van de societybladen werd genoemd. Steeds wanneer deze mensen mijn wereld in geschoten werden, wakkerde het vuur weer aan, werd ik verteerd door nieuwe vlammen.

Maar in deze tussenperiode voelde ik de boosheid doven. Niet helemaal, hoor, ik was niet opeens van plan om ermee te stoppen. Maar Caro was net ten tonele verschenen en dus moest ik me bezighouden met die hatelijke spaak in het wiel. Dat vergde zoveel van mijn concentratie dat ik merkte dat ik steeds minder aan de Artemis-clan dacht (misschien is dat niet lief gezegd, aangezien er van een clan niet echt meer sprake was) en meer aan de wereld daaromheen en welke rol ik daarin zou kunnen spelen.

Het vage plan dat ik altijd in mijn gedachten had gehad, zag er ongeveer zo uit:

Mijn familie vermoorden.
Aanspraak maken op het familiefortuin. (Dit was nogal vaag, ik wilde niet het hele walgelijke imperium, alleen een paar miljoen pond om van te leven zoals ik dat in gedachten had.)
Een relatie beginnen met Jimmy. (Dat plan was dus bijna door Caro getorpedeerd, maar haar hulpvaardige dood en mijn onterechte veroordeling betekenden dat dit weer mogelijk was.)
Een huis kopen, reizen, een paar vriendschappen sluiten, een hond nemen.
Ongestraft wegkomen met al het bovenstaande.

Het was het plan van een kind, arrogant en absurd, zonder details of iets van een vangnet. Het geld was een extraatje dat naar mijn idee steeds meer binnen mijn bereik lag. Maar het plan, dat zich vormde toen ik nog niet begreep welke rijkdom er binnen mijn handbereik lag, draaide alleen om wraak. Ik hield het vuur brandende, ook op de momenten dat ik zelf moest toegeven dat het een schadelijke obsessie was. Maar op de een of andere manier had ik het redelijk trouw gevolgd. Grootouders: appeltje-eitje. Andrew: pijnlijk maar goed uitgevoerd. Lee: pfff. Janine en Bryony: een triomf. En nu was ik voorzichtig optimistisch dat ik het plan tot een goed einde zou kunnen brengen. Na jaren van adrenaline was dat gevoel bedwelmend. Dus in plaats van er een tandje bij te zetten en de klus te klaren, was ik urenlang op makelaarswebsites naar huizen aan het kijken. St John's Wood was te protserig, vol prachtige huizen die werden bewoond door gelikte figuren die verchroomde trapleuningen het toppunt van verfijndheid vonden. Primrose Hill was precies hetzelfde, maar dan met mensen die dure vintage hebbedingetjes kochten en vonden dat die beter waren dan chroom. Kensington is helemaal vreselijk en ik zou nooit in Clapham of Dulwich willen wonen, of op een andere plek waar meer kinderwagens dan volwassenen zijn. Na drie dagen koos ik Bloomsbury als locatie voor mijn nieuwe fantasiehuis, en nadat ik mezelf nog eens twee dagen had geleerd hoe je linosneden maakte, besefte ik hoe slap ik was geworden.

Ik was in de gevarenzone van zelfgenoegzaamheid terechtgekomen en was er heerlijk en uitgebreid in aan het zwelgen. Ik sprak mezelf streng toe, verwijderde datingapps, legde boeken, nagellak en alles wat me kon afleiden weg en ruimde mijn flat op. Daarna plakte ik een vel papier aan de muur van mijn slaapkamer en ging weer aan de slag.

Een uur later had ik tien ideeën opgeschreven en ze waren stuk voor stuk belachelijk. Dit deel van het plan deed opeens slopend aan, terwijl ik altijd had gedacht dat dit het leukste zou zijn. Vermoord de saaie familieleden om bij Simon te komen. Snel het voorgerecht verorberen en daarna genieten van het hoofdgerecht. Maar in plaats daarvan had ik het gevoel dat ik alleen maar verder ploeterde. Dus trok ik mijn hardloopkleren aan en rende naar Hampstead, een route die ik op mijn duimpje kende. Voor het huis van de familie Artemis bleef ik staan, op zoek naar inspiratie. Het was een rustige weg, er liep alleen een particuliere beveiliger in een geel hesje langs me met een sigaret in zijn hand. Hij keek me amper aan, wat voor mij maar weer eens bevestigde dat particuliere beveiligers er alleen zijn om wantrouwige rijkelui een gevoel van schijnveiligheid te geven, en dat ze een inbreker even goed onschadelijk kunnen maken als je oma. Misschien zou je oma het nog wel beter kunnen.

Ik stond net buiten het beeld van de beveiligingscamera aan het hek en keek naar het huis dat een eindje van de weg af stond en vrijwel volledig verborgen lag achter een tuin die rondom het pand liep. Achter elk raam waren de jaloezieën dicht, alle contact met de wereld was verbroken. De voordeur, gedeeltelijk aan het oog onttrokken door een enorme Range Rover, zat dicht. Het was niet alleen een huis dat in de rouw was, de huizen van ultrarijken zien er vaak uit alsof ze helemaal niet bewoond worden, wat regelmatig ook het geval is. Als je vier of vijf huizen hebt, ben je niet lang op dezelfde plek. Als Simon besloot naar zijn toevluchtsoord op Barbados te gaan, of maandenlang jammerend om Janine door het penthouse in Monaco wilde dwalen, dan had ik een probleem. Die laatste optie leek me minder waarschijnlijk, aangezien hij volgens mij niet lang om zijn vrouw had gerouwd, en ik kan me niet voorstellen dat hij lang op de plek zou willen blijven waar zij tot een vrij bizar einde was gekomen. Maar even later zwaaiden de hekken open en kwam er een sportwagen met linnen dak in beeld, bestuurd door een jongeman die vast zijn assistent was. Het betekende hoogstwaarschijnlijk dat Simon thuis was en dat stemde me hoopvol.

Thuis schrapte ik alle plannen die ik al jaren in gedachten had voor hem. Sommige waren dwaas, bizar, onuitvoerbaar. Een heel oud plan om me voor te doen als bemanningslid aan boord van zijn privévliegtuig was gewoon gênant. Hoelang zou de opleiding wel niet zijn die ik moest volgen om dat te bereiken? Stomme Grace. Sommige waren wat realistischer, en het idee om een condoleancepakketje naar zijn kantoor te sturen met daarin toevallig een stof die hem misschien binnen enkele seconden zou kunnen doden, hield ik achter de hand. Maar ik voelde me vooral ontmoedigd door de gedachte dat ik het helemaal verkeerd had aangepakt, dat ik hem eerder had moeten vermoorden dan de rest van zijn afschuwelijke familie. Nu was hij achterdochtig en wilde hij zich het liefst verstoppen. Omdat ik zo opgewonden was geweest en naar een climax toe had willen werken, had ik mijn laatste doelwit nagenoeg onbereikbaar gemaakt.

Mijn droefgeestige bui tastte mijn zelfvertrouwen aan, waardoor ik alle gedeeltelijke plannen die ik had gehad verwierp. En toen Jimmy zich met Caro verloofde werd alles oneindig veel erger, werd ik nog somberder, begon ik aan mijn hals te krabben, zwaar te ademen en te transpireren. Ik ervoer een dreigend gevoel van onheil, alsof ik achter de feiten aan holde, alles al buiten mijn bereik was. Ik had nergens meer grip op.

En dat bleek gruwelijk te kloppen. Heb je teruggebladerd naar het begin en opgemerkt dat ik zes familieleden heb vermoord? En heb je ook in de gaten dat we dit magische getal al lijken te hebben bereikt? Nou, geen beloning voor jouw arendsogen. Je hoeft niet zo zelfvoldaan te doen of te denken dat ik dom ben. Ik word al maanden met mijn falen geconfronteerd, worstel al die tijd al met het gevoel dat het allemaal voor niets was.

Voor wie wat trager van begrip is, zal ik het uitleggen. Ik heb Simon Artemis niet vermoord. Mijn enige doel in het leven, en ik zal het nooit bereiken. En waarom niet? Omdat hij dood is. Omgekomen bij een gruwelijk ongeluk, en niet mijn toedoen. Ik had hem liever een lang, eerloos en verdrietig leven gegund dan dat hij bij een godvergeten ongeluk zou sterven. Wat een wrede grap.

Drie dagen nadat ik was gearresteerd voor de moord op Caro Morton stond in *The Times* dat Simon vermist werd. Het was in eerste instantie geen voorpaginanieuws, besloeg de helft van pagina drie (mijn arrestatie werd pas op pagina zes vermeld), maar de dag daarna stond zijn foto op alle voorpagina's. En waarom ook niet? Het verhaal bevatte alles: geld, macht, doden, een schandaal en een intrigerend mysterie. De media doken weer in het tragische jaar van de familie Artemis. Lee, wiens dood destijds met enig succes onder het tapijt was geveegd, werd weggezet als seksueel gestoord. Een journalist van een roddelblad wist Janines leegstaande appartement binnen te dringen en de sauna te fotograferen, vergezeld van de sombere tekst: 'Levend verbrand; pleegde Simon zelfmoord na gruwelijke dood van zijn echtgenote?' Nog voordat goed en wel duidelijk was of hij dood was, gebruikten vrienden van Bryony het al als een excuus om foto's van haar te posten met de hashtag #herenigdindehemel. Als de hemel louche magnaten en hatelijke poseurs toeliet, dan was er iets goed mis op de HR-afdeling van het Elyseum.

Simon was op zee verdwenen. Nu lijkt het net alsof hij een oude zeebonk was, terwijl hij in werkelijkheid stomdronken in zijn speedboot was gestapt, ondanks waarschuwingen van zijn personeel. Kennelijk was hij naar zijn villa in Saint-Tropez gevlucht. Ik wist niet eens dat hij daar een huis had, het ligt per slot van rekening vlak bij Monaco, maar misschien had Janine een landhuis willen hebben voor de broodnodige rust. De rijken zijn moeilijk te pakken te krijgen. Geen van deze panden staat ooit op naam van de betreffende miljonairs. Daar zijn anonieme buitenlandse trusts voor. Hij had een assistent bij zich, bezorgd dat hij zichzelf iets zou aandoen, wat heel vooruitziend was, zo bleek.

Volgens deze assistent voer Simon te hard, waardoor de boot gevaarlijk overhelde. Geschrokken wilde de assistent het roer grijpen en toen hij langs Simon liep, tuimelde mijn beschonken vader over de rand. De boot voer hard en het duurde even voordat de assistent doorhad hoe hij de boot onder controle moest krijgen. Tegen de tijd dat hij was teruggevaren, was Simon onder de golven verdwenen. De assistent was nog een halfuur heen en weer gevaren, tevergeefs op zoek naar zijn werkgever, voordat hij was teruggegaan naar het jacht om hulp in te schakelen. De kustwacht was gebeld en een zoektocht had plaatsgevonden, maar de donkere lucht en het enorme wateroppervlak bleken te veel, en Simon Artemis werd doodverklaard. Doodverklaard betekent gewoon dood, toch? Ze hadden zijn opgezwollen, door zeedieren aangevreten lijk niet gevonden, maar misschien zou dat nog gebeuren. Of misschien zonk zijn lichaam naar de bodem, viel het daar uiteen, om nooit meer boven te komen. Het kwam allemaal op hetzelfde neer. En terwijl ik dit schrijf, hebben de autoriteiten nog altijd geen spoor van hem gevonden. Nog geen manchetknoop met monogram. Hij is weg. Hij heeft nooit geweten wat ik heb gedaan.

Ik huilde. Ik huilde twee dagen lang. Het verdriet was erger dan toen mijn moeder overleed. Niet om Simon, maar om alles wat het voor mij zou hebben betekend als ik hem had vermoord. Dat mijn leven dan ergens voor zou hebben gestaan. Dat ik Marie zou hebben gewroken en zou hebben bewezen dat ik meer was dan mijn omstandigheden. Ik zou de rekening hebben vereffend. Nu had ik alleen de wetenschap dat ik een paar bejaarden had vermoord, een aardige jongen die amfibieën wilde helpen had laten verdrinken, mijn oom een dodelijke seksclub binnen had gelokt en twee verwende vrouwen die niemand zou missen had koud gemaakt. Niet bepaald de glorieuze overwinning die ik voor ogen had gehad.

Ik kreeg niet eens de kans om wijn regelrecht uit de fles te drinken en zwelgend in zelfmedelijden op muziek van The Cure door mijn flat te dwalen. Niets daarvan. Ik werd beschuldigd van en aangeklaagd voor de moord op Caro Morton. Dat ik terecht moest staan voor een moord die ik niet had gepleegd, leek een surrealistische grap. Het universum had mij geklopt, en als je in karma geloofde, wat ik niet doe aangezien dat voor mensen is die ook waarde hechten aan kristallen, dan zou je denken dat ik met een koffer vol in het gezicht was geslagen.

Ik heb verteld dat ik aan het begin van mijn gevangenschap in een soort depressie terechtkwam. Misschien is nu iets duidelijker waarom het me zo zwaar viel. Ik had het idee dat vechten zinloos was omdat ik niet wist of ik kon hopen op een leven dat nog iets waard was. Als ik nu terugblik, zie ik een labiele, afwezige schim van mezelf. Ik was te treurig voor woorden. Gelukkig nam de schrik af. De routine werd minder ondraaglijk, het is echt schokkend hoe snel je geïnstitutionaliseerd raakt. Ik begon het minder eng en steeds saaier te vinden, en toen mijn hersenen het dreigingsniveau naar beneden aanpasten, begon ik aan andere dingen te denken dan normaal ademhalen als de deuren 's nachts op slot gingen. Dat betekende: me verdiepen in mijn eigen zaak en mijn ogen openen voor de zwakke kanten eraan. Ik had als een zombie in de rechtszaal gezeten, had me nauwelijks met het proces beziggehouden, ging gebukt onder mijn eigen falen. Maar ik begon in te zien hoe ik mijn vonnis kon aanvechten. Dat is het moment waarop ik George Thorpe in de arm nam. Zoals met zoveel zaken in het Britse leven: als je wilt dat er naar je geluisterd wordt, dat je serieus wordt genomen en met respect wordt behandeld, moet je een chique witte man in dienst nemen om namens jou te spreken. Als hij van middelbare leeftijd is, des te beter. Dan heb je de privilegejackpot.

Thorpe liet me inzien dat ik het vonnis van de jury niet hoefde te accepteren. 'Grace, juryleden zijn, laten we zeggen, niet altijd het type mensen waar we noodzakelijkerwijs naar hoeven te luisteren. Ze hebben het vaak mis, worden grotendeels gemotiveerd door hun eigen kleine drijfveren en hebben een opmerkelijk basaal besef van daadwerkelijke feiten. We hebben nog veel mogelijkheden, dus laten we hun vonnis gewoon als een openingsbod zien, goed?'

Ik had de man wel kunnen zoenen, ware het niet dat hij serieus bretels onder zijn jasje droeg.

Wat mijn houding pas echt veranderde was een artikel over Lara waarin werd aangekondigd dat ze de Artemis Foundation oprichtte om migrantenkinderen te helpen. Dat vond ik geweldig, en ik stelde me voor dat ze hiermee haar middelvinger opstak naar een familie die een fractie minder gaf om het lot van kwetsbare minderjarigen dan de heks die in het huisje van peperkoek woonde. Maar het maakte me ook bang. Hoe liefdadig was Lara van plan te zijn? Als het geld vast kwam te zitten in liefdadigheidsinstellingen, zou het nog lastig worden om er toegang toe te krijgen. Het zegt misschien niet veel goeds over mijn karakter dat ik tot actie werd aangespoord door de angst dat mijn geld naar bange vluchtelingen zou gaan, maar we zijn wie we zijn. Ik heb zes mensen vermoord, het heeft erg weinig zin om me nu zorgen te maken om mijn morele kompas. Dus ging ik aan de slag, en mijn laatste sombere gevoelens trokken verrassend snel weg. Ik ben er zelfs in geslaagd mijn mislukkingen te herformuleren. Ik had Simon niet vermoord, die klap is niet te verzachten, maar ik heb wel zes van zijn familieleden achter elkaar in een behoorlijk hoog tempo omgelegd, wat bij hem enorme angst, verwarring en verdriet veroorzaakte die hem tot aan zijn laatste momenten achtervolgden. Ik troost mezelf met de wetenschap dat hij zonder mijn handelen nooit dronken en buiten zinnen op een speedboot had gezeten en dus heb ik toch een belangrijke rol bij zijn dood gespeeld, al kon ik niet zelf getuige zijn van zijn schitterende ondergang. Ik houd niet zo van boten, dus misschien was het op een vreemde manier beter zo. Ik was met een sterke hand geëindigd, ook al was het niet de royal flush waarop ik had gehoopt.

16

Ik zal me eerst maar even voorstellen, anders is dit voor jou nog vreemder dan het al is. Mijn naam is Harry en ik ben je broer. Jeetje, dat klinkt gek, hè? Het lijkt wel een foute Darth Vader-imitatie. Maar goed, het is wel waar. Niet dezelfde moeder, natuurlijk, dat zou absurd zijn. Dezelfde vader, maar dat spreekt voor zich. Sorry, ik leg het allemaal niet goed uit.

Misschien moet ik bij het begin beginnen. Ik kwam er pas op mijn drieëntwintigste achter wie mijn vader was. Nou ja, dat klopt niet helemaal. Al die tijd had ik een lieve vader. Christopher was een fantastische vent, was altijd bereid me naar rugbytraining te brengen, leerde me schieten toen ik amper oud genoeg was om een wapen vast te houden. Elke avond, als de nanny me in bad had gestopt en me mijn pyjama had aangetrokken, kwam hij naar boven. Met een glas whisky in zijn hand ging hij dan naast me op bed zitten en las me voor. Hij hield niet van moderne kinderboeken, maar gaf de voorkeur aan verhalen van Arthur Ransom en John Buchan. Hij had een diepe, lage stem en gebaarde met zijn handen terwijl hij las, zodat zijn whisky in het glas klotste en de ijsklontjes tegen elkaar aan tingelden. Tot op de dag van vandaag vind ik dat een heerlijk geluid.

Mijn ouders kregen na mij nog twee dochters. Er zit een vrij groot leeftijdsverschil tussen ons, vijf jaar tussen mij en Molly en nog eens twee jaar tussen Molly en Belle. Ze zeiden altijd dat ze al hun aandacht op mij wilden richten en daarom hadden gewacht. Daar plaagde ik mijn zusjes altijd mee, dat kan ik je wel vertellen. Het is leuk om zussen te hebben, ook al zijn ze veel jonger. Jij was een enig kind, of niet? Ik kan me niet voorstellen hoe het is om op te groeien zonder anderen om je heen met wie je kunt samenzweren.

Altijd iemand om te plagen. Altijd iemand om mee te spelen. Mama is een zenuwachtig type, haar hele leven al, maar toch een lieve vrouw. Voor mijn geboorte werkte ze als onderwijzeres, maar volgens mij wilde ze niets liever dan kinderen grootbrengen en op het platteland wonen. Ik weet dat dat tegenwoordig niet erg in is, maar voor ons gezin werkte het. En papa vond het prima. Volgens mij was mijn moeder niet sterk genoeg om te werken. Dat zul jij wel belachelijk vinden. Ik weet hoe sterk jij bent. Dat zul je ook wel belachelijk vinden, want we hebben elkaar nog nooit ontmoet. Maar ik heb gelijk, of niet?

O jee, ik ga maar door, hè? Zoals ik al zei, ik kwam er pas als volwassene achter wie mijn echte vader was. Ik heb Philosophy, Politics and Economics gestudeerd aan de universiteit van Exeter, en na mijn afstuderen verhuisde ik naar Londen om in de City te gaan werken en plezier te maken. Omdat ik in Surrey ben opgegroeid, was Londen voor mij nieuw en spannend. Eigenlijk nog steeds. Jij bent er geboren, toch? De stad doet jou waarschijnlijk niet meer zoveel, je bent er zo aan gewend. Ik ben jaloers! Maar ik wilde vooral geld verdienen. We hadden het thuis goed, hoor. Maar ik zag wat de andere jongens op school hadden en dat wilde ik ook altijd. Christopher was directeur van een middelgroot accountantskantoor en verdiende goed. Het was altijd genoeg. Tot het dat op een dag niet meer was. De dag waarop een jongen uit mijn klas tijdens de vakantie bij ons kwam eten – ik was een jaar of acht – en vroeg of de chauffeur hem wat later naar huis kon brengen. Mama moest lachen en zei dat zij hem veilig thuis zou brengen, waarop hij haar heel bevreemd aankeek. Toen begreep ik wat ik miste. Grappig, dat je op je achtste beseft dat je een eigen chauffeur wilt. Ik stel me voor dat de meeste achtjarigen een Xbox willen.

De opleiding voor effectenhandelaar was zwaar. Toen de eerste anderhalf jaar erop zat, kreeg ik op een dag een telefoontje tijdens mijn lunch. Ik propte net een broodje in mijn mond en was de cijfers van die dag aan het snellezen. Het was mama, ze heet Charlotte, trouwens, maar de familie noemt haar Lottie. Papa had een hartaanval gehad en ze was met mijn zussen in het Royal Surrey Hospital. Ik hield een taxi aan op Liverpool Street en zei de chauffeur dat hij zo snel mogelijk moest rijden. Maar het was te laat. Hij stierf voordat ik er was. Ik weet dat jij begrijpt hoe ik me die dag voelde, aangezien jij je moeder zo jong hebt verloren.

We waren allemaal ontroostbaar. Ik nam drie dagen vrij om bij mijn moeder en zussen te zijn, ook al lag mijn moeder de hele dag in bed en weigerde ze veel te zeggen in die periode. Maar ik moest weer aan het werk en vroeg of mijn oma uit York wilde komen. Een week later was de uitvaart. De kerk zat vol met vrienden van Christopher; nog van zijn schooltijd op Eton, collega's en alles ertussenin. Het koor zong 'Jerusalem' en iedereen zei wat een geweldige vent mijn vader was geweest. Mama doorstond het met een licht kalmeringsmiddel en mijn zussen huilden veel. Maar het was een goed afscheid, een mooie dag, ondanks het verdriet. Dat was het in elk geval, totdat het vijf uur werd. Na afloop was er gelegenheid tot condoleren bij ons thuis. We hadden het laten cateren. Mama was natuurlijk niet in staat iets te organiseren. We hoefden er dus alleen maar te zijn en te luisteren naar de vele meelevende woorden van de mensen die kwamen. Mama ging op een gegeven moment naar haar kamer, en ik deed mijn best om zo veel mogelijk mensen te woord te staan. De meiden zaten met oma in de woonkamer. Ze waren doodop. Het was nu aan mij.

Toen ik me losmaakte van een saaie man in een grijs geruit pak die voor papa had gewerkt en in de richting van het toilet liep, tikte iemand op mijn schouder. Het was tante Jean. Ik noem haar mijn tante, maar eigenlijk was ze de oudste vriendin van mijn moeder, al waren ze zo close als zussen. Als kind was ze er altijd geweest, al had ik haar de laatste paar jaar weinig gezien. Ze zag er oud uit, had donkere wallen onder haar ogen en een rare, knokige hand waarmee ze de mijne vastpakte. 'Gecondoleerd met het overlijden van die lieve Christopher,' zei ze emotioneel.

Ik bedankte haar mompelend en we babbelden even over de dag.

'Hij behandelde je altijd als een zoon. Altijd. Hij was een geweldige man.' Je zult me wel dom vinden, maar het zou absoluut niet tot me zijn doorgedrongen wat ze net had gezegd als ze niet meteen daarna ineen was gekrompen, mijn hand had laten vallen en me met grote ogen had aangekeken. Niet meer dan een fractie van een seconde. Maar ik zag dat ze van zichzelf was geschrokken. Jean zei me gedag, zei dat ze weg moest, dat het nog een lange rit was. Ik knikte, omhelsde haar en zei haar dat ik mama namens haar gedag zou zeggen. Ik dook het toilet beneden in en grabbelde in mijn jaszak naar het pakje sigaretten dat ik altijd bij me heb voor het geval ik even een momentje voor mezelf nodig heb. Dat doe jij ook, toch? Niet altijd, niet standaard bij het ontbijt, 's morgens vroeg. Alleen soms, als je je even wilt losmaken van de wereld. Ik heb jouw aansteker een keer geleend in een pub bij jouw kantoor. Het is een goede tactiek als je een paar seconden naar iemand wilt kijken zonder dat de ander het in de gaten heeft of je een griezel vindt.

Via de zijdeur liep ik de tuin in, waar geen gasten waren. Ik ging op mijn hurken met mijn rug tegen de muur zitten en speelde Jeans woorden keer op keer in mijn hoofd af. Een opmerking van een bedroefde vrouw die ik normaal gesproken zou hebben afgedaan als verwardheid. Maar ze had zo geschokt gekeken toen ze het had gezegd. Dat was overduidelijk. Ik vind mezelf een heel redelijk mens, Grace. Ik ben er trots op dat ik snel door onzinnigheden heen prik en niet te veel aan mezelf twijfel. En dus was de enige logische conclusie, hoe pijnlijk die ook was, dat Christopher op de een of andere manier niet mijn echte vader was.

Ik wachtte tot de laatste gast was vertrokken, zette mijn zussen voor de tv en liep de smalle trap op naar de slaapkamer van mijn moeder. Was jouw moeder zwak, Grace? Ik vermoed van wel. Ze leek vast veel op de mijne. Het enige verschil is dat mijn moeder een man had die haar tegen de wereld kon beschermen en jouw moeder niet. Ik wilde haar geen pijn doen, uitgerekend op deze dag. Maar ik had er opeens zo genoeg van om haar met fluwelen handschoenen aan te pakken, om spanningen of 'onaangename zaken', zoals zij ze noemde, voor haar weg te nemen. Ik wilde voor de verandering eens bot zijn. En dus was ik dat.

Lottie was wakker. Ze lag in het halfdonker, een kussen tegen zich aan geklemd alsof het een slapend huisdier was. Ze zag er nietig uit, met haar dunne blonde haar op het kussen uitgespreid alsof ze een kind was. Ik ging aan de andere kant van het bed zitten en vertelde haar dat ik wist dat Christopher niet mijn echte vader was. Ik was niet van plan om haar een kans te geven om te liegen. Als ik had verwacht dat ze in elkaar zou storten en me om vergeving zou smeken, dan had ik het mis. Ze probeerde het te ontkennen met een energie die ik lange tijd niet had gezien. Energie waarvan ik niet wist dat ze die in zich had.

Het duurde tien minuten eer we het stadium van verontwaardiging over het feit dat ik zoiets durfde te suggereren waren gepasseerd. Daarna volgden twintig minuten van tranen en herhaaldelijk aandringen dat we uitgerekend vandaag niet over dit soort dingen hoorden te praten. Daarna omhelsde ze me en zei dat Christopher mijn vader was, wat anderen ook zeiden. Tien minuten daarna kwam de waarheid.

Mijn moeder kwam uit Somerset, uit een vrij beschermd gezin van goede naam. Ze woonden in een bescheiden huis dat al generaties in het bezit van de familie was. Voor haar bleef niet veel geld over, aangezien het eerste kind een diep gekoesterde zoon was, maar zij was gelukkig. Op haar twintigste ging ze naar Londen, zogenaamd om in een kunstgalerie aan Savile Row te werken, maar voornamelijk, vertelde ze me, voor het avontuur. Voor mijn moeder betekende dat veel feesten, nachtclubs en tripjes naar Zuid-Frankrijk met rijke vrienden. Ik wist dat ze in Londen had gewoond voordat ik werd geboren, maar het was een verrassing dat ze zo'n vrijgevochten leven had gehad. Zolang ik mijn moeder ken, draagt ze al een vest en rubberlaarzen. Ik kan me nog steeds moeilijk voorstellen dat zij naar de clubs ging waar ik ook wel eens kom. Ze kende Christopher al, vertelde ze, maar ze waren gewoon vrienden. Hij was verlegen, dat was hij zijn hele leven geweest, wist ik, en als ze met een groep uit waren, zag ze hem eigenlijk niet staan.

Op een avond zat ze met wat vriendinnen in nachtclub Vanessa's aan een tafel, toen een ober een glas champagne voor haar neerzette en zei dat het van een man aan de bar kwam. Toen ze die kant op keek, zag ze een donkerharige man in een t-shirt en zwarte broek die ingespannen naar haar zat te staren. Nog half snikkend vertelde mijn moeder dat ze nieuwsgierig was geweest. De meeste mannen die ze kende waren kopieën van hun vaders. Keurig en afstandelijk, op zoek naar de juiste echtgenote. Deze man was anders, en haar vriendinnen maakten enorme ophef over wat ze moest doen en drongen erop aan dat ze naar hem toe moest gaan. Dus deed ze dat. Mijn zenuwachtige moeder, die naar bed gaat als iets haar overweldigt, liep op deze vreemde af en begon een gesprek.

De rest hoef ik je niet te vertellen, hè Grace? Want je weet het. Het is niet jouw verhaal, maar toch ook weer wel. Tegen de tijd dat Lottie ontdekte dat ze zwanger was, was de man al vertrokken. En ze was niet sterk zoals jouw moeder. Ze was doodsbang voor de reactie van haar ouders en deed alsof er niets aan de hand was. Tot mijn vader op een dag op de stoep stond van de flat die ze met een paar vriendinnen deelde, vlak bij Kings Road, en zei dat hij wist wat er was gebeurd. Ik weet niet of hij het had geraden, of zo – Lottie was inmiddels weer in huilen uitgebarsten, en ik wilde ook niet doorzeuren – maar hij was heel lief en stelde voor om te trouwen. Dat vind ik zo mooi. Mijn ouweheer, een victoriaanse held, en dat in de jaren negentig, nota bene! Maar mijn grootouders waren ouderwets en zouden de roddels in hun kringen ongetwijfeld afschuwelijk hebben gevonden. Net als mijn moeder, trouwens. Sommige mensen uit betere kringen genieten van een schandaal, vinden het in elk geval hilarisch. Maar mijn familie was daar, ondanks ons geluk, niet van gediend. Ze glimlachte bij de herinnering van zijn aanzoek, hield het kussen nog altijd tegen haar lichaam.

Ik weet niet of Lottie destijds met een romantische hartstocht van Christopher hield. Misschien heeft ze wel nooit op die manier van hem gehouden. Maar ze waren gelukkig, Grace. Echt gelukkig. Mannen wordt altijd verteld dat vrouwen naar vuurwerk en passie verlangen, maar misschien betekent dit wel meer. Prins Charles, ogenschijnlijk toch een fatsoenlijke man, kreeg een hoop problemen over zich heen toen een journalist hem vroeg of hij verliefd was op Diana en hij antwoordde: 'Wat dat dan ook betekent.'

Ik wist niet wat ik die avond moest doen. Het was afschuwelijk om mama te zien huilen. Dus omhelsde ik haar, gaf haar een kalmeringsmiddel dat onze huisarts haar had voorgeschreven en liet haar slapen. De rest van het verhaal kwam de weken erna naar buiten. Ik was weer aan het werk en ging elke vrijdagavond naar mijn moeder, maakte lange wandelingen met mijn zussen en de hond en zorgde ervoor dat mama at. (Ze heeft de neiging dat te vergeten als ze gestrest is.) Zo nu en dan stelde ik één of twee vragen over mijn vader en dan kleurde ze en liet haar schouders zakken. Soms gaf ze antwoord, soms wilde of kon ze dat niet. Maar ik kon het niet loslaten. Dan keek ik naar mijn zusjes en zag opeens dat hun gelaatstrekken niet op de mijne leken. Ik vroeg me af wat ik van mijn moeder had en wat niet. Mijn korte lontje was altijd een onderwerp van gesprek in mijn familie; ik kan als geen ander in woede uitbarsten. Christopher was veel te mild, Lottie veel te volgzaam. Nu wist ik dat ik het van iemand anders had. Afkomst is belangrijk voor me, Grace. Niet vanwege de bloedlijn, zoals sommige jongens met wie ik op school zat, die wilden weten hoeveel grond je familie in de veertiende eeuw bezat, maar omdat het je iets over jezelf vertelt dat niets anders kan. Ik had gedacht dat ik de zoon van Christopher en Lottie Hawthorne was en wist wat dat betekende. Ik wist wie ik was en wie ik zou worden. Nu moest ik bedenken op welke manieren ik het mis had gehad.

Op een zondag, net toen ik in de auto wilde stappen om terug te rijden naar Londen, gaf ze me de naam van mijn vader. Nadat ik de laatste tas uit de bijkeuken had gehaald, kwam ze naar me toe, met haar armen om zich heen geslagen alsof ze zichzelf probeerde te beschermen, en gaf me een zoen op mijn wang. 'Simon. Simon Artemis,' fluisterde ze, toen ze zich van me losmaakte en doelbewust terugliep naar de keuken waar mijn zussen taarten aan het bakken waren.

De wereld van celebrities zegt me niets. Vraag me naar de Kardashians en, tot twee jaar geleden zou ik je trots hebben verteld dat dat volgens mij een dynastie uit het Midden-Oosten was. Maar de zakenwereld ken ik wel, en die naam was als een trap in mijn kruis. De hele terugweg probeerde ik me elk detail over hem te herinneren. Hij kwam uit een standaard welgesteld middenklassengezin – trots op hun recentelijk verkregen status – maar Simon had veel meer gewild. Hij had vanaf het begin dat agressieve zakeninstinct. Hij was een marktkraam voor tweedehands elektronica bij hem in de buurt begonnen, maar stapte over op de verkoop van vintage kleding in een poepchique wijk in West-Londen toen hij besefte dat je aan de doorverkoop van een oude poncho meer kon verdienen als je erbij kon zeggen dat Jane Birkin hem misschien wel had gedragen in de jaren zestig. Op zijn negentiende kocht hij zijn eerste winkel en vulde die met oude vodden die hij in bulk op vlooienmarkten had gekocht. Op graatmagere paspoppen, badend in hip neonlicht, zagen ze er niet meer zo groezelig uit. Gesteund door het financiële vangnet van zijn familie runde hij dit mini-imperium terwijl hij studeerde. Zijn imago van een selfmade man is niet meer dan dat. Een imago. Maar het heeft immens veel betekend voor zijn reputatie.

Toch was kleding niet Simons belangrijkste zakelijke interesse. Zijn grote geld verdiende hij met beleggingen en vastgoed, maar het kledingmerk was de start van alles. Sindsdien was het Artemis-imperium alleen maar gegroeid en was hij een permanente aanwezige op de lijst van rijkste mensen. Simon Artemis was overheidsadviseur op het gebied van handel en commercie, in feite een symbolische rol, maar het gaf hem een zweem van aanzien die hij eerlijk gezegd niet had verdiend.

Ik weet niet hoeveel je van zijn bedrijven afweet (of dat het je überhaupt interesseert), maar hij was vanaf het begin een sjacheraar, en door de decennia heen is er niet veel veranderd. Zijn modebedrijf was een succes waar vele anderen faalden, omdat hij de marges scherp in de gaten hield en profiteerde van elk achterdeurtje. Hij kocht Sassy Girl met geld van particuliere beleggers en betaalde hun terug met vermogen uit het bedrijf. Het kostte hem goddomme geen cent! Toen hij fabrieken in verre landen ontdekte waar arbeidswetgeving niet bestond, besloot hij zelf kleding te gaan produceren. Dat veranderde toen er halverwege de jaren negentig verontwaardiging ontstond over fabrieksomstandigheden, maar vervolgens verhuisde hij zijn bedrijf naar een ander land waar ze wel bereid waren een oogje toe te knijpen en beter in staat waren journalisten en activisten buiten de poort te houden. Simon nam een team van advocaten en accountants in de arm om ervoor te zorgen dat hij zo min mogelijk belasting in het VK betaalde, en had personeel met zeer dubieuze arbeidsovereenkomsten die vaak afliepen voordat hij wettelijke uitkeringen hoefde te betalen. Geheimhoudingsverklaringen waren wijdverbreid binnen het bedrijf; God weet wat die besloegen. In zeker acht gevallen werden vrouwen ontslagen toen ze zwanger waren, en hoewel Simons vertegenwoordigers met succes aanvoerden dat er gerechtvaardigde redenen waren voor hun ontslag, wist iedereen dat Artemis werd gerund door gehaaide types.

Daar heb ik overigens geen moeite mee. Het bedrijfsleven moet zichzelf reguleren, en wetgeving ter bescherming van werknemers belemmert innovatie en groei. Als je een bedrijf te zeer aan banden legt, heeft het geen andere keus dan het hoofdkantoor te verplaatsen; een ramp voor de Britse economie. Simon hield zich aan de wet, en ik neem het hem niet kwalijk dat hij de mazen ervan opzocht.

Er was een andere reden waarom ik het moeilijk vond om te accepteren wie mijn vader was, en ik ben me ervan bewust dat ik mezelf daarmee bij jou in een kwaad daglicht stel, Grace. Maar ik wil open kaart spelen, en het is niet alsof jij hier iets mee kunt doen, dus staat het me vrij om cru te zijn. Mijn voornaamste reactie toen ik na drieëntwintig jaar ontdekte wie mijn echte vader was, was er een van enorme schaamte. Christopher was een man die wist welke kleur groen een regenlaars moest hebben om niet ordinair te zijn. Hij droeg wollen pakken en zou nooit een goldcard willen hebben omdat hij niet opzichtig wilde lijken. Ik ben opgegroeid in een familie waar smaak en omgangsvormen aangeboren waren, het zit in ons bloed, het werd nooit besproken omdat dat niet nodig was. Maar deze man was het tegenovergestelde van wat ik kende. Ik googelde een paar dagen naar alle beetjes informatie die ik over hem kon vinden en elke pagina die ik aanklikte, vervulde me met afschuw. Simon had een vloot auto's met gepersonaliseerde kentekens. Hij droeg een ring aan zijn pink met een familiewapen dat hij zelf had bedacht, gemaakt door een juwelier wiens werk voornamelijk aan de Russen werd verkocht. In verschillende nummers van *Hello!* stonden fotoreportages van het huis van de familie Artemis en ik kreunde letterlijk toen ik de hoeveelheid beige en goud zag. Het was allemaal zo onbeschrijflijk vulgair. Het was nieuw geld, nieuwe meubels, het waren arrivisten. Alles wat ik niet was, zonder ooit te hebben hoeven uitleggen waarom.

Ik kon gewoon niet begrijpen dat Lottie zich door zo'n vent had laten inpalmen. Ze was zwak en jong geweest, goed, maar jezus, deze man was het tegengestelde van alles wat ze ooit had gekend. Ik walgde ervan, moet ik je eerlijk zeggen. Mijn zussen waren geboren in een gelukkig gezin waar gebruiken en tradities veel betekenden. Ik ook, dacht ik. Maar in plaats daarvan was ik hier terechtgekomen omdat mijn moeder zo dom was een nacht door te brengen met een playboy die zijn vakanties doorbracht in Marbella en zo nu en dan in *Mogul Wars* verscheen, een tv-programma over nieuwe bedrijfsideeën.

Klasse is belangrijk, Grace. Ik weet dat je dat tegenwoordig niet hoort te zeggen, maar ik vind het van de zotte om een waarheid te ontkennen, alleen omdat hij ongemakkelijk is. Ik weet niet wat jij van Simons achtergrond vond, of van zijn voorliefde voor horloges die zo groot waren dat ze een wekker op zijn nachtkastje konden zijn, maar ik stel me voor dat jij ook je bedenkingen had. Ik wil niet zeggen dat het voor mij erger was, maar kom op zeg, voor mij was het erger. Ik ben opgegroeid in het starre klassensysteem dat de Britten duizend jaar geleden zo vakkundig hebben gecreëerd. Het is altijd erger voor degenen die gevaarlijk tussen de klassen balanceren. Jij wist in elk geval waar je stond.

Een paar maanden lang reisde ik heen en weer tussen mijn werk en Lotties huis, ik probeerde mijn zusjes het gevoel te geven dat alles normaal was, en mezelf ook, als ik eerlijk ben. Met mijn carrière in Londen ging het goed, ik verdiende goed, maar in Surrey werd steeds duidelijker dat Christopher er niet zo rooskleurig voor had gestaan als we hadden gedacht. Hij had alles aan Lottie nagelaten – het huis, de auto, zijn aandelen en pensioen – maar zonder dat wij het wisten, had hij drie jaar voor zijn dood een tweede hypotheek genomen en had hij zijn pensioengeld gebruikt voor levensonderhoud en het schoolgeld van de meisjes. Niets bijzonders – Christopher had geen gat in zijn hand – maar zoals ik al zei, had onze vriendenkring behoorlijk strenge normen, en papa wilde net als iedereen niet onderdoen voor zijn omgeving.

Lottie stak haar hoofd liever in het zand en negeerde dringende zaken die zich na de dood van haar man voordeden, door bijna dwangmatig te tuinieren, van zonsopkomst tot zonsondergang. Elke keer als ik er met haar over wilde praten, kreeg ik bloembollen in mijn handen geduwd of werd er onkruid mijn kant op gegooid. Eén keer liep ze door een doornenhaag heen, alleen omdat ze er niet over wilde praten. Maar ik had de financiën bestudeerd en wist dat we snel geld nodig hadden. Het zou vernederend zijn als we het huis kwijtraakten, en we zouden het geen van allen snel te boven komen. Ik kom uit een traditioneel gezin, en ik was nu het hoofd van de familie, ongeacht hedendaagse normen. Lottie kon de waarheid niet onder ogen zien, en dus pakte ik het leiderschap op.

Ik ben praktisch ingesteld, Grace. Ik kreeg van mijn docent Engels vaak op mijn kop omdat ik niet de verbeelding bezat om literatuur te begrijpen. Ik zag het nut er niet van in; als ik een boek lees, wil ik dat het een autobiografie is. Het liefst sportgerelateerd. Ik heb dat nooit een belemmering gevonden. Ik ben geen dromer. Ik weet wat ik wil en wat ik nodig heb om een goed leven te leiden, en ik zal me de pleuris werken om dat te bereiken. Maar ik had niet genoeg tijd om de toekomst van mijn familie veilig te stellen en me in de financiële wereld op te werken. Dus koos ik een andere weg.

Zie je de bui al hangen? Ik neem aan dat het wel duidelijk is. Ik besloot dat Simon onze reddingsboei zou zijn. De gedachte kwam in me op toen ik op een avond de papieren van de boekhouder las over de hypotheek, het schoolgeld en de maandelijkse lasten. De uitgaven waren enorm en er kwam niet genoeg geld binnen om de eindjes aan elkaar te knopen. *Vraag het gewoon aan je echte vader,* zei een stemmetje in mijn hoofd. Ik moest bijna lachen. Hem uit het niets vragen om een gezin dat hij niet kende te onderhouden. Onzin. En zelfs als ik het zou kunnen, zou ik geen relatie met die man willen. Niet om morele bezwaren – geld is geld en hij had meer dan genoeg – maar omdat het van zo'n slechte, verachtelijke smaak getuigde. Een pas gevonden vader, een man die met oligarchen in enigszins louche privéclubs op de foto stond. Eigenaar van een Bentley.

Ik verwierp de gedachte, maar hij bleef terugkomen. Elke keer als ik de financiën bekeek, danste zijn naam door mijn hoofd. Na een verontrustend gesprek met de boekhouder, die onomwonden vertelde dat de meisjes aan het einde van het jaar van school zouden moeten als er niets gebeurde, zwichtte ik uiteindelijk.

Een man als Simon Artemis stuur je geen e-mail. Mijn korte tijd in de financiële wereld had me dat wel geleerd. Daar zijn mensen zoals hij te belangrijk voor. Ze hebben vijf assistenten en hun inbox wordt doorgelicht, gefilterd, en berichten worden razendsnel geprioriteerd. Die van mij zou regelrecht op de stapel 'krankjorum' terechtkomen. Dus ging ik naar zijn kantoor. Het was een riskante zet, maar de directe aanpak lag me wel. Ik las de financiële pagina's dagelijks en wist dat de Artemis-onderneming haar oog had laten vallen op een kleiner kledingbedrijf Re'belle, met panden op toplocaties in Soho en Kensington. De stokoude eigenaar weigerde te verkopen, het was een familiebedrijf en dat zou het altijd blijven. Ik deed me voor als diens zoon en zei dat ik een nieuw communicatiekanaal wilde openen. Het had helemaal mis kunnen lopen, maar de assistent kende degene die ik beweerde te zijn van naam (Benny Fairstein is ook wel een naam die je onthoudt als je in de modewereld zit) en pakte meteen de telefoon. Ik hoefde maar tien minuten te wachten voordat ik naar Simons kantoor werd gebracht. Hij keek me met samengeknepen ogen aan toen ik binnenkwam, en ik besefte dat ik maar een ogenblik had om uit te leggen wie ik werkelijk was.

Grace, jij bent de enige persoon ter wereld met wie ik dit wil delen. Ik weet dat het jou zal fascineren, en dat het niet alleen het roddelgehalte is dat je interesseert. Ik kwam meteen ter zake, verontschuldigde me niet voor de valse voorwendselen, ging in een leunstoel tegenover hem zitten, keek hem recht aan en zei dat ik zijn zoon was. Nog voordat ik het verder uitlegde, viel me op dat hij niet erg verbaasd keek. Misschien had hij al een verloren kind of twee verwacht. Heel verstandig.

Ik vertelde hem over Lottie, vroeg hem om in zijn geheugen te graven en wachtte. Hij keek me onderzoekend aan en ik keek onderzoekend terug. Tegelijkertijd viel onze blik op onze identieke neuzen. In een film zou dit het moment zijn voor aanzwellende achtergrondmuziek. Maar wij bleven in stilte zitten. Toen vroeg hij me wat ik wilde. In de zakenwereld zijn er twee manieren om deze vraag te benaderen. Je kunt de kwestie versluieren, slijmen en vage, onuitgewerkte ideeën opgooien, of je kunt direct zijn. Ik had geen tijd voor de eerste optie. Ik zei dat ik niet van plan was om hem te schande te maken, dat ik niet de verloren zoon wilde zijn die een rol wilde spelen in zijn zakelijke imperium. Ik respecteerde hem, stelde ik hem gerust, maar had nu een familie te onderhouden en hij was de enige die me kon helpen. Ik stelde een eenmalige transactie voor, schoof een bedrag in een envelop over tafel en leunde achterover. Hij maakte de envelop open en begon te lachen. Ik weet niet wat ik had verwacht, maar dit stond in elk geval niet boven aan mijn lijst. Achteraf gezien denk ik dat hij onder de indruk was. Misschien dacht hij dat het machtsvertoon was. Dat was het niet – ik wilde gewoon geld, meer niet – maar misschien was het pressiemiddel dat ik in handen had genoeg om me lef te geven.

Het merkwaardige was dat daarmee het ijs was gebroken. Als je zo rijk bent, ga je ervan uit dat iedereen iets van je wil. Als iemand daar dan ronduit voor uitkomt, kun je verder. Hij ging niet op mijn verzoek in, maar leunde achterover en drukte op de intercom om zijn volgende vergadering af te zeggen. Daarna vroeg hij me hoe mijn leven eruitzag, waar ik woonde, wat ik deed, van welke voetbalclub ik supporter was. Het deed in eerste instantie een beetje vreemd aan, maar ik ging erin mee. Hij knikte toen ik hem over Christopher vertelde en glimlachte toen ik zei dat ik in de City werkte. We bleken allebei QPR-supporters te zijn en wisselden een tijdje ideeën uit over de manager. Hij plaagde me omdat ik de laatste belangrijke wedstrijd had gemist. Voor een buitenstaander leek dit misschien een heel normaal gesprek tussen vader en zoon. Dat kon ik niet uit mijn hoofd zetten. Ik moest er steeds aan denken dat deze man mijn vader was. Deze gebruinde, sportschoolfitte man in een antracietgrijs pak die een gouden horloge droeg dat de zon in mijn ogen deed flikkeren als hij zijn arm bewoog.

Jezus, wat zanik ik door, Grace, sorry. Maar de hele situatie is zo bizar geweest, en ik ben niet iemand die dat allemaal aan zijn therapeut vertelt. Gewoon doorgaan, denk ik altijd maar. En ik heb eigenlijk weinig om over te klagen. Een fijne familie, een goede baan, financiële zekerheid. O ja, dat moet ik je nog vertellen. Simon gaf me dus het geld. Hij liet me er wel voor werken, maar het ging verrassend goedmoedig. Mijn openingsbod werd meteen van tafel geveegd, maar uiteindelijk kwamen we een aardig bedrag met vijf nullen overeen, waarmee mijn moeder het zou kunnen uitzingen totdat ik een betere positie had en zelf de last kon dragen. Het kwam onder de voorwaarde van een dna-test, waar ik begrip voor had, al was ik er in stilte woedend over. Het was alsof Lotties eer in twijfel werd getrokken. Maar zakenlieden als Simon kennen geen eer, hè? Dat weten jij en ik allebei.

Gedurende de zes weken die ervoor nodig waren om tot de overeenkomst te komen, zag ik Simon meerdere keren. Vaak op kantoor, maar zo nu en dan in een privéclub in de buurt van Berkeley Square. Eén keer zijn we samen naar een wedstrijd geweest, niet in zijn privébox maar op de tribune; hij wilde me waarschijnlijk niet aan zijn vrienden hoeven voor te stellen en dat begreep ik. Hoe stel je je geheime zoon voor aan een stel vastgoedmagnaten die niet kunnen wachten om zulke gevoeligheden uit te buiten terwijl ze van het buffet eten waar jij voor hebt betaald? QPR won met twee-één en onze relatie werd sterker. Je hoefde geen genie te zijn om te zien dat Simon ervan genoot een zoon te hebben. Ik was dan wel geen zoon die hij had opgevoed of zelfs goed kende, maar het gaf hem toch een kick. Hij haalde geintjes met me uit, plaagde me omdat ik een blazer droeg, bood aan me voor te stellen aan zijn vrienden in de City. Soms deed hij alsof hij me wilde zien om de voorwaarden van onze overeenkomst te bespreken, maar als we elkaar dan zagen, zei hij er niets over, maar bood me iets te drinken aan, vertelde me over zijn meest recente deal of daagde me uit voor een potje kaarten.

Onze goeie, ouwe pa bezat een bepaalde ijdelheid. Geen charme, niet echt, maar een brutale grijns, een zelfvertrouwen waarmee hij anderen overdonderde, een gevoel dat het de ander voor de wind kon gaan, maar alleen als hij het wilde. Met zijn handdruk liet hij merken hoe sterk hij was, maar het voelde een beetje geforceerd; alsof hij een handleiding had gelezen over het tonen van overwicht door middel van lichamelijk contact. Hij kende de namen van portiers, bedienden, de schoonmaker op zijn kantoor, en meer dan eens zag ik dat hij met een agressieve hoffelijkheid geld in hun handen duwde. En toch leek iedereen die hem passeerde altijd een beetje bang voor hem. Het voelde best goed om in zijn gezelschap te verkeren, eerlijk gezegd. Het leverde respect op, zo voelde het. Mensen knikten naar me alsof ik ook iets voorstelde, alsof ik tot Simon Artemis' kring van vertrouwelingen behoorde.

Maar als ik niet verblind werd door de macht die hij in levenden lijve uitstraalde, herinnerde ik me weer dat hij niet zo gerespecteerd werd zoals hij graag zou willen. In de City keurden ze zijn zwarejongenstactiek af; hij maakte een slechte indruk als hij weer eens in de *Evening Standard* stond omdat hij met zijn nieuwste sportauto fout geparkeerd stond voor de ingang van een ziekenhuis, zodat hij zich kon laten masseren, of omdat hij tegen een ober tekeerging omdat die niet snel genoeg de tafel afruimde. Bij die gelegenheid werd er een tafel omvergegooid, als ik het me goed herinner. Het ergste was wel zijn neiging om van het dak van zijn kantoorgebouw te plassen, ongeacht de ongelukkige die toevallig op straat liep. Gelukkig ontdekte de pers dat saillante detail nooit. Simon belde journalisten die dat soort artikelen schreven op, viel ze lastig omdat ze 'gelul' schreven en deed hun verhalen af als jaloezie. Toen hij de vijftigste verjaardag van zijn vrouw in het Colosseum had gevierd (serieus, Grace, hij had het Colosseum verdomme afgehuurd), publiceerde een roddelblad een kritisch stuk over de half miljoen pond die het uitje had gekost, waarop hij de journaliste een businessclass ticket naar Rome stuurde met een briefje erbij waarop stond: *Jammer dat je met de rest van het plebs in de rij moet staan. Je had het vast graag bij zonsondergang willen zien, met een glas champagne in je hand, net als wij.* Ik vraag me af of ze er gebruik van heeft gemaakt.

Hij wilde deel uitmaken van de gevestigde orde, maar kon zijn afkomst niet helemaal verhullen. Ik keek een keer naar zijn handen terwijl hij aan het praten was en zag dat zijn nagels glommen, bijna alsof hij een manicure had gehad. Dat was misschien ook zo. Ik ben niet iemand die erg met zijn uiterlijk bezig is, maar weet dat er mannen zijn die daarvan houden. Toch valt dat nooit goed bij de oude garde, hè? Dat wist hij natuurlijk ook wel en toch hield hij vast aan die protserige kantjes. Het was alsof hij begreep dat hij er nooit echt bij zou horen en daarom zijn hakken in het zand zette. Dan reed hij naar een liefdadigheidsdiner in een auto die zo opzichtig was dat mensen grimasten, en vervolgens gaf hij bij de veiling na het diner meer geld uit dan wie dan ook, in de wetenschap dat de beau monde op die manier wel gedwongen was om over hem te praten. Om hem te bedanken. Om zijn naam op een fotowand te graveren.

Jezus, wat ratel ik weer. Allemaal in een poging om de gemengde gevoelens die ik had samen te vatten. Hij was charmant en in mij geïnteresseerd, en ik moet toegeven dat ik daar een beetje in werd meegesleept. Maar ik voelde me nooit helemaal op mijn gemak in zijn gezelschap en was opgelucht toen de onderhandelingen ten einde kwamen. Zoals ik het zag, dokte hij voor veertien jaar van mijn levensonderhoud, en op die manier kon ik voor mijn familie zorgen. Goed geregeld. Ik had hem niet hoeven chanteren of zoiets naars. Als hij mijn voorstel had afgewezen, zou ik het daarbij gelaten hebben. Ik heb mijn trots en zou er niet om gesmeekt hebben. Ik hoopte dat hij een gentleman zou zijn, en in zekere zin was hij dat ook. Maar het moest Simon ook iets opleveren. Voor wat, hoort wat, dat moest ook wel, anders werd je niet zo rijk. Ik dacht dat mijn zwijgen de prijs was, maar ik had het helemaal mis.

Toen hij het geld had overgemaakt (van zijn boekhouder naar de mijne, inclusief een geheimhoudingsverklaring die zo waterdicht was dat je er tranen van in je ogen kreeg), schudde hij mijn hand en bestelde een rondje. Die avond zaten we bijna zes uur bij elkaar in een privéruimte in een van de beste restaurants in Soho, waar hij de steak voor mij bestelde die achtenzestig pond kostte en de obers geen oogcontact maakten. Het leek wel een date, en elke keer als hij weer een fles bestelde, knipperde ik met mijn ogen omdat het zo absurd was. Ik wilde steeds weggaan, maar Simon wuifde mijn pogingen geïrriteerd weg. 'We leren elkaar net een beetje kennen, mijn zoon! Wat is er nu belangrijker dan dat?' Dan begon hij het zoveelste verhaal over zijn slimme bedrijfsstrategie, of hij vertelde me hoe hij een rivaal had genaaid door nog meedogenlozer te zijn. Ik rolde die nacht om drie uur in bed in de wetenschap dat ik nog drie uur kon slapen voordat ik weer op moest.

Ik werd om zes uur met knallende koppijn en trillende handen wakker. Ik pakte mijn telefoon en zag dat hij me alweer een berichtje had gestuurd. *Voetbal dit weekend. Voor die tijd samen ontbijten.* Ook al was ik nog helemaal niet wakker, ik wist dat ik niet gemakkelijk van hem af zou komen. Simon had betaald en nu wilde hij me bij zich houden. Was het omdat hij me mocht en blij was dat hij zijn verloren zoon had gevonden? Mogelijk. Maar het was waarschijnlijker dat hij controle over de situatie wilde hebben, over mij. Als hij moest ondergaan dat hij in een kwetsbare positie werd geplaatst, dan wilde hij daar iets voor terug, wat dan ook. Zelfs als ik niet wilde meewerken. Vooral dan.

Ik weet niet wat ik zou hebben gedaan als ik nog jaren zo door had moeten gaan, in de rol van een soort zoon zoals hij die zag. Al binnen een paar weken nadat hij het geld had overgemaakt, was het ondraaglijk, Grace. Simons fascinatie voor mij werd snel minder en hij begon me te behandelen zoals hij iedereen behandelde. Dat betekende dat hij verwachtte dat ik voor hem klaarstond als hij belde. Als hij me op kantoor belde en ik nam niet op, dan belde hij gewoon nog een keer. Ik heb mijn telefoon een keer een dag in vliegtuigmodus gezet, alleen om het oplichtende scherm niet steeds vanuit mijn ooghoeken te hoeven zien. Toen ik hem weer uit vliegtuigmodus haalde, zag ik dat ik drie berichten van hem had en in één daarvan noemde hij me een 'luie hufter'. De woorden stonden verstopt tussen zijn gebruikelijke praatjes, maar het was wel duidelijk dat hij het meende.

Ik bleef zo veel mogelijk naar huis gaan. Het ging met mijn moeder iets beter, ook al tuinierde ze nog dwangmatig. Ik vertelde Lottie natuurlijk niet dat ik veel tijd met Simon doorbracht. Het schoolgeld was betaald, evenals de hypotheek. Lottie vroeg niet hoe het me allemaal was gelukt. Daar was ik even boos om; alles werd altijd voor haar geregeld en ze stond er nooit bij stil wat daarvoor nodig was. Maar dat was niet lief van mij. Mama kon niet weten wat ik had gedaan om ons gezin te beschermen. Daar was ze niet sterk genoeg voor. Daar zou ze misschien nooit sterk genoeg voor zijn.

Simon had het maar één keer over mijn moeder in mijn aanwezigheid. Na onze eerste ontmoeting vroeg ik me af of hij echt nog wist wie ze was. Ze was duidelijk niet de enige vrouw die de hele Artemis-behandeling had ondergaan. Het zou best te begrijpen zijn als ze slechts een vage herinnering was. Maar hij keek op een dag naar mijn telefoon, toen deze oplichtte op het moment dat ik een appje binnenkreeg, en zag de achtergrond van mijn toegangsscherm.

'Is dat je moeder?' vroeg hij, terwijl hij naar een foto van Lottie keek die op het gras bij ons huis mijn zusjes omhelsde. Ik knikte, maar verstrakte omdat ik niet wilde dat hij mijn familie zag, of dat onze relatie bezoedeld raakte. 'Jezus, de tijd is niet aardig voor vrouwen,' zei hij. 'Je gaat samenwonen met een bloedmooie meid van vijfentwintig en op je vijftigste word je wakker naast je oma.'

Een withete woede raasde door mijn lijf, mijn gezicht kleurde. Ik duwde de barkruk met iets te veel drama omver en stormde naar buiten. Simon stuurde me later die avond een doos wijn. Ben, mijn huisgenoot, bracht de doos naar mijn kamer en vroeg me wie er voor vijfduizend pond wijn stuurde. Maar het was tenminste goede wijn en niet het bocht dat hij onder zijn eigen label produceerde. Wijn of geen wijn, het was te laat. Ik had besloten dat ik genoeg had van deze vader zo laat in mijn leven. Ik nam me voor hem een brief te schrijven om hem uit te leggen dat ik dankbaar was voor zijn hulp, maar benadrukte dat ik drieëntwintig jaar lang een geweldige vader had gehad en niet op zoek was naar een vervanger. Het was een verbazingwekkende opluchting toen ik de brief die avond typte. Zijn wereld was overweldigend en ik wilde terug naar de mijne.

En daar had het bij kunnen blijven. Hij zou wel gesputterd hebben, maar wat kon hij doen? Mijn bestaan was een potentiële granaat in zijn leven en daar zag ik geen verandering in komen. Hij zou zijn vrouw en dochter nooit over mijn bestaan vertellen. En dat wilde ik ook niet. We konden elkaar maar beter de hand schudden en ieder ons weegs gaan. Ik was ervan overtuigd dat hij het daar uiteindelijk mee eens zou zijn.

Maar die avond kwamen Simons ouders bij een auto-ongeluk om het leven. Dat hoorde ik toen hij me de volgende ochtend snikkend belde. Ik had de brief in mijn tas, was van plan hem op weg naar mijn werk te versturen. In plaats daarvan nam ik de dag vrij (zei dat ik een spoedgeval in de familie had, wat geen totale leugen was) en ging naar Simons huis in Hampstead. Zijn vrouw en dochter waren in Monaco, had hij verteld. Of ik langs wilde komen. Ik ben geen monster, ik kon de man niet alleen laten met zijn verdriet. Dus zat ik in zijn opzichtige herenhuis terwijl een kleine Vietnamese vrouw ons ijsthee en eindeloze hoeveelheden koekjes aanbood. De koekjes bleven liggen, ook al verging ik van de honger. De ijsthee werd geweigerd ten gunste van een fles whisky die Simon steeds weer pakte om zijn gouden glas dat naast zijn voeten op de grond stond bij te schenken. De man hing in elkaar gezakt op de bank, omringd door enorme kussens met kwastjes eraan, die dreigden hem te verstikken. Ik ging op een grote poef tegenover hem zitten, terwijl ik bedacht dat ik het liefst ergens anders zou willen zijn.

Tussen telefoontjes naar zijn broer, een advocaat en zijn assistent, vertelde hij – niet specifiek tegen mij – dat Kathleen en Jeremy toch zulke 'parels' waren. Ik condoleerde hem, vertelde hem dat ik wist hoe moeilijk het was om een ouder te verliezen. Dat vond hij niet leuk, zei met een zeurderige dronken toon dat ik hem een rotgevoel wilde geven omdat hij zijn verantwoordelijkheden niet had genomen. Dus bood ik mijn excuses aan en deed alsof mijn eigen verlies niet zoveel voorstelde, waarop ik boos op mezelf werd.

De dag sleepte zich voort en ik zat voornamelijk in mijn eentje in de zitkamer, terwijl Simon nog meer telefoontjes pleegde en nog meer whisky dronk. Om vier uur mompelde hij dat Bryony onderweg was, wat ik dankbaar als mijn teken zag om te vertrekken. Toen ik in de richting van de deur liep, greep Simon me bij mijn arm vast en trok me op de perzikkleurige chaise longue in de hal. Met een enigszins verwrongen stem en niet heel samenhangend vertelde hij me iets wat mijn leven zou veranderen. Hij vertelde me over jou, Grace.

Tot die tijd had ik er geloof ik niet echt over nagedacht dat ik een compleet andere familie had. Simon was een middel om een doel te bereiken, ik had mijn eigen familie en had er totaal geen behoefte aan om Bryony of haar gruwelijke moeder te leren kennen. Ik wilde niets te maken hebben met hun manier van leven en ik vermoedde dat zij net zo over mij zouden denken als ze iets van mijn bestaan wisten. Maar jij was anders. Jij was een buitenstaander, iemand die ook geen keus had gehad. En terwijl Simon onsamenhangend bazelde over het feit dat hij niet aan het voorbeeld van zijn eigen ouders had voldaan, zag ik de overeenkomsten in onze verhalen. Allebei kinderen van jonge, naïeve vrouwen die door deze grootse man waren verblind om vervolgens afgedankt te worden, toen hij genoeg van ze had en ze lastig werden. Al vind ik twee onwettige kinderen bij twee verschillende vrouwen niet echt 'lastig'.

Ik weet niet waarom hij me over jou vertelde, Grace. Hij was dronken, maar was waarschijnlijk al duizend keer dronken geweest zonder mensen over zijn geheime dochter te vertellen. Ik kan alleen bedenken dat het door zijn verdriet kwam. Dat doet gekke dingen met mensen, hè? Zoals mijn oude tante Jean die drieëntwintig jaar lang haar mond hield over mijn afkomst en het er op een begrafenis uitflapte, alsof ze het niet langer voor zich kon houden. Hij zei dat hij jong was geweest, dat zijn ouders hem hadden gezegd dat hij het probleem moest oplossen en dat hij bang was geweest om alles te verliezen. Allemaal gelul, natuurlijk. Een echte vent zou zijn kind niet in de steek laten, laat staan twee kinderen, maar dat kon ik hem moeilijk zeggen terwijl hij daar dronken en huilend zat. Dus zei ik maar dat hij had gedaan wat hem het beste leek en stelde zo voorzichtig mogelijk vragen over jou.

In zijn enigszins gebroken toestand was hij wat minder oplettend en liet hij net genoeg los. Ik zal eerlijk tegen je zijn. Hij wist niet veel. Zijn verdriet erover leek nogal voor de vorm, en ik denk niet dat hij jouw leven heeft gevolgd. Ik hoop dat je het niet erg vindt om dat te horen. Van het weinige dat ik van je weet, denk ik van niet. Hij wist je naam en waar je was opgegroeid. Hij wist zelfs dat je in de modewereld werkte, wat kennelijk betekende dat 'de appel niet ver van de boom viel'. Ik hield mijn gezicht in de plooi, liet niet merken dat deze informatie mij ook maar iets deed, en vertrok een halfuur later toen hij aan de telefoon tegen zijn broer tekeerging over het huis in St John's Wood. Hij was alles wat we hadden besproken alweer vergeten.

Maar ik niet. De daaropvolgende twee uur zat ik in een pub naar jou te googelen. Ik moet zeggen, Grace, dat je online nauwelijks te vinden bent, heel opmerkelijk. Bijna verdacht, zelfs. Alsof je je voor de wereld verborgen probeert te houden. Maar goed, je kunt het niet helemaal voorkomen, hè? Er zal altijd een digitale voetafdruk zijn, zelfs als je social media hebt afgezworen en nog nooit naar LinkedIn hebt gekeken. Goed gedaan, trouwens, het is een beerput van schreeuwende makelaars en andere handelaren in geluk.

Het duurde een tijdje, want Simon had jouw achternaam niet genoemd en als ik ernaar had gevraagd zou dat, ondanks zijn dronken waas, te direct zijn geweest. Maar ik wist je uiteindelijk te vinden na urenlang klikken langs meisjes die Grace heetten en in mode-pr werkten. Ik dook info op over de andere meisjes; de meeste van hen vertelden op social media zoveel over hun leven dat ik ze gemakkelijk kon doorstrepen. Blije foto's van hun families? Doorstrepen. Verkeerde leeftijd, verkeerde ras, verkeerde woonplaats? Doorstrepen. Uiteindelijk kwam ik uit op Grace Bernard. Er stond geen foto op de bedrijfswebsite, wat me een veeg teken leek, aangezien alle anderen vrolijk hadden geposeerd. Met de achternaam schoot ik een paar keer mis, maar kwam uiteindelijk bij een artikeltje over jou in de *Islington Gazette* van meer dan tien jaar geleden. Nou ja, het ging niet echt over jou. Een zekere Sophie protesteerde vanwege een reeks straatroven in de buurt van een buurtschool. Op een korrelige foto stond ze met een bord met daarop VEILIGE STRATEN! Achter haar stonden een nors kijkend tienermeisje en een jongen van dezelfde leeftijd met een enigszins geamuseerde blik op zijn gezicht. Die foto, dat was het moment waarop mijn hart sneller begon te slaan. Je naam stond erbij. De jongen heette Jimmy. De boze vrouw noemde jullie beiden 'haar kinderen', dat begreep ik niet. Simon had gezegd dat je moeder was overleden. Sorry, ik ben nieuwsgierig. Maar er waren hiaten die ik niet kon opvullen en ik had behoefte aan antwoorden! Nou ja, die kreeg ik later.

Goed, ik ging dus naar jouw kantoor. Dat klinkt vast heel erg creepy, maar ik was zenuwachtiger dan jij zou zijn geweest als je het had geweten! Ik stond daar op vrijdagmiddag vanaf een uur of vijf te wachten omdat ik ervan uitging dat pr-meisjes, net als wij jongens uit de City, wel vroeg aan de borrel zouden gaan. Een groepje vrouwen kwam om kwart over vijf naar buiten en liep als een slinger over straat. Jij kwam om twee over halfzes naar buiten. Ik wist meteen dat jij het was, je leek op mij. Nou ja, dat is misschien niet helemaal aardig gezegd. Ik heb mijn neus twee keer gebroken met rugby en ik heb handen als kolenschoppen, volgens mijn moeder. Maar je gezicht kwam me gewoon bekend voor. Het was alsof ik het al duizenden keren had gezien. Je bent klein van stuk en veel donkerder dan ik, en je ogen hebben een groene kleur die mijn zussen en ik niet hebben. Die van mij zijn leigrijs, dat heb ik altijd best mooi gevonden. Maar je was onmiskenbaar de juiste Grace Bernard. Ik wilde bijna de straat over rennen om je gedag te zeggen, sufferd die ik ben, maar ik hield me in. Het is moeilijk om jezelf onder die omstandigheden midden op straat voor te stellen.

Ik weet niet wat ik in die tijd van je wilde. Misschien wilde ik je alleen maar in levenden lijve zien. Ik denk dat ik een intense behoefte had aan informatie. Dat ik al die tijd niets over mijn ware afkomst had geweten, vond ik verwarrend, en kennis is macht, daar ben ik van overtuigd. Als ik alles over jou wist, zou ik wat meer grip op mijn leven hebben, iets wat ik sinds Christophers overlijden niet meer had gehad. Dus volgde ik je. Daar ben ik niet trots op, hoor. Het is niet netjes als mannen vrouwen volgen. Ik voelde me een goorlap. Je zat in de ondergrondse tegenover me en staarde over mijn schouder in het niets. Ik probeerde niet te lang naar je gezicht te staren, maar nam je zo goed mogelijk in me op. Zwarte broek, een kort leren jasje en een rare pluizige top die waarschijnlijk de mode was. Grove instappers met een gesp die je waarschijnlijk droeg om mannen als ik te intimideren, en dat werkte goed. Ik volgde je vanaf het station naar je flat en staarde naar de eerste verdieping toen het licht aanging. Daarna sprak ik mezelf streng toe en ging naar huis. Waanzin, eigenlijk. Ik ben een man die nog niet eens naar Noord-Londen gaat voor een date.

Ik kon het niet laten rusten. Dat wilde ik wel. Maar in de weken daarna betrapte ik mezelf erop dat ik toch weer door jouw straat liep zodra ik de kans kreeg, in de hoop je tegen te komen als je naar buiten kwam. Om te zien of je ergens naartoe ging dat me iets over jou zou vertellen. Een paar keer zag ik je hardlopen, wat betekende dat ik gympen moest dragen, voor het geval dat. Eén keer volgde ik je naar een café in de buurt waar je een absurd specifieke koffie bestelde. Niet echt een gezelschapsdier, of wel, Grace? In twee weken tijd één bezoeker; een man die veel op de tiener uit die plaatselijke krant leek.

Het begon me allemaal een beetje te vervelen. Ik wilde je niet langer volgen en vroeg me af of ik je moest mailen om je te vertellen wie ik was. Maar ik wist niet goed of ik die doos van

Pandora wel wilde openen. Al was het vast verstandiger dan rondhangen zonder iets over je te weten te komen. Maar op een avond veranderde dat allemaal. En als ik je ooit een beetje saai vond, Grace… hierna nooit meer.

Je ging naar een pub en dronk wat met een bont gezelschap. Een jongeman die een hippiecliché leek. Een oude man en een saai meisje dat niet zijn dochter was, maar ook zeker niet zijn vriendin. Je leek niet bijzonder close met de hippie, maar praatte wel het grootste deel van de avond met hem. Ik zat daar met mijn biertje en probeerde het gesprek af te luisteren. Niet dat het de moeite waard was. Watersalamanders, Grace? Ik vroeg me echt af wat er van jou geworden was toen ik die hartstochtelijke discussie over amfibieën hoorde.

Je vertrok alleen, kort daarop gevolgd door die alto, en ik was geïntrigeerd. Toen je door de straat slenterde en een natuurgebied betrad, begreep ik er niets meer van, maar ik volgde je en sprong een paar minuten nadat jij het terrein had betreden over het hek. Ik kreeg het vermoeden dat je op zoek was naar een plek om alleen te zijn met die jongen, en ik was bang dat ik jullie op heterdaad zou betrappen; iets wat een broer nooit wil zien. Dus bleef ik op afstand toen jullie naar de steiger bij het water liepen. Niet zo dichtbij dat ik kon horen wat er gezegd werd, maar wel gebiologeerd. Er gebeurde iets vreemds toen hij een lucifer bij je voet hield, maar ik kon niet veel zien in het donker. En net toen ik kramp in mijn benen begon te krijgen en me afvroeg of ik bij een afgelegen natuurreservaat een Uber kon krijgen, duwde je hem in het water. Geschokt stond ik op, Grace. Jij keek snel om je heen, maar ik werd beschermd door de duisternis. Wat moest ik doen? Mijn hersenen schreeuwden dat ik naar de waterkant moest rennen om hem eruit te halen, maar mijn benen bewogen niet. Het leek allemaal zo absurd. Je had een fles wijn met deze ogenschijnlijk onschuldige man zitten drinken, en even later vermoordde je hem. Waarom?

Terwijl je begon op te ruimen (indrukwekkend kalm, als ik eraan denk), toetste ik het alarmnummer in, maar belde niet. Ik nam me voor om te bellen als je vertrok, maar toen je eindelijk zover was, was ik gekalmeerd en wist ik dat ik dat niet kon. Hoe moest ik mijn situatie uitleggen? *Tja, meneer agent, het is allemaal heel simpel, ik volgde mijn zus (die niet weet dat ze mijn zus is) en zat achter deze prachtige struik te gluren en toen zag ik dat ze iemand vermoordde. Daarna keek ik toe terwijl ze een paar bekers afwaste en in een taxi stapte.* Dat ging niet. Hoe goed mijn bedoelingen ook waren, dan zou ik bij een twijfelachtige toestand betrokken raken en zouden Lottie en de meisjes erdoor geraakt worden. Wat je ook gedaan had, het waren jouw zaken. Maar hierdoor besefte ik wel dat mijn vage idee om een relatie met jou te ontwikkelen gedoemd was te mislukken. Je kunt geen hechte band hebben met een vrouw die mensen in het water duwt, bloedverwant of niet.

Simon liet me twee dagen later weten wie je had vermoord. Minder whisky en spijt deze keer; hij was duidelijk niet erg gesteld geweest op zijn neef. Maar het was wel een schok. Een ongeluk, zei hij. Andrew had problemen, was op zoek geweest naar een nieuw leven, maar was de weg kwijtgeraakt. De familie hield het nieuws zo stil mogelijk, en ik wist dat het potentiële schandaal de reden daarvoor was. Dat bevestigde voor mij dat het de juiste keuze was geweest om mijn mond dicht te houden.

Je had onze neef dus vermoord. Maar waarom? Voor zover ik kon zien, was hij een aardige vent die geen band had met jou. Je werd financieel niet beter van zijn dood en ik had geen idee wat het je emotioneel opleverde. Vragen gonsden door mijn hoofd en dat werd alleen maar steeds erger, omdat ik niemand kon vertellen wat ik wist.

Als een therapeut me in die tijd had gezien, zou hij zeggen dat ik Christophers dood nog niet had verwerkt, en ook al heb ik daar niet zo mee op, hij zou waarschijnlijk gelijk hebben. Bovendien werd ik door Simon lastiggevallen, hij eiste meer contact, en telkens als Lottie belde vroeg ze wanneer ik thuiskwam. Ik dacht dat ik gek werd. Ter afleiding bleef ik jou volgen, ik wilde het wanhopig graag begrijpen, ik wilde weten waarom je het had gedaan. Ik raakte een tikkeltje bezeten. Een tijdlang was het stil en ik pijnigde mijn hersenen met de vraag waarom je onze neef zou vermoorden om vervolgens weer in de achtergrond te verdwijnen. Ik begon met hardlopen, volgde jouw routes, maar je deed niets bijzonders.

En toen ging je een paar maanden later opeens in je eentje naar nachtclubs en bars. Ik deed hetzelfde, zat altijd iets verderop, zorgde ervoor dat ik niet opviel. Dat is niet moeilijk, Grace, als je een witte man met een vrij gemiddeld uiterlijk in een chique tent bent. Ik viel niet op, je leek me nooit te herkennen, ook al was ik maandenlang bij je in de buurt. Maar goed, je was ook niet op zoek naar mij. Je was op jacht. Naar onze oom, zo bleek. Toen begon ik te snappen wat er aan de hand was. Je zult me wel een beetje traag van begrip vinden, maar mijn gevoelens voor Simon leken absoluut niet op die van jou en het duurde een tijdje voordat ik me in jou kon verplaatsen. En zelfs toen kon ik niet de brandende haat opbrengen die ervoor nodig was om zo'n plan uit te voeren. Ik keek toe terwijl jij uren in bars wachtte, en je ogen lichtten pas op toen Lee binnenkwam, dat moest wel gepland zijn.

Maar het was me nog steeds niet helemaal duidelijk. Een tijdlang dacht ik dat je een of andere rare fetisj had en dat je met je eigen oom naar bed wilde. Sorry dat ik dat dacht, maar je moet toegeven dat het vreemd is als je iemand met een familielid een seksclub binnen ziet gaan. Ik heb die avond wel genoten. Het is normaal gesproken niet echt mijn ding, maar ik vond dat ik me moest inleven. Een man in een katoenen lange broek zou bij een orgie waarschijnlijk meer opvallen dan een man in blote kont en leren beenstukken bij een jaarlijkse begrotingsvergadering. Ik droeg een masker dat me het gevoel gaf dat ik een rol speelde en ik vond het jammer dat ik het vertier al vroeg moest verlaten toen jij en Lee door de gang in een privékamer verdwenen.

Maar toen ik het zag gebeuren, wist ik precies hoe het zat. Ik wachtte natuurlijk tot je weer naar buiten kwam en hing in de schemerige gang rond. Weet je nog dat ik je van top tot teen bekeek en dat onze handen elkaar even raakten? Ik was onder de indruk van de schaamteloosheid waarmee je een man in een drukke nachtclub had vermoord en ook een beetje ontsteld dat je hem daar had achtergelaten en iemand anders hem zou moeten vinden. Ik, toevallig. Al liet ik hem natuurlijk ook achter. Maar ik vermoed dat dat uitpuilende gezicht me nog lang zal heugen.

Jij was bezig je familie uit te moorden. Ik had geen enkel bewijs dat je Kathleen en Jeremy ook had gedood, maar ik kon me best voorstellen dat je naar Spanje was gevlogen, een auto had gehuurd en ze van de weg had geramd. Als beginner pakte je het ruig aan, of niet? Maar ik denk dat je ervoor wilde zorgen dat elke dood op een ongeluk leek, en twee oude mensen die in het donker van een klif af rijden is een gemakkelijke eerste overwinning.

Toen moest ik beslissen wat ik met deze informatie ging doen. De familie Artemis was niet groot, en de enigen die verbonden waren met het familiekapitaal (die je niet had omgebracht) waren Simons vrouw en dochter, en zijn schoonzus. Als geld tenminste je drijfveer was. Als ik moest gokken zou ik zeggen dat er meer speelde. Wat ik van je leven heb gezien, was behoorlijk saai. Weinig vrienden, geen grootse carrière (ik hoop dat ik je niet beledig) en een flatje in een armoedige buurt. Bijna alsof je wachtte op... Op wat? Het moment waarop je de wereld kon ontdoen van je schadelijke familie, zodat je daarna wat van je leven kon maken? Ik koester geen wrok tegen Simon omdat ik een fantastisch leven met Lottie en Christopher en mijn zusjes had. Als Jean zich er niet mee had bemoeid, zou ik gelukkig zijn geweest omdat ik die basis had. Ik ben gelukkig. Maar jij had dat niet. En misschien ben je daarom zo obsessief bezig met hoe oneerlijk het allemaal is. En het ís ook oneerlijk, Grace. Van iedereen die in deze ellende verwikkeld is, heb jij het het zwaarst gehad, toch?

Na een paar dagen piekeren en een stevig gesprek met Simon, waarin hij tegen me tekeerging omdat ik niet op een bepaalde woensdag om elf uur op zijn kantoor kon zijn, besloot ik jou je gang te laten gaan. Deels omdat ik vond dat jij datgene wat jou was aangedaan mocht rechtzetten. En deels, als ik eerlijk ben, omdat ik nadacht over wat het beste voor mij was en besefte dat je me misschien wel een dienst bewees. Twee dingen gaven de doorslag. Het ene was dat ik Simon uit mijn leven wilde bannen. Ik kon de toekomst voor me zien, en die hield in dat ik tijd met hem moest doorbrengen als hij dat eiste. Het geld waar hij mee over de brug was gekomen, had hem het gevoel gegeven dat hij dat verdiende, en ik vond het een afschuwelijke gedachte om zijn familie binnengezogen te worden, rond te rijden in zijn Bentley en zomers in Marbella door te brengen. Het andere was dat ik, als je er inderdaad in slaagde ze allemaal om te leggen, aanspraak zou kunnen maken op een deel van het fortuin. Zie je, Grace, ik ben een hypocriet, ik kom er eerlijk voor uit. Ik wilde niet veel met die ouwe pa te maken hebben, maar zou er totaal geen problemen mee hebben om wat van de buit mee te pikken. Geld is geld, hoe je er ook aan komt. En ik zou het anders uitgeven dan Simon. Geen ordinair vertoon van overvloed, geen gouden kranen. Ik was tot rijkdom voorbestemd, dat heb ik altijd gedacht. Ik zou er heel goed in zijn, volgens mij. En met jouw plan kon ik dat doel sneller bereiken dan als ik de carrièreladder beklom.

Als ik niet zelf had gezien hoe jouw plan zich ontwikkelde, zou zoiets nooit bij me zijn opgekomen. Zelfs niet als mij onrecht was aangedaan zoals jij vindt dat jou onrecht is aangedaan. Maar dat betekende niet dat ik er niet iets moois van kon maken. Op het hellende vlak van deugdzaamheid zat ik ergens in het midden. Ik denk dat de meeste mensen in mijn situatie tot dezelfde conclusie zouden komen, als ze heel eerlijk zijn. Maar het is niet gemakkelijk om daar eerlijk over te zijn. Daarom is het zo bevrijdend om jou dit allemaal te vertellen. Ik weet dat je dit nooit aan iemand kunt laten lezen. Het is een afgedwongen vertrouwen, wat waarschijnlijk beter is dan het normale soort.

Maar het is een heel verhaal en ik begin moe te worden, dus ga ik proberen het af te ronden. Het grootste deel van mijn achtergrond weet je nu. Of datgene wat je moet weten. Ik heb gevolgd hoe je verderging met je plan. Janine ging wat ver, ik hoop dat je het niet erg vindt dat ik dat zeg; ik werd een beetje onpasselijk toen ik over haar dood las. Nogmaals, ik was er niet bij (je was opeens vertrokken en ik kon op zo'n korte termijn geen vrij krijgen), maar ik kwam er vrij snel achter via Simons assistent. Ik begrijp nog steeds niet helemaal waarom je Lara hebt laten gaan; stelde zij gewoon te weinig voor? Met Bryony was ik er natuurlijk niet bij, maar ik genoot van de executie van je plan (en haar). Grappig en effectief. Maar dat was het moment waarop Simon ineen begon te storten. Hij hield van Bryony. Op Janine was hij uitgekeken, volgens mij al jaren. Wij zijn daar het resultaat van, zullen we maar zeggen. Maar Bryony was zijn enige kind. Zijn enige echte kind. Hij is merkwaardig ouderwets, voor een product van de moderne wereld. Huwelijk, kinderen, een reputatie, dat was allemaal erg belangrijk voor Simon. En hoe afschuwelijk ze ook was, in mijn of jouw ogen, hij hield van zijn dochter. Hij zat niet alleen met het verdriet om haar verlies, hij begon ook achterdochtig te worden. Al is het niet echt achterdocht wanneer iemand je daadwerkelijk wil vermoorden. Regelmatig ontbood hij me naar zijn huis, waar hij met de gordijnen dicht op de bank zat en zo nu en dan manisch door de kamer ijsbeerde. Dan zei hij herhaaldelijk dat iemand zijn familie uitmoordde. Hij was bij de politie geweest, had beveiliging ingehuurd, alles. Niemand geloofde hem echt, wat jij als compliment mag opvatten, denk ik. Iedereen dacht dat het een reeks ongelukkige toevalligheden was; de *Daily Mail* besteedde twee pagina's aan 'tycoons tegenspoed' met een lijst van alle pech die de familie Artemis was overkomen. Maar door het feit dat niemand hem serieus leek te nemen, werd Simon nog volhardender. Hij dacht dat het iemand uit de zakenwereld was. Hij zei niet wie, maar had duidelijk iemand in gedachten omdat hij bang was.

Ik nam de rol van plichtsgetrouwe zoon op me. Ik sliep in het huis in Hampstead, werd vaak meerdere keren per nacht door Simon wakker gemaakt als hij weer meer manieren had bedacht waarop iemand hem probeerde te vermoorden. Het was altijd onzin: er had een man bij het hek rondgehangen, er stond een auto te dicht bij de ingang van zijn kantoor geparkeerd. Hij was op zoek naar aanwijzingen. Elke keer als een raam rammelde, stortte hij in. Niet dat de ramen in zijn huis rammelden, de originelen waren allang vervangen door stevig dubbel glas.

Er ontstond een vriendschap tussen ons terwijl ik me overgaf aan mijn nieuwe positie als naaste familielid en vertrouweling, in de hoop dat dat – met jouw hulp – van korte duur zou zijn. Ik hielp hem met alle nare dingen organiseren die nodig zijn wanneer iemand overlijdt. En ik luisterde als hij wilde schreeuwen en janken, en dat was vaak. Naarmate de weken vorderden werd hij steeds onuitstaanbaarder, en ik kreeg de indruk dat jij niet veel deed. Zo nu en dan zag ik je buiten bij het hek staan. Ik moet zeggen, Grace, het was niet erg subtiel.

Je had misschien grootse plannen, maar ik begon te vrezen dat je nooit in de buurt van Simon zou kunnen komen. Hij had een enorm beveiligingsteam, was permanent omringd door potige mannen die je in tweeën zouden hebben gebroken als je te dicht bij hem kwam.

Ik begon ontzettend boos op je te worden, gek hè? Maar eindelijk had ik bedacht hoe ik me uit deze afschuwelijk situatie kon losmaken, ik had het idee dat we samenwerkten aan een plan, en vervolgens werkte jij niet mee. In die periode had ik amper tijd om je te volgen. Simon werd steeds agressiever en onvoorspelbaarder, steeds afhankelijker van mij. Maar als ik je zag, ging je uit eten, liep je hard, deed je alsof er niet nog een naam op je lijstje stond, en jouw trage voortgang verwarde me.

Op mijn werk kon ik bijna niet functioneren omdat hij elke vijf minuten huilend of dronken of allebei belde. Als ik mijn telefoon uitzette, stuurde hij mailtjes. Ik kreeg de zenuwen als ik in mijn inbox keek. Ik ben een harde werker, daar ben ik trots op, ik ben echt van mening dat dat het teken is van een echte man, en ik was woest op mezelf omdat ik half werk leverde, terwijl ik deze kans om in het bedrijf op te klimmen maximaal hoorde te benutten. De tijd van bonussen brak aan en elke keer wanneer mijn baas me aan de telefoon zag, zag ik mijn kansen kleiner worden.

Achteraf gezien realiseer ik me dat het niet goed ging met mijn gemoedstoestand, iets waar ik nooit eerder bij had stilgestaan. Ik sliep slecht, viel schrikbarend snel af, wat ik ook at. Ik voelde me compleet in de val zitten, als een vos in een hol. Nu ik die overeenkomst zie, hoef ik niet meer zo nodig te jagen. Nog iets wat Simon voor me heeft verpest. Maar hij liet me maar niet met rust en zijn wil was overweldigend. Uiteindelijk ging ik naar hem toe en zei dat ik het niet meer kon. Ik was resoluut, maar kalm. Ik zei hem dat hij zich beschamend gedroeg en dat hij me niet als een van zijn assistenten kon behandelen. Ik bleef maar doorpraten, waarop hij weer begon te huilen, maar deze keer liet ik me niet vermurwen. Toen hij besefte dat ik niet van plan was hem te troosten, waren de tranen snel gedroogd, liep hij naar zijn bureau en ging zitten. Ik was nog steeds bezig met een opsomming van de manieren waarop ik vond dat hij niet netjes was en maakte me zo druk dat ik niet eens doorhad wat hij aan het doen was, totdat hij terugkwam en me een cheque gaf. Voor vijfhonderdduizend pond. Daar werd ik stil van, kan ik je vertellen. Mijn mond viel open toen hij hem voor mijn neus hield en zei dat hij het me de moeite waard zou maken als ik een week met hem meeging naar Saint-Tropez.

'Ik moet een paar dagen het land uit, even weg hier, zoon. En ik wil niet alleen. Ga me niet vertellen dat je hier je moeder niet mee zou kunnen helpen. En die meisjes, Harry? Die hebben dit nodig. Het is maar een week of zo.'

Ik zweeg, dacht na, terwijl hij me met samengeknepen ogen aankeek.

'Wil je met me onderhandelen, is dat het? Tjonge, er is geen duidelijker teken dat je mijn zoon bent. Ik zal het officieel maken. Ik zal je erfgenaam maken. Dat is toch wat je wilt? Dat is wat iedereen uiteindelijk wil.' Hij had geen ongelijk. Maar hij begreep niet dat hij er zelf voor had gezorgd dat zijn geld het enige ruilmiddel in zijn leven was.

Simon zei in eerste instantie niet duidelijk waarom hij het land uit moest, maar hoezeer hij er ook omheen draaide, algauw werd duidelijk dat er een of ander onderzoek naar zijn bedrijf liep en dat zijn adviseurs erop hadden aangedrongen dat hij maar beter een tijdje niet bereikbaar kon zijn. Ik vroeg me af welk onderdeel van het bedrijf het meest dubieus was (de luchtvaartmaatschappij leek me een goede kandidaat), maar eerlijk gezegd, Grace, hadden ze het allemaal kunnen zijn, als ik zag hoe hij te werk ging. Het was wel duidelijk dat de spreekwoordelijke pleuris elk moment kon uitbreken, al had ik geen zin om me daar druk om te maken. Ik was niet van plan verder verstrikt te raken in zijn doortrapte wereld. Zo zag ik het. Een louche en lelijk leven, en ik schaamde me dat ik daarnaar op zoek was gegaan. Maar al dat geld was onmogelijk te negeren, en ik zou wel gek zijn als ik dat deed. Dus stapte ik nog geen zes uur later uit een privévliegtuig de warme Franse lucht in. Als ik had geweten wat er zou gebeuren, zou ik misschien hebben gevraagd of hij niet wat extra nullen achter het bedrag op die cheque kon zetten.

17

12.00 uur

Het is voorbij. De afgelopen veertien maanden staan op het punt om een merkwaardige voetnoot in mijn levensverhaal worden. Kelly wenste me succes voordat ik naar de uitspraak ging. 'Ik zal je missen, Gracie, kom nog eens langs. Ik zal bij de volgende workshop een lepel voor jóú maken, haha.' Ze omhelsde me stevig, boorde haar nagels in mijn rug.

Ik liet haar vijf seconden zo staan, voordat ik zonder omkijken de deur uit liep. Het was George Thorpe gelukt. Blozend van trots kwam hij, na de hoorzitting waarin de zaak nietig was verklaard, naar de bezoekersruimte in Limehouse. Ik had de zitting via een videoverbinding gevolgd, waardoor ik geen dramatisch moment ten overstaande van de rechter had gehad, en ik had de onvermijdelijke mediahype bij de rechtbank misgelopen. Een beetje een domper, maar het was beter zo, nu kan ik mijn eigen tempo bepalen. Mijn advocaat omhelsde me onhandig, beloofde om over een week of twee alles met me door te nemen en nodigde me uit voor een etentje. Dat is een aanbod waar ik zeker niet op in zal gaan. De bewaarder die toezicht hield op onze ontmoeting feliciteerde me zelfs. Niet echt een filmische climax, maar toch gedenkwaardig. Ik heb voor Marie gedaan wat ik me had voorgenomen. Nu ben ik vrij.

16.00 uur

Ik ben thuis! Ik werd snel vrijgelaten, dat verraste me een beetje omdat ik gewend was geraakt aan een systeem waarbij zelfs de kleinste beslissingen maanden duurden. Ze hadden mijn cel zeker dringend nodig. Kelly zit op dit moment vast iets te dicht bij mijn opvolgster op het dunne bed om haar in geuren en kleuren over haar vorige celgenoot te vertellen. Ik moest me haasten om mijn spullen te pakken en rond het middaguur buiten te staan, wat betekende dat Jimmy er niet was om me op te halen. Dat vond ik niet erg, niet toen ik besefte dat het doel was om hoopvolle fotografen te omzeilen. Ik was er dankbaar voor, aangezien je er na veertien maanden in de gevangenis bepaald niet op je fotogeniekst uitziet. Ik ging met de taxi naar huis, slingerde door Londense straten die baadden in een zeldzaam fel zonlicht, staarde uit het raam en glimlachte de hele weg. Het was stil en warm binnen toen ik de deur opendeed, en alles stond keurig op zijn plek. Sophie had zelfs haar werkster langsgestuurd, en op tafel stonden een fles Brunello en tiramisu van de delicatessenwinkel om de hoek. Ik nam beide mee in bad en lag twee uur lang te weken in Le Labo-olie. Een zalige ervaring, en ik was half hysterisch van pret. Zo dadelijk ga ik even mijn post bekijken en ik heb met Jimmy afgesproken bij Brasserie du Balon voor een, naar ik hoop, verrukkelijk diner. Het is alsof het leven zich eindelijk aan mij openbaart.

18

Jezus, wat een klotezooi, Grace. Wat een gruwelijke klotezooi. Het werd allemaal een afgrijselijke schijnvertoning, alleen was er niemand die lachte. Onze eerste dag in Frankrijk viel Simon op de bank in slaap, waarop ik naar de veranda vluchtte en een bedeesd personeelslid om een kop koffie vroeg. Ik ging in de zon liggen en probeerde niet te denken aan de mogelijkheid dat hij wakker zou worden en naar me toe zou komen. Een paar minuten staarde ik naar zee en verwonderde ik me over het feit dat ik zo weinig van deze prachtige plek kon genieten. Deze zonnige plek voor duistere types, zoals iemand ooit zei. Vervolgens pakte ik gewoontegetrouw mijn mobiel en bekeek het nieuws op de BBC. Ik scrolde langs oorlog en nieuws over een of andere onbelangrijk conservatief parlementslid dat het met zijn assistent had gedaan, en mijn oog viel op een foto van een prachtige vrouw 'voor wie steunbetuigingen nog steeds binnenstromen'. Ze was van een balkon geduwd en jij had dat gedaan. Ondanks de zinderende hitte kreeg ik het ijskoud en ik hoorde een bulderend geraas in mijn oren en hoofd. Het was alsof ik je helemaal niet begreep, terwijl ik daar zo mijn best voor had gedaan. Jij was koelbloedig, op wraak belust, je was geen impulsieve passiemoordenaar. Waarom zou je al je harde werk tenietdoen door een liefdesrivaal over het balkon te gooien? Hoe stom kon je zijn? Ik wil niet seksistisch klinken, maar deze emotionele reactie was lastig door een andere lens te bekijken. Hoe zou je Simon nu nog kunnen vermoorden?

Een paar uur lang probeerde ik meer te weten te komen over jouw arrestatie, maar op een gegeven moment hoorde ik Simon vanuit de zitkamer roepen en moest ik mijn zoektocht staken. Ik was niet bang dat hij het op het nieuws zou zien, aangezien hij inmiddels bijna op een andere planeet van achterdocht en woede leefde. In die toestand zou hij eerder achter zijn computer op zoek zijn naar YouTubefilmpjes over buitenaardse wezens dan dat hij de hoogtepunten van het nieuws wilde weten. Ik bracht twee afschuwelijke dagen met onze vader door in zijn villa, waar hij een eerlijk gezegd verbijsterende hoeveelheid cocaïne snoof en weigerde de gordijnen open te doen uit angst dat hij bespioneerd werd. De leden van zijn beveiligingsteam bleven buiten, op hun hoede voor zijn uitbarstingen, en de arme huishoudster die niet had geweten dat we zouden komen, vluchtte naar haar kamer nadat ze een vaas naar haar hoofd had gekregen toen hij ontdekte dat de bedden niet waren opgemaakt. Ik was alleen met hem. Elke keer als ik me in een ander deel van het huis wilde terugtrekken, volgde hij me, ging tekeer over samenzweringen en hield vol dat we de klootzakken moesten tegenhouden. Ik zei tegen mezelf: *Kom op, Harry, nog een paar dagen en je hebt een half miljoen voor je familie.* Maar dat leek wel erg ver weg, kan ik je zeggen.

Toen ik de derde ochtend wakker werd, stond Simon in een gescheurd shirt over me heen gebogen en keek hij me met bloeddoorlopen ogen aan. Hij was duidelijk de hele nacht op geweest en stonk naar whisky. 'We gaan. Het stikt hier van de camera's. Het jacht wacht op ons, pak je spullen, zoon.' Het stoorde me dat hij me 'zoon' noemde, en ik dacht verdrietig aan die lieve oude Christopher, maar Simon was alweer weg, pakte zijn koffer in en sloeg met deuren.

Het jacht was een monsterlijk gedrocht. Ik heb nog nooit van mijn leven zoiets gezien en hoop het ook nooit meer mee te maken. Een chique, drijvende caravan met allemaal chroom en glas, het had niets weg van echte boot. Goddank leek Simon zich wat te ontspannen toen hij eenmaal aan boord was, en hij lag de rest van de dag op de bank te slapen en werd pas wakker toen het diner werd geserveerd. We aten grotendeels in stilte terwijl hij het ene na het andere glas wijn achteroversloeg. Chic Chablis uit zijn eigen wijngaard, vertelde hij me, terwijl ik de afkeer uit mijn gezicht probeerde te houden. Hoe veelzeggender kun je zijn, Grace? Tijdens het dessert begon mijn hand te trillen, en geschrokken probeerde ik hem stil te houden. Simon zag het en moest lachen. Hij lachte en zei dat ik te teer was voor zo'n grote vent. Ik zei niets, maar mijn hart ging tekeer en het gonsde in mijn oren. Toen het eten was afgelopen en hij stomdronken was, riep hij de kapitein bij zich en gaf hem opdracht de speedboot klaar te maken. De man had wel in de gaten dat een discussie geen zin had en liep haastig weg zonder bezwaar te maken, maar een steward die de tafel aan het afruimen was keek veelzeggend mijn kant op. Ik probeerde onze vader af te leiden, zei dat ik geen zin had in een excursie, maar hij wuifde me nijdig weg. 'Je bent hier op mijn kosten, jongeheer Harry. We gaan een tochtje maken.'

En dat deden we dus. Hij nam een nieuwe fles Chic Chablis onder zijn arm mee en stommelde het trapje af naar de speedboot, terwijl ik met een misselijk gevoel achter hem aan liep. Met bulderende motoren scheurden we de donkere zwarte nacht in, ik klampte me aan mijn stoel vast, terwijl hij tegen de wind in schreeuwde en de fles tussen zijn knieën geklemd hield. Na een kwartiertje nam hij gas terug en legde de boot stil. Struikelend liep hij mijn kant op en lachte om de blik op mijn gezicht. Ik geef toe dat ik misselijk was. Boten zijn nooit echt mijn ding geweest, en door de manier waarop hij over het verlaten wateroppervlak had gestuiterd en gescheerd, was ik een beetje bleek om de neus geworden. Maar boven alles had ik er genoeg van. Van hem, van zijn boot, van mijn leven sinds ik hem had ontmoet.

Simon ging zitten en keek me met een wrede grijns aan. 'Wees een vent, Harry, dit is goed voor onze relatie. Doe verdomme alsof je het naar je zin hebt.'

'Maar ik heb het niet naar mijn zin,' zei ik, en ik probeerde zo waardig mogelijk over te komen zonder over te geven. 'Ik wil terug naar het jacht.'

Hij grimaste en aapte me na. '"Ik wil terug naar het jacht, papa, ik heb geen zin meer." Wat ben jij snel aan mijn geld en mijn manier van leven gewend geraakt. Je kunt op zijn minst doen alsof je hier voor het gezelschap bent.' Hij boerde in mijn gezicht en bulderde van het lachen. 'Maar dat kun je niet, hè? Je bent net als je moeder. Zij deed ook alsof ze zo'n zuiver hart had, maar ze was alleen maar op zoek naar een rijke vent om haar benen voor te spreiden.'

Ik stond op, hees hem aan zijn shirt overeind en pakte de fles bocht die naast hem stond. Er ging maar één gedachte door mijn hoofd: hij moest zijn kop houden. Ik haalde met de fles uit naar zijn hoofd, met een kracht die alleen maar van alle opgekropte woede kon komen, denk ik. Het suisde weer in mijn oren, en even later hoorde ik een enorm gespetter. Ik zag een arm in het water en hoorde een luid, misselijkmakend gegorgel. Ik deed de zaklamp op mijn telefoon aan en scheen ermee langs de zijkant van de boot. Simon hield zich met twee vingers aan de rand vast, verder bewoog hij niet. Bloed stroomde langs zijn hoofd tot onder zijn neus en in zijn mond. Daar kwam dat geluid door, een gruwelijk geluid dat ik nog steeds hoor als ik eraan denk. Hij probeerde te blijven drijven terwijl hij in zijn eigen bloed stikte. Ik keek naar hem, stond op het punt me te bukken om hem uit het water te trekken, maar toen gebeurde er iets vreemds. Ik moest opeens aan jou denken, Grace. Ik dacht aan alles wat je had gedaan, aan hoe je je best had gedaan om deze man uit de weg te ruimen. Ik wist hoe onwaarschijnlijk het was dat het je ooit nog zou lukken. Ik dacht aan onze moeders en aan hun leed door toedoen van Simon Artemis. En toen moest ik aan mijn eigen leed denken dat hij me had aangedaan. Als ik hem uit het water haalde en hem terugbracht naar het jacht, zou hij me misschien aanklagen. Of nog erger: hij zou me de komende twintig jaar chanteren met wat ik had gedaan en me voorgoed bij zich in de buurt houden.

Het was een ongeluk geweest. Ik zou nooit in staat zijn geweest om zoiets gruwelijks te plannen of in koelen bloede zoveel geweld te gebruiken. Maar hij had me het bloed onder de nagels vandaan gehaald en we hebben allemaal ons breekpunt, toch? Ik had niet geweten dat ik hem zou laten doodgaan, echt niet. Het gebeurde gewoon, alsof ik er op een afstand naar stond te kijken. Ik bukte me, trok zijn vingers weg en gaf hem een duwtje, zodat hij tien centimeter weg dobberde. Hij sperde zijn ogen wijd open, maar was niet in staat iets te zeggen.

Toen ging ik zitten. 'Als je de boot nog een keer aanraakt, vaar ik weg. Niet doen, dus. Blijf maar een paar minuten in het water liggen, dan haal ik je er wel uit. Je moet leren hoe je fatsoenlijk met mensen omgaat. Misschien helpt dit,' zei ik tegen hem, terwijl ik een bloedvlekje van mijn knokkels veegde.

Hij was helemaal niet in staat om terug te zwemmen naar de boot. Het duurde drie minuten voordat hij helemaal weg was, zijn rossige haar verdween langzaam onder water. Ik keek zwijgend op naar de sterren. Toen ik zag dat hij weg was, sloeg ik de fles wijn tegen de zijkant van de boot stuk en liet hem in het water vallen, een passend lot voor Artemis-wijn. Daarna wachtte ik nog een halfuur om er zeker van te zijn dat hij niet opeens boven zou komen. Jij deed iets soortgelijks met onze neef Andrew, weet je nog? Het is ongetwijfeld lastig om te weten hoelang lang genoeg is. Toen ik zeker wist dat dat niet ging gebeuren, voer ik in de speedboot terug naar het jacht.

Ik heb een hopeloos richtinggevoel en het kostte me bijna een uur om het te vinden en de bemanning te waarschuwen. Ik legde uit dat hij de macht over het roer was kwijtgeraakt toen hij gas gaf en overboord was gevallen. Omdat ik geen bereik had, had ik in mijn eentje een uur wanhopig moeten zoeken in de hoop hem levend terug te vinden, maar het was me niet gelukt. De kapitein leek niet verrast. Het hielp mijn zaak dat Simon stomdronken was geweest toen we waren vertrokken. Een reddingsteam vond de daaropvolgende vierentwintig uur geen spoor van hem, maar elke keer als ze via de marifoon met een update kwamen, hield ik mijn adem in.

En dat was het eigenlijk. Mijn verhaal werd geslikt voor zoete koek, en waarom ook niet? In de kranten hadden ze het over mij als zijn assistent, maar ik werd niet bij naam genoemd, dat was een enorme opluchting. Ik had mijn moeder niet overstuur willen maken of problemen willen veroorzaken voor de meisjes op school. Maar Lara Artemis nam contact met me op om me te bedanken dat ik zo discreet was geweest, en ze was zo aardig dat ik haar vertelde wat mijn werkelijke band met Simon was. Ze was niet verrast, moet ik zeggen. Ik denk dat ze hem goed genoeg kende om een onwettig kind zonder opgetrokken wenkbrauwen te begroeten. En meer dan Simons dna had ik niet nodig. Lara is een leuk mens, Grace, het is jammer dat je haar nooit zult ontmoeten. Zij beheert het familiefortuin nu en is ontzettend vrijgevig geweest. Vrijgeviger dan ik ooit had kunnen verlangen. Ik heb die cheque natuurlijk geïnd en het gaat een stuk beter met mijn familie. Lara is zelfs een paar keer wezen lunchen. We hebben het er nooit met zoveel woorden over, maar ik denk dat zij en mama beseffen dat ze iets gemeen hebben. Dat ze deel uitmaken van een select groepje vrouwen dat de Artemis-broertjes heeft overleefd.

En waarom vertel ik jou dit allemaal? Dat zul je je wel afvragen. Nou, deels omdat ik wilde dat je wist hoe hij echt aan zijn einde is gekomen. Ik dacht dat je misschien wat minder een gevoel van falen zou hebben, als je wist dat ik het stokje van je had overgenomen en had afgemaakt wat jij was begonnen. Op een merkwaardige manier waren we een team. De timing had niet beter kunnen uitpakken; door al jouw recente problemen zou jij toch veel minder kans hebben gehad om hem zelf te vermoorden. En laten we eerlijk zijn, het was je toch niet gelukt. Ik weet dat je met de anderen echt je best hebt gedaan, en petje af. Maar Simon was van een heel ander kaliber. Er zou meer voor nodig zijn geweest dan een vaag plan en geluk. Ik kreeg de indruk dat je niet veel meer in je arsenaal had dan die twee elementen. Vergis ik me, Grace?

Dat is dus het ridderlijke gedeelte. Ik hoop dat je daar blij van wordt. Maar ik schrijf dit voornamelijk om je zeggen dat je het hierbij moet laten. Je wilde wraak, dat snap ik, echt waar. En die heb je nu gehad, met wat hulp van ondergetekende. Verbreed je horizon, ga met je oude vriend Jimmy samenwonen; er zijn mensen in de wereld die van je willen houden, Grace, als je ze toelaat. Schrijf een boek over je aangrijpende gevangenschap; uitgevers zullen staan te springen. Maar al het andere stopt hier. Ik moet mijn nieuwe leven beschermen.

Lara heeft me niet alleen een aanzienlijk deel van het familiefortuin gegeven, ze heeft me ook, aardig als ze is, aangewezen als de nieuwe financieel directeur van de nieuwe stichting die we samen gaan leiden. Het is nog niet bekendgemaakt, we zijn ermee bezig en het duurt niet lang meer. Ze heeft haar belangstelling voor natuurbescherming laten varen, en daar ben ik blij om, want dat is toch wat minder pakkend dan de nieuwe onderneming. Ik zal niet beweren dat ik veel over minderjarige vluchtelingen afweet, maar ik geniet van de uitdaging om galadiners te houden en alle invloedrijke mensen uit de financiële wereld uit te nodigen om hun portemonnee te trekken. Er zullen waanzinnige bedrijfsdeals volgen en we zullen nauw samenwerken met de financiële wereld om de stichting zo groot te maken als die van de Rothschilds en de Guinnesses. Hij wordt heel prestigieus en zal in niets op Simons stijl lijken. Reken maar dat er onder Lara's nieuwe bewind geen Chic Chablis zal worden geveild.

Om er zeker van te zijn dat je mij niet vermoordt (ik heb te veel respect voor je om te denken dat je dat niet zou doen), heb ik een regeling getroffen toen jij in de gevangenis zat. Ik hoop dat je me de valse tactiek vergeeft, maar je zult wel begrijpen waarom ik wat zekerheid nodig heb. Toen ik hoorde dat je naar Limehouse was gestuurd, heb ik een goedkope privédetective ingehuurd om erachter te komen met wie je een cel deelde. Dat bleek niet moeilijk te zijn. Kelly had half Islington zo ongeveer verteld dat zij was verkozen om een cel met de beruchte Grace Bernard te delen. Ik schreef haar een brief, vroeg of ik langs kon komen, legde uit dat er geld mee gemoeid was, en zij stemde in. Natuurlijk. Toevallig zag ik jou bij dat eerste bezoek, je advocaat was er. Je keek een paar keer mijn kant op, misschien verbaasde het je dat Kelly met iemand als ik aan tafel zat. Ik moet zeggen dat het me nog steeds verrast dat ik jou niet bekend voorkwam. Ik ben meerdere keren bij je in de buurt geweest. Bij het natuurreservaat, op de trap naar St. Paul's, in die bizarre seksclub (die zal ik je vergeven, aangezien ik een masker droeg), die keer in Soho dat ik je om een aansteker vroeg, in het restaurant van het British Museum, in de bezoekersruimte. Een onopvallend gezicht werkt in mijn voordeel in dit geval. Ik vond je wel mager, als je het niet erg vindt dat ik dat zeg. Ik hoop dat je het beste maakt van je hervonden vrijheid en geniet van verfijnde maaltijden. Sorry, waar was ik gebleven?

O ja, Kelly. Geen vrouw die ik in mijn normale leven vaak was tegengekomen – ik bleef de eerste keer maar staren naar die verbijsterend felle nagels – maar ik vond haar alleraardigst. Heel behulpzaam. Ik legde uit dat ik voor een bedrijf werkte dat in opdracht van een particuliere weldoener onderzoek deed naar jouw misdrijven en vroeg of ze bereid was bepaalde dingen in de gaten te houden. Ik moet toegeven, het was verfrissend om te merken hoe weinig ze over mij wilde weten toen ik de financiële vergoeding eenmaal voor haar neus had gehouden. Via iemand die zij kende, die me naar een vrij onaantrekkelijk deel van Oost-Londen leidde, slaagde ik erin haar een telefoon te bezorgen. Met de o, zo belangrijke camera. Wat deden we toch vóór die tijd, hè? En Kelly bleek een natuurtalent in haar nieuwe rol. Ze hield je beter in de gaten dan jij waarschijnlijk voor mogelijk had gehouden, en appte me vol enthousiasme toen ze doorhad dat jij je levensverhaal aan het schrijven was. Dat las ze natuurlijk, het verbaast me dat je zo slordig was, en ze fotografeerde elke bladzijde met een fanatisme waar ik bewondering voor had. Voor de zekerheid stal ze een paar goedgekozen bladzijden voor vingerafdrukken en dergelijke. Daar had ik niet eens aan gedacht, maar als je al zolang mensen chanteert als zij, leer je kennelijk om ook iets op papier te bewaren. Eerlijk waar, je hebt haar onderschat.

Je begrijpt: dit is dus waar jouw onderneming eindigt. Je kunt me niet vermoorden, want dan wordt de geschiedenis van je misdaden onmiddellijk vrijgegeven, samen met een brief die zich in de handen van mijn juridische adviseurs bevindt, waarin staat dat een eventueel ongeluk dat mij zou overkomen absoluut geen ongeluk is. Neem geen contact op met Lara, anders wordt de eerdergenoemde informatie aan de politie overhandigd. We hebben allebei veel te lijden gehad door de familie Artemis, maar nu zijn we vrij. Die vrijheid ziet er misschien anders uit dan je had gehoopt, maar je hebt toch gewonnen. Wij hebben gewonnen.

Het ziet ernaar uit dat je morgen wordt vrijgelaten, aldus Kelly. Deze e-mail zit in je inbox tegen de tijd dat je thuiskomt. Heel slim om je flat aan te houden, goed gedaan. O, en dit bericht wordt gewist zodra je het hebt gelezen. Een vernuftig stukje technologie, aanbevolen door onze gemeenschappelijke vriendin. Chanteurs houden hun vak kennelijk bij. Nu ik je dit heb verteld, kan ik maar beter stoppen. Misschien heb je in eerste instantie het gevoel dat een man de overwinning van je heeft afgepakt, maar zo is het helemaal niet. Ik had alleen betere kaarten. Ik raad je aan van je leven te genieten. Geld is niet alles, en je mag jezelf gelukkig prijzen dat je vrij rondloopt. Het ga je goed, Grace, ik zal vaak aan je denken.

Je broer

PS: Maak je over Kelly geen zorgen, ik heb haar rijkelijk beloond en ik heb er vertrouwen in dat ze je met rust zal laten.

Naschrift

Hoi, kamergenoot! Kel hier. Ik hoop dat de buitenwereld lief voor je is. Bel me, er zijn dingen waar we over moeten praten. Denk maar niet dat je dit kunt negeren, ik weet waar je woont, haha. PS: Mijn *moeder vond de lepel geweldig, ze begreep alleen niet wat erop stond. Ik wel! Ik zal hem goed bewaren. Mis je! Xxx*

Dankwoord

Ik wil iedereen bij The Borough Press bedanken voor het feit dat ze bereid waren mijn eerste roman een kans te geven. In het bijzonder mijn redactrice Ann Bissell, die het concept in handen kreeg toen het al half af was en het omarmde, nauwgezet redigeerde en de personages net zo goed leerde kennen en begrijpen als ik. Ann tolereerde mijn luchtige houding ten opzichte van deadlines en was ontzettend lief en tactvol als ik een van mijn incidentele paniekaanvallen had. Dankzij haar was het een plezier om te schrijven tijdens een pandemie en zij zorgde ervoor dat het boek oneindig veel beter werd. Ik had me werkelijk geen fijnere redactrice kunnen wensen.

Dank aan Fliss, die ervoor zorgde dat het boek onder de aandacht kwam, er zoveel reclame voor maakte en zo hard werkte om er een fantastische presentatie van te maken. Niet gemakkelijk tijdens de meest bizarre periode in onze geschiedenis.

Dank ook aan Abbie Salter, Caroline Young, Sarah Munro, Margot Gray, Lucy Stewart en Suzie Dooré. Wat een team van vrouwen.

Dank aan mijn agent Charlie Campbell, die zich nooit aan kantoortijden houdt en op elk moment van de dag of nacht bereid is geweest me te helpen, vanaf het moment dat ik het idee voor dit boek kreeg. Er is volgens mij niemand anders die tijdens dit hele traject zo'n passie en geduld heeft getoond en mij meer heeft bijgestaan.

Dank aan Aoife Rice, die al mijn andere werk op fantastische wijze heeft overgenomen in de wetenschap dat het boek op de eerste plaats moest komen.

Dank aan Nicki Kennedy, Sam Edenborough, Jenny Robson, Katherine West en hun collega's bij ILA voor het verkopen van het boek in andere landen. Hopelijk betekent dit dat ik binnenkort met een glas wijn in mijn hand op boekenfestivals in warmere oorden sta.

Emily Hayward-Whitlock en Fern McCauley, hartelijk dank voor alles wat jullie hebben gedaan aan de juridische kant van dit geheel. Ik weet hoeveel werk jullie hebben verzet.

Grote dank aan Owen O'Rorke, Nigel Urwin, David Hooper en Anthony Mosawi voor al hun vriendelijke adviezen en hulp.

Dank aan mijn buurman Robert, die me met zijn enorm gedetailleerde juridische kennis door verschillende plotkwesties in de roman heeft geholpen. En je bent ook nog eens een lieve buur, we boffen met je.

Dank je wel, Max Van Cleek, voor je uitleg over smart homes en voor het feit dat je mijn absurde vraag of je iemand kon vermoorden met een afstandsbediening serieus nam.

Josh Berger, je bent een ware vriend. Dank voor je goede raad.

Pandora Sykes, dank je wel dat je als eerste de proefdruk las en ook nog een blurb schreef, dat was ontzettend lief van je.

Janine Gibson, je las mijn eerste hoofdstukken en moest lachen. Het feit dat ik jou aan het lachen maakte, was de aanmoediging die ik nodig had om door te gaan.

Archie, Maya, Miranda, Nesrine, Ben, Benji, jullie zijn geweldig. Ik hou van jullie allemaal.

Lizzie, mijn lieve zus. Dank voor het lezen van het boek. Dank voor je aantekeningen die me meer hielpen dan ik kan zeggen. Je bent mijn en.

Linds en Alan, dank voor letterlijk alles. Jullie zijn de inspiratie voor dit boek geweest (op de best mogelijke manieren).

En tot slot, Greg. Alle mannen in mijn boek zijn enorme hufters en jij bent het tegenovergestelde. Jij zei dat ik een schrijfster was, lang voordat ik mezelf zo noemde. Ik ben ontzettend blij dat ik jou aan mijn zijde heb.